金融広告を読め

どれが当たりで、どれがハズレか

吉本佳生

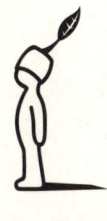

光文社

問題

★下のAとBの広告にある金融商品のうち、大損の危険性があるのはどちらでしょうか？

☆読者自身でよく考えてみてから、裏ページの解答をみてください。

A

超低金利時代の救世主！
元本保証で、凄い好金利の円預金登場!!

当行の２年もの円定期預金の金利（0.02%）の、何と**50**倍の好金利

8年もの

年1%

定期預金を超えた預金

（税引後 0.8%）

◆預入期間：8年。◆預入金額：50万円以上。◆預金保険の対象です。◆利息は１年ごとに支払われます。◆利息には一律20%が源泉分離課税されます。◆本預金は、満期前の中途解約が一切できません。◆当行の財務格付けは最高位のAAAです。

B

超凄凸凹ファンド

『小さなリスク』で、
『大きな値上がり』が期待できます!!

リスク限定型株式投資信託 が新登場！

特徴① 将来有望な企業だけを選んで投資
特徴② オプション取引を活用してリスクを限定

●企業の成長力を示す20の指標から選んだ「将来有望な企業」の株式を中心に投資します。●オプション取引を活用することで、株価下落時にも、元本の90%を確保します。●運用期間：2年 ●販売手数料：1.05% ●信託報酬：年2.1% ●株式投資信託には、株価変動等によるリスクがあります。●詳しくは目論見書をお読み下さい。

上の広告は架空のものであり、登場する企業や金融商品などは、現実の企業や金融商品などとは一切関係ありません。

解答

ＡとＢのどちらも、損をする確率が高く、賢い個人なら避けるべき、危険な金融商品です。

ただし、より危険な（大損の危険性が高い）商品は、Ａの方です。Ａは、一般的な定期預金とあまりちがいのない預金（少し金利が高いだけの定期預金）にみえるかもしれませんが、じつは、とても危険な金融商品です。

Ａ

ポイントは、「８年後まで中途解約ができない」こと。そのため、インフレ（物価上昇）が生じると、大損する危険性があります。

★この商品についてのくわしい解説は、
本書142ページ以降にあります。

Ｂ

ポイントは、「リスクを限定」すると、実際には、「大きな値上がり」があまり期待できないことです。

★この商品についてのくわしい解説は、
本書426ページ以降にあります。

はじめに――金融業界は風俗業界と同じ？

昔は、銀行と言えば〝堅い職業〟というイメージがありました。現実には、そうでない経営をしていたことが明らかになり、近年では、銀行のイメージはかなり悪化しています。同じ金融業でも、証券会社の場合には、もともと銀行ほどはイメージがよくなかったのですが、日本の株価低迷によって損をした個人投資家の中には、「証券マンあるいは証券レディのいい加減なアドバイスに騙された」などと、証券会社への不満を増幅させた人も多いようです。また、破綻した保険会社と保険契約をしていた人の中には、「保険会社の外交員に騙された」と感じている人もいるでしょう。

それでも、一般の日本人が銀行・証券会社・保険会社などの金融機関に対して抱くイメージは、まだまだ〝甘い〟と言えるでしょう。

なぜなら、金融危機が叫ばれ、銀行・証券会社・保険会社に対する批判が強まった、いま現在でも、日本の金融機関の大半は、その実態よりもずっと甘い評価をしてくれる個人をカモに〝ぼったくり〟としか表現しようがないような金融商品を売りつけられる、と信じているからです。実際に、そういった〝ぼったくり金融商品〟の広告・宣伝を、新聞や雑誌やテレビや街角で、毎日のようにみかけます。

筆者は、そういった金融商品に手を出す顧客が近年どれほどいるのか、細かな内実を知る立場にありません。しかし、多くの広告・宣伝が流され、つぎつぎと他の金融機関が同様の商品を手がけるようになるという事実をみていると、「ずいぶんとヒットしているにちがいない」と感じずにはいられません。残念ながら、日本の平均的な個人が銀行や証券会社や保険会社に対して抱くイメージは、まだまだ実像よりもずっと美化されており、そのため簡単に騙される人が多いと思われます。

筆者は「銀行・証券会社・保険会社などの金融機関は、すぐにあなたを騙そうとするから、なるべくつきあうな」などとアドバイスするつもりはありません。

きちんと勉強をしていない相手は騙す一方で、いろいろと勉強している相手には、それなりのサービスをするという商売のやり方は、どんな商売にもよくみられるものだからです。その意味では、銀行も証券会社も保険会社も、その他の金融機関も、ふつうのやり方で商売をしているだけなのです。

だから、「自分が正しい知識と判断力をもっていなければ、騙されるのは当然！」と覚悟した上で、金融機関とつきあうことが大切です。少し手荒な表現をするなら、いろいろと社会的に叩かれても、日本で営業している（外資系もふくめた）銀行・証券会社・保険会社の大半は「とりあえず、騙せる客は、できるだけ騙してぼったくる」ことを、経営の基本としています。そのことを正しく認識すべきです。

これまでに筆者が書いた本の読者には、金融関係の人たちも多いようですので、本当はあまり過激なことは書きたくないのですが、筆者にとってのお得意様が怒るのを覚悟で、あえて申し上げます。筆者は、銀行や証券会社や保険会社などの金融機関は、歓楽街にある〝風俗産業〟と同じような商売のやり方をしていると思っておけば、おおむね正しいイメージでつきあうことができる、と考えています。

立派な紳士であった人が、がらりと性格が変わってしまって、とても俗物的な人になってしまう場合の、典型的な2大パターンと言えば、何といっても、カネと女でしょう。カネ儲けに取りつかれたり、女遊びに溺れたりして、人生を狂わせた紳士はどれほど多いことか。

また、大金に目がくらんで人生を棒に振るのは、男性ばかりではないでしょう。女性の場合にも、とてもまじめだった女性が悪い男に引っかかって、公金横領などの犯罪に手を染めてしまう、といった事例が新聞ネタになることがあります。

聖人君子ならぬ、ふつうの人間にとって、カネと異性に対する欲望は、判断力を狂わせる魔力をもちます。そのため、銀行や証券会社や保険会社も、風俗店も、「欲望が判断を狂わせる」という点をうまくついて商売をおこなえば、ビジネスに成功することができます。

とりわけ大切なのは、お客になりそうな人に対して「同じような店（あるいは金融機関）はいろいろありますけど、うちが一番いい店ですよ」ということをいかにアピールするか、つまり〝宣伝〟です。

風俗店であれば、スポーツ新聞や夕刊紙や風俗関係の雑誌に広告を出し、チラシを配り、深夜のテレビＣＭを流し、口コミなども利用して、また、店によっては街角で客引きをして、何とか店を宣伝しようとするでしょう。

同じように、いろいろな金融機関も、新聞やマネー雑誌に広告を出し、店頭やダイレクト・メールで無料パンフレットを配り、ときにはテレビや口コミなども利用し、また、振り込みなどの他の用事で窓口に来た人に金融商品を勧めたりして、あの手この手で売り込みを図ります。

風俗店にとっても、カラー写真入りの派手なビラをあちこちにばらまいたり、広告を出したりするコストは結構大きなものではないかと推察されます。スケベ心を強く刺激しないといけませんから。

しかし金融機関は、もっと巨額のコストをかけて、必死に宣伝活動をしています。パンフレットひとつをとっても、良質な紙にフルカラーで印刷し、いかにもおカネがかかっていそうな感じです（定期預金をしたときにもらえるティッシュペーパーはケチくさいものであることが多いのにねぇ）。そんな高コストなパンフレットを大量に用意して、無料で店頭に置いて配布し、さらに新聞・雑誌にどんどん広告を出し、最近ではテレビCMも積極的に流しています。

さぞかし広告・宣伝の予算は潤沢なのだろうと想像してしまいます。実際に、大手の銀行や証券会社であれば、たとえば新聞広告だけでも、各社ごとに毎年数十億円ずつ使っているようです。人の欲望に訴えかけるには、最初におカネをケチってはいけないと考えているのでしょう。しかも、最近の金融広告の多くは、大変に工夫を凝らしていて、客をひきつけるためのいろいろなトリックが盛り込まれています。

さて、「コンピューターなどの情報技術をどんどん活用することで、金融技術が格段に進歩してきている」と主張する人がいますが、これはウソです。

実際には、たとえばどの大手銀行（メガバンクなど）も、決算期が近くなるごとに、本当に毎度毎度同じように「株価下落による経営危機が危惧される」というバカげた状況をくり返していました（その報道がないときには、単に運よく株価が上がっていただけです）。株価変動のリスクへの対策が全然できていないのです。技術の水準を、実践的に役に立つかどうかで判断するなら、そういった大手銀行では、基本的な金融技術のはずのリスク管理技術ですら、ほとんど進歩していないことになります。

他にも、メガバンクでシステム障害が相次いで起きたり、技術的に優れていると思われていた外資系証券会社が、明らかにまちがった注文をチェックできずに大損したり、不正な取引を理由に行政処分されたり、といった例には事欠きません。とにかく、多くの金融機関では基本的な商売の技能は向上していない、と判断せざるをえません。

しかし、預金や投資信託などの金融商品の広告をみていると、顧客の欲望（楽してカネを増やしたいというスケベ心）を刺激するためのテクニックは、なかなか巧妙になってきたように感じられます。いろいろな広告を並べて、じっくり鑑賞すると、感心させられる部分がたくさんあります。もちろん、「騙すためなら、ここまでするのか！」と感心することが多いのですが。

本書は、金融機関による金融商品広告を取り上げ、その読み方を解説するものです。そのために、最近7年程度の、金融商品広告を多数調べ、解説を加えるべきポイントを強調した

〝架空の広告〟を、いくつも作成しました。

＊くどいようですが、本書の各図で取り上げられている広告は、あくまで架空のものであり、実際に存在する金融商品や企業・個人などとは一切関係ありません。

本書を手に取ってくださった読者の中には、「少しでも有利な資産運用をするために、金融商品の広告をきちんと読めるようになりたい」と考えている人も多いでしょう。そういった方には、本書は広告読解の手引きとしてご利用いただけると思います。

金融商品広告を読む際の、もっとも大切なポイントは、非常に細かくて読みにくい文字もふくめて、とにかくすべての文字をよく読むということなのですが、そういった文字を読み飛ばすと、どんなワナに落ちるのか、本文では、典型的な事例をいろいろと紹介しています。

また、読者の中には「もしかしたら、本当に魅力的な金融商品もいろいろと紹介されているのでは？」と期待する人がいるかもしれません。そういった方に対しては、身もフタもないことを先に正直に申し上げますが、本書に出てくる金融商品広告の大多数は、よく読めばそんな商品に手を出してはいけないと気がつくべきものです。これは、現実に新聞や雑誌に載る金融商品広告の圧倒的に多くがそのようなものであることを反映しています。

ただし、客側にとってそれなりに魅力的な金融商品の広告も、新聞や雑誌でときどきみつけることができますし、本書においても、魅力的でない商品の広告だけを並べたのでは、広告の裏を読むためのトレーニングにはなりませんので、中には、比較的有利な金融商品の広告も混じっています。

どれが当たりの商品で、どれがハズレの商品なのか、読者自身の力で見抜くようにしていただければ、金融商品広告のウソをみつける能力がよりいっそう身につくでしょう。

もちろん、「経営に苦しんでいる銀行や証券会社がわざわざ高い広告費をかけて宣伝しているような金融商品なんて、どうせ、客にとっては、ろくなもんじゃないはずだ」と見切っている方もいるでしょう。どんな広告をみても、いつもその気持ちを忘れずにいられる人は、すでに金融商品広告を読むための極意を習得していると思われます。

ですから、無理に本書をお読みいただく必要はないのですが、筆者としては、むしろそういった方にこそ、本文に出てくる架空広告を楽しんでもらえるのではないか、と期待しています。銀行や証券会社が客を引っかけるためにどのようなテクニックを使っているのか、欲を抑えて冷静に金融商品広告を読むことができる人であればこそ、その滑稽《こっけい》さを笑って楽しむことができるだろう、と考えているからです。

ある金融機関がうまい広告を思いつくと、他の金融機関はそれと類似で、かつ、プラスもうひと工夫を凝らした広告を出すといった感じで、なかなか競争が激しいため、金融商品広告は進化し続けています。

もちろん、その進化は、獲物を狙うハンターとしての進化であって、客側からみれば、相手(敵?)が狡猾になっているということですから、あまり歓迎できません。なお、金融商品の仕組みが正しく理解できるようになると、広告にみられる変化は「とても進化などと呼べるようなものではない」と感じられるかもしれませんが、そのときそのときの日本人のカネ儲けへのスケベ心を反映し、それに適応した広告が生み出されるという意味では、まあ、進化と呼んでいいでしょう。

よく知られているように、クジャクの美しい羽は、異性の気をひくために進化してきたものですが、クジャクに性的魅力を感じるわけではない私たちも、クジャクの羽をみて美しいと感じ、わざわざ動物園に観賞にいったりします。おカネへの欲望をめぐって進化し続ける金融商品広告について、カネ儲けへの欲を切り離して鑑賞するのもまた、結構味わい深いものです。

都合のよいことに、本書に登場する広告はすべて架空のものですから、実際にその広告に出ている商品を取引することはできません。ですから、本書を読む際には、とりあえずおカネへの欲望を抑えて、金融商品広告を鑑賞することができるはずです。

その結果、ひとりでも多くの人が、現実の金融商品広告を読む際にも、「どれどれ、この広告にはどんな騙しのテクニックが使われているのか、鑑賞してやろう」というぐらいの姿勢で、欲望に惑わされずに、冷静に判断できるようになったとすれば、筆者として、これに勝る喜びはありません。

そして、そのような意味での、日本人のおカネをめぐる判断能力の進化こそが、〝ぼったくり金融商品〟を駆逐するために不可欠なものであると信じています。

また、銀行・証券会社・保険会社などの金融機関の中にいる、心ある人たちも、本来なら、そういった冷静な判断力のある顧客を前提に、正しい顧客獲得競争をおこないたいと思っていることでしょう。

本書は、表面的には、金融機関による広告のカラクリを暴くものとなっていますが、決して、金融機関の商売を邪魔したいわけではありません。筆者としては、より好ましい金融ビジネスをおこなっていただくための、土台づくりに貢献したいと願って書きました。これまで筆者の他の本を好意的に読んでくださった、金融機関にお勤めの読者の方々には、その点をご理解いただければ幸いです（ちょっと無理なお願いかもしれませんが……）。

本書の企画から出版まで3年半以上お待たせし、光文社新書編集部の古谷俊勝編集長には多大なご迷惑をおかけしました。筆者が勝手気ままに書いた原稿に出版の機会を与えてくださったことに心から感謝します。また、執筆中にアイディアの確認などの相談にいつも気軽に応じてくださった、南山大学経済学部の上田薫教授と小林佳世子講師に感謝します。

南山大学経済学部4年生の宮本真理さん、久保田帆美さん、古田喜久君、谷口真紀子さん、松井巴香さんは、就職活動のピークで忙しい時期に分厚い原稿を読んでコメントをしてくれました。ときどき、関連する題材での雑談に応じていただいた方々もふくめ、みなさまに感謝します。

もちろん、本書の内容に誤りがあれば、それはすべて筆者の責任です。

2005年4月1日

生きていく上で大切なことを私に教えてくれたすべての人に、
少しでも恩返しができればと願いつつ

吉本　佳生

目次

『問題』と『解答』 3
はじめに――金融業界は風俗業界と同じ? 5
本書に登場する金融商品広告の一覧 19
第一章「高金利預金」の広告――客の選別……73
【取り上げる広告】◆オーストラリアドル定期預金 ◆円定期預金 ◆ユーロ定期預金 ◆米ドル定期預金
第二章「セット商品」の広告――手数料の水増し……119
【取り上げる広告】◆円預金と外貨預金・投資信託のセット販売
第三章「長期の預金」の広告――インフレの恐怖……141
【取り上げる広告】◆長期の円定期預金 ◆期間延長特約つき円定期預金
第四章「リスクとリターン」の正しい意味と考え方……191

第五章　「外貨で運用」の広告――コストの比較……233
【取り上げる広告】◆外貨預金　◆外国為替証拠金取引　◆外貨ＭＭＦ　◆長期の外貨定期預金
第六章　「国債・社債・地方債」の広告――金利変動の影響……271
【取り上げる広告】◆個人向け国債　◆社債　◆地方債（ミニ公募債）
第七章　「特約つき○○」の広告――富裕層向け商品はお得？……297
【取り上げる広告】◆ＥＢ債　◆特約つき外貨預金　◆プライベートバンクサービス　◆特約つき外債
第八章　「年金保険」の広告――老後の不安につけ込む……327
【取り上げる広告】◆利率保証つき年金保険　◆外貨建て年金保険　◆変額年金保険（投資型年金保険）
第九章　「投資信託」の広告――手数料のかたまり……363
【取り上げる広告】◆株式投資信託［ファンド・オブ・ファンズ、一般的なタイプ、バランス型、ＥＴＦ］

第十章　「流行の投資信託」の広告――毎月分配はお得？……397
【取り上げる広告】◆毎月分配型投資信託　◆高金利国のゼロ・クーポン債　◆マンション投資　◆REIT　◆毎月分配型REITファンド
第十一章　続「流行の投資信託」の広告――リスクは小さい？……425
【取り上げる広告】◆リスク限定型投資信託　◆元本確保型投資信託　◆外貨建て元本確保型投資信託　◆ロング・ショート型投資信託　◆ファンド・オブ・ヘッジファンズ
第十二章　「新しいテーマを追う商品」の広告――夢と現実……465
【取り上げる広告】◆社会的責任投資ファンド　◆中国株ファンド　◆インド株ファンド　◆新規公開株　◆商品ファンド　◆金投資ファンド　◆著名人推薦のファンド
おわりに――規制強化は必要ない　497

本書に登場する金融商品広告の一覧

本文75ページに登場の金融商品広告

今、大人気の
オーストラリアドル定期預金を
キャンペーン特別金利で始めよう！

期間限定
今月末まで

年10%

3ヵ月もの　（税引後８%）

◆キャンペーン特別金利は、50万円以上の円現金あるいは円預金口座から外貨定期預金をお始めいただいたときに、初回満期日まで適用されます。◆外貨預金への入出金の際には、外貨現金・トラベラーズチェックはお取り扱いしておりません。◆円から外貨に交換する際には、所定の手数料がかかります。◆利息には一律20%が源泉分離課税されます。

上の広告は架空のものであり、登場する企業や金融商品などは、現実の企業や金融商品などとは一切関係ありません。

本文89ページに登場の金融商品広告

A

円定期預金で、凄い好金利！

新規に口座を
開設される方に

3ヵ月もの

年1%

（税引後 0.8%）

◆このキャンペーン金利は、当行で初めて口座を開設される方が金額30万円までの定期預金を新規にお預けになる場合に、初回のみ適用されます。◆利息には一律20%が源泉分離課税されます。

B

円定期預金で、凄い好金利！

新規に口座を
開設される方に

1ヵ月もの

年2%

（税引後 1.6%）

◆このキャンペーン金利は、当行で初めて口座を開設される方が金額30万円までの定期預金を新規にお預けになる場合に、初回のみ適用されます。◆利息には一律20%が源泉分離課税されます。

上の広告は架空のものであり、登場する企業や金融商品などは、現実の企業や金融商品などとは一切関係ありません。

本文92ページに登場の金融商品広告

ユーロ定期預金が
いまなら、こんなに高金利！

締切迫る
今週末まで

年18%

1ヵ月もの　(税引後14.4%)

ユーロ定期預金の優遇金利

1ヵ月定期	年18%(税引後14.4%)	6ヵ月定期	年7%(税引後5.6%)
3ヵ月定期	年9%(税引後7.2%)	1年定期	年5%(税引後4.0%)

◆キャンペーン特別金利は、30万円以上の円現金あるいは円預金口座から外貨定期預金をお始めいただいたときに、初回満期日まで適用されます。◆外貨預金への入出金の際には、外貨現金・トラベラーズチェックはお取り扱いしておりません。◆円から外貨に交換する際には、所定の手数料がかかります。◆利息には一律20%が源泉分離課税されます。

上の広告は架空のものであり、登場する企業や金融商品などは、現実の企業や金融商品などとは一切関係ありません。

本文108ページに登場の金融商品広告

A

外貨預金特別キャンペーン実施中！

米ドル定期預金（3ヵ月もの）が好金利

5%

（税引後 4%）

◆キャンペーン特別金利は、50万円以上の円現金あるいは円預金口座から外貨定期預金をお始めいただいたときに、初回満期日まで適用されます。◆利息には一律20%が源泉分離課税されます。

B

キャンペーン好金利で、

米ドル定期預金を始めよう！

年7%

1ヵ月もの

（税引後 5.6%）

3ヵ月もの なら 2%

◆キャンペーン特別金利は、50万円以上の円現金あるいは円預金口座から外貨定期預金をお始めいただいたときに、初回満期日まで適用されます。◆利息には一律20%が源泉分離課税されます。

上の広告は架空のものであり、登場する企業や金融商品などは、現実の企業や金融商品などとは一切関係ありません。

本文112ページに登場の金融商品広告

外貨預金・金利上乗せキャンペーン実施中

200X年11月15日から200X年12月15日まで

米ドル定期預金

（3ヵ月もの）

最大で

プラス

＋2％［年率］

★期間中、米ドル定期預金（3ヵ月もの）に下記の金利を上乗せ！

プランA：10万ドル以上のお預け入れの場合　＋2.0％の上乗せ

当行標準金利 ＋2.0％ ＝ 1.8％ ＋ 2.0％ ＝ 3.8％

（200X年11月20日現在の適用金利）

プランB：3万ドル以上のお預け入れの場合　＋1.0％の上乗せ

当行標準金利 ＋1.0％ ＝ 1.8％ ＋ 1.0％ ＝ 2.8％

（200X年11月20日現在の適用金利）

プランC：3万ドル未満のお預け入れの場合　＋0.5％の上乗せ

当行標準金利 ＋0.5％ ＝ 1.8％ ＋ 0.5％ ＝ 2.3％

（200X年11月20日現在の適用金利）

上の広告は架空のものであり、登場する企業や金融商品などは、現実の企業や金融商品などとは一切関係ありません。

本文116ページに登場の金融商品広告

A

このチャンスを見逃すな！

円定期・特別金利キャンペーン
2004年12月20日まで

通常金利の50倍

6ヵ月もの定期預金

通常金利が年0.01％の円定期預金（6ヵ月もの）が、
キャンペーン期間中なら、年0.5％の特別金利で始められます。

B

この春、新社会人になった皆様に
特別金利キャンペーン実施中

たちまちコース	じっくりコース
1ヵ月もの円定期預金	3年もの円定期預金
通常金利プラス1％	通常金利の10倍
（現在の通常金利は年0.01％）	（現在の通常金利は年0.03％）

※新規に総合口座を開設され、給与振込口座にご指定いただいた、新社会人の方を対象にしたキャンペーンです。

上の広告は架空のものであり、登場する企業や金融商品などは、現実の企業や金融商品などとは一切関係ありません。

本文121ページに登場の金融商品広告

A

リスク分散に最適なセット

40万円から始められます。

円定期預金
年1%
（3ヵ月もの）
[税引後 0.8%]

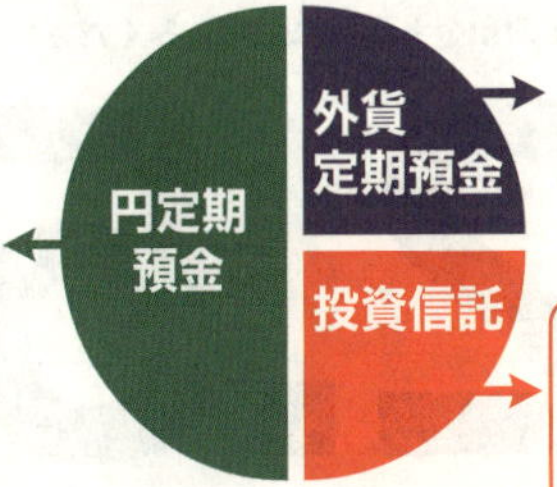

米ドル定期預金
年5%
（3ヵ月もの）
[税引後 4%]

投資信託
○×ファンド
△□ファンド
☆※ファンド
から選択できます

※ご運用資金のうち、円定期預金は50%以内、外貨定期預金と投資信託を合わせて50%以上で、お始めいただきます。※外貨定期預金は、円貨を米ドルに転換して米ドル定期預金を始める場合のみを対象とします。

B

30万円からできる 初めての投資セット

円定期 特別金利
1ヵ月もの 年3% 税引後2.4%

外貨預金お始めセット

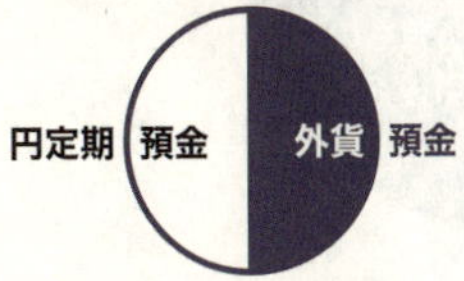

投資信託お始めセット

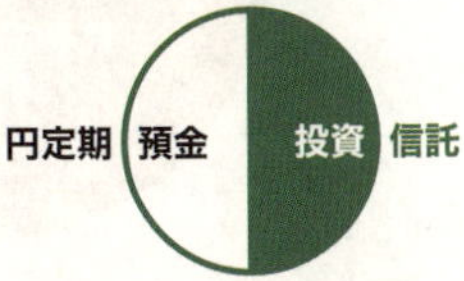

両セットとも、円定期預金はご運用資金の50%以内となります。
外貨預金は、円貨を両替してお預け入れの場合に限ります。

上の広告は架空のものであり、登場する企業や金融商品などは、現実の企業や金融商品などとは一切関係ありません。

本文137ページに登場の金融商品広告

A

ハッピー運用セットで、
好金利の円定期預金をどうぞ！
（1ヵ月もの）

外貨定期預金と同時にお申込みください

年2.5％

《税引後 2％》

◎円定期預金（1ヵ月もの）と外貨定期預金（米ドルまたはユーロ、1ヵ月もの、30万円以上の円貨からお始め）を同時にお申込みいただくと、外貨定期預金の円貨相当額を上限として円定期預金に優遇金利を適用いたします。

B

スーパー好金利セット

円定期預金

米ドル定期預金

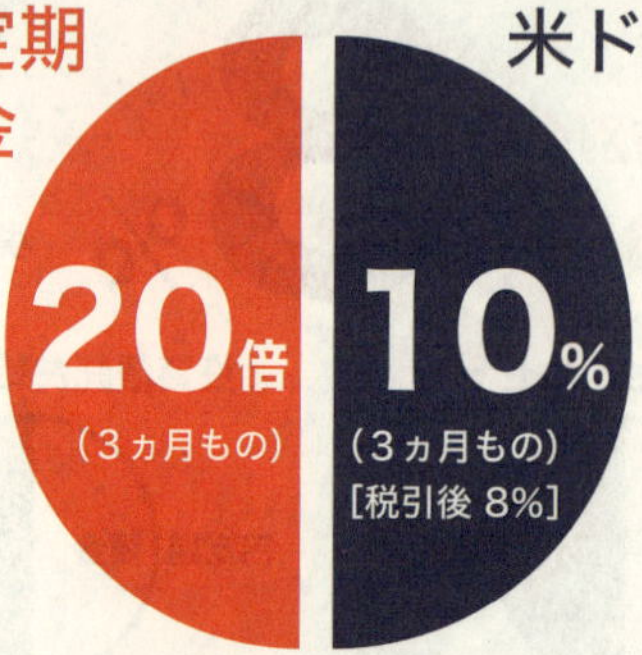

◆合計100万円以上の円貨から、円定期預金と、円貨相当で同額の外貨定期預金を、同時にお始めください。

上の広告は架空のものであり、登場する企業や金融商品などは、現実の企業や金融商品などとは一切関係ありません。

本文140ページに登場の金融商品広告

超低金利での運用にお困りの方々に
お得なセレクトプランをお届けします

円定期預金＋投資信託

すべてのプランが30万円から始められます

Plan One 〜 Light 〜

円定期預金 3ヵ月もの 初回適用金利	年1％ 税引後0.8％

円定期の50％相当額以上で
投資信託をご購入の際に適用

※運用金額30万円の例

Plan Two 〜 Middle 〜

円定期預金 3ヵ月もの 初回適用金利	年2％ 税引後1.6％

円定期の100％相当額以上で
投資信託をご購入の際に適用

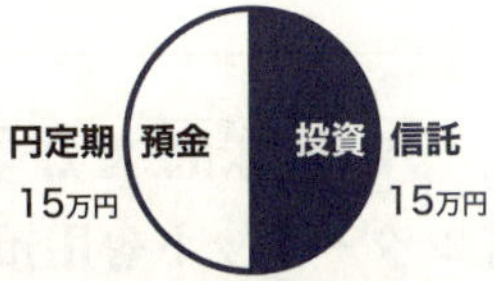

※運用金額30万円の例

Plan Three 〜 Strong 〜

円定期預金 3ヵ月もの 初回適用金利	年3％ 税引後2.4％

円定期の200％相当額以上で
投資信託をご購入の際に適用

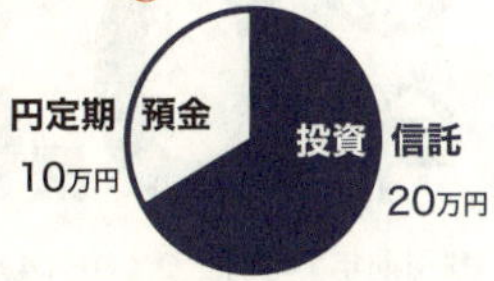

※運用金額30万円の例

◆投資信託は、当行がお申し込みをお取り扱いしている株式投資信託の中からお選びいただけます。対象となる投資信託については、窓口でお問い合わせください。

上の広告は架空のものであり、登場する企業や金融商品などは、現実の企業や金融商品などとは一切関係ありません。

本文143ページに登場の金融商品広告

A

超低金利時代の救世主！
元本保証で、凄い好金利の円預金登場!!

当行の2年もの円定期預金の金利（0.02%）の、何と50倍の好金利

8年もの

定期預金を超えた預金

年1%

（税引後 0.8%）

◆預入期間：8年。◆預入金額：50万円以上。◆預金保険の対象です。◆利息は1年ごとに支払われます。◆利息には一律20%が源泉分離課税されます。◆本預金は、満期前の中途解約が一切できません。◆当行の財務格付けは最高位のAAAです。

B

元本保証で好条件の円定期預金
インターネット専用預金だから、この好金利！

5年もの

年0.80%

税引後 0.64%

税引前年平均利回り：0.814%　税引後年平均利回り：0.651%

お申し込みは *http://uchinoginkohayoikinnri……*

◆預入期間：5年。◆預入金額：50万円以上500万円以下。◆預金保険の対象です。◆利息は半年複利で計算され、元本および利息は満期時に一括で払い戻しされます。◆利息には一律20%が源泉分離課税されます。◆中途解約すると、普通預金金利が適用されます。

上の広告は架空のものであり、登場する企業や金融商品などは、現実の企業や金融商品などとは一切関係ありません。

本文176ページに登場の金融商品広告

元本保証で有利な運用
『新型円定期預金（期間延長特約つき）』登場！

7年もの円定期預金　お預かり期間がさらに３年間延長する可能性も！

元本保証
年金利 2%（税引後 年1.6%）

この定期預金は、満期日までの７年間（期間延長の場合には10年間）原則として中途解約できませんので、ご注意ください。

例えば、1,000万円お預けいただくと、
７年後に112万円のお利息が受け取れます！
▼
７年後の当初満期日の前に、
当行の判断で、満期日を３年間延長するかもしれません。
▼
期間延長の場合も、金利は年２％（税引後1.6%）で固定ですので、
税引後のお利息は、10年間合計で160万円になります。

お受取利息（税引後）は下表のようになります

お預かり金額	７年後のお受取利息	10年間での合計利息（３年間延長の場合）
500万円	560,000円	800,000円
1,000万円	1,120,000円	1,600,000円
2,000万円	2,240,000円	3,200,000円

◇期間延長の有無にかかわらず、原則として本預金は中途解約できませんが、特別な事情があると当行が認めて中途解約に応じる場合には、解約によって発生する費用（解約日から満期日までの本預金の再構築額と手続き費用）を計算して元本金額から差し引きますので、このとき、元本割れが生じる可能性があります。

上の広告は架空のものであり、登場する企業や金融商品などは、現実の企業や金融商品などとは一切関係ありません。

本文237ページに登場の金融商品広告

上の広告は架空のものであり、登場する企業や金融商品などは、現実の企業や金融商品などとは一切関係ありません。

本文244ページに登場の金融商品広告

A

業界最低水準のスプレッド

3銭（1米ドル当たり）で

外国為替証拠金取引を！

※インターネット専用お取引の場合

■ 個人でも、インターバンク市場と同等の環境で取引できます。
☆「円⇔米ドル」取引の例：
売値 Bid 105.00 円/ドル ←3銭→ 買値 Ask 105.03 円/ドル
※通常時のスプレッドであり、為替動向によっては変更になることがあります。

■ 手数料も業界最低水準！
◎ 1万通貨単位の取引の場合 ：「1万通貨ごとに400円」
◎ 10万通貨単位の取引の場合 ：「10万通貨ごとに2000円」

■ 取扱通貨も７種類と豊富！ 対円以外の取引も可能！
◇ 米ドル、ユーロ、英ポンド、豪ドル、ＮＺドル、カナダドル、スイスフラン

B

□△○☆社の

デイトレード専用

外国為替証拠金取引

なら

手数料 0 円

上の広告は架空のものであり、登場する企業や金融商品などは、現実の企業や金融商品などとは一切関係ありません。

本文249ページに登場の金融商品広告

ルクセンブルグ籍オープンエンド契約型外国投資信託

凸凹証券の外貨MMF

運用実績：2005年1月31日現在
（直近７日間の平均実績、税引前、各通貨ベース）
※下記の実績は過去の運用実績であり、将来の見込みを示すものではありません。

米ドルMMF 1.555% 年換算利回り

ユーロMMF 1.444% 年換算利回り

豪ドルMMF 4.321% 年換算利回り

▼お手続き時の為替レートに基づき、リアルタイムに適用為替レートを決定します。適用為替レートには下記の為替手数料が含まれます。

	米ドルMMF	ユーロMMF	豪ドルMMF
1000万円相当額未満	0.50円	0.80円	0.90円
1000万円相当額以上	0.30円	0.40円	0.50円

上の広告は架空のものであり、登場する企業や金融商品などは、現実の企業や金融商品などとは一切関係ありません。

本文266ページに登場の金融商品広告

革命的な外貨定期預金が登場。

高金利米ドル定期預金
10年もの

3.5% 年利 ※1

中途解約もできる！※2

円から外貨に
交換の際には
為替手数料
無料 ※3

たとえば
円資金500万円で開始

↓ 為替手数料は無料

TTMが1ドル＝100円なら
米ドル元本は50,000ドル

↓ 年利3.5%の半年複利で10年運用

満期時の受取額
66,591.12ドル（税引後）

↓ 為替変動がないとすると

TTM 1ドル＝100円（TTB 1ドル＝99円）なら
6,592,522円

← 500万円を預けて
10年後に
159万円の
利息受取

※1：2004年11月8日現在の金利です。税引後年利は2.8％です。
※2：中途解約時の適用金利は年利0.09％（税引後0.072％）です。
※3：外貨から円に戻すときの為替手数料は1円／ドルです。

上の広告は架空のものであり、登場する企業や金融商品などは、現実の企業や金融商品などとは一切関係ありません。

本文280ページに登場の金融商品広告

凸凹証券ではじめよう

初回適用利率

第8回 募集中 **個人向け国債**

年0.74%※

税引後 年0.592%

最低クーポン保証付変動金利型国債

※上記は初回利払い時の利率です。利率は半年ごとに見直され、基準金利（10年物固定利付国債の入札結果から算出する金利）から0.80%を差し引いた利率となります。

お申し込み期間

平成16年9月9日～28日

発行日　：　平成16年10月12日
償還日　：　平成26年10月10日（10年債）
利払日　：　年２回（10月10日・4月10日）
申込単位　：　額面金額1万円単位
発行価格　：　額面金額100円につき100円

■ 国債ならではの「安全性」

■ 利子は年２回で「変動金利」最低金利を保証

■ 購入は「１万円から」満期は「10年」

■「中途換金」が可能　※発行日から１年経過後であれば、いつでも換金できます。

■ 口座管理料は「無料」

☆中途換金によるお受取金額は下記の式で計算されます。

額面金額 ＋ 経過利子相当額 － 直近２回の利子相当額

上の広告は架空のものであり、登場する企業や金融商品などは、現実の企業や金融商品などとは一切関係ありません。

本文289ページに登場の金融商品広告

新規発行社債のお知らせ

凸凹コーポレーション株式会社

第10回 無担保社債

4年債利率（仮条件） 年1.75%～2.35%

発行価格	額面100円につき100円
申込単位	100万円単位
償還期限	平成20年9月22日（4年債）
申込期間	平成16年9月1日～9月20日
払込期日	平成16年9月21日

この表示は情報のお知らせであり、上記の各条件は今後変更される可能性があります。当該債券や発行会社についての詳細な情報は「目論見書」に記載されていますので、そちらをご覧ください。

ただいま、お申し込み受付中です！

◆社債のご購入に際しては下記のリスクにご留意ください。

市場金利や経済情勢などに応じて価格が変動するリスク
社債の発行後は、市場金利や経済情勢の変化などの要因で、債券価格が購入時より上昇したり、下落したりします。そのため、投資元本を下回る可能性がありますので、ご留意ください。

発行会社の信用度に関するリスク
社債の元利金の支払いはすべて発行会社が責任を負いますので、経営状態の変化によって、債券価格が変動したり、元利金支払いの不履行や遅延が発生することもあります。従って発行会社の信用度を判断することが大切です。

「社債」のお申し込みに当たっては、必ず「目論見書」をご覧ください

目論見書のご請求は **凸凹証券**

上の広告は架空のものであり、登場する企業や金融商品などは、現実の企業や金融商品などとは一切関係ありません。

本文293ページに登場の金融商品広告

住民参加型

◆5年債◆

第八回しゃちほこ市民債

○×△市は、個人向けの「第八回しゃちほこ市民債」を発行します。集めた資金は地震・水害対策などを推進するために使われます。

お申し込みメモ

資金使途：地震・水害対策などを推進する施策に使用
購入対象者：○×△市内に在住、あるいは在勤の個人
○×△市内に営業拠点等のある法人・団体
期間：5年［満期一括償還］
発行価格：額面100円につき100円
発行日：平成16年11月16日(火)
償還日：平成21年11月16日(火)
利払日：毎年5月と11月の各16日
募集期間：平成16年11月1日(月)～11月10日(水)
利率：平成16年11月10日(水)に公表の予定
購入可能額：一人当たり額面１万円から500万円まで
※マル優・特別マル優をご利用いただける場合があります

【本債券への投資には、下記のようなリスクが伴います】
本債券の価格は、市場金利の変動や発行者の信用状況の変化等によって上下しますので、償還前に売却すると、投資元本を割り込むことがあります。

お申し込みは **凸凹証券 しゃちほこ支店**

上の広告は架空のものであり、登場する企業や金融商品などは、現実の企業や金融商品などとは一切関係ありません。

本文299ページに登場の金融商品広告

上の広告は架空のものであり、登場する企業や金融商品などは、現実の企業や金融商品などとは一切関係ありません。

本文307ページに登場の金融商品広告

満期に円で受け取ることになっても
外貨で受け取ることになっても
好金利！

預入金額：100万円相当額以上
取扱通貨：米ドル、ユーロ　預入期間：3ヵ月

円貨償還のときの預金金利	外貨償還のときの預金金利
年**6**% 税引後 年4.8% 満期時に円安にふれても、円安メリットは享受できません。	年**1**% 税引後 年0.8% 円に転換する場合、為替相場次第では差損が生じる場合があります。

《特約つき外貨預金のしくみ》お預入時に「円償還特約消滅相場」が決定され、その相場と判定日（満期日の２営業日前）のＴＴＭ※との比較で、元利金の償還通貨が円貨になるか外貨になるかが自動的に決まります。（お客様が償還通貨を選択することはできません。）

※ＴＴＭ：ＴＴＳ（円貨を外貨に替える際の相場）と
ＴＴＢ（外貨を円貨に替える際の相場）の平均値

円償還特約で、好利回りが期待できます

特約つき外貨預金

運用シミュレーション

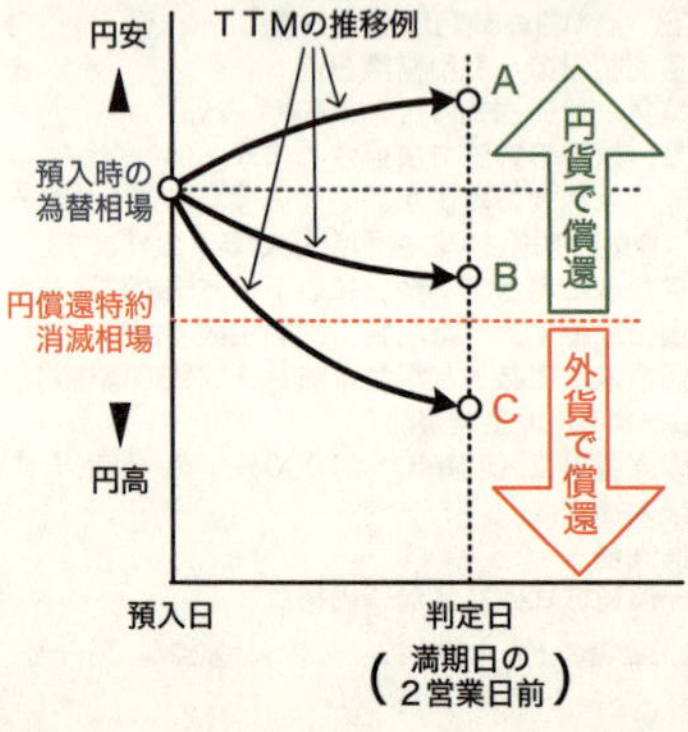

円貨で償還　（左図のＡとＢ）
判定日のＴＴＭが円償還特約消滅相場より円安の場合には、元本・利息とも円貨で支払われます。

外貨で償還　（左図のＣ）
判定日のＴＴＭが円償還特約消滅相場と同一あるいは円高の場合には、元本・利息とも外貨で支払われます。

上の広告は架空のものであり、登場する企業や金融商品などは、現実の企業や金融商品などとは一切関係ありません。

本文315ページに登場の金融商品広告

一億円以上の金融資産をお持ちのお客様へ

最高級のプライベートバンクサービスをどうぞ。
凸凹銀行が持つ高度な金融技術を生かし、
専任の資産運用エキスパートが、
特別な金融商品を用意して、
お客様のご要望に速やかにお応えします。

円預金での好金利をお望みのお客様へ

ＶＩＰ専用預金 **『□☆○※△定期預金』**

円で好金利を目指すお客様で、指定の為替レートなら満期時に元本を米ドルで受け取ってもよいとお考えのお客様におすすめします。

■ 満期日２営業日前の為替レートが特約レート※と同じあるいは円安の場合、元本を円でお受け取り。（円普通預金に入金します。）
■ 満期日２営業日前の為替レートが特約レート※より円高の場合、元本を米ドルでお受け取り。（特約レートで米ドルに交換し、米ドル普通預金に入金します。）
※特約レートは、お預け入れ時にお客様にお選びいただきます。

■ 期間：３年　■ 預入金額：１億円以上、１万円単位　■ 利払：年１回

上の広告は架空のものであり、登場する企業や金融商品などは、現実の企業や金融商品などとは一切関係ありません。

本文322ページに登場の金融商品広告

新規発行外債のご案内　《 現在お申し込み受付中 》

凹凸共和国産業金融公社

2006年1月20日満期
カナダドル償還特約付 円／カナダドル債券

売出期間：2005年1月11日〜1月19日

利率［円ベース］ 年 **3.3%** 期間1年

☆売出価格……額面金額の100%
☆利払日………2005年7月20日・2006年1月20日
☆償還期日……2006年1月20日 ※利金・償還金のお支払いは翌営業日以降
☆受渡期日……2005年1月20日
☆申込単位……額面100万円

当初為替レート
2005年1月20日東京時間午前11時現在の金融情報画面の「JPN¥」に表示された1カナダドルに対する日本円の売値と買値の単純平均値

ノックインレベル
当初為替レートから8.5円を引いたレート
※本債券の償還形態を決定する際の基準為替レートとなります。

観察期間
2005年1月20日東京時間午前11時から2006年1月6日東京時間午後5時までの期間

円／カナダドルレート
観察期間中の東京時間午前8時〜午後5時の間に金融情報画面の「JPN¥」に表示された1カナダドルに対する日本円の売値と買値の単純平均値

償還の方法
●観察期間中のどの時点でも円／カナダドルレートがノックインレベルを上回っている場合、額面金額100万円当たり100万円で償還 ※仮に円安が進展しても為替差益は享受できません。
●観察期間中のいずれかの時点で円／カナダドルレートがノックインレベルを下回るか等しくなった場合、額面金額100万円につき、100万円を当初為替レートで割ったカナダドルの金額で償還

本債券の特徴
◆ 払込金および利金は円建です。
◆ 償還金は観察期間中の円／カナダドル為替レートの水準に応じて円あるいはカナダドルのどちらかで支払われます（為替リスクがあります）。

※お申し込みの際には、必ず目論見書をご覧の上、ご購入をご検討ください。

上の広告は架空のものであり、登場する企業や金融商品などは、現実の企業や金融商品などとは一切関係ありません。

本文330ページに登場の金融商品広告

豊かな老後のために

円建てで、しかも元本も利率も保証。※1
堅実に増やしたい方に最適です。

△○□☆年金保険

積立利率変動型個人年金保険

円建て 利率保証期間 10年	積立利率※2	実質利率※3
	1.10%	0.58%

がっちりふやす

円建てで元本保証により、ご契約時に年金原資が確定。固定利率の複利運用で有利です。

万一のときも安心

死亡保証金として元本相当額を保証。ご家族も安心です。

いろいろな受取方法

一括受取や一生涯の受取など、いろいろな受取方法が選択できます。更新や転換も可能。

◆契約年齢：0～80歳
◆基本保険金額：300万円以上1円単位
◆保険料払込方式：一時払のみ

※1：中途解約の場合には元本保証はありません。　※2：積立利率は、契約時費用などを控除した資産残高に対して利率保証期間の終了時まで適用される利率です。
※3：実質利率は、元本相当額と満期時の資産残高を基に計算した年換算利率（複利）です。

［解約時の払戻金について］解約の際の払戻金は、解約時期や金融市場の情勢に応じて調整されますので、払戻金が増加または減少することがあります。

ご契約に当たっては、必ず「商品パンフレット」「ご契約のしおり／特に重要なお知らせ」「特別勘定のお知らせ」をお読みください。

上の広告は架空のものであり、登場する企業や金融商品などは、現実の企業や金融商品などとは一切関係ありません。

本文334ページに登場の金融商品広告

外貨建て個人年金保険

凹凹凸凸

積立利率変動型個人年金保険
（米ドル建て／ユーロ建て）

10年で37％増

金融資産を１億円以上お持ちの方へ。
いまの資産を有効に活かして、
一生涯豊かにくらすためのお小遣い
を手に入れましょう。

◎米ドル・ユーロ建て年金で、通貨の分散投資が可能。

◎10年後の年金受取時に為替レートが76.64円／ドルを超える円高にならなければ、年金の受取金額は円建てで当初支払い保険料を下回りません。

ご契約の例
50歳・男性・据置期間10年

一時払保険料が5,250万円なら
米ドル元本 50万ドル ※1

↓ 10年の運用 ※2

年金原資
米ドル 68.5万ドル
7,193万円相当※3

↓ 一生涯の年金受取なら

年金金額
米ドル 28,941ドル ※3
304万円相当※1

【保証金額付終身年金の場合】

米ドル建て
積立利率
3.1％
1年目はプラス1％
10年固定

米ドル建て
年金原資
37％増加

多彩な
年金受取
方法

※１：為替レートを105円／ドルとして換算しています。
※２：据置期間中に被保険者が死亡した場合には、死亡給付金の保障があります。
　　　また、災害などによる死亡の場合には災害死亡給付金の保障があります。
※３：所得税・住民税の課税対象となります。
　　　上記例以外に、一時金・確定年金・夫婦年金などの受取方法が選択できます。
　　　米ドルで保険料を支払い、年金をユーロまたは円で受け取る場合には、所定の為替手数料がかかります。
※４：途中解約はいつでも可能ですが、所定の解約費用などが差し引かれますので、一時払保険料を下回る可能性があります。

上の広告は架空のものであり、登場する企業や金融商品などは、現実の企業や金融商品などとは一切関係ありません。

本文340ページに登場の金融商品広告

ご自分とご家族の明るい将来のために
ワンランク上のリッチな生活設計を！

◇※☆

投資型年金保険

特別勘定（ファンド）で資産を運用します。リスクを軽減しつつ、長期で複利効果を活かした運用をします。

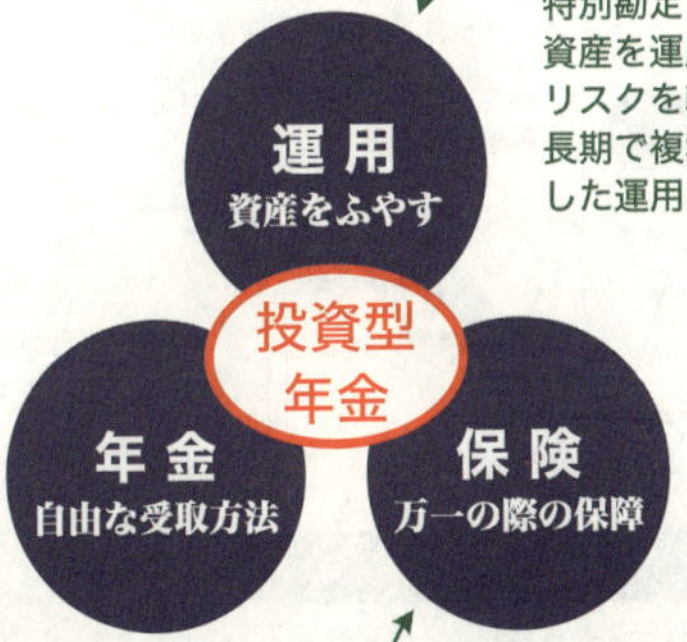

豊かな将来を築くためにお役立てください。多彩な年金受取方法を用意し、ご希望の方法をお選びいただけます。

万一に備えるために、死亡保障がついています。払込保険料相当額が最低保証されます。

●「◇※☆」は凸凹生命保険を引受保険会社とする生命保険商品です。元本保証はありません。本保険のご契約に際しては、商品パンフレットなどを必ずご覧ください。

上の広告は架空のものであり、登場する企業や金融商品などは、現実の企業や金融商品などとは一切関係ありません。

本文344ページに登場の金融商品広告

あなたの老後をさらに幸せにする

変額個人年金保険

ステップアップ型死亡保障付変額年金保険

- 豊富なファンドを用意して、大切な資産をしっかり運用します。
- 運用期間中に万一の事態が起きても安心な死亡保障をご提供します。
- 介護割増年金も用意されており、長生きでも安心できます。

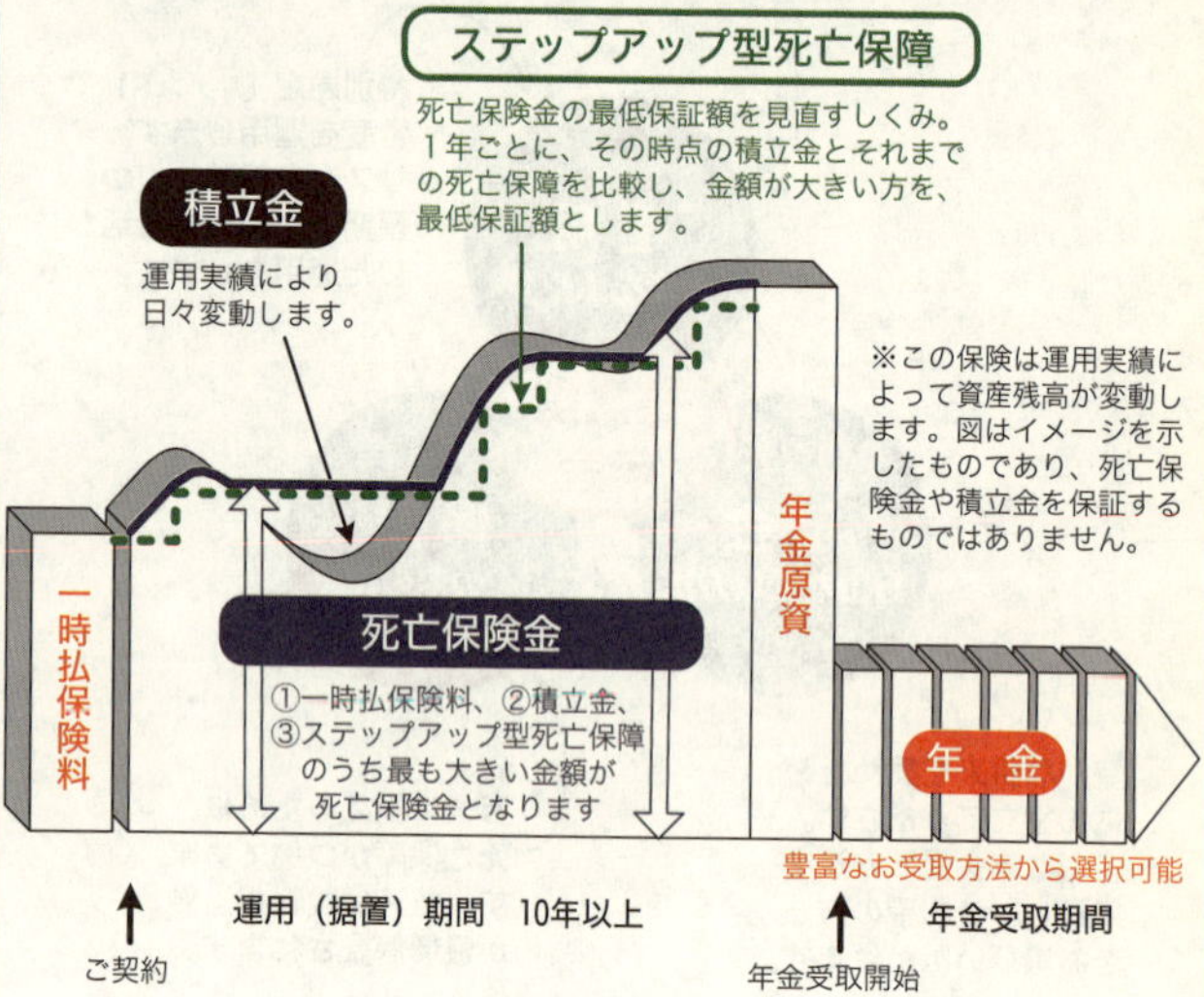

ステップアップ型死亡保障
死亡保険金の最低保証額を見直すしくみ。1年ごとに、その時点の積立金とそれまでの死亡保障を比較し、金額が大きい方を、最低保証額とします。
積立金
運用実績により日々変動します。
※この保険は運用実績によって資産残高が変動します。図はイメージを示したものであり、死亡保険金や積立金を保証するものではありません。
一時払保険料
年金原資
死亡保険金
①一時払保険料、②積立金、③ステップアップ型死亡保障のうち最も大きい金額が死亡保険金となります
年　金
豊富なお受取方法から選択可能
運用（据置）期間　10年以上
年金受取期間
ご契約
年金受取開始

◇一時払保険料は最低100万円から
◇加入時は職業告知のみ
◇最長80歳まで加入可能
（ご契約の内容によって異なります）

ご検討の際には「商品パンフレット」「ご提案書」をあわせてご覧ください。お申し込みの際には必ず「重要事項説明書」「定款・約款」「特別勘定のしおり」をあわせてご覧ください。くわしくは凸凹証券の変額保険販売資格をもった社員が説明いたします。

上の広告は架空のものであり、登場する企業や金融商品などは、現実の企業や金融商品などとは一切関係ありません。

本文348ページに登場の金融商品広告

本文348ページに登場の

あなたの将来に、確かな安心を！

投資型年金保険　○※△×□

運用期間が15年以上なら	（年金受取時の）年金原資 **108％** 保証特約あり※

※上記特約をつけない場合にも、運用期間12年以上なら、年金原資100％保証

《　さらに、下記の機能も備えています。》

豊富な特別勘定から自由に選択・スイッチングして運用

国内外の株式や債券に分散投資された５種類の特別勘定から、自由に選択して組み合わせて運用できます。また、年間12回まで、各特別勘定から別の特別勘定に、手数料無料で振替（スイッチング）ができます。

死亡給付金100％保証

被保険者が運用期間中に死亡した場合の死亡給付金は、基本保険金（一時払保険料）の100％を最低保証します。
◎死亡給付金には年金原資108％保証特約は適用されません。

◆投資型年金保険○※△×□は、運用実績に応じて積立金や解約返戻金が増減しますので、投資リスクがあります。◆年金原資108％保証特約は、15年以上の運用期間終了後の年金受取の際に適用されるもので、契約時に限り付加できますが、別途費用が必要です。また、つぎの場合には年金原資の最低保証はありません。「即時の年金受取を選択した場合」「定額年金保険に変更した場合」「年金受取開始後に一括受取を選択した場合」◆解約返戻金には最低保証はありません。◆運用期間中には、保険関係費用や運用関係費用などがかかります。◆ご契約から８年未満での解約・一部解約などの諸変更には、所定の解約控除がかかります。◆お申し込みの際には必ず「商品パンフレット」「重要事項説明書」などをご覧ください。また、変額保険販売資格をもつ募集人にご相談ください。

上の広告は架空のものであり、登場する企業や金融商品などは、現実の企業や金融商品などとは一切関係ありません。

本文349ページに登場の金融商品広告

アタックとディフェンスの両方に優れた

外貨建て個人年金保険

株価指数連動型
予定利率市場連動型
米ドル建年金保険

「♪♂#♀？」新登場

凸凹銀行では、外貨建てで堅実に運用しつつ、市場動向に合わせて収益性も追求する個人年金保険の販売を始めました。

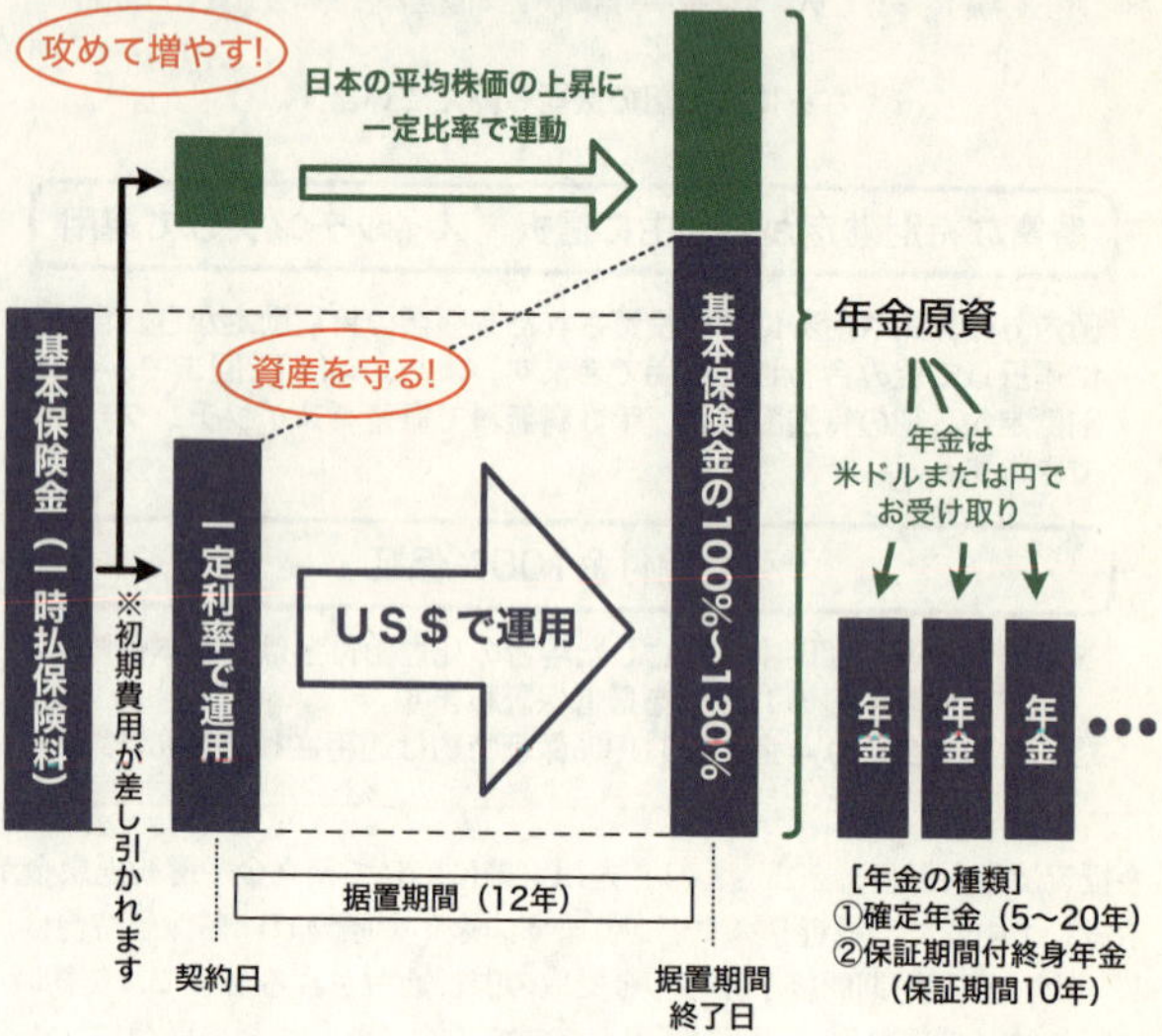

米ドル建て元本を保証

一時払保険料の一定割合を一定利率で運用し、据置期間終了日の年金原資は基本保険金額の100%〜130%を保証します。

株価上昇に一定の連動

日本の平均株価の上昇率に連動して、米ドル建てで年金原資の上乗せがあります。（上乗せが一切ない場合もあります。）

万一の際の保険機能

据置期間中の死亡給付金は基本保険金額（一時払保険料）を米ドル建てで保証します。

上の広告は架空のものであり、登場する企業や金融商品などは、現実の企業や金融商品などとは一切関係ありません。

本文379ページに登場の金融商品広告

凹凹証券の**ファンド・オブ・ファンズ**のご紹介

世界中から
凄すぎるファンドだけを
集めちゃいました！

世界中から適当に
選び抜いたファンドに
まとめて投資できます！

ナンデモごちゃまぜファンド
追加型株式投資信託／ファンドオブファンズ

お申し込みメモ　※くわしくは目論見書をご覧ください。

◎信託期間…………平成16年8月13日設定以降、無期限とします
◎当初募集期間……平成16年7月30日〜8月12日
◎お申込単位………１万口以上１万口単位（当初元本１口＝１万円）
◎お申込手数料……最大3.15％（税抜3.0％）
◎その他の費用……実質的な信託報酬として、純資産総額に対して年1.6％±0.2％程度（税込）がかかります。
信託財産留保額として基準価額の0.3％がかかります。

上の広告は架空のものであり、登場する企業や金融商品などは、現実の企業や金融商品などとは一切関係ありません。

本文381ページに登場の金融商品広告

凹凹證券の**ファンド・オブ・ファンズ**のご紹介

日本のIT株に投資する
7つの凄いファンドが結集！

愛ティセブン博覧会
追加型株式投資信託／ファンドオブファンズ

お申し込みメモ　※くわしくは目論見書をご覧ください。

◎信託期間…………平成16年8月13日設定以降、無期限とします
◎当初募集期間……平成16年7月30日～8月12日
◎お申込単位………１万口以上１万口単位（当初元本１口＝１万円）
◎お申込手数料……１口以上１億口未満の場合：3.15％（税抜3.0％）
１億口以上の場合：1.575％（税抜1.5％）
◎信託報酬…………純資産総額に対して年0.9975％（税込）とします。
※上記の他に、ファンドが投資対象とする投資信託に関しても信託報酬等がかかります。目論見書でご確認ください。
◎信託財産留保額…基準価額の0.5％とします。

上の広告は架空のものであり、登場する企業や金融商品などは、現実の企業や金融商品などとは一切関係ありません。

本文383ページに登場の金融商品広告

八つ墓ファンド

追加型株式投資信託 ／ 国際株式型

素敵な４つの長所

① ８種類の資産に分散して投資。

日本株、アメリカ株、EU株、BRICs株、日本債券、アメリカ債券、EU債券、エマージング債券の８つに分散投資します。※各マザーファンドを通じて投資します。

② 国際的に著名なアドバイザーが運用。

株式会社アカサタナ・コンサルタントのファンドアナリストが厳選した、各資産の運用のスペシャリストが運用します。

③ 盛り沢山の情報提供サービス。

毎月、ニュースレターを、３ヵ月ごとに運用レポートを、年初には運用報告書をお送りします。

④ 要するに、革命的な、国際分散投資。

凸凹証券の長年の研究が生み出した、革命的な国際分散投資の効果を、ご堪能ください。

お申込メモ

◎お申込単位……新規：10万円以上1円単位　追加：1万円以上1円単位
◎お申込価額……お申込受付日の翌営業日の基準価額
◎お申込手数料…1億円未満：3.15%（税抜3.0%）
　　　　　　　　1億円以上10億円未満：1.575%（税抜1.5%）
　　　　　　　　10億円以上：0.525%（税抜0.5%）
◎信託期間………無制限
◎決算日…………原則毎年1月5日（1月5日が休業日のときは翌営業日）
◎信託報酬………純資産総額に対して年1.995%（税抜1.9%）

８つのマザーファンド

日本株アイウエオ・ファンド<運用：アイウエオ投信>
アメリカ株カキクケコ・ファンド<運用：カキクケコ投信>
EU株サシスセソ・ファンド<運用：サシスセソ投信>
BRICs株タチツテト・ファンド<運用：タチツテト投信>
日本債券ナニヌネノ・ファンド<運用：ナニヌネノ投信>
アメリカ債券ハヒフヘホ・ファンド<運用：ハヒフヘホ投信>
EU債券マミムメモ・ファンド<運用：マミムメモ投信>
エマージング債券ラリルレロ・ファンド<運用：ラリルレロ投信>

上の広告は架空のものであり、登場する企業や金融商品などは、現実の企業や金融商品などとは一切関係ありません。

本文386ページに登場の金融商品広告

ジャパン・カブカアガーレイ・ファンド

追加型株式投資信託 ／ 国内株式型

重点テーマ ＝ 情報通信 ＋ 生命科学 ＋ 中国関連 ＋ 自然環境

設定以来の、すばらしい運用パフォーマンスをぜひご覧ください

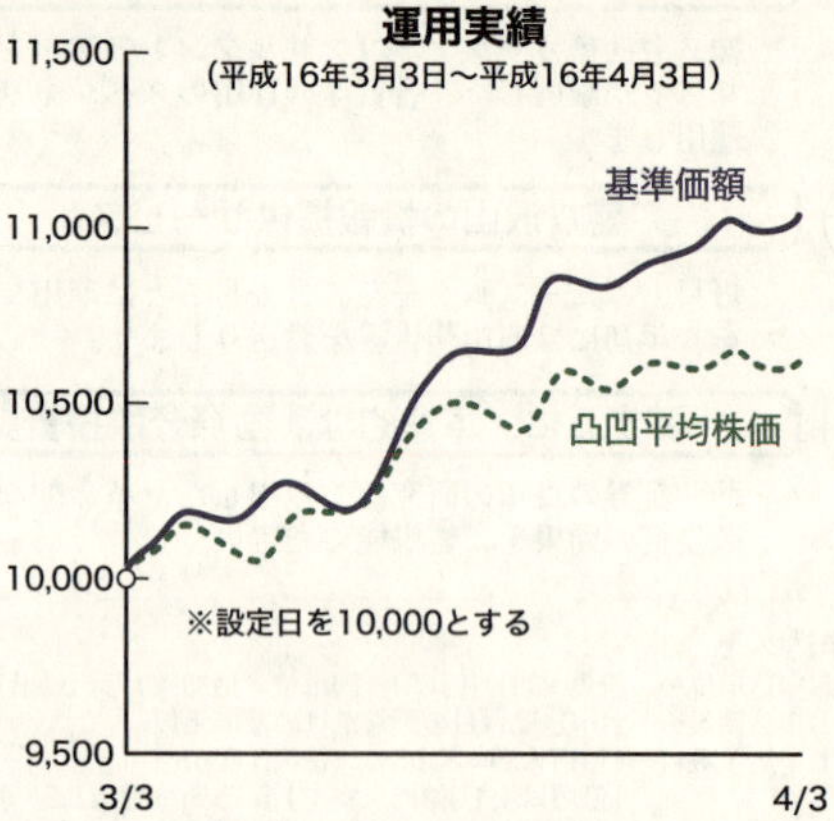

◆ 運用実績は過去のものであり、将来の運用成果を保証するものではありません。
◆ 凸凹平均株価は参考指標であり、当ファンドのベンチマークではありません。

お申込みメモ　くわしくは目論見書をご覧ください

◎信託期間…………平成21年4月13日まで（平成16年3月3日設定）
　※設定より2年経過後にファンドの口数が20万口を下回った場合には、信託を終了いたします。
◎決算日……………原則毎年4月13日（休業日のときは翌営業日）
◎お買付単位………1口以上1口単位（当初元本1口＝1万円）
◎お買付価額………お申込み日の基準価額
◎お買付手数料……基準価額の3.15%（税抜3%）以内で、販売会社が独自に設定した率
◎信託報酬…………純資産総額に対して年1.68%（税抜1.6%）
◎信託財産留保額…1口につき基準価額の0.4%

上の広告は架空のものであり、登場する企業や金融商品などは、現実の企業や金融商品などとは一切関係ありません。

本文391ページに登場の金融商品広告

国内バランス凸凹まぜまぜ25

追加型株式投資信託／バランス型／自動継続投資可能

国内バランス凸凹まぜまぜ50

お申込みの際は、必ず「目論見書」をご覧ください。

★ 国内の株式や債券にバランスよく分散投資し、安定的な収益を目指します。

★ 資産配分比率が異なる、２つのファンドからお選びいただけます。

★ ２つのファンド間で自由にスイッチングできます（手数料は無料です）。

★ 株式部分の運用は、凸凹平均株価指数に連動することを目指します。

国内バランス凸凹まぜまぜ25

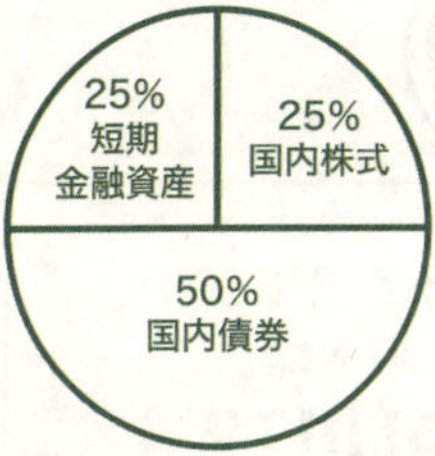

国内バランス凸凹まぜまぜ50

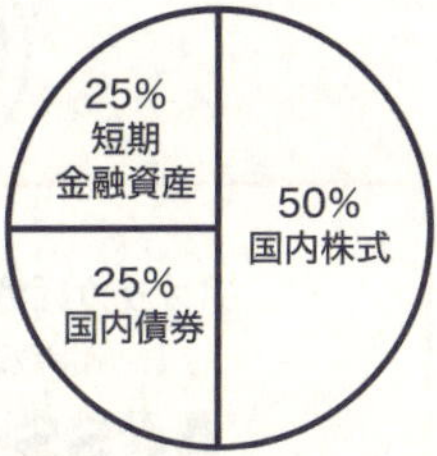

お申込みメモ

◎信託期間……………平成◇年○月×日まで（平成△年○月×日設定）
◎決算日………………原則毎年○月×日（休業日のときは翌営業日）
◎お申込み単位………1万円以上1円単位
◎お申込み価額………お申込み日の基準価額
◎お申込み手数料……基準価額の最大1.575%（税抜1.5%）
◎信託報酬……………純資産総額に対して年1.05%（税抜1%）
◎信託財産留保額……基準価額の0.1%

上の広告は架空のものであり、登場する企業や金融商品などは、現実の企業や金融商品などとは一切関係ありません。

本文395ページに登場の金融商品広告

上の広告は架空のものであり、登場する企業や金融商品などは、現実の企業や金融商品などとは一切関係ありません。

本文399ページに登場の金融商品広告

本文399ページに登場の金融商品広告

ワールド☆※◇◎ボンドファンド

毎月決算コース（為替ヘッジなし）

追加型株式投資信託／バランス型／自動継続投資可能

- 世界主要国（日本を除く）の国債を中心に信用力の高いA格以上の債券に投資します。
- 原則として**毎月分配**！　※原則、毎月10日に分配
年２回は売買益・評価益等からも分配!!

2004年の分配実績（1,000口当たり、課税前）

1月	32,000円	2月	32,000円
3月	32,000円	4月	32,000円
5月	34,000円	6月	34,000円
7月	34,000円	8月	38,000円
9月	38,000円	10月	38,000円
11月	38,000円	12月	1,038,000円

※半年毎の分配金を含む

☆上記の分配実績は過去のものであり、将来の成果を保証しません。
☆分配対象額が少額の場合には、分配がなされない場合もあります。
☆原則として、対円での為替ヘッジは行いません。

お申し込みメモ　[お申し込み単位]（当初元本１口＝１万円）１口以上１口単位
[お申し込み手数料] 2.0%（税込2.1%）を上限に、各販売会社が決めた手数料
[信託財産留保額] 基準価額の0.3%
[信託報酬] 信託財産の純資産総額に対して年率0.9%（税込0.945%）

上の広告は架空のものであり、登場する企業や金融商品などは、現実の企業や金融商品などとは一切関係ありません。

本文406ページに登場の金融商品広告

みなさまから絶大なご支持をいただき、８周年を迎えました
豊かな実りをもたらす凹凸凹凸オープンに
これからも、たっぷり期待していてください

毎月決算型

凹凸凹凸オープン

追加型株式投資信託／バランス型／分配金複利継続投資適応

北海道から沖縄まで、
日本中で愛されています

販売会社の数 **226** 社

運用レポート発行部数 **170** 万部

純資産総額 **5.1** 兆円

上記の数字は、2005年12月24日現在での、
凹凸凹凸オープン（毎月決算型）に関するデータです。

上の広告は架空のものであり、登場する企業や金融商品などは、現実の企業や金融商品などとは一切関係ありません。

本文410ページに登場の金融商品広告

エマージング債券ごちゃまぜファンド
(毎月分配型)

追加型株式投資信託／バランス型／分配金再投資可能／信託期間約８年

世界の熱く成長している
国々から**「毎月分配」**の
プレゼントをもらう！

主に、新興国（エマージング・カントリー）の政府や政府機関が発行する米ドル建て債券に投資します。

【 お申込みメモ 】

- ■ 信託期間…………平成25年8月13日まで
- ■ お申込単位………1口以上1口単位（1口＝1万円）
- ■ お申込価額………お申込み日の翌営業日の基準価額
- ■ お申込手数料……基準価額の3.15％（税抜3％）以内
- ■ 信託報酬…………純資産総額に対して年1.575％（税抜1.5％）

くわしくは目論見書をご覧ください

上の広告は架空のものであり、登場する企業や金融商品などは、現実の企業や金融商品などとは一切関係ありません。

本文413ページに登場の金融商品広告

世界凸凹銀行

格付は 最高位の AAA

○×共和国通貨建て

ゼロ・クーポン債

利率 10.23%

残存期間 約12年　○×共和国通貨建て

【お申込みメモ（2005年△月△日現在の条件です）】

発行体………世界凸凹銀行
格　付………AAA
通　貨………○×共和国通貨建て
利回り………10.23%（現地通貨ベース・複利・年率）
償還日………2017年◇月◇日
満期償還……額面金額の100%で償還されます
購入単価……額面100につき31.2
購入単位……10,000［○×共和国通貨］
為替レート…○×共和国通貨買い：19.87円
　　　　　　○×共和国通貨売り：17.87円

下記の諸点にご注意ください。

※ 為替変動により、円建て受取額の変動リスクがあります。
※ 途中換金の際には、為替および市場価格の変動リスクがあります。
※ 上記の条件は2005年△月△日現在のものであり、日々の市場動向に応じて変動します。

上の広告は架空のものであり、登場する企業や金融商品などは、現実の企業や金融商品などとは一切関係ありません。

本文419ページに登場の金融商品広告

A

ペイオフのリスク対策にどうぞ。

都市型マンション経営こそ、資産運用の切り札です。

新宿◎☆△マンション
新発売

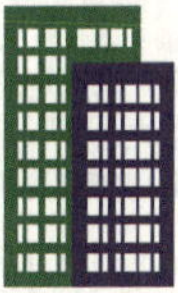

先進の **「◎☆△借上システム」** をご利用いただくと、
毎月定額で手取り家賃を受け取りつつ、住宅ローンを返済できます。

ご利用例：Dタイプ110号室を1,998万円（税込）でご購入の場合
年間家賃収入1,234,500円÷購入価格1,998万円
＝ **年利回り6.18%**

B

不動産投資信託証券（○×証券取引所上場）

日本◇※▽？不動産投資法人

銘柄コード
XXXX

会社型記名式無額面クローズドエンド型投資証券

投資信託委託業者：東京◇※▽？不動産インベストマネジメント

売出の概要

★発行・売出口数	発行口数／75,000口、売出口数／5,000口
★発行・売出価格	未定（ブックビルディング期間中に積み上げられた需要状況等を考慮して決定されます。）
★申込単位	1口以上1口単位
★日程	ブックビルディング期間／平成xx年xx月xx日まで 発行・売出価格決定日／平成xx年xx月xx日 申込期間／平成xx年xx月xx日からxx月xx日まで 受渡期日／平成xx年xx月xx日
★主幹事証券会社	凹凸証券株式会社

上の広告は架空のものであり、登場する企業や金融商品などは、現実の企業や金融商品などとは一切関係ありません。

▶▶▶ 本文422ページに登場の金融商品広告

毎月決算型

凹凸世界のREITオープン

追加型証券投資信託／ファンド・オブ・ファンズ

世界各国の不動産投資信託に分散して投資します。

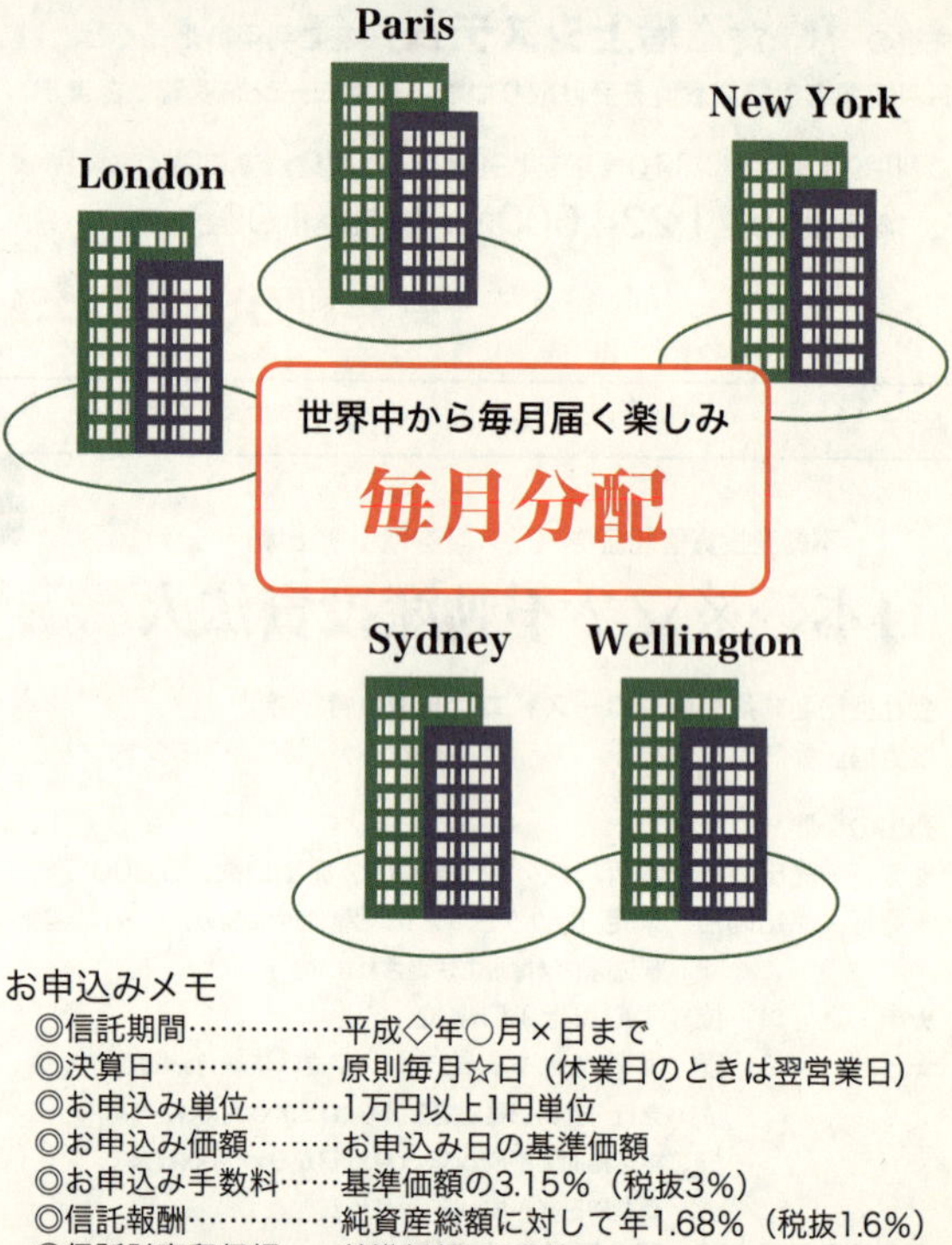

お申込みメモ

◎信託期間……………平成◇年○月×日まで
◎決算日…………………原則毎月☆日（休業日のときは翌営業日）
◎お申込み単位………1万円以上1円単位
◎お申込み価額………お申込み日の基準価額
◎お申込み手数料……基準価額の3.15％（税抜3％）
◎信託報酬……………純資産総額に対して年1.68％（税抜1.6％）
◎信託財産留保額……基準価額の0.2％

上の広告は架空のものであり、登場する企業や金融商品などは、現実の企業や金融商品などとは一切関係ありません。

本文427ページに登場の金融商品広告

本文427ページに登場の金融商品広告

超凄凸凹ファンド

『小さなリスク』で、
『大きな値上がり』が期待できます!!

リスク限定型株式投資信託が新登場!

特徴① 将来有望な企業だけを選んで投資
特徴② オプション取引を活用してリスクを限定

●企業の成長力を示す20の指標から選んだ「将来有望な企業」の株式を中心に投資します。●オプション取引を活用することで、株価下落時にも、元本の90%を確保します。●運用期間:2年 ●販売手数料:1.05% ●信託報酬:年2.1% ●株式投資信託には、株価変動等によるリスクがあります。●詳しくは目論見書をお読み下さい。

上の広告は架空のものであり、登場する企業や金融商品などは、現実の企業や金融商品などとは一切関係ありません。

本文434ページに登場の金融商品広告

A

「元本＋利回り」確保型ファンド

満期まで保有した場合に元本と分配金が確保されます

募集期間限定
2004年6月1日
〜6月30日

1000万円預けたら
税金を引いても
毎年10万円のお小遣い

年1.25％
税引前・目標利回り

お申込みメモ

◎信託期間……………平成16年7月×日から平成26年7月×日まで
◎お申込み単位………100万円以上1円単位
◎ご解約について……平成18年以降、年２回の解約請求可能期間のみ解約可能。
※中途解約の場合は基準価額での解約となりますので、元本割れになる可能性があります。
◎信託報酬……………純資産総額に対して年0.42％
※目標利回りの1.25％から引かれるものではありません。

B

単位型株式投資信託／バランス型

ぱっとみがっちりファンド

条件付収益確保型

信託期間：平成16年9月○日〜平成19年9月○日

募集期間：2004年9月△日まで

凸凹平均株価が運用期間(約３年間)に一度も25％以上下落しない場合

元本確保　＋　運用期間中の目標分配率

年4.32％程度（税引前）

運用期間中に、凸凹平均株価が一度でも25％以上下落した場合には、償還時の基準価額が元本を下回る可能性があります。凸凹平均株価の動向に応じて価値が変動する特定の債券に投資しますので、ファンドの基準価額は当該債券の価格変動の影響を受けます。目標分配率は将来の運用成果を約束するものではありません。

上の広告は架空のものであり、登場する企業や金融商品などは、現実の企業や金融商品などとは一切関係ありません。

▶▶▶ 本文441ページに登場の金融商品広告

日本の株価に連動しながら
元本確保を目指すファンド

☆？◇ファンド（豪ドル建）2004-04

ケイマン籍オープンエンド契約型外国投資信託
お申し込みの際には、目論見書を必ずお読みください。

Japanese
Stock Price Index **A$**

■ 主として、オプション資産と債券に投資することで、
最終評価日（平成21年4月×日）に
①凸凹平均株価が下落していた場合 …豪ドル建元本の確保を目指す。
②凸凹平均株価が上昇していた場合
…凸凹平均株価に100～150％程度連動したリターンを目指す。
■ 債務証券にAAA格の金融機関の保証をつけ、元本の確実性を高める。
■ 運用は、☆？◇インベストテクノロジーリミテッドが行なう。

お申込みメモ

▼ 申込期間…………平成16年4月○日～△日
▼ 償還日……………平成21年4月○日（約５年）
▼ お買付単位………1口以上1口単位
▼ お買付価格………1口当たり1,000豪ドル
▼ お申込み手数料…申込金額の3.15％（税込）を上限とする
▼ 税金………………税法上、当ファンドは公募外国公社債投資信託として扱われますが、課税については公募国内公社債投資信託と同様に取り扱われます（税制等の変更により取扱が変更になる可能性があります）。
▼ 信託報酬…………純資産総額に対して最大年1.8％
※その他に、弁護士や監査人に支払う報酬等をファンドの資産から支払います。

上の広告は架空のものであり、登場する企業や金融商品などは、現実の企業や金融商品などとは一切関係ありません。

本文448ページに登場の金融商品広告

ジャパン凹凸ロング&ショート・ファンド

ルクセンブルグ籍オープンエンド契約型外国投資信託

下がる株もあれば、上がる株もある

ロング&ショート戦略によって

株価の上昇で儲け、株価の下落でも儲ける!

数多くの日本企業についてその適正な企業価値を測定し、株価が割安と判断される銘柄を買い(ロング・ポジションをとり)、株価が割高と判断される銘柄をカラ売りし(ショート・ポジションをとり)、株価の上昇からも、株価の下落からも、利益を狙います。

ロング&ショート戦略によって、日本株全体の変動と比較して「安定した」資産の成長を目指します。

【現物株式への投資に加えて、先物取引やスワップ取引を活用します。】

◎信託期間:約12年(平成◇年○月×日から平成△年○月×日まで)
◎決算日:毎年○月×日
◎お申込単位:10口以上1口単位(1口=当初10,000円)
◎お申込み手数料:5万口未満は申込金額の3.15%(税抜3%)/5万口以上10万口未満は申込金額の2.625%(税抜2.5%)/10万口以上は申込金額の2.1%(税抜2%)
◎管理報酬等:管理報酬は年率1.6%(別途、実績に応じて投資運用会社に実績報酬が支払われます)、保管報酬は年率0.4%以内

上の広告は架空のものであり、登場する企業や金融商品などは、現実の企業や金融商品などとは一切関係ありません。

本文453ページに登場の金融商品広告

先端の金融技術を駆使して運用

●▲■ワールドファイナンシャルテクノロジー

追加型株式投資信託／派生商品型

世界主要国の通貨・株式・債券の市場に投資し、ハイレベルの絶対収益を目指します。

★絶対収益とは、ベンチマークに対する相対的な超過収益と異なり、投資元本に対する収益を意味します。

特徴 1	高いリターンを目指す「絶対収益」追求型ファンド ※高いリターンに応じたリスクをともないます。
特徴 2	世界主要国の通貨・株式・債券の市場を対象に、ロング・ショート戦略を活用して運用
特徴 3	●▲■アセットマネジメントが最新のコンピューターモデルを駆使して戦略立案

運用では、主に通貨・株式・債券の先物取引を活用します。

お申込みメモ

◎信託設定日……2004年○月×日
◎申込期間………当初申込期間：2004年○月△日～◇日
継続申込期間：2004年○月×日～2005年☆月×日
◎信託期間………無制限
◎決算日…………原則毎年○月×日（休業日のときは翌営業日）
◎お買付価額……当初申込期間：1口当たり1円
継続申込期間：お申込み日の翌営業日の基準価額
◎お申込単位……100万口以上1万口単位
◎お申込手数料…3.15％（税抜3％）以内
◎信託報酬………基本報酬：純資産総額に対して年率1.68％（税込）
成功報酬：日々の基準価額がハイウォーターマークを上回った場合、その超過額に対して21％（税込）

上の広告は架空のものであり、登場する企業や金融商品などは、現実の企業や金融商品などとは一切関係ありません。

本文458ページに登場の金融商品広告

凸凸証券・凹凹投資顧問・ヘッジファンド・シリーズ

○×ファンド参照&元本確保型ファンド（NZドル建）

ケイマン籍オープンエンド型契約型外国投資信託

★凹凹ABC債（凹凹投資顧問が支払い義務を負います）への投資を通じ、最終評価日（平成22年3月△日）においてNZドル建投資元本の確保を目指します（途中換金の場合、投資元本は確保されません）。

★その上で、○×ファンド（○×が運用するファンドオブヘッジファンズ）の変動を部分的に反映する運用を目指します。

★ファンドの運用は凹凹投資顧問が行ないます。

ファンドのしくみ

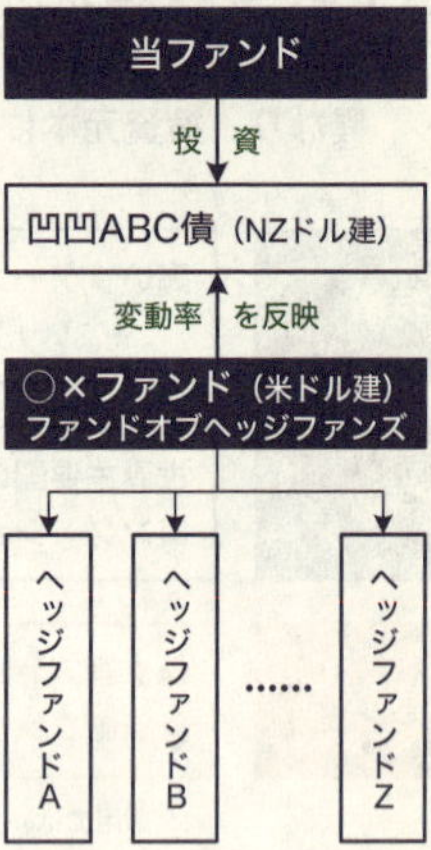

☆お申込期間：平成16年3月▽日まで
☆設定日：平成16年3月□日
☆償還日：平成22年4月△日（信託期間約6年1ヵ月）
☆お買付価格：1口当たり1,000NZドル
☆お申込単位：1口以上1口単位
☆お申込手数料：上限3.15%（税抜3%）
☆クローズド期間：平成16年3月□日～平成17年3月□日
☆途中換金：平成17年4月以降、各月1回の買戻請求日に換金可能
☆管理報酬等：ファンドの残存口数に当初元本（1口1,000NZドル）を乗じた金額に対して最大年0.85%相当額、および、当初募集総額の1.10%相当額、の合計額
※他に監査法人・弁護士報酬等をファンド資産から支払います。

上の広告は架空のものであり、登場する企業や金融商品などは、現実の企業や金融商品などとは一切関係ありません。

本文459ページに登場の金融商品広告

元本を確保しつつ
先進のヘッジファンドに投資する

世界有数の銀行である凹凸バンクが元本を保証しながら、
最強の金融技術を自在に操り、絶対収益を追求するヘッジファンドの
中から特に厳選したヘッジファンドだけを組み合わせる、ファンド・
オブ・ヘッジファンズ方式で、安定した高収益を狙います。

米ドル建元本確保 ＋ ヘッジファンド連動 型

ほにゃほにゃファンド

ケイマン籍オープンエンド型契約型公募外国投資信託

Hedge Fund *Hedge Fund* *Hedge Fund* *Hedge Fund* *Hedge Fund*

お申込みメモ

☆募集期間…………2005年2月1日～2月15日
☆信託期間…………2005年2月16日～2013年3月22日
☆お申込み単位……1口以上1口単位（当初1口＝1万米ドル）
☆クローズド期間…2005年2月16日～2006年2月15日
☆販売手数料………ありません
☆管理報酬等………当初元本に対して上限年率0.95％
☆買い戻し手数料…設定日から2年以内：当初元本の4.2％
2年超3年以内：当初元本の3.15％
3年超4年以内：当初元本の2.1％
4年超5年以内：当初元本の1.05％
以降：0％

※当ファンドは凹凸ホニャホニャ社の発行する債券を通して様々なヘッジファンドに投資しますので、株価・金利・為替レート等の変動リスクを持ちます。また、この債券には十分な市場が形成されていませんので、売却できなかったり、理論価格を大きく下回る価格でしか売却できない可能性があります。

上の広告は架空のものであり、登場する企業や金融商品などは、現実の企業や金融商品などとは一切関係ありません。

本文467ページに登場の金融商品広告

明るい明日をつくる投資に参加しませんか？

地球に優しい企業

男女が平等な企業

消費者第一の企業

文化に貢献する企業

顧客を騙さない企業

社会的責任投資

◇☆○SRIインデックス・ファンド

追加型株式投資信託／インデックス型

「地球環境に配慮するなど、社会的にすばらしい経営をしている」と、◇☆○社が判断した200社の株価を指数化した、『◇☆○SRIインデックス』に連動する投資を目指します。

お申込みメモ

◎信託期間……………無期限
◎お申込み手数料……基準価額の最大3.15％（税抜3％）
◎信託報酬……………純資産総額に対して年0.735％（税抜0.7％）
◎信託財産留保額……基準価額の0.2％

くわしくは目論見書をご覧ください

上の広告は架空のものであり、登場する企業や金融商品などは、現実の企業や金融商品などとは一切関係ありません。

本文472ページに登場の金融商品広告

中国株☆★ファンド2004春

単位型株式投資信託／国際型

**高い経済成長を続ける中国の、
特に成長著しい企業を選別して
投資します。**

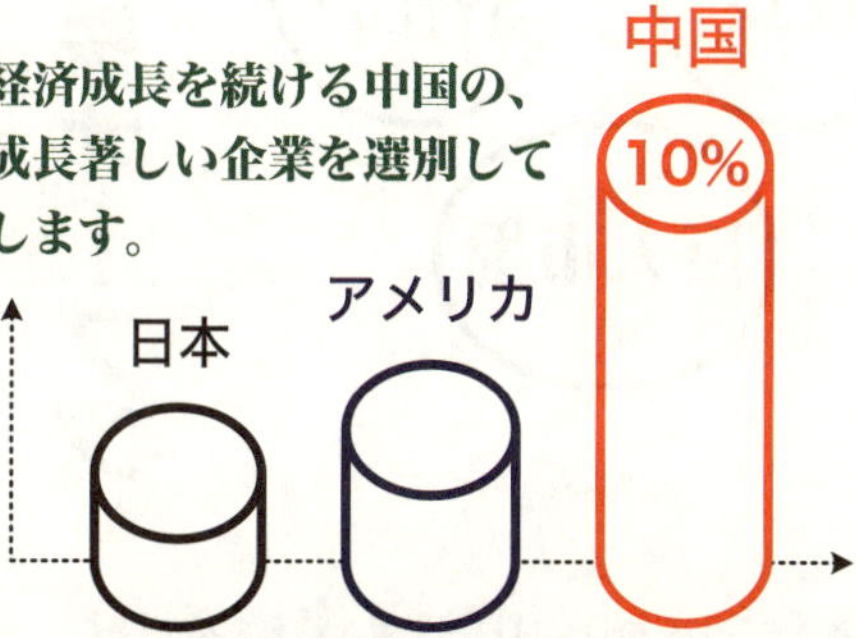

過去12年間の経済成長率

お申込みメモ

設定日………………平成16年4月×日
お申込み単位………1万円以上1万円単位
お申込み手数料……基準価額の2.1%
信託報酬等…………①純資産総額に対して年1.68%（税抜1.6%）
②各月末の基準価額（収益分配金・成功報酬差引前）が12,000円を上回った場合、その21%を成功報酬とします。
信託期間……………平成22年2月×日まで（約5年10ヵ月）

上の広告は架空のものであり、登場する企業や金融商品などは、現実の企業や金融商品などとは一切関係ありません。

本文473ページに登場の金融商品広告

◆●★インド株オープン

つぎの狙いは「インド」！

INDIA

IT大国

急速な成長

高い潜在力

巨大市場

お申込みメモ　【くわしくは目論見書をご覧ください】

商品分類：ファンド・オブ・ファンズ
為替ヘッジ：為替ヘッジは行いません
信託期間：無制限
お申込単位：1万口以上1口単位（当初1口＝1円）
お申込価額：お申込み日の翌営業日の基準価額
お申込手数料：基準価額の3.5％以内で、販売会社が独自に設定した率
信託報酬：純資産総額に対して年1.3％（内訳：委託会社報酬0.45％／販売会社報酬0.8％／受託会社報酬0.05％）とします。当ファンドの投資対象の投資信託証券にも信託報酬等がかかります。
（例）○☆◇インド株式ファンドの信託報酬等：0.7％
☆○□インド債券ファンドの信託報酬等：0.3％
信託財産留保額：解約申込の翌営業日の基準価額の0.4％
※それぞれの手数料には、別に消費税がかかります。

上の広告は架空のものであり、登場する企業や金融商品などは、現実の企業や金融商品などとは一切関係ありません。

本文478ページに登場の金融商品広告

凸凸証券の主幹事案件

『新規公開株』抽選受付開始！

2005年 第7・8・9弾

第7弾	アカサタナどんど社	4月13日 公募価格決定予定	4月20日 上場予定
第8弾	ハマヤラワぼんぼ社	4月15日 公募価格決定予定	4月25日 上場予定
第9弾	イキシチニでんで社	4月18日 公募価格決定予定	4月28日 上場予定

2005年度の主な主幹事実績

	公募価格	初値
ウクスツヌがんが社	100万円	123万円
ホモヨロヲぱふぱ社	30万円	43万円
エケセテネだんだ社	50万円	85万円
オコソトノぴろぴ社	42万円	115万円

上の広告は架空のものであり、登場する企業や金融商品などは、現実の企業や金融商品などとは一切関係ありません。

本文486ページに登場の金融商品広告

リスクをコントロールしながら
商品先物取引でハイリターンを追求する

□？◎商品ファンド

《 運用実績 》
2002年1月から2004年12月までの
年平均リターン

14.7%

上の広告は架空のものであり、登場する企業や金融商品などは、現実の企業や金融商品などとは一切関係ありません。

本文489ページに登場の金融商品広告

△◇※商事がご提案する
ペイオフ時代の
新しい資産運用のスタイル。

ゴールドいけいけファンド

配当
3%

ファンドの概要

◆運用期間：1年（運用開始日：平成16年12月×日／満期日：平成17年12月×日　◆申込単位：1口以上1口単位（1口＝100万円）　◆配当：3%　◆参照価格決定日（平成17年11月×日）の金地金価格が定められた転換価格以下の場合、満期時には金地金で償還となります。金地金で償還の場合、金地金は転換価格での取得となりますので、償還時の市場での金地金価格によっては、金地金を売却することによって元本割れが生じる可能性があります。金地金での償還時に売却されないときは、△◇※商事が無料保管しますので、お客様の手元には届きません。※中途解約はできません。

上の広告は架空のものであり、登場する企業や金融商品などは、現実の企業や金融商品などとは一切関係ありません。

本文493ページに登場の金融商品広告

安全・安心の『元本保証』で
しかも『高金利』

Bottakuri共済の
定期預金（2年もの）型ファンド

金利・年5%

私たちが推薦します！

醜議院議員
凸星 凹輝

女優・歌手
凹花 凸香

上の広告は架空のものであり、登場する団体・人物・商品は、現実の団体・人物・商品とは一切関係ありません。

第一章　「高金利預金」の広告――客の選別

年率表示のトリック

まず、多くの日本人にとって身近な資産運用手段であり、銀行の主力金融商品である〝預金〟から取り上げます。

とはいえ、2000年前後からしばらく、〝円〟で預金したのでは非常に低い金利しかつかない状況が続いています。本章執筆時点の2005年2月で、普通預金や1年もの定期預金の標準的な金利は、それぞれ0・001％と0・03％でしかありません。100万円を1年間預けたとして、普通預金なら10円、定期預金でも300円の利息で、そこから20％の税金が差し引かれると、それぞれ8円と240円しか受け取れません。

また、銀行側からみても、円の普通預金や定期預金は利益が薄い金融商品ですから、一般的な円の預金の広告はあまり目立ちません。そこで本章では、近年、銀行が販売に力を入れている外貨預金や、何らかのキャンペーンで少し有利な金利が設定された円預金の広告をみていくことにしましょう。

図1をご覧ください。すでにいろいろな本や雑誌で批判対象とされてきたタイプの広告ですが、いまだによくみかけます。まだまだ引っかかる顧客が多いということでしょうが、すっかり、預金の広告の基本パターンとなってしまった感じです。

図1

今、大人気の
オーストラリアドル定期預金を
キャンペーン特別金利で始めよう！

期間限定
今月末まで

年10％

3ヵ月もの　（税引後8％）

◆キャンペーン特別金利は、50万円以上の円現金あるいは円預金口座から外貨定期預金をお始めいただいたときに、初回満期日まで適用されます。◆外貨預金への入出金の際には、外貨現金・トラベラーズチェックはお取り扱いしておりません。◆円から外貨に交換する際には、所定の手数料がかかります。◆利息には一律20％が源泉分離課税されます。

上の広告は架空のものであり、登場する企業や金融商品などは、現実の企業や金融商品などとは一切関係ありません。

《注》　本書に出てくる「金融商品広告」は、すべて架空のものです。

現実の金融商品広告を参考にしていますが、広告の特徴を強調するために、現実の金融商品広告であれば当然書かれている事項が、いくつも省かれています。たとえば、金融機関の名称や電話番号、手数料やリスクなどについての注意事項のいくつか、といったものが書かれていません。これは、本書の説明上の都合、あるいは、紙面サイズが現実の新聞広告などよりずっと小さいことによるものです。

以上の点を理解した上で、本書に出てくる金融商品広告のどこに問題があるのか、本文の説明を読む前に読者なりに考えてみてから、説明を読むようにするとよいでしょう。

すぐに問題点に気がついた読者も多いでしょうが、最初の広告ですから、少していねいに解説します。問題点を理解している読者は、ここからしばらくの説明について、やや退屈に感じるでしょうが、従来の本などでは書かれていなかった視点もあとで紹介します。

たいていの人なら、中央の大きな数字にまず視線がいくでしょう。いまの日本の経済情勢を考えると、「年10％」はとても魅力的な金利です。一番上に「今、大人気の、オーストラリアドル定期預金」とあるように、これは外貨預金で、日本円とオーストラリアドルの間の為替レート（両替レート）が変動すると、大損する危険性があります（ただし、運がよければ大儲けするチャンスもあります）。

本物の広告であれば、そういったリスクについての注意事項が、小さな文字で書かれています。本書では、サイズなどの都合もあり、またポイントを絞ってわかりやすくするために、現実の広告に通常書かれているような情報をすべて記載することはしません。

ここでは、外貨預金の金利と手数料の関係に注目して、この広告のカラクリを明らかにしましょう。広告の上から3行目に「キャンペーン特別金利」とあり、右側には「期間限定、今月末まで」と書いてあります。現実のこういった広告では、読む人に「キャンペーン期間だけの、特別に有利な商品かもしれないから、このチャンスを逃さずに急いで契約しなくちゃ」といった印象をもたせようと、もっといろいろな工夫がなされています。

しかし、高い金利を売り物にして大々的な宣伝がおこなわれている金融商品が、本当に有利な商品であることは、残念ながら、まず滅多にありません。

この広告の商品を理解するために注目すべき箇所は2つあります。第1に、比較的大きな文字で「年」と書かれた下に、小さく「3ヵ月もの」の文字があり、これは、このオーストラリアドル定期預金は3ヵ月後に満期がくる定期預金であること、したがって、キャンペーンによる高金利が適用されるのは3ヵ月間だけであること、を意味する表示です。

では、3ヵ月後に満期になったとき、この定期預金につく利息（金利）はどれだけなのでしょうか。元本に対して10％の利息がつくと考えるのは、残念ながら大まちがいです（雑誌などをみていると、最近でも、錯覚して申し込む人はまだまだいるようですが）。

「年10％」という金利の表示は「1年間預けた場合に10％の金利がつく」との意味であって、1年の半分の6ヵ月なら、半分の5％の金利だけが、1年の¼である3ヵ月しか預けられないのなら、10％の¼で、2・5％の金利だけが、満期時につくのです。以下では、錯覚を誘うために、満期までの期間が1年よりもずっと短い預金について、金利を年率に換算して表示する方法を、〝年率表示のトリック〟と呼ぶことにします。

年率表示のトリックが使ってある預金広告について、ひどい誇大広告だと感じる人もいるでしょうが、あとで述べるように、3ヵ月ものの定期預金の金利を「年××%」と表示することは、客側にも利点があるのです。むしろ問題点は、「年10%」と大きな文字で書きながらも、「3ヵ月もの」と小さく書いてある、その文字のバランスにあります。

なお、本書では、全部で63個の金融商品広告をみていただくことになりますが、そのほぼすべてに共通していることがあります。金融商品の仕組みを理解する上で大切な内容であればあるほど、細かな文字で書かれている（文字がどんどん小さくなる）という点です。

さて、このオーストラリアドル定期預金に預けた客が3ヵ月後に受け取る利息は、さらに少ないはずです。利息の20%が税金として取られるからです。言い換えれば、銀行が支払う利息に0・8を掛けた金額が、税引後の利息となります。この点については、広告の一番下に「利息には一律20%が源泉分離課税されます」との注意書きがあります。

また、「年10%」と大きく書かれた右下に「税引後8%」とありますが、これは10%に0・8を掛けた値を、税引後の金利として示したものです。先に述べたように、3ヵ月間では、元本に対して2・5%分の利息しかつかないのでしたが、さらに0・8倍して税引後の利息を求めると、元本の2%にしかならないことがわかります。

客の中には、『年10%＝1年間預けたら10%の金利』という意味なら、3ヵ月後の満期が来たあとも預け続けて、実際に1年間預けてしまえばいいのでは?」と考える人もいるでしょう。しかし、それでも元本の10%の金利はつきません。広告の下側に小さな文字でまとめて書かれている注意事項の中に、「キャンペーン特別金利は……初回満期日まで適用」とあるからです。

まあ、そんな注意書きがなくても、「キャンペーン」なのですから、そのあとは適用されないと考えるべきです(そのあとも適用されるのなら、「いつでも高金利です」と宣伝するはずです)。そうなると、3ヵ月後の満期を過ぎたあとの9ヵ月間に適用される金利はずっと低いでしょうから、あわせて1年間預けても、元本の10%よりずっと低い金利しかつきません。

バカ高い為替手数料

この広告で特に注意すべき箇所の第2は、下側の注意書きにある「円現金あるいは円預金口座から外貨定期預金をお始めいただいたときに……適用されます」と「外貨預金への入出金の際には、外貨現金・トラベラーズチェックはお取り扱いしておりません」と「円から外貨に交換する際には、所定の手数料がかかります」の部分です。

これをわかりやすく言い換えると、「このキャンペーン金利を適用して欲しい人は、円の資金（現金か預金）をもってきて、うちの銀行で、その円をオーストラリアドルに両替した上で預けてください。また、満期日以降に外貨預金を引き出すときは、必ず、うちの銀行でオーストラリアドルから円に両替してもらいます（外貨のまま引き出して使うなんて方法は許しません）。それで、預け入れのときと引き出しのときの両方で、両替手数料をいただきますから、文句を言わずに支払ってくださいね」といった感じでしょうか。外貨の両替手数料は、為替手数料とも呼ばれます。

日本国内の銀行での、オーストラリアドルと円の両替にかかる手数料（為替手数料）にはかなりバラツキがあります。4大メガバンクの為替手数料をみると、3つの銀行では1オーストラリアドルにつき2・5円です（2005年2月調べ）。以下では、これを2・5円／A$と表記することにしましょう（A$はオーストラリアドルを意味します）。残り1つのメガバンクは少し安く、2円／A$に設定しています。

安い方を選んだとしても、外貨預金を始めるときに2円／A$、外貨預金を引き出すときにも2円／A$の手数料がかかりますので、単純に足しあわせると4円／A$の手数料となります。このとき、2円／A$を「片道」の為替手数料、足しあわせた4円／A$を「往復」の為替手数料と呼ぶのが一般的です。

実際の外貨両替では、為替手数料は両替レートに反映されます。テレビの経済ニュースなどで伝えられる為替レートは銀行同士の通貨交換のレートであり、客が円とオーストラリアドルを交換する際には、為替手数料を調整したレートでの両替となるのです。そのため、為替手数料に消費税はかかりません。

さて、為替手数料を元本に対する比率（%）に換算しようとすると、その時点でのオーストラリアドルと円の間の為替レートによって計算結果が異なるのですが、執筆時点（2005年2月5日）ではほぼ80円／A$でしたので、それを前提に計算をしてみましょう。わかりやすく考えると、80円を支払って手に入れた、1オーストラリアドルに対して、4円の為替手数料がかかるのですから、5%（＝4÷80）の手数料となります。片道だけみても2・5%の手数料です（もし片道2・5円／A$であれば、片道でも3%強、往復なら6%強の手数料率になります）。

＊実際には、為替手数料は両替レートに反映されますから、オーストラリアドルを手に入れるときには、2円の手数料が上乗せされた82円／A$の両替レートで換算して円を支払い、オーストラリアドルを円に戻すときには、2円の手数料を差し引かれた78円／A$の両替レートで換算して円を受け取ります。前者の両替レートをTTS、後者をTTB、そして基準となるレート（ここでは80円／A$）をTTMと呼ぶのが一般的です。

銀行が外貨を売る（Sell）ときのレートだからTTS、銀行が外貨を買う（Buy）ときのレートだからTTBなのですが、銀行が売るレートで客は買うというのが基本ですから、客側からみれば、外貨を買うときのレートがTTSになり、初めての人はたいてい混乱します。

なお、預けるときと引き出すときの為替レートは異なるのがふつうです。しかし、ここでは為替レート変動の話はとりあえず考えないことにして、金利と手数料の関係に注目していきます。仮に為替レートが80円／A$で一定であるとして、もう少し厳密に利息や手数料の計算をしたのが、**図2**です。

図2をみながら、**図1**の広告にあった外貨預金の仕組みをまとめましょう。広告にある条件とは異なりますが、もし、このオーストラリアドル定期預金の運用期間が1年間であったとしても、「年10%」の金利はそれほど魅力的ではありません。**図2**の上側に、その場合の計算が図示されています。

100万円をもって銀行にいったとしましょう。また、説明の都合上、金利と手数料を別々に計算してみましょう。細かな点で現実と異なる計算をしていますが、計算結果のちがいはさほど大きくありません。

預け入れの段階で2・5%の為替手数料が取られ、97万5000円相当のオーストラリアドル定期預金を始めることになりますから、年10%の金利がついたとして、1年後にももらえる利息は9万7500円で、そのうちの2割は税金として引かれますから、手取りの利

図 2

「元本：100万円」で、
「為替レート：A$1＝80円」として考えよう。

※両替の際の為替手数料は「片道2円／A$」とする。

この外貨定期預金が、もし「1年もの」だとしても…

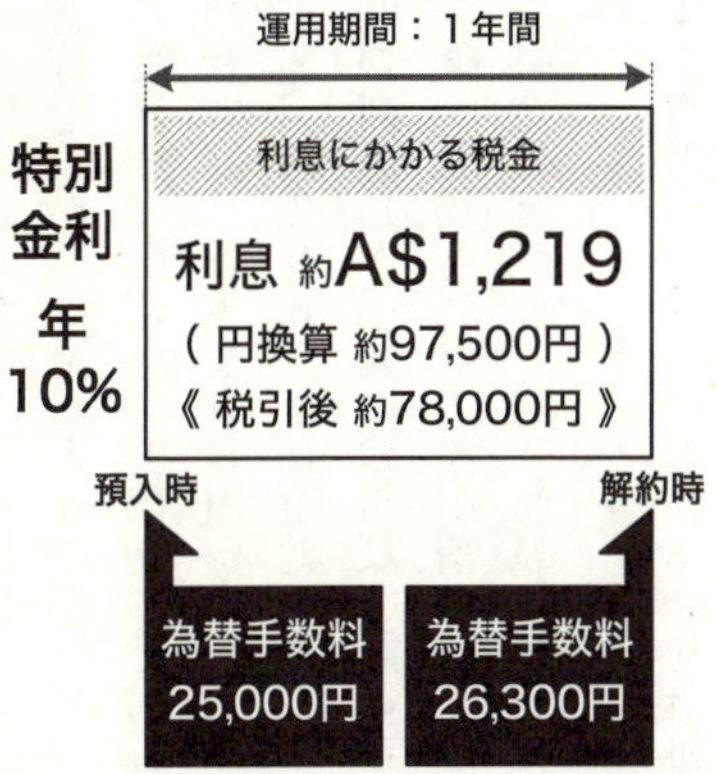

10%分の金利がもらえても、その2割は税金で取られ、また、預入時に円をオーストラリアドルに替えるときと、解約時にオーストラリアドルを円に替えるときに、それぞれ為替手数料を取られるので、結果として、元本の**「3%弱の利息」**しか手元に残らない。

実際には、「3ヵ月もの」の外貨定期預金なので…

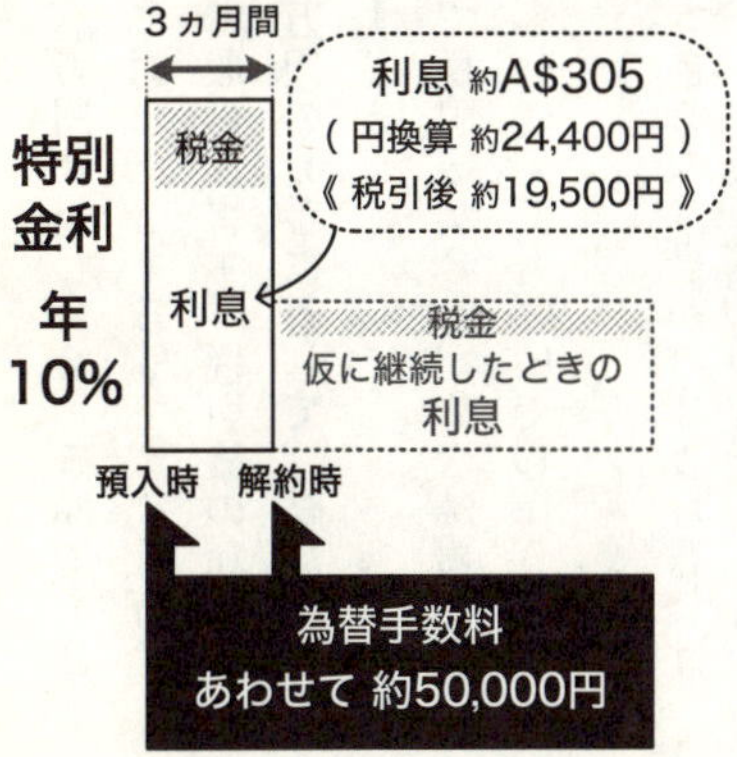

「年10%」は、1年間預けてこそ10%の利息がつくのであって、3ヵ月（=1/4年）の運用では、10%の1/4で、元本の2.5%しか利息が得られない。その2割は税金で取られるため、税引後の利息は2%でしかない。他方、為替手数料として元本の約5%を取られるので、元本に対して**「約3%の損」**となる。

息は7万8000円と計算されます。

これに対して、為替手数料は、預け入れ時に持参した100万円に対して2・5%で、2万5000円、さらに満期で引き出す際に元本と利息の両方に対して2・5%で、約2万6300円です。あわせて約5万1300円が為替手数料として取られます。税引後の利息から為替手数料を引くと、約2万6700円ですから、100万円の元手に対して、結局のところ、1年で3%弱の利息しか手元に残らない計算になります。

もっと大まかに計算する場合には、税引前の金利が10%で税引後が8%、そこから往復で約5%の手数料を引くのだから、約3%の利息が受け取れると考えてもいいでしょう。

さて、本当の条件を適用すれば、年10%の高金利が享受できるのは最初の3ヵ月間だけですから、すでに述べたように、3ヵ月後の満期に引き出すと、税引後で元本に対して2%の利息しか受け取れないのでした。

一方で、往復の為替手数料が元本の約5%かかりますので、利息の2%から手数料の約5%を引いて、元本に対して約3%の損になります。**図2**の下側に示したように、100万円を預けたときの税引後の利息額は約2万円（約1万9500円）で、為替手数料は約5万円ですから、差し引き約3万円の損です。

まとめると、**図1**の広告にあるキャンペーンは、さほど魅力的でないエサ（金利）を年率表示のトリックで魅力的なように錯覚させ、それで引っかかった客から、たっぷりと手数料をぼったくる目的でおこなわれています。

もし引っかかると、１００万円を高金利預金に預けたつもりが、３ヵ月後には、約９７万円に減ってしまうのです。そのあと続けて預けたとしても、今度はずっと低い金利しかつきません。その上、為替レートの変動によっては大損の危険性もあるのですから、ちょっと事情を理解している人なら、こんなキャンペーンには見向きもしないでしょう。

じつは、これまでに説明された内容をすでに理解しているような人は、こんな広告には決して引っかからないということも、銀行にとって〝広告のメリット〟なのです。この点については あとできちんと述べることにして、その前に「３ヵ月ものの定期預金の金利が年率表示されていることは、客にとって決して悪いことばかりではない」という点について、解説しておきましょう。

図3をみてください。たとえば、スーパーマーケットで肉を買うとき、たいていの人は、肉の銘柄や色あいに加えて、グラム数（肉の重さ）と値段の表示をみて選びます。そして、多くの場合、パックされた肉のラベルには、そのパック１個の値段だけでなく、「１００ｇ当たり××円」という表示があります。筆者もそうですが、この「１００ｇ当たり」の値段

図3

年率表示そのものは、決して悪いことではない！

特選牛肉 230g	高級牛肉 145g
1,495円	986円

どちらの方が高い肉か？

比較には「**100g当たり××円**」という表示が便利!!

45分で
10km
走った

50秒で
200m
走った

どちらの方が速いか？

比較には「**時速××km**」や「**分速××m**」という表示が便利!!

1,000万円
預けて

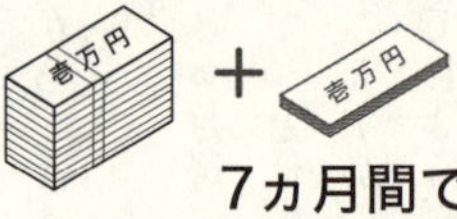

7ヵ月間で
8万円の利息

800万円
預けて

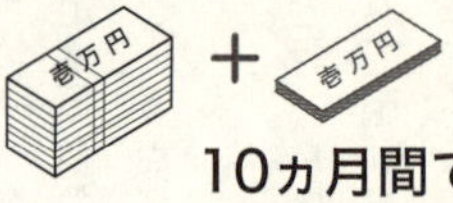

10ヵ月間で
9万円の利息

どちらの方が有利な運用か？

比較には

利息を「**率（%）**」に直し、

しかも「**年率**」で示すと便利!!

をみて、肉のランク（高級品か安物か、割高か割安か）を判断する人も多いでしょう。

図3の上側の例では、左の特選牛肉が「230gで1495円」、右の高級牛肉が「145gで986円」とだけ表示されていますが、これだけでは、ぱっとみてどちらの方がお得な（割安な）肉なのか、判断ができません（暗算が得意な人はわかるでしょうが）。だから「100g当たり」の値段の表示があると便利であり、どの肉にするか比較するときには、まずそれを参考にする人も多いでしょう。

また、**図3**の中央には、「45分で10km走った」と「50秒で200m走った」の2つの表示がありますが、ぱっとみてどちらのスピードが速いかを判断するのは大変でしょう。たいていの人は、「時速××km」あるいは「分速××m」に統一して表示し直してから、比較しようとします。

同じように、**図3**の下側にある資産運用の比較でも、「1000万円を7ヵ月間預けて8万円の利息」と「800万円を10ヵ月間預けて9万円の利息」では、どちらの方が有利な運用なのか、すぐには判断しづらいでしょう。だから、金利（利息）について「1年当たり××%」と、率（%）でみた上で年率表示するのは、もともと客側の利便性を考えた表示なのです。ただし、どんな表示方法にも長所と短所があり、年率表示のトリックで客の勘ちがいを誘おうとする銀行は、それを意図的に悪用しています。

悪い方向への進化

継続的に、各銀行の広告を調べていると、客の錯覚を誘おうとする広告がエスカレートする様子をみることがあります。図4の上側のAの広告では、「3ヵ月もの」の円定期預金の金利を「年1%」と年率表示していますが、その下側のBの広告になると、金利は「年2%」へと上昇する一方で、運用期間も「1ヵ月もの」に変わっています。

もちろん、どちらの広告にも「初回のみ適用」の注意書きがあり、有利な金利がつく期間は長くありません。それぞれ、満期時に元本に対してどれだけの金利がつくかを計算すると、Aなら、1%掛ける¼掛ける0・8で、税引後0・2%、Bなら、2%掛ける1/12掛ける0・8で、税引後約0・13%です(0・8を掛けるのは、20%の税金を差し引いて、税引後の数字にするためです)。

そのため、仮に、キャンペーン期間が終わったあとはほぼゼロ%の金利しかつかないとすると、BよりはAの方が有利な運用です。しかし、大きな数字しかみない客(銀行にとってのカモ)を引っかけることが目的なら、Bの方が錯覚を大きくしやすく、しかも銀行が実際に支払う利息額も安上がりです。

筆者は現実に、Aのような広告を出していた銀行が、やがてそれをBのような広告に代え

図4

A

円定期預金で、凄い好金利！

新規に口座を開設される方に

年 **1** %

3ヵ月もの

（税引後 0.8%）

◆このキャンペーン金利は、当行で初めて口座を開設される方が金額30万円までの定期預金を新規にお預けになる場合に、初回のみ適用されます。◆利息には一律20%が源泉分離課税されます。

B

円定期預金で、凄い好金利！

新規に口座を開設される方に

年 **2** %

1ヵ月もの

（税引後 1.6%）

◆このキャンペーン金利は、当行で初めて口座を開設される方が金額30万円までの定期預金を新規にお預けになる場合に、初回のみ適用されます。◆利息には一律20%が源泉分離課税されます。

上の広告は架空のものであり、登場する企業や金融商品などは、現実の企業や金融商品などとは一切関係ありません。

る（キャンペーン預金の満期までの期間を短くして、年率の金利を高くする）という例をいくつか目にしました。読者の中にも、思い当たる人がいるかもしれません。

なお図4のA・Bの広告は、一般的な円定期預金で、その銀行に初めて口座をつくる（開設する）人を対象に、最初の数ヵ月だけ金利を高くしてくれるというキャンペーンを宣伝しているだけです。わざわざ新しい口座をつくりに出かける手間などを考えると、どれほど有利か疑問ですが、何かの都合で新しく銀行口座を開こうとしていた人にとっては、少しお得なキャンペーンと言えます。

ただし、細かな文字の注意書きをよくみてください。先の図1のように客にとって本当は有利でないキャンペーンでは、「50万円以上」に適用と、預け入れの下限が設定されていたのに対し、図4のキャンペーンでは、A・Bともに「30万円以下」と、預け入れの上限が設定されています。

この上限があるため、キャンペーンを最大限利用しても、預金者が余分にもらえる利息は数百円でしかないのです（計算してみてください）。もちろん、銀行側が「自分たち（銀行）が儲かるキャンペーンのときには大きな金額を預けてもらいたいが、自分たち（銀行）が出血サービスをして損をするようなキャンペーンのときには、大きな金額を預けられないようにする」というのは、合理的な行動です。

利用できる金額に下限がある（小口の客お断りの）キャンペーンよりも、利用額に上限がある（大口の客お断りの）キャンペーンの方が、客に有利な話である可能性は高いと考えていいでしょう。

もう少し進化した広告として、**図5**を取り上げましょう。中央に「年18％」の大きな文字が躍り、やはり高金利を売り物にしています。その上下に「ユーロ定期預金」と書いてあるように、ヨーロッパ（ドイツやフランスなど）で共通通貨として使われているユーロでの外貨預金です。実際に、ユーロの金利が円やドルの金利よりも高いときに、こういったユーロ定期預金の宣伝をよくみかけました。

＊本書では、単に「ドル」と表記してあるときには、アメリカのドル（米ドル）を指します。

ここまで読んできた読者なら、すでにお気づきでしょうが、大きな「年」の文字の下に「1ヵ月もの」とあり、また大きな「％」の文字の下に「税引後14・4％」とあるのが、この広告の大切なポイントです。年18％は税引前で、これに0・8を掛けた税引後の金利が年14・4％、さらに12で割って、満期までの1ヵ月間でもらえる金利を計算すると、元本に対して1・2％（＝14・4％÷12）でしかありません。

また、広告の下側に注意事項がまとめて書かれていますが、先の**図1**の外貨預金とほぼ同

図 5

ユーロ定期預金が
いまなら、こんなに高金利！

締切迫る
今週末まで

年 **18**%

1ヵ月もの　（税引後14.4%）

ユーロ定期預金の
優遇金利

1ヵ月定期	年18%（税引後14.4%）	6ヵ月定期	年7%（税引後5.6%）
3ヵ月定期	年9%（税引後7.2%）	1年定期	年5%（税引後4.0%）

◆キャンペーン特別金利は、30万円以上の円現金あるいは円預金口座から外貨定期預金をお始めいただいたときに、初回満期日まで適用されます。◆外貨預金への入出金の際には、外貨現金・トラベラーズチェックはお取り扱いしておりません。◆円から外貨に交換する際には、所定の手数料がかかります。◆利息には一律20%が源泉分離課税されます。

上の広告は架空のものであり、登場する企業や金融商品などは、現実の企業や金融商品などとは一切関係ありません。

じ内容で、キャンペーンによる高金利は初回しか適用されないこと、預け入れと引き出しの際には円とユーロの交換がそれぞれ必要で、だから外貨両替の手数料（為替手数料）を必ず往復で（2回）取られること、がわかります。

この広告の工夫は、「1ヵ月もの・3ヵ月もの・6ヵ月もの・1年もの」の4種類の外貨定期預金のキャンペーン金利を同時に提示しながら、特に「1ヵ月もの」を強調して宣伝しているところにあります。

スーパーマーケットのバーゲンセールの広告では、多数の掲載商品のうち、特に値引率が高いものなど、客にとってお得な度合いが大きい商品が、他の商品よりも大きなスペースを取って宣伝されます。これは、その商品を目当てに来店してもらい、ついでに別の商品も買ってもらおうという意図があるからです。そういった広告に慣れてしまうと、ついつい、ひとつの広告の中では、大きく宣伝されているものほどお得なのではないかと考えがちです。

しかし、金融商品の場合、広告に複数のタイプの商品が掲載されていて、その中から選べるような場合、たいてい、一番大きな文字で書いてある商品は、他の小さな文字で書いてある商品よりもむしろ不利なものだと考えてよいでしょう。

安売りの卵を目当てに来店した客が、ついでに魚や肉も買うことが期待できるスーパーマーケットと異なり、銀行では、あるタイプの外貨預金につられて来た客のほとんどは、そのとき運用しようとする資金の全額を目当てのタイプの外貨預金に預けてしまいます。ついでに別タイプの外貨預金にも預ける、といった話にはなりにくいのです。

ですから、銀行側としては、自分たちにとって一番儲かる(客側からみると、さほどお得ではない)タイプの外貨預金を、一番大きく宣伝するのが自然です。

ここで、「1ヵ月もの・年18%」と「3ヵ月もの・年9%」のユーロ定期預金の金利と手数料について比較してみましょう。先の**図2**と同じような図を使って考えます。**図6**をみてください。

計算のために、ユーロと円の為替レートは125円/ユーロ、為替手数料は1・5円/ユーロ、ユーロ定期預金の標準金利(キャンペーンのあとに適用される金利)は年3%とします(参考にした広告が出された2003年1月前後の状況を前提にしました)。往復の為替手数料は3円/ユーロですから、125円/ユーロで割ると、2・4%が元本に対する為替手数料の率となります。

なお、ユーロの為替手数料は銀行によって差があります。また簡易計算で話を進めていますので、計算結果は現実と少し異なります。

図6では、上側に「3ヵ月もの・年9%」、下側に「1ヵ月もの・年18%」のそれぞれ

図 6

特別金利の適用期間を縮めて、年率表示の金利を高く！

「為替レート：1ユーロ＝125円」

「為替手数料：片道1.5円／ユーロ」

「ユーロ定期預金の標準金利：年3%」とする。

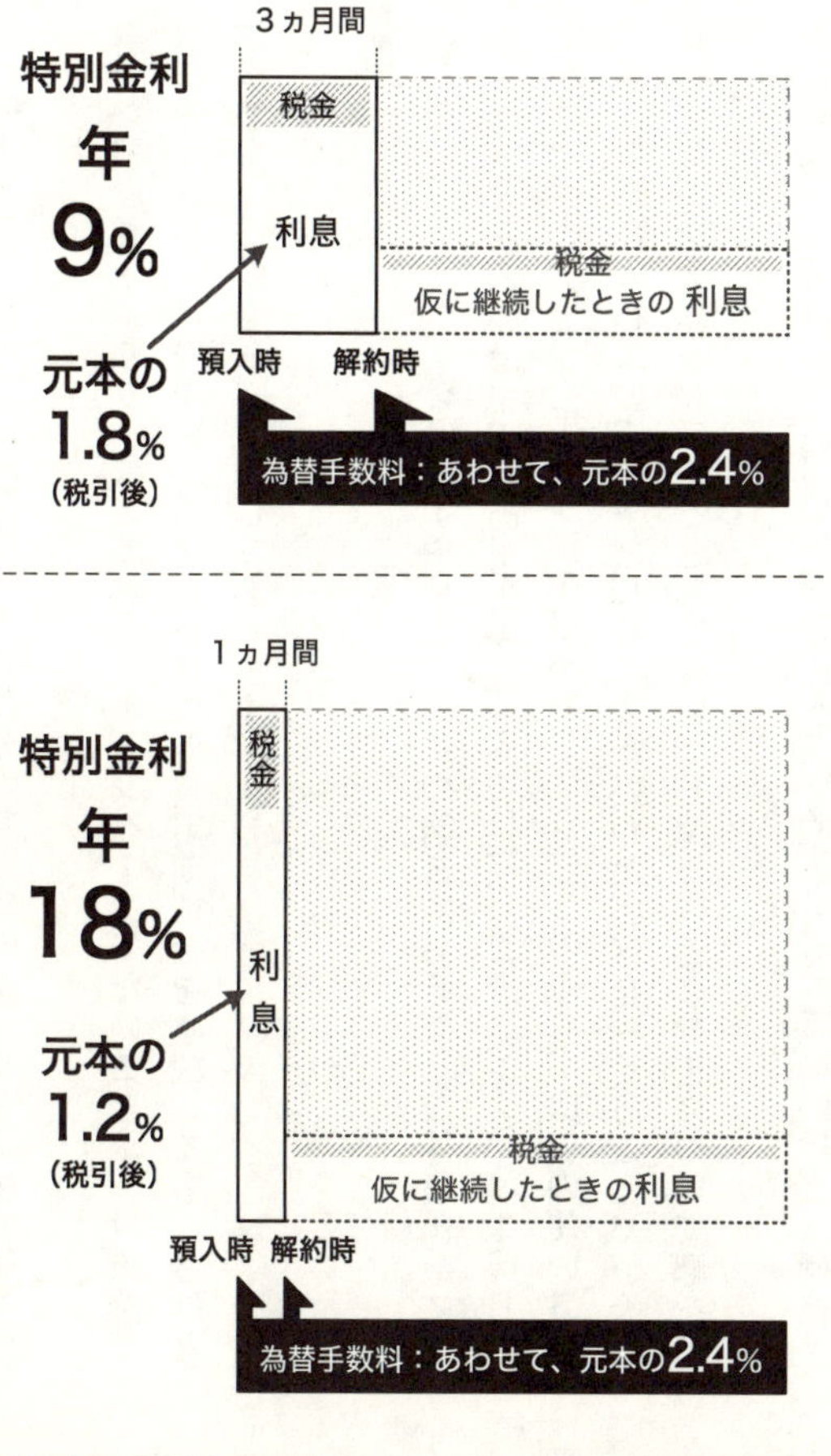

のキャンペーンを利用した場合の、利息と手数料が示されており、各図形の面積が金額の大きさを表わしています。年率表示のトリックが使われているため、満期にもらえる税引後利息は、3ヵ月もので元本の1・8%(税引後)、1ヵ月もので元本の1・2%(税引後)でしかありません。

ともに為替手数料が利息額を上回り、決してお得なキャンペーンでないことが一目瞭然でしょう。また、仮にキャンペーンの満期が過ぎたあとに外貨定期預金を継続しても、さほど多くの利息は稼げません。この点も図で示してあります。

客を選別する機能

さて、少し賢い客なら、75ページの図1や92ページの図5にあるような外貨預金には引っかからないでしょう。あるいは、図5の広告をみて銀行にいったとしても、「1ヵ月もの・年18%」でなく、「1年もの・年5%」を選ぶでしょう。この点も、広告の使い方がうまい銀行は、十分に計算に入れています。むしろ、こういった広告をみせることで、それぞれの客がどう読解するかをテストしているとみてよいでしょう。その効果について順を追って説明します。

大学などでミクロ経済学と呼ばれる科目を勉強すると、必ずと言っていいほど〝価格差別〟という考え方を学びます。わかりやすく言えば、客を複数のタイプに分けて（差別化して）、それぞれに異なった価格を設定することで、「高く買ってくれそうな客には高く売り、安くないと買ってくれそうにない客には安く売る」といった、企業側の戦略を意味します（きちんとした意味については、ミクロ経済学のテキストなどで学んでください）。

図7に例を挙げました。金融機関ではなく、何らかの製品を売るメーカーが、その製品の市場を独占しているとしましょう。100人の客がいて、もし企業が価格7000円で売れば、100人全員が1個ずつ購入してくれます。誰もが7000円なら買う気でいるのです。しかし、企業が価格を1万円に設定すると、60人は買わず、残りの40人だけが1個ずつ購入します。

企業の利益は、単純に、販売価格から1個5000円のコストを引いて計算できるとしましょう。1個7000円で売れば、1個につき2000円の利益で、1個1万円で売れるなら、1個につき5000円の利益になります。

図の上側に2つの戦略が書かれています。《戦略X》では、誰に対しても7000円で売ります。すると100個売れますから、1個当たりの利益2000円を掛けて、20万円の利益が見込まれます。

他方、《戦略Y》では、誰に対しても1万円で売ります。このときの売上は40個で、1

図 7

「価格差別」とは？

市場

①価格7,000円で売ると、100人全員が1個ずつ買う

②価格10,000円で売ると、40人だけが1個ずつ買う

※コストは1個につき5,000円なので……

企業は
7,000円で売ると、1個につき2,000円の利益
10,000円で売ると、1個につき5,000円の利益

《戦略X》 誰に対しても7,000円で売ると、
100人×2,000円＝**『20万円の利益』**

《戦略Y》 誰に対しても10,000円で売ると、
40人×5,000円＝**『20万円の利益』**

↓

100人をつぎの2つのグループに分けることができれば…

	Ⓐ 7,000円以下でなければ買わない人が多数派のグループ	Ⓑ 10,000円でも買う人が多数派のグループ
グループの人数	60人	40人
7,000円でないと買わない	50人	10人
10,000円でも買う	10人	30人

《戦略Z》 **Aグループに対しては7,000円で売ると、**
60人×2,000円＝「12万円の利益」
Bグループに対しては10,000円で売ると、
30人×5,000円＝「15万円の利益」
合計で **『27万円の利益』**

個当たりの利益5000円を掛けると、これまた20万円の利益になります。

図の下側には別の《戦略Z》の考え方が示されています。これは価格差別をおこなうもので、まず、100人を2つのグループに分けます。Aグループは低価格志向の人たちで、7000円以下でなければ買わない人が多数派のグループです。もうひとつのBグループは「欲しいものは少々高くても買う」という人たちが多数派のグループです。

ここでは、60人がAグループに属し、そのうち50人が7000円以下でないと買わないタイプ、10人は1万円でも買うタイプとします。また、40人がBグループに属し、そのうち10人が7000円以下でないと買わないタイプ、30人は1万円でも買うタイプとします。

それで、AとBのグループ別に異なる価格を設定するのです。Aグループに対しては7000円で、Bグループに対しては1万円で売ります。Aグループは60人全員が買ってくれますから、60人掛ける利益幅2000円で、企業は12万円の利益が得られます。

一方、1万円の価格を提示されたBグループ40人のうち、10人は1万円では買いませんが、残り30人が1万円で買ってくれますので、30人掛ける利益幅5000円で、15万円が企業の利益になります。

両グループから得られる利益を合計すると、《戦略Z》では27万円が儲かりますから、20万円しか利益が得られなかった《戦略X》や《戦略Y》より優れた戦略と言えます。

価格差別を実践する際の問題として、①どのようにして「安くないと買わない客が多いグループ」と「高くても買う客が多いグループ」に分けるか、②高い価格を提示されたグループの客が、自分の代わりに、安い価格で買えるグループの客に買ってもらい、転売してもらうという行動をどう防ぐか、③高い価格を提示されたグループの客に対し、他の企業が安い価格を提示して客を奪おうとすることをどう避けるか（先の例では市場を独占している企業を想定していましたから、こんな心配をしなくてもよかったのですが）、などがあります。

本書はミクロ経済学の解説書ではありませんので、くわしい説明はできませんが、現実に、多くの企業が価格差別を応用した戦略を採用しています。たとえば、ミクロ経済学のテキストには、映画館やパソコンのソフトウェアなどでの学生割引、国内販売と輸出で異なる価格設定といった例がよく出てきます。

スーパーマーケットの曜日（あるいは時間）限定セールや、家電量販店のポイントカードなども、価格差別の観点から分析できます。じつは、先に述べた「どうやってグループ分けをするか」という問題の解決策として、何らかの方法で客側が自分の属性を示してくれるようにしむけて、価格に敏感なタイプの客にだけ自動的に値引きして売り、そうでない客には高く売るという作戦があります。

スーパーマーケットの曜日限定セール（日替わりバーゲン）は、そのような効果を発揮します。スーパーマーケット側は、今日は大根が安く、明日はナスが安いといったように、日ごとに安く売る野菜の種類を変えておき、今週のバーゲンセールについて知らせる広告で、曜日ごとにどの野菜が安くなるかを知らせるだけです。すると、何が起こるのでしょうか。

たとえば筆者のように、気が向いたときに買い物にいき、そのとき食べたい食材を買うタイプの人間は、野菜の価格をさほど気にしないタイプ、スーパーマーケットからみれば「少々高くても買ってくれる客」でしょう。そもそも広告もチェックしませんし、できるだけ大根の特売日に大根を買うという努力をしませんから、結果として、たいていは通常価格（特売よりも高い価格）で大根を買うことになります。

その一方で、野菜の価格に非常に敏感な人は、スーパーマーケットの広告を必ず事前にチェックするでしょう。そして、できるだけ特売日にあわせて大根を買うでしょうから、いつも特売価格（通常価格より安い価格）で大根を買うことになります。

これで、自動的に、安くないと買わない客には安く、高くても買う客には高く売るという価格差別ができます。このような仕組みで価格差別ができるのなら、企業にとって大変有効な戦略であることがわかってもらえたでしょうか。

銀行などの金融機関も、当然ながら、自動的な価格差別ができないかと狙っており、そこで、金融商品広告の登場となるわけです。つぎに図8をみてください。

凸凹銀行（もちろん架空の銀行です）には、いろいろなタイプの客が来店します。価格差別の考え方を応用するなら、その中で、銀行にとって利益幅の大きい金融商品を買ってくれそうな客と、そういった商品にはもともと見向きもしないような客をできるだけ区別し、前者にだけ、そういった金融商品を勧めようとするでしょう。

ここでは仮に、2つのタイプの客を「騙されやすいカモ（あるいは単に、カモ）」と「騙されない常識人（あるいは単に、常識人）」と呼ぶことにします。

凸凹銀行が特に気をつけなければならない点は、騙されやすいカモに売って大儲けするために開発された「ぼったくり金融商品」を、騙されない常識人に売り込むことはできるだけ避けるということです。

そんなことをすると、常識人は凸凹銀行に対する警戒感を強めるようになり、悪くすると、取引銀行を変えてしまいます。そうでなくても、ただでさえ判断力が高い客に「凸凹銀行は、こちらのスキをみつけては、ぼったくり商品を売りつけようとする」との印象を植えつけて

図8

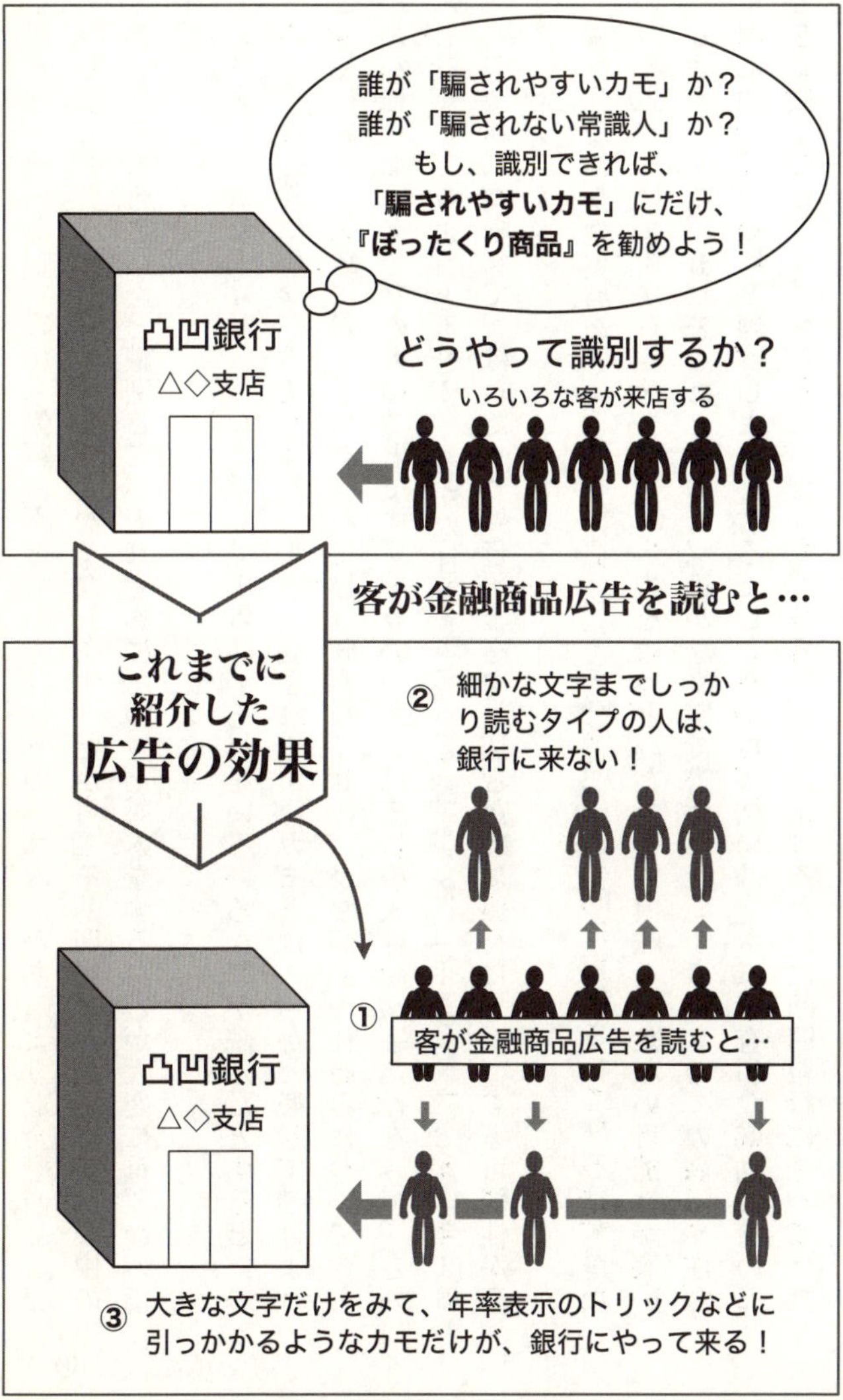

誰が「騙されやすいカモ」か？
誰が「騙されない常識人」か？
もし、識別できれば、
「騙されやすいカモ」にだけ、
『ぼったくり商品』を勧めよう！
凸凹銀行
△◇支店
どうやって識別するか？
いろいろな客が来店する
客が金融商品広告を読むと…
これまでに
紹介した
広告の効果
②
細かな文字までしっかり読むタイプの人は、
銀行に来ない！
①
客が金融商品広告を読むと…
凸凹銀行
△◇支店
③
大きな文字だけをみて、年率表示のトリックなどに
引っかかるようなカモだけが、銀行にやって来る！

しまうと、そのあと、客にも銀行にもともにそれなりのメリットがあるような金融商品を売ろうとしても、説明を聞いてもらえなくなります。だからこそ凸凹銀行としては、客の中のカモと常識人をきちんと識別して、それぞれにあわせた対応をすることが大変に重要なのです。

これまでに取り上げたような金融商品広告は、それをいろいろな客が読んだとすると、つぎのような行動につながるでしょう。まず、騙されやすいカモとは、何かと楽して儲けようと安易に考え、金銭に対するスケベ心だけは旺盛なくせに、金融商品の仕組みについてきちんと勉強しないタイプの人のことです。そういった人は広告の大きな文字だけをみて、きちんと計算してみようともせず、細かな注意書きなども読まずに、「年１０％」とか「年１８％」の金利につられて、ぼったくり外貨預金を申し込むために銀行にやってくる可能性が高いでしょう。

騙されない常識人の多くは「そんな有利な金融商品が大々的に宣伝されているはずがない」と思っていますから、そもそも、広告をぱっとみただけで興味をもたない可能性が高いでしょう。また、もし読んだとしても、細かな文字で書かれた「１ヵ月もの」の表示や注意事項についてある程度理解しようとするでしょうから、結局は、さほど有利な商品でないことを見抜くでしょう。もちろん、ぼったくり外貨預金に預けるために凸凹銀行にやってきたりはしません。

これで、自動的に、ぼったくり商品を目当てに来店するのは騙されやすいカモばかりという、凸凹銀行にとって理想的な状況が実現します。何となく、そんな状況をつくり出すのは簡単だと思う読者がいるかもしれませんが、そうではありません。客は自分がどのタイプかを素直に教えてはくれないからです（あるいは、カモなのに自分ではカモでないと誤認していることもあります）。

カモには商品のカラクリを見抜かれずに、しかし、説明不足のために常識人タイプの人間がまちがって来店し、あとから商品のカラクリに気がついて不信感を抱くという事態をできるだけ避けるには、小さな文字でいろいろな情報を書くことで、広告を正しく読んだ人なら商品のカラクリがわかるようにしておくことが大切なのです。

なお、読者の中には、「小さな文字でいろいろと書いてあるのは、あとから騙されたと感じた客が金融機関側の説明不足を理由に訴訟を起こすこともあるだろうから、その対策では？」と考える人もいるでしょう。しかし、訴訟対策としての細かな説明は契約の際の書類に書いてあればいいことで、広告にすべて書く必要はないはずです（そもそも、スペースを考えればすべての説明を書くことができない場合が多いはずです）。

それでも、広告をきちんと読みさえすれば、金融機関側に都合の悪い内容もふくめて、商品のカラクリが何とかわかるようになっている金融商品広告が多いと思われます。細かな説明を読む気があり、ある程度基本的な金融・経済知識がある人にとっては、じつは、親切に仕組みが解説されている広告の方が多数派なのです。

また、先の92ページの図5の広告は、①年率表示のトリックに引っかかって「1ヵ月もの・年18%」のユーロ定期預金に預ける客、②年率表示のトリックには引っかからないもののの、「1年もの・年5%」などの期間の長いユーロ定期預金に預けて、しっかりと為替手数料を支払ってくれる客、③金利が高くても為替手数料が高いから割にあわないと理解していて、このキャンペーンには引っかからない客、の3つのタイプに客を分けることを意図しています。客を選別するという点では、より効果的な広告と言えるでしょう。

筆者の感じでは、広告の使い方（広告の中での商品説明のサジ加減）がうまいのは、主に外資系の銀行です。日本のメガバンクは、残念ながら、たいていヘタなように思われます。特にあるメガバンクの新聞広告では、常識的な解釈をすればウソとしか思えないような数字を示すとか、一番割高な手数料を表示せずに隠すなどのやり口が恒常化しており、価格差別の応用例としては、まちがった戦略をもちいていると感じられます。

「うちが一番安全な銀行なのだから、客は逃げないはずだ」と考えているのかもしれません。

しかし、騙されやすいカモは、どうせ細かな文字など読まないのです。それなりに判断力のある客との間で無用なトラブルが起きるのを避けるためには、細かな文字でもいいから、都合の悪いことも堂々と広告に書いておく方が、銀行にとってもプラスになると思います。

さらに悪質な広告

預金の広告で、もっと悪質な工夫が凝らしてある広告をいくつか紹介しましょう。**図9**には、AとBの異なる外貨預金広告が掲載されています。上のAは、3ヵ月ものの米ドル定期預金の広告です。キャンペーンで金利が高くなっているのですが、中央に大きな文字で「5%」とだけ書いてあります。その下に小さな文字で「税引後4%」とありますが、どこを探しても、この金利が〝年率〟なのかどうかが記されていません。

もし3ヵ月後に元本に対して5%の金利がつくとすると、単純に4倍して換算すれば年率20%になりますから、最近の米ドル預金では考えられない数字です。そう考えれば、たぶん「年5%」という意味なのでしょうが、きちんと書いてありませんから、「元本に対して5%」との解釈も可能です。

年率でなく、その期間につく利息金額の元本金額に対する比率を金利として表示するやり方は、別に特殊なものではなく、これも金融取引においてよく使われている表示方法です。

図9

A

外貨預金特別キャンペーン実施中！

米ドル定期預金（3ヵ月もの）が好金利

5%

（税引後 4%）

◆キャンペーン特別金利は、50万円以上の円現金あるいは円預金口座から外貨定期預金をお始めいただいたときに、初回満期日まで適用されます。◆利息には一律20%が源泉分離課税されます。

B

キャンペーン好金利で、

米ドル定期預金を始めよう！

年7%

1ヵ月もの
（税引後 5.6%）

3ヵ月ものなら2%

◆キャンペーン特別金利は、50万円以上の円現金あるいは円預金口座から外貨定期預金をお始めいただいたときに、初回満期日まで適用されます。◆利息には一律20%が源泉分離課税されます。

上の広告は架空のものであり、登場する企業や金融商品などは、現実の企業や金融商品などとは一切関係ありません。

そのため、「5%」としか書いていない場合、「満期には元本に対して5%の利息がつく」と解釈することは不自然でも何でもありません。

スーパーマーケットで、牛肉のパックに「重さ200g・価格1000円」とだけ書いてあったら、それを「100g当たり1000円」と考える人はいないでしょう。それと同じことです。また、借金をするときに「10日で10%の金利をいただきます」と言われたら、それは「10日後には元本に対して10%の利息をつけて返済しなければならない」と考えるのが自然です。

筆者は、自分の取引銀行が先の**図1**や**図5**のような広告を出していても、その銀行との取引をやめようとは思いませんが、**図9**のAのような広告を出す銀行とは、できるだけ取引しないようにするでしょう。

図9のBも、やはり米ドル定期預金の広告です。このタイプのレイアウトがしてある広告を実際にみたときには、ずいぶん感心しましたが、同時に不愉快に思いました。いつものように、中央に大きく「年7%」とあり、年率表示のトリックをもちいているのですが、その「年」の下に、それなりの大きさの文字で「3ヵ月もの」とありますから、そそっかしい人は「3ヵ月もので年7%の金利」と解釈するでしょう。

しかし、じっくりと読むと、大きな「%」の文字の上に「1ヵ月もの（税引後5・6%）」と小さく書かれていますから、「年7%」は1ヵ月ものの金利だとわかります。そう思ってよくみると、「3ヵ月もの」の文字の横には続きがあって、続けて読めば「3ヵ月ものなら2%」と書いてあるのです。

つまり、文字を巧みにレイアウトして、1ヵ月ものの金利を3ヵ月ものの金利と錯覚させようとしているのです。何かの目的で外貨預金を始めようとしている人が、「どうせなら、少しでも高い金利の銀行に預けたい」と思っていたとすると、年率表示のトリックを知っていた場合でも、「3ヵ月もので年7%なら、結構いい条件じゃないか」と考える可能性があります。「3ヵ月を¼年とすると、年7%の¼で、その20%を税金に取られても、元本に対して1・4%の利息が手取りでもらえるのなら、悪くない」と考えるかもしれないからです。

しかし実際には、年7%の金利がつくのは1ヵ月もの定期預金だけですから、7%÷12×0・8≒0・47%で、満期時には元本に対して税引後0・5%弱の利息しかつきません。

筆者は、この図9のBの広告は、上のAの広告よりマシですが、やはり無用のトラブルを引き起こす広告だと思います。読者はどう感じたでしょうか。

さらに悪質な広告が図10にあります。これも米ドル定期預金のキャンペーン広告ですが、預金金利の水準そのものではなく、通常金利からの〝上乗せ幅〟を強調しているところが、これまでの広告と少しちがう点です。

上乗せ幅が書いてある方が、キャンペーンでどれぐらい有利になったのかわかるという意味では、良心的なように思えますが、じつは、狙いは別のところにあるのです。なお、この広告はやや古い現実の広告を参考に作成した架空広告ですので、前提となる米ドルの金利が執筆時点（2005年2月）よりも高くなっています。

この広告を漠然とみると、米ドル定期預金の金利に「プラス2％」の上乗せがあると解釈してしまうでしょう。もちろん、大きな「％」の文字の上には「年率」とあり、大きな「2」の数字の上に「3ヵ月もの」と書いてありますから、3ヵ月ものの外貨預金について、年率表示の金利に2％の上乗せがあるだけです。年2％は、3ヵ月（¼年）では0・5％で、これは税引前ですから、0・8倍すると、元本に対して税引後0・4％の上乗せがあるだけになります。

ところが、この広告には明らかな数字のウソがあり、本当の上乗せ幅はさらにもっと小さいのです。まず、「プラス」の文字の上に小さく「最大で」と書いてあり、条件によってはもっと（元本に対して税引後0・4％の上乗せよりも）小さな上乗せ幅しか得られないので

図10

外貨預金・金利上乗せキャンペーン実施中

200X年11月15日から200X年12月15日まで

米ドル定期預金

（3ヵ月もの）

最大で
プラス
＋2%［年率］

★期間中、米ドル定期預金（3ヵ月もの）に下記の金利を上乗せ！

プランA：10万ドル以上のお預け入れの場合　＋2.0%の上乗せ

当行標準金利 ＋2.0% ＝ 1.8% ＋ 2.0% ＝ 3.8%

（200X年11月20日現在の適用金利）

プランB：3万ドル以上のお預け入れの場合　＋1.0%の上乗せ

当行標準金利 ＋1.0% ＝ 1.8% ＋ 1.0% ＝ 2.8%

（200X年11月20日現在の適用金利）

プランC：3万ドル未満のお預け入れの場合　＋0.5%の上乗せ

当行標準金利 ＋0.5% ＝ 1.8% ＋ 0.5% ＝ 2.3%

（200X年11月20日現在の適用金利）

上の広告は架空のものであり、登場する企業や金融商品などは、現実の企業や金融商品などとは一切関係ありません。

す。具体的な計算が広告の下半分に書かれていますが、これをよく読むと、「10万ドル以上の預け入れ」でなければ年2％の上乗せがないことがわかります。たとえば4000ドルの預け入れなら、年0・5％の上乗せしかありません。

さらによく検討してみると、つぎのような疑問が浮かぶはずです。広告の下側に書かれているプランA・B・Cの3つを比べると、預け入れ金額が大きいほど金利の上乗せ幅が大きくなっていますが、それぞれの条件で「当行標準金利」は年1・8％で等しく設定されています。円定期預金などでも、小口の定期預金より大口定期預金の方が金利は高く、だから、この広告の外貨定期預金の場合にも、預け入れ金額が大きいほど上乗せ後の金利が高くなるのは理解できますが、それなら、そもそも10万ドルを預ける場合と4000ドルを預ける場合で、上乗せがないときの金利が等しいというのは、おかしいのです。

このように考えると、4000ドルしか預けないときの標準金利（上乗せがない金利）が年1・8％なのに対して、10万ドルを預けるときの上乗せ後の金利が年3・8％となり、相対的に年2％高くなっているのは、純粋にキャンペーンによる上乗せだけで年2％高くなったのではなく、この年2％には、もともと預け入れ金額がちがうことによる金利差もふくまれているはずです。

つまり、10万ドル以上預けるときの適用金利は、キャンペーン前でも年1・8%より高いはずで、そうすると、キャンペーンによる上乗せは最大でも年2%より低い幅になってしまいます。そのため、この広告の「キャンペーン実施中」に「最大で年率2%の上乗せ」という表記内容は、常識的な解釈を前提にすれば、ウソの数字を示したものと判定されます。

仮に、プランAとプランCの適用金利の差である年1・5%（＝3・8%－2・3%）が、預け入れ金額の差による金利差をそのまま反映しているとすれば、キャンペーンがないときのプランAの通常金利は年1・8%ではなく、それに年1・5%を足した、年3・3%になります。この場合には、プランAでさえ、上乗せ幅は年0・5%でしかなく、これを3ヵ月での元本に対する率に直し、税引後にすると、4で割って0・8を掛けるのですから、たったの0・1%にしかなりません。

つまり、客にとっては、最大でも〝元本に対して税引後0・1%だけの上乗せ〟しか得られないキャンペーンを、「プラス2%」の文字を強調した広告で宣伝しているのです。

ただし、微妙な表示をすることで、「キャンペーンによってプラス2%」と確実に読めるようにはなっていません。銀行側は「プラス2%がすべてキャンペーンによる上乗せだとは、どこにもはっきりとは書いてないから、そう解釈する方が悪い」と主張できるようになっているのです。しかし、こんな広告を出していると、その銀行の評判を下げるだけだと思うのですが、いかがでしょうか。

超低金利だから有効な表示

さて、もともと金利が高い通貨の外貨預金であれば、年率表示のトリックなどを使うことで、年10%や年7%などの魅力的な数字を提示できますが、デフレ下の日本では、一般的な円預金の金利のほとんどは年1%未満にならざるをえません。だから、キャンペーンで上乗せをしても、たいていの場合はさほど人目をひくような金利にはなりません。

そこで、**図11**のAのように、「通常金利の50倍」と倍率で表示する広告が出てきました。金利が50倍になると聞くと、かなり有利なように感じますが、元の金利が「年0・01%」の「6ヵ月もの」円定期預金で、それが「年0・5%」の金利になるだけです。6ヵ月は½年ですから、年0・5%を2で割り、さらに0・8倍して税引後に直すと、満期にもらえる利息は元本に対して税引後0・2%だけだとわかります。

年率表示しても1%未満にしかならない金利を売り物にするよりは、「50倍」の方がインパクトは強く、しかもウソはついていませんから、銀行側からすれば、確かに有効な方法でしょう。超低金利の状況ゆえの苦肉の策なのでしょうが、この広告の円定期預金は、単に金利の上乗せがあるだけで、余計な手数料などは取られませんから、客にとって有利な商品

図11

A

このチャンスを見逃すな！

円定期・特別金利キャンペーン
2004年12月20日まで

通常金利の50倍

6ヵ月もの定期預金

通常金利が年0.01％の円定期預金（６ヵ月もの）が、
キャンペーン期間中なら、年0.5％の特別金利で始められます。

B

この春、新社会人になった皆様に
特別金利キャンペーン実施中

たちまちコース

１ヵ月もの円定期預金

通常金利プラス1％

（現在の通常金利は年0.01％）

じっくりコース

３年もの円定期預金

通常金利の10倍

（現在の通常金利は年0.03％）

※新規に総合口座を開設され、給与振込口座にご指定いただいた、新社会人の方を対象にしたキャンペーンです。

上の広告は架空のものであり、登場する企業や金融商品などは、現実の企業や金融商品などとは一切関係ありません。

と言えます（少し有利なだけですが）。

つぎに図11のBをみてください。これも円定期預金の広告ですが、下側の注意書きを読むと、新社会人が新規に口座を開設し、それを給与振込口座に指定した場合に、同時に預ける定期預金に適用される金利が有利になるキャンペーンだとわかります。

このキャンペーンおよび広告が巧妙な点は、まず、新社会人を対象にして定期預金の金利を上乗せしていることです。大学や高校を出て社会人になったばかりの人間が、その春からちょうど定期預金にするような多額の蓄えをもっている可能性は低いでしょうから、このキャンペーンを利用するとしても、少額の定期預金しか預けないだろうとみているのです。銀行側からすれば、このキャンペーンで多数の新規口座を獲得したとしても、定期預金の金利上乗せのために余分に支払うことになる利息金額は、さほど大きくならないと考えられます。

また、2つのコースを用意し、広告の左側にある「たちまちコース」では、「1ヵ月もの円定期預金」の金利について「通常金利プラス1％」と表示しています。これだけでは、この1％が年率かどうかわかりませんが、その下に小さく「現在の通常金利は年0・01％」と書かれていますから、これに1％足すという意味なのは明らかです。すると「年1・01％」となります。

プラス幅を大きく表示しながら、小さく書いた通常金利の方に「年」と書くことで、年率表示のトリックによる錯覚誘発効果を高めています。ウソにならないぎりぎりのところで錯覚させようとしていますから、あまり感心できませんが、よく考えられていることだけは認めましょう。

その一方で、右側にある「じっくりコース」では、「3年もの円定期預金」の金利を「通常金利の10倍」と表現しています。その下に小さく通常金利が「年0・03%」と示されていますが、これを10倍しても年0・3%ですから、この金利そのものを書くよりも、倍率を書く方が魅力的にみせられるという判断なのでしょう。

つまり、この広告を出した銀行は、「年率表示」に引っかかるタイプの客に対しては「たちまちコース」で誘い、「倍率表示」に引っかかるタイプの客に対しては「じっくりコース」で誘うという、欲張った作戦を展開しているのです。

どちらを選んでも、少し金利が余分にもらえて、余計な手数料などは取られませんから、客にとっても得な可能性の高いキャンペーンです。ただし、給与振込口座に指定しなければなりませんから、この銀行の店舗の場所などから考えて、取引銀行としては使い勝手が悪いはずの人が、無理にこのキャンペーンを利用しようとするのは、あとで手間がかかる分だけ損な場合もあるでしょう。

第二章　「セット商品」の広告——手数料の水増し

円預金・外貨預金・投資信託のセット

日本にある銀行の多くが、ここ数年、少しずつ手を変え品を変えながらも、ひんぱんに宣伝しているのが図12にあるような〝セット〟です。別々の2つの広告がありますが、上のAからみてみましょう。

中央に円グラフのような図があり、「円定期預金」が半分（50％）、「外貨定期預金」と「投資信託」がそれぞれ¼（25％）ずつの面積を占めています。上には「リスク分散に最適なセット」で「40万円から始められます」と書いてあります。新しく40万円以上の資金を預ける場合に、円預金・外貨預金・投資信託を50％・25％・25％の比率でミックスさせて預けると、有利な条件が適用されるということのようです。

たとえば、40万円の資金で始める場合には、20万円を円定期預金に、10万円を外貨定期預金に、10万円を投資信託に預けると、円定期預金には「年1％」という有利な金利が適用されるのです（円グラフの左に金利が表示されています）。外貨定期預金は米ドル定期預金に限定されていますが、その金利も「年5％」と比較的有利です（円グラフの右に表示されています）。なお、この架空広告は、米ドルの金利が比較的高かった時期の新聞広告を参考に作成したものです。

きちんと読めば、円定期預金と米ドル定期預金の金利が大きく書かれた下に、それぞれ

図 12

A

リスク分散に最適なセット

40万円から始められます。

円定期預金
年1%
（3ヵ月もの）
［税引後 0.8%］

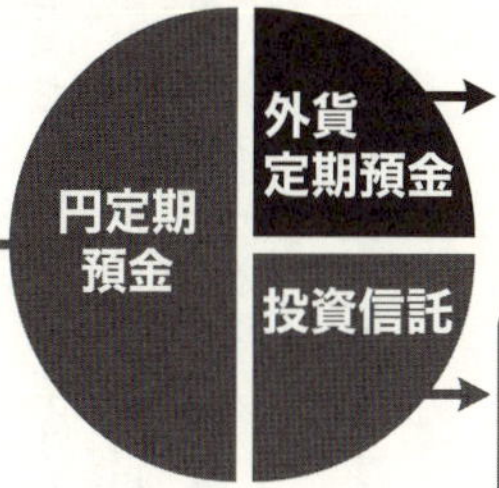

米ドル定期預金
年5%
（3ヵ月もの）
［税引後 4%］

投資信託
○×ファンド
△□ファンド
☆※ファンド
から選択できます

※ご運用資金のうち、円定期預金は50%以内、外貨定期預金と投資信託を合わせて50%以上で、お始めいただきます。※外貨定期預金は、円貨を米ドルに転換して米ドル定期預金を始める場合のみを対象とします。

B

30万円からできる 初めての投資セット

円定期 特別金利
1ヵ月もの **年3%** 税引後2.4%

外貨預金お始めセット

投資信託お始めセット

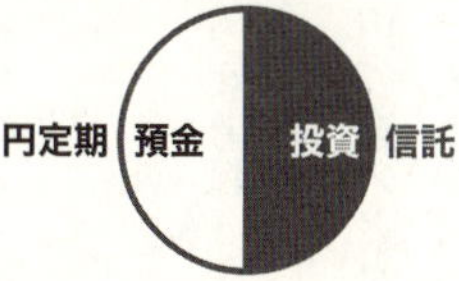

両セットとも、円定期預金はご運用資金の50%以内となります。
外貨預金は、円貨を両替してお預け入れの場合に限ります。

上の広告は架空のものであり、登場する企業や金融商品などは、現実の企業や金融商品などとは一切関係ありません。

「3ヵ月もの」と記されています。また、税引後の金利も示されています。おなじみの年率表示のトリックがもちいられており、これまでと同様に計算すると、円定期預金の満期にもらえる利息は、元本に対して税引後0・2％（＝1％÷4×0・8）にすぎないこと、米ドル定期預金の満期にもらえる利息も、元本に対して税引後1％（＝5％÷4×0・8）でしかないことがわかります。

すると、全体で40万円を預けている場合には、円定期預金20万円に対する利息が400円、米ドル定期預金（10万円相当）に対する利息が1000円で、合計1400円の利息が得られます。ただし、この計算は、為替レートの変動がないものとして、またとりあえず為替手数料を別に計算するものとしておこなっており、米ドル定期預金の実際の利息額（円での金額）には増減があります。

もちろんこのセットは、客が「リスク分散」できるように考え出されたというよりは、銀行が〝手数料を稼ぐために〟考え出されたものです。

広告の下側に小さな文字で書かれた注意事項を読むと、「外貨定期預金は、円貨を米ドルに転換して米ドル定期預金を始める場合のみを対象とします」とあります。預け入れ時に必ず、円から米ドルへの両替をしてもらうことで、多くの銀行では1円／ドル（1ドルにつき

1円）に設定されている為替手数料の支払いが生じる仕組みです。

また、同時に始めることになる投資信託について、広告内の円グラフの右に「○×ファンド、△□ファンド、☆※ファンドから選択できます」と書かれていますが、基本的に、こういったセットでは、株式を中心に運用する投資信託を買う必要があります。これを〝株式投資信託〟と呼びます。

株式投資信託については、本書後半（第九章以降）でくわしく取り上げますが、ここでは、専門家におカネを預けて株式などで運用してもらう商品と考えておけばよいでしょう。もちろん、株式投資信託には手数料がかかり、また株価などの変動によって儲かったり損したりします。

投資信託にかかる手数料には何種類かあります（特殊なパターンで手数料が取られる投資信託もあります）が、ここでは、購入時にかかる手数料に注目してみましょう。「販売手数料、申込手数料、買付手数料」などと呼ばれるもので、株式投資信託では1〜3％（消費税をふくめると1・05〜3・15％）が一般的です。ただし、購入金額が1億円を超えるとか、あるいは10億円を超えるような場合には、割引があったりします。

銀行側としては、この株式投資信託の手数料を稼ぐために、円定期預金などとのセット販売をしているのですから、広告に示されている「○×ファンド、△□ファンド、☆※ファンド」の販売手数料（税込）は、２・１〜３・１５％であることが多いでしょう。

４０万円を預けた場合について、ここまでに挙げた利息と手数料を差し引きしてみましょう。外貨預金の手数料は為替レートによって上下しますが、計算をわかりやすくするために仮に為替レートを１００円／ドルとします（１ドル＝１００円という意味です）。

この例では外貨預金に回す元本は１０万円ですが、その元本が１００円／ドルで換算されるのに対して１円／ドルの為替手数料（片道）ですから、預け入れ時に１％の手数料を取られることになります。金額にすると１０００円です。

投資信託の購入に回す１０万円に対しては、２・１％の販売手数料が取られるとすると、２１００円の負担になります。円定期預金と外貨定期預金（それぞれ３ヵ月もの）の金利が高めに設定されることで得られる利息額は、先に１４００円と計算されていましたから、ここから外貨預金の為替手数料１０００円と投資信託の販売手数料２１００円を引くと、マイナス１７００円で、客にとっては割にあわないセットだとわかります。


現実には、もっとずっと損なセットです。細かく説明すると話がややこしくなりますし、ここまでの計算だけで十分に「このセットが手数料の面で割高であること」が証明されたと思いますので、以下、簡単に指摘するだけにします。なお前提として、通常時の外貨定期預金の金利は年3％であるとします（**図12**のAは、米ドルの金利がある程度高かった時期を前提にした広告だからです）。

第1に、3ヵ月もの外貨定期預金の金利について、年5％（元本に対して税引後1％）の分だけ得すると考えるのはまちがっています。通常時の外貨定期預金の金利と比べて年率で2％高いだけですから、その分だけの得でしかないのです。元本に対する率にすれば、0・4％（税引後）の得でしかありません。

じつは、外貨預金と類似の運用ができる金融商品で、通常でももっと高い金利が得られる商品もありますので、そちらと比べると、もっと厳しい評価しかできません。この点についてはあとの第五章でじっくり説明します。

第2に、外貨預金を引き出して使うときも、手数料がかかります。75ページの**図1**の広告と異なり、引き出し時に円に戻すことが条件になっていませんが、多くの人は円に戻すでしょう。その際にまた1円／ドルの為替手数料を取られます。あるいは、外貨のまま送金したり、外貨の現金で引き出す場合にも、何らかの手数料が取られる可能性が高いのです。

第3に、投資信託には、他にもいくつかの手数料がかかります。一番大きいのは、運用期間に応じてかかる「信託報酬」で、こういったセットで買える株式投資信託の場合には、年1％前後の（割高なものでは年2％に近い）信託報酬がかかると覚悟すべきです。また、解約時にも手数料がかかるものが多くあります。

以上でざっとみたように、あれこれと手数料がかかるのが、このセットの特徴です。それでも、40万円を預けるうちの、半分の20万円にかかる手数料ばかりですから、円定期預金にした20万円には手数料がかからない分だけ、75ページの図1の広告に引っかかるよりはマシかもしれません。

つまり、円定期預金の部分は少しだけ客に有利(銀行に不利)で、外貨定期預金と投資信託の部分は銀行に有利(客に不利)な商品構成になっています。

だからこそ、広告の下側に「ご運用資金のうち、円定期預金は50%以内、外貨定期預金と投資信託を合わせて50%以上で、お始めいただきます」の注意書きがあるのです。この「以内」と「以上」などの言葉づかいに気をつけて読むと、円預金の比率を50%より低くしてもいいことになっていますが、銀行側からすればオマケを小さくできるのですから当然でしょう。

また、投資信託を買わずに、資金の50%以上を外貨定期預金にすることも許されています。逆に、外貨定期預金には預けず、50%以上で投資信託を買ってもいいのです。このことから、「金利が年5%の3ヵ月もの米ドル定期預金」も「○×ファンド、△□ファンド、☆※ファンド」も、それぞれ、銀行にとって利益の高い(客にとっては損な)商品だと確認できます。

初心者が買いやすいように工夫

ところで、**図12**のAの広告では、一番上に「リスク分散に最適なセット」とあります。日本人の多くは、金融資産のほとんどを預貯金にしていますが、この広告を出している銀行は客に向かって、「1種類の資産だけをもっているよりも、円と外貨と株の3種類の資産をミックスしてもっている方が、いろいろなリスクに備えることができていいですよ」とアドバイスしているわけです。

しかし、銀行側の都合だけで資金の配分比率が決められたセットが、リスク対策に使えるはずはありません。現実の広告をよくみると、いくつかの銀行のセット販売では、人気のある投資信託（オマケなどつけなくても十分に売れている投資信託）はセットの対象から除外されており、客側の利便性を考えたセットでないことがわかります。もちろん、たいていの銀行員も、このセットがリスク分散に効くなどとは思っていないでしょう（店頭では、決してそんな本音を言わないとしても）。

それでも、多くの銀行が類似のセットを用意し、新聞広告や店頭ポスターやホームページなどで宣伝しているのは、一定層の客のニーズにあっているからだと考えられます。典型的なタイプは、つぎのような人たちでしょう。

確かに、外貨預金や株式投資信託には、為替レートや株価の変動によるリスクがありますが、それは大損の危険性もあるけど、大儲けするチャンスもあるということです。実際に、友人・知人などが外貨預金や投資信託で高い利益を獲得した、といった話を耳にするかもしれません。

そうすると、ついつい「私も、少しぐらいなら外貨預金や株式投資信託を始めてみたい」という意欲がわいてきます。しかし「損をするのは怖いし、実際に損をしたときに、家族などから『欲張ったからバチが当たった』みたいなことを言われるのはイヤだなあ」とも心配して、なかなか実行できずに躊躇《ちゅうちょ》している人は、きっとたくさんいるでしょう。

そんな人たちに決断をさせるには、何らかの〝言い訳〟を用意してやるのが有効です。それが、さほど価値のないオマケでも、大した効果のない理屈でもいいのです。つまり、「この超低金利時代に、一緒に預ける円定期預金の金利が年1％になって、お得なんだから」とか、「これからの時代は、外貨や株も少しぐらいずつもっている方がリスク分散になるんだ」といった言い訳ができれば、いいのです。

そうすれば、本当は「為替レート変動を利用して、外貨預金でうまく儲けてやろう」とか、「株価が上がりそうだから、株式投資信託を買って儲けたい」なんて思いながら、それでも踏み切れずに迷っている初心者が、外貨預金や株式投資信託に手を出しやすくなるということです。

オマケにつられないタイプの人たちは、ここで筆者が指摘したことに納得できないかもしれません。しかし世の中には、体裁をつくろいたいがために、あるいは、失敗したときに何か弁解を用意しておきたいがために、ちょっとしたオマケや理屈を求める人もたくさんいるのです。銀行が、客のそういった心のスキにつけ込むために用意したのが、これらのセット商品です。

さて、**図12**のBの広告は、上のAと類似のセットを宣伝していますが、一番上に「初めての投資セット」とあり、リスクのある外貨預金や投資信託にこれまで手を出したことがないけど、興味をもち始めたという人たちにアピールしようとする意図が明らかです。下半分にある円グラフで示されているように、セットの構成内容もわかりやすく、円預金と外貨預金を同額ずつ組み合わせた「外貨預金お始めセット」と、円預金と投資信託を同額ずつ組み合わせた「投資信託お始めセット」のどちらかを選ぶことになります。

そして、どちらでも「円定期預金の金利が年３％」というオマケがつきます。もちろん、預金広告の定番である年率表示のトリックが使われていて、「１ヵ月もの」でしかありませんから、満期にもらえるのは元本に対して税引後0・2％（＝3％÷12×0・8）の利息だけです。

預ける資金の半分に対して0・2％分のオマケがついたとしても、残り半分の外貨預金（あるいは投資信託）に対して、ほぼ確実に1％を超える手数料がかかります。オーストラリアドルなどの、相対的に為替手数料の高い外貨預金に預けたり、手数料が高いタイプの投資信託を買ってしまったりすれば、1年で5％前後の手数料を取られることもあるでしょう。

ただし、現実に外貨預金や株式投資信託を始めると、運用成果は、為替レートや株価の動きに大きく影響されます。そのため、為替レートや株価の変動による儲けや損にばかり目がいき、手数料はさほど気にならないという人は、意外にたくさん存在するのです。

そういった人の大半は「きちんと計算するのは嫌いだけど、でも何とかして儲けたい」と考えていたりしますから、元本も金利も確定している円定期預金の金利にはうるさかったりします。要するに、ぱっと目につく金利や、派手に動く為替レートや株価には注目するけど、細かく計算しないとわからないような手数料は気にしないということです。

このタイプの人は現代の銀行にとっては上客（ネギをしょったカモ）でしょうから、**図12**にある2つのセット販売の広告は、カモを選別する効果の高い、よく練られた広告だと思います。もちろん、だからこそ、賢い客が手を出す商品ではありません。

金融の世界ではセットだから損

円預金と外貨預金や投資信託のセット販売が流行する背景には、「大々的に宣伝されているようなセット販売の場合には、たとえば商品Aと商品Bをセットで買うと、商品Aと商品Bを別々に買うよりも得なはず」という消費者心理があると思われます。しかし、金融の世界では、これは正しくないことが多いのです。**図13**をもちいて説明しましょう。

図の上側に、金融商品以外のケースとして、ハンバーガーショップのセット販売の例が示してあります。それぞれ単品で買えば300円のハンバーガーと200円のドリンクが、「バーガー&ドリンクセット」で買うと400円になり、単品での値段を足しあわせた500円と比べて、セットの方が100円安くなっています。

ところが、図の下側に例示されているように、資産運用商品などの金融商品のセットはそれぞれを単品で買うよりも損な場合も多いのです。単独の資産運用商品として、［A］外貨投資の性格をもつ商品、［B］債券投資の性格をもつ商品の2つがあり、それぞれの手数料は、Aが2000円、Bが1000円であるとしましょう。

そして、AとBを組み合わせた「セット運用商品」の手数料は4500円とします。AとBのそれぞれの手数料を合計すると3000円なのに、AとBがセットになったときの手数

図 13

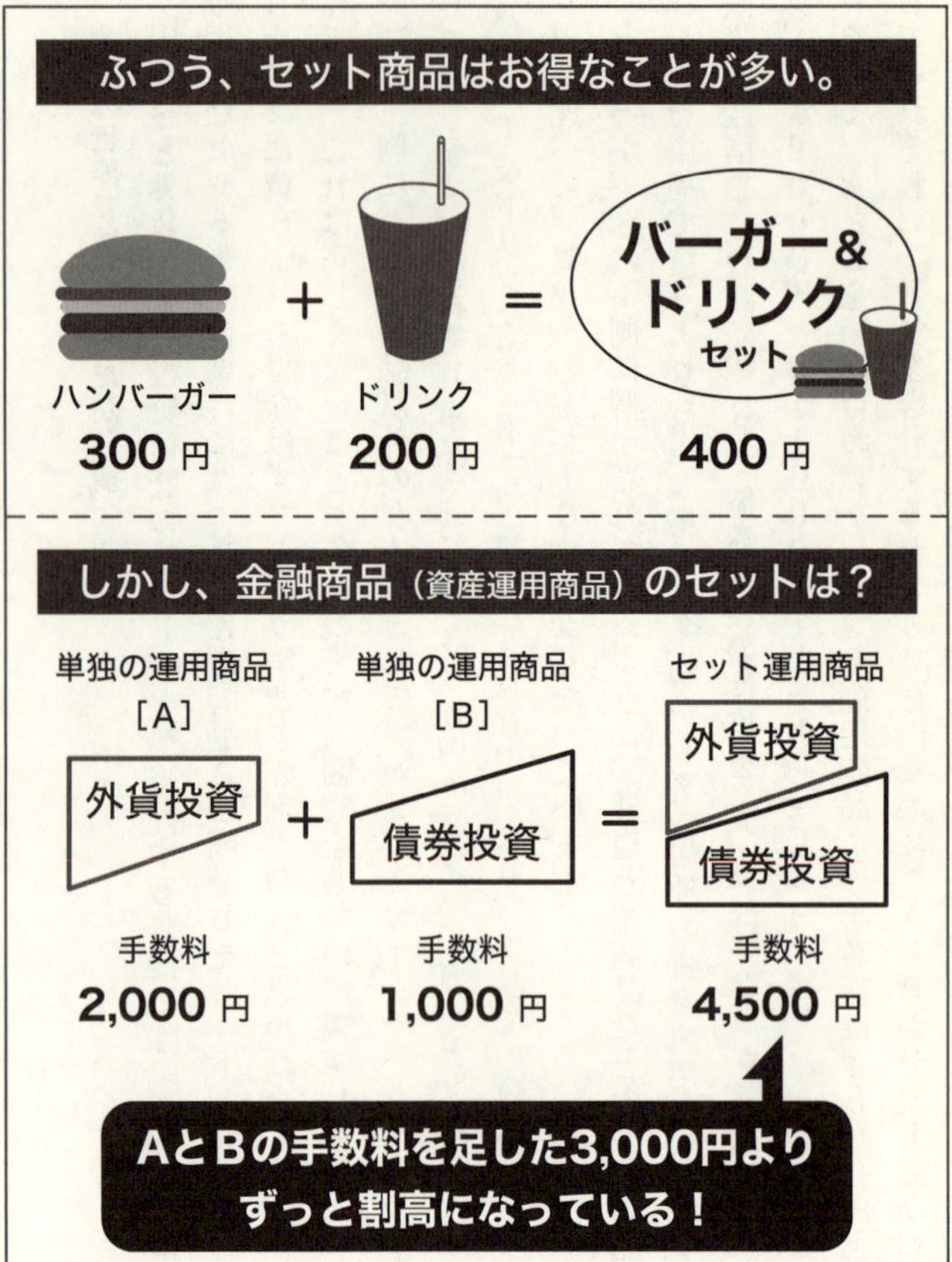

理由①：「セット（組み合わせ）を考える」こと自体が一種の金融サービスなので、その分の手数料も上乗せされる。

理由②：セットになることによって、内容がわかりにくくなるので、割高な手数料を請求しやすい（「ぼったくり」がやりやすい）。

料は4500円ですから、「セットになることで割高になる」という現象が起きています。

もちろん、この例は、あくまでイメージを表現するためのものです。債券投資の基礎知識についてはあとの第六章で、ここでのイメージに近い商品の典型例についてはあとの第七章でくわしく説明しますが、少しだけ、簡単に述べておきます。

とりあえず、ここでの債券とは、金利がもらえる運用商品とします。Bの商品として、債券の代わりに円の預金を考えてもいいでしょう。この運用商品B（債券あるいは預金）と、為替レートの変動によって価値が変動する運用商品Aがセットになった、特殊な資産運用商品（A＋B）が、日本では過去に何度か流行してきました。他に、株式投資と債券投資がセットになった資産運用商品が流行したこともあります。それらのセット商品では、現実に図13で示したような現象が起きていました。

なお、金融の世界のセット商品についてここで述べた内容は、かつて拙著『金融工学の悪魔』（日本評論社・1999年刊）でも指摘したものです。何人もの金融業界関係者がこの本を読んで感想をお寄せくださいました。その際、かなり批判もされましたが、「金融の世界では、セット商品は単品よりも割高なことがよくある」との指摘については、一度もご批判をいただくことがありませんでした。金融取引において、セット商品が割高になるのには理由があり、それを金融業界の人たちは十分に理解しているからでしょう。

図13の下側にも書きましたが、理由のひとつは、「どれとどれの金融取引を組み合わせてセットにするのか」を考え出すこと自体が一種の金融サービスであり、そのサービスの分だけ手数料も上乗せされるということです。図の例であれば、単品の手数料合計の３０００円とセットの手数料の４５００円の差である１５００円は、ＡとＢをセットにするというアイディアに対する手数料と考えられるのです。

もうひとつの、より現実的な理由は、複数の金融取引をセットにすることで取引の内容がわかりにくくなることを利用して、割高な手数料を請求しやすくなる（ぼったくりがやりやすくなる）ということです。たとえば、先の**図12**のＡのセットであれば、金融商品に慣れない客がすべての手数料を把握するのはむずかしく、だから、全体として割高なセットなのに、たくさんの客をひきつけることができるのでしょう。

＊もちろん、ふつうのモノの販売でも、客にとって得でないセット販売があります。たとえば、入手困難な人気ゲームソフトと売れないゲームソフトの〝抱きあわせ販売〟などが、ときどきニュースで報じられます。なお、悪質な抱きあわせ販売は独占禁止法違反になり、「高金利の円預金と外貨預金や投資信託のセットも抱きあわせ販売の一種だから、違法ではないか？」との意見もありますが、現実には、違法販売との判断はなされていないようです。

冷静な読者の中には、図12のセットであれば、円定期預金の金利が高い（さらに上のAの広告であれば外貨定期預金の金利も高い）分だけ、単品よりセットの方が得だと思った人もいるでしょう。

しかし、資金の配分比率の制約に加えて、円から外貨に両替してから外貨預金を始めなければならないとか、限定された種類の投資信託を買うしかない（流行の投資信託は買えない）などの制限がついている点を忘れてはなりません。これがもし洋服の販売で、特定のサイズのものしか残っていなかったり、少し流行遅れのものしかないのであれば、定価より値引きして売るのがふつうでしょう。

そもそも、こういったセット販売をする銀行の、外貨預金や投資信託の手数料はかなり高いのです。よほど使い勝手がよくないと、その手数料は正当化されないと思うのですが、それなのに、使い勝手をかなり制限した外貨預金と投資信託を定価で（手数料の値引きなしに）売ろうというのですから、やはり「セットだから割高」になっていると評価してよいでしょう。

また、あとの第七章で取り上げる商品はもっと複雑なセット商品で、実際に手を出した人の多くは「何と何がセットになった商品なのか」をきちんと理解できていなかっただろうと考えられます。それゆえ、手数料がとても割高だったようです。

セット商品の多彩な広告

類似のセット商品について、他の広告もみてみましょう。各銀行がいろいろと工夫を凝らしている様子がわかります。図14のAは、先の図12の2つの広告に比べて、ずっと悪質な広告です。「円定期預金＋外貨定期預金」のセット商品であることの説明がとても小さく、わかりにくくなっています。

下側の細かな説明を読めば、円預金と外貨預金に同額ずつ預け、しかも、外貨預金の開始時には円から外貨への両替の手数料を支払うと、円定期預金に1ヵ月間だけ高めの金利がつくという仕組みがわかります。しかし、他の広告にはセット商品であることを示す円グラフなどがついているのに、この広告にはありません。現実にこのタイプの広告を出した銀行の店頭には、そそっかしい人が何人も、セット商品だと理解せずに押しかけたのではないかと予想されます。

もちろん、1ヵ月もの円定期預金を年率表示のトリックで有利なようにみせかけており、「1ヵ月もの」という文字も小さくしか書かれていません。いつものように計算すれば、年2・5%の金利であっても、1ヵ月後の満期には元本に対して税引後で約0・17%（＝2・5%÷12×0・8）の利息がもらえるだけです。

図 14

A

ハッピー運用セットで、
好金利の円定期預金をどうぞ！

（1ヵ月もの）

外貨定期預金と同時にお申込みください

年2.5%

《 税引後 2% 》

◎円定期預金（1ヵ月もの）と外貨定期預金（米ドルまたはユーロ、1ヵ月もの、30万円以上の円貨からお始め）を同時にお申込みいただくと、外貨定期預金の円貨相当額を上限として円定期預金に優遇金利を適用いたします。

B

スーパー好金利セット

円定期預金

20倍

（3ヵ月もの）

米ドル定期預金

10%

（3ヵ月もの）

[税引後 8%]

◆合計100万円以上の円貨から、円定期預金と、円貨相当で同額の外貨定期預金を、同時にお始めください。

上の広告は架空のものであり、登場する企業や金融商品などは、現実の企業や金融商品などとは一切関係ありません。

じつは、日本のメガバンクのひとつがこのタイプの広告を出していました。さらにそういった銀行は、通常タイプの外貨預金ではなく、銀行が手数料をたっぷり稼ぐために考案された、特殊なタイプの外貨預金（３０７ページの図42で類似商品を紹介します）を円定期預金とセットにした上で、「外貨運用の初心者向け」と説明しながら売っていたりします。これもかなり悪質な売り方ですが、多くの銀行が少しずつちがうやり方でセット販売をおこなっていますので、興味のある読者は、いろいろな銀行の店頭にあるパンフレットやホームページを参考に、比較してみるといいでしょう。

図14のＢは、１１６ページの図11のＢでも活用されていた手法を、セット商品に応用したものです。円定期預金の金利については「倍率表示」、外貨定期預金の金利については「年率表示」と使い分けているところが、この広告のポイントと言えるでしょう。もちろん、客にとって有利なセットではありませんが、銀行のセット商品の広告としてはよく工夫されていると感じました。

さらに図15をみてください。円定期預金（3ヵ月もの）と投資信託（広告の下の方には「株式投資信託」とあります）をセットで始めると、円定期預金の金利が高くなるのですが、資金をどの比率で両者に配分するかによって、円定期預金の金利が異なるのが特徴です。

広告の図は比較的わかりやすく書かれており、たとえば、３０万円の資金を運用するとして、円定期預金に２０万円、投資信託に１０万円を振り分けると、円定期預金の金利は「年１％」になります。もっと投資信託の比率を高くして、円定期預金に１５万円、投資信託に１５万円を振り分けると、円定期預金の金利は「年２％」に上がります。もっともっと投資信託の比率を上げて、円定期預金に１０万円、投資信託に２０万円を振り分けると、円定期預金の金利は「年３％」まで上がります。

くどいようですが、ここでも年率表示のトリックは使われていますから、金利が年３％であっても、３ヵ月後に満期が来たときには、元本に対して税引後０・６％（＝３％÷４×０・８）の利息がもらえるだけです。しかも、円定期預金で年３％の金利を得ようとすると、円定期預金に預けるおカネの2倍も株式投資信託を買う必要があり、そこでたくさんの手数料を取られますから、３つのプランの中でも一番割高なセットだと思われます。

ただし筆者は、この広告には「株式投資信託をたくさん買ってくれたら、その分だけ円定期預金の金利でオマケをつけます」という銀行の本音が堂々と表に出ているように感じました。この広告中のどのプランも決してお勧めできませんが、広告としてはそれなりに評価しています。

図 15

超低金利での運用にお困りの方々に
お得なセレクトプランをお届けします

円定期預金＋投資信託

すべてのプランが30万円から始められます

Plan One 〜 Light 〜

円定期預金
3ヵ月もの
初回適用金利
年 **1**％
税引後0.8%

円定期の50%相当額以上で
投資信託をご購入の際に適用

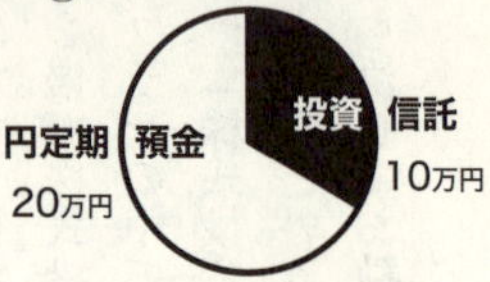

※運用金額30万円の例

Plan Two 〜 Middle 〜

円定期預金
3ヵ月もの
初回適用金利
年 **2**％
税引後1.6%

円定期の100%相当額以上で
投資信託をご購入の際に適用

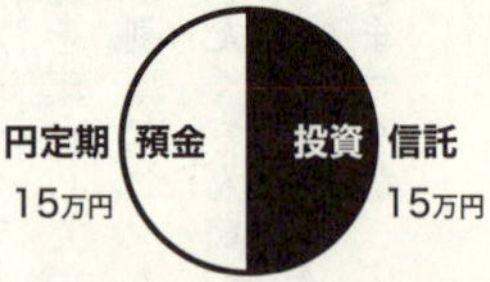

※運用金額30万円の例

Plan Three 〜 Strong 〜

円定期預金
3ヵ月もの
初回適用金利
年 **3**％
税引後2.4%

円定期の200%相当額以上で
投資信託をご購入の際に適用

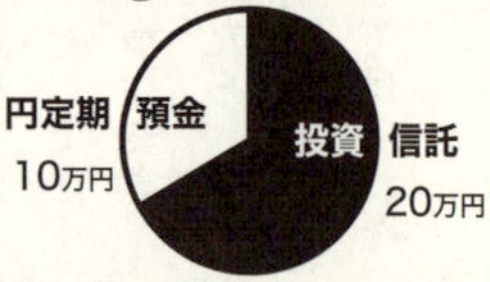

※運用金額30万円の例

◆投資信託は、当行がお申し込みをお取り扱いしている株式投資信託の中からお選びいただけます。対象となる投資信託については、窓口でお問い合わせください。

上の広告は架空のものであり、登場する企業や金融商品などは、現実の企業や金融商品などとは一切関係ありません。

第三章　「長期の預金」の広告——インフレの恐怖

意外にむずかしいクイズ

筆者は大学での講義やゼミなどで、みつけたばかりの金融商品広告を学生にみせ、クイズを出したりします。ゼミでは各種の金融商品を研究テーマに選ぶ学生も多く、講義では金融商品選びの基本的な考え方を教えたあとでクイズを出すのですが、特にむずかしく、学生がなかなか正解できなかったクイズは、つぎの**図16**に関するものでした。

別々の銀行によるAとBの2つの広告があります。筆者が学生に出したクイズは「このどちらかに預けようとしている友人に対して、どちらを選ぶべきか、一番大切なポイントをひとつ示しながら、適切なアドバイスをしなさい」といった内容のものでした。

気がついた読者もいるでしょうが、**図16**のAは本書冒頭で「問題」として提示された図のAと同じ広告です。その裏のページには「解答」が簡単に書かれていましたが、ここで改めてくわしく解説します。解答をみていない人や内容を忘れた人は、せっかくですから、先を読む前に**図16**をじっとみて考えてください。

では解説に入ります。ここでは、ほとんどの円預金で金利がゼロに近い超低金利の状況を想定しています。Aの広告の上から3行目に「2年もの円定期預金の金利」が0・02%と示されていますから、A・Bそれぞれの中央に大きな文字で書かれた「年1%」や「年0・

図 16

A

超低金利時代の救世主！
元本保証で、凄い好金利の円預金登場!!

当行の２年もの円定期預金の金利（0.02%）の、何と50倍の好金利

8年もの

年1%　（税引後 0.8%）

定期預金を超えた預金

◆預入期間：8年。◆預入金額：50万円以上。◆預金保険の対象です。◆利息は１年ごとに支払われます。◆利息には一律20%が源泉分離課税されます。◆本預金は、満期前の中途解約が一切できません。◆当行の財務格付けは最高位のAAAです。

B

元本保証で好条件の円定期預金
インターネット専用預金だから、この好金利！

5年もの

年0.80%　税引後 0.64%

税引前年平均利回り：0.814%　税引後年平均利回り：0.651%

お申し込みは *http://uchinoginkohayoikinnri*……

◆預入期間：5年。◆預入金額：50万円以上500万円以下。◆預金保険の対象です。◆利息は半年複利で計算され、元本および利息は満期時に一括で払い戻しされます。◆利息には一律20%が源泉分離課税されます。◆中途解約すると、普通預金金利が適用されます。

上の広告は架空のものであり、登場する企業や金融商品などは、現実の企業や金融商品などとは一切関係ありません。

80％」はかなりの高金利にみえます。

2つとも満期までの運用期間が長く、Aは「8年もの」、Bは「5年もの」ですから、1ヵ月もの定期預金で年率表示のトリックをもちいているケースとは異なり、1年ごとにきちんと元本に対して1％あるいは0・8％の金利がつきます。

もちろん、そこから2割の税金が差し引かれることを忘れてはいけません。広告の中にも小さな文字で書かれていますが、税引後の金利はAで年0・8％、Bは年0・64％となります。それでも、相対的にみればかなり高い金利です。なお、両者は利息のつき方が少し異なりますが、この場合には大きな差を生じさせません。
＊Aの預金は1年ごとに利息が支払われる方式でこれを〝単利〟と呼びます。Bの預金は半年ごとに利息がつきますが、その都度、自動的に利息を元本に加えて満期まで運用を続ける仕組みになっており、これを〝複利〟と呼びます。この場合、計算が半年ごとですので、正確には〝半年複利〟と呼びます。単利と複利では性質が少し異なりますから、その点が異なる金利の数字だけを単純に比較するのは、じつは乱暴なやり方です。しかし、今回は元の金利そのものが低いので、さほどの差が生じません。だから、単利と複利の差を無視して話を進めています。
たいていの場合、満期までの運用期間が長いほど金利も高くなります（そうでない状況もありえます）。ですから、Aの方がBより運用期間が3年長い分だけ、金利が年率で約0・

2%高いという条件のちがいは納得できるものであり、単純に金利の高さをみただけではAとBの優劣はつけがたい感じがします。

クイズに答える学生を惑わすために、2つの広告ではいろいろな記述に少しずつちがいがあり、特に、Bの預金は「インターネット専用預金」となっています。そのため、インターネットを使って預け入れ手続きをしなければならず、パソコンをもっていないなどの理由でBの預金が利用できない人もいるでしょう。ただし、パソコンとインターネットは日本の家庭にかなり普及しており、Bの方が手続きが便利だと感じる人もいるでしょうから、このちがいは決定的な差とは言えません。

Bには、別の制約もあります。どちらの広告の下側にも「預入金額」が書いてあり、Aは「50万円以上」となっているのに対して、Bは「50万円以上500万円以下」となっていますから、上限が決められている分だけ、Bの方がやや不便です。ただし、もともと500万円以下の金額しか預けない人にとっては、関係ないことです。

また、Aの広告には「当行の財務格付けは最高位のAAAです」とあるのに対し、Bの広告には、対応する記述がありません。〃財務格付け〃は、銀行や一般企業の経営の安全性(危険性)を示す指標で、それが最高位のAAAであれば「とても安全で経営破綻(倒産)

の危険はない」と考えられます。

大切なおカネを預けるのですから、少しでも安全性が高い銀行に預けたい気がしますが、そもそも、銀行の財務格付けが書かれていない預金広告は多いので、その銀行の安全性がよくわからないときには、自分で調べるべきでしょう。確かに、財務格付けの記述がある広告の方が親切でしょうが、この点も決定的な差にはなりません。ここでは、説明の都合上、Bの広告を出している銀行も健全な経営状態にあると仮定しましょう。

インフレの恐怖

では、図16のクイズについて、筆者の用意した正解を述べます。Aの方が圧倒的に不利な商品ですから、Bに預けるべきです。インターネットが利用できないとか、500万円を超える金額をまとめて預けたいなどの理由でBに預けられない人も、Aに預けるべきではありません(これが強調したくて出題したクイズでした)。

最大のポイントは、やはり、それぞれの広告の下側に小さな文字で書かれた注意事項の中に隠されています。Aが「満期前の中途解約が一切できません」となっているのに対し、Bでは「中途解約すると、普通預金金利が適用されます」となっています。すぐには納得できない読者もいるでしょうが、このちがいは大変に重要なちがいなのです。順を追って解説しましょう。

中途解約ができないAの預金に預けると、インフレが起きたときに大損する危険性があります。他方、Bの預金は中途解約ができるため、その危険性はずっと小さいと考えられます。

なお、ここで〝損をする〟と言っているのは〝実質的に損をする〟という意味なのですが、経済が苦手な読者には慣れない考え方かもしれませんので、図17をもちいて説明します（インフレと実質金利の関係について理解している読者なら、153ページまで飛ばして読んでもらっても問題ないでしょう）。なお、これ以降しばらくの説明では、話を簡単にするために、利息にかかる税金については考えないことにします。

日本国内で売られているさまざまなモノやサービスの価格について、平均的な動向（変化）をみるために工夫された指標を〝物価〟と呼びます。そして、物価が上がり続ける現象が〝インフレ〟です（それぞれ、物価指数とインフレーションが正式な呼び方です）。

仮に、物価が毎年5％ずつ上昇する状況を考えてみましょう。説明をわかりやすくするために、代表的なモノとしてクルマの価格に注目します。現在100万円のクルマが、毎年5％ずつ値上がりするのですから、5年後には128万円出さないと買えなくなります。これがインフレです。

図17

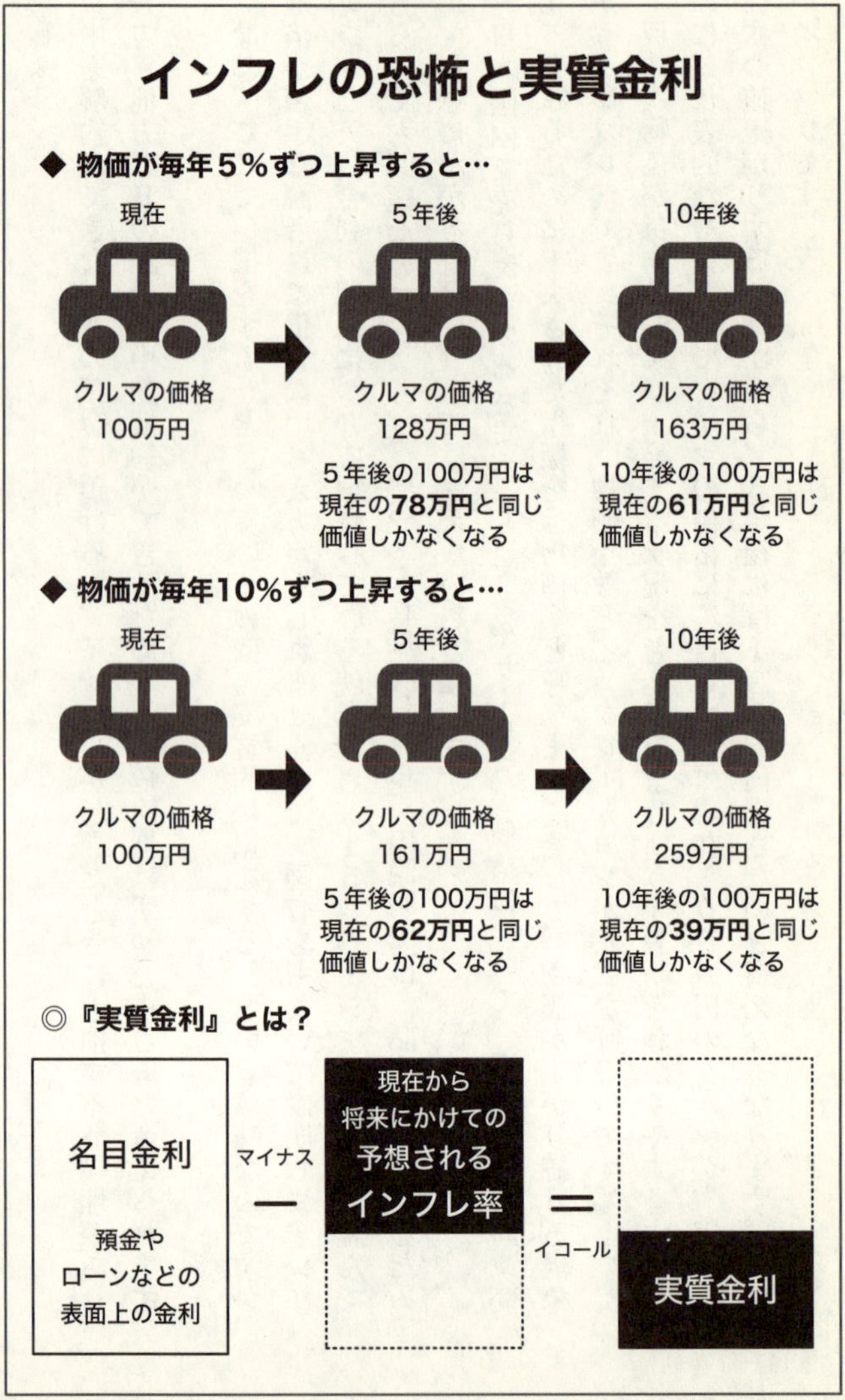

インフレの恐怖と実質金利
◆ 物価が毎年５％ずつ上昇すると…
現在
５年後
10年後
クルマの価格
100万円
クルマの価格
128万円
５年後の100万円は
現在の78万円と同じ
価値しかなくなる
クルマの価格
163万円
10年後の100万円は
現在の61万円と同じ
価値しかなくなる
◆ 物価が毎年10％ずつ上昇すると…
現在
５年後
10年後
クルマの価格
100万円
クルマの価格
161万円
５年後の100万円は
現在の62万円と同じ
価値しかなくなる
クルマの価格
259万円
10年後の100万円は
現在の39万円と同じ
価値しかなくなる
◎『実質金利』とは？
名目金利
預金や
ローンなどの
表面上の金利
マイナス
ー
現在から
将来にかけての
予想される
インフレ率
＝
イコール
実質金利

なお、読者の中には「100万円の5%は5万円で、5年間の値上がりだから5倍して、25万円の値上がり」と計算した人もいるでしょうが、実際には〝複利〟効果が働くために、28万円の値上がりになります。1年目は100万円の5%で、5万円の値上がりになるのに対し、2年目は105万円に値上がりした状態を基準に、その5%で5万2500円の値上がりが生じるといったように、計算しないといけないからです(100万円に1・05を5回掛けると、約128万円になります)。これを複利計算と呼びます。

現在100万円のクルマが5年後に128万円に値上がりすると予想されるなら、現在の100万円と5年後の100万円は、表面上は同じ金額ですが、「どれだけのモノが買えるか」という基準で評価すれば、まったく価値がちがいます。同じクルマ1台が買えることを基準にすると、現在の100万円と同じ価値をもつのは、5年後では128万円になります。逆算すると、5年後の100万円では、現在78万円で売っているモノしか買えません(100÷128×100=78)。

まとめると、インフレが生じて毎年5%ずつ物価が上がると予想される場合には、5年後の100万円は現在の78万円と同じ価値しかないと覚悟すべきなのです。これが〝実質〟の価値を考えるということの大まかな意味です。インフレが生じる状況下では、100万円の現金をじっと金庫に入れて保管しておくと、表面上の損はなくても、その100万円で買えるモノで測った価値が下がることで、実質的に大損する危険性があります。

年5％のインフレが10年続くと、先のクルマは163万円に値上がりすることになり、10年後の100万円は現在の61万円と同じ価値しかなくなります（100÷163×100＝61）。**図17**の中央には、年10％のインフレが生じる場合も示されていますが、1000万円を金庫に入れておいただけでは、5年後には現在の62万円と同じ価値に、10年後には現在の39万円と同じ価値にまで目減りすることがわかります。

「現金はインフレに弱い」と言われるのは、このような事情があるためです。ところが、「現金や預金（貯金）はインフレに弱い」といった話をする人もいます。似たような主張ですが、こちらは正しくありません。現金がインフレに弱いのは明らかですが、預金はインフレに弱いとは限らないからです。

たいていの預金には金利がつきます（金利がつかない預金もありますが）。いまはほとんどゼロに近い金利しかつかず、その点では現金とさほど変わりがないと思う人もいるでしょうが、金利がつくかつかないかの差は大きいのです。そして金利についても、物価との関係で考える必要があります。

図17の下側に〝名目金利と実質金利〟の定義が示されています。経済用語としては、預金

やローンなどの表面上の金利のことを「名目金利」と呼びます。これまでの広告でみてきた「年10%」とか「年5%」といった金利は、すべて名目金利になります。

たとえば、1年後までに物価が5%上昇することが予想されている場合、1年もの定期預金に預けて1%の金利（名目金利）がついても、差し引きでは、1年後に4%分の価値の目減りが起きます。

このように「名目金利」から「予想されるインフレ率（物価上昇率）」を差し引いた値を「実質金利」と呼びます。本当はもう少し面倒な計算をして求めるべきですが、金利とインフレ率がともに10%未満であれば、この計算式で十分です。名目金利は1%でも、5%のインフレが予想されれば、実質金利はマイナス4%になってしまう、といったように考えてください。定義をもう一度書いておきます。

名目金利 − 予想されるインフレ率（物価上昇率）＝ 実質金利

名目金利が、もし、予想されるインフレ率より低いとしたら、カネを貸す側や預金をする側は、実質的に損をすることが予想されます。でも、経済オンチの人ならともかく、銀行などの金融取引のプロが、そんな条件でカネを貸すことがありうるでしょうか。

いいえ、銀行は予想されるインフレ率よりも高い金利でカネを貸すでしょう。そのため、経済についての基礎知識をもち、合理的に行動しようとする人や企業が金融取引をする際には、実質金利はプラスになるはずです（政府が金利について、上限規制などの変な法的規制をするケースは除きます）。

金利の決まり方としては、①借り手と貸し手の相対関係（経済用語では需要と供給の関係と表現します）に応じて、まず実質金利が決まり、②予想されるインフレ率がその実質金利に上乗せされて、名目金利（私たちが預金やローンの際にみる表面上の金利）が決まる、といった感じで理解すると、本質が理解しやすくなります。

もちろん、現実の取引では実質金利や予想されるインフレ率は明示的に出てきません。それどころか、現在や過去の実質金利を何らかの方法で計算することもむずかしいのです。マネー雑誌などに、ときどき実質金利のグラフが出ていますが、ほとんどは本当の意味での実質金利を提示していません。

現時点でカネの貸し借りをしようとする人にとって、知りたいインフレ率は過去のインフレ率ではなく、現在から将来にかけて予想されるインフレ率のはずです。インフレ率を予想することはむずかしく、人によって予想が異なるでしょう。

それぞれの金融取引に直接・間接に参加する人たちが平均的に予想するインフレ率が、金利決定に影響します。そういった人たちが頭の中で予想しているインフレ率を調べて集計することは大変に困難で、ですから、予想されるインフレ率や、それがわからないと計算できない実質金利を、現実に知ることは、一部の例外を除いて不可能に近いのです。

＊例外のひとつは、物価連動型国債が発行されている場合で、実際に日本でも近年発行されるようになりました。本書ではくわしくは説明しませんが、物価連動型国債が十分な規模で取引されると、その取引に参加している人たちが平均的に予想するインフレ率を知ることができます。

しかし、それでもなお、金融機関同士が取引する際の名目金利の決定には、多くの人たちが平均的に予想しているインフレ率が反映されると考えるべきです。くどいようですが、まともな金融機関なら、実質的に損をすることがわかっているのにカネを貸すなどということはしないからです。

さて、マネー雑誌などにも出てくる実質金利のグラフは、図18のようなものです。現時点で、将来の（たとえば現在と1年後を比べた）インフレ率は予想するしかありませんが、過去の（たとえば1年前と現在を比べた）インフレ率は計算できます。本当は、物価の計算そのものもむずかしく、政府が発表している物価のデータにもいろいろな欠点があるのですが、ここでは、ニュースなどで一番よく取り上げられる〝消費者物価上昇率〟を、インフレ率のデータとして採用することにしましょう。

２００４年初めの時点の名目金利から、２００４年初めから２００５年初めまでの１年間の消費者物価上昇率を差し引くと、２００４年初めの時点で金融取引をした人にとっての実質金利が計算できます。これを〝結果としての実質金利〟と呼びましょう。１９７１年以降の結果としての実質金利をグラフにしたものが図18です。なお、近年の動向をみやすくするために１９８０年以降のグラフを拡大表示したのが、下側のグラフです。

ただし、２００X年初めの時点の「結果としての実質金利」が計算できたとしても、それは、本当の意味での２００X年初めの時点の「実質金利」ではありません。その時点では１％のインフレが予想されていたとすれば、それを前提に金利の決定がなされていたはずですから、実際に1年が経過してから、結果としてのインフレ率が３％だとわかったとしても、その数値で計算した実質金利は本当の実質金利ではないのです。

ややこしいことに、金融取引をおこなった人たちがインフレによって損をするかしないかを結果として決めるのは「結果としての実質金利」であり、本当の意味の「実質金利」ではありません。しかし、どこに預金するかを迷っている人は、将来を予想して検討をしなければなりませんから、本当の意味の実質金利がどういった性質をもつのかをよく理解しておく

図 18

1年ごとのインフレ率と預金金利※

※1年もの定期預金の「結果としての実質金利」

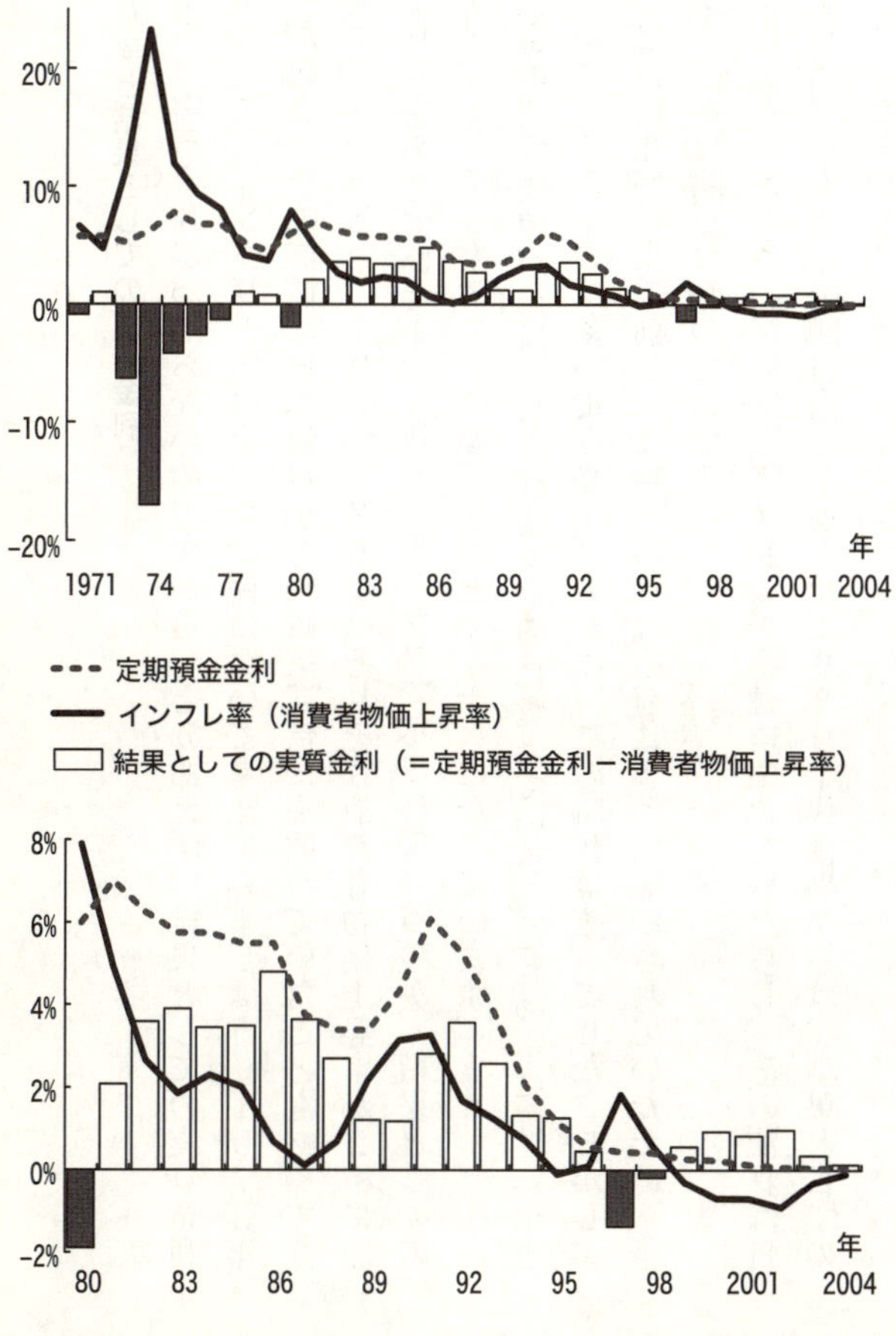

必要があります。

過去のインフレ率と結果としての実質金利

とはいえ、本当の実質金利がわからないのですから、とりあえず、結果としての実質金利のグラフをみることで、インフレと実質金利の関係について考えてみましょう。１９７３年に石油ショックが起き、その直前に日本銀行が金融政策運営に失敗していたこともあって、図18の中の折線グラフをみると、１９７３〜７５年はそれぞれ消費者物価上昇率が2桁になっています（１０％を超えています）。他方、棒グラフで示されているのが「結果としての実質金利」ですが、１９７３〜７７年の間はずっとマイナスになっています。

このときに預金の実質価値が目減りした経験を鮮明に覚えている人たちの中には、「預金はインフレに弱い」と考える人が多いようです。確かに、この時代はそうでした。しかし、当時の日本は金融自由化が始まる前で、預金の金利は政府によって規制されていたため、予想されるインフレ率を反映しなかったのです。

石油ショックによるインフレの経験は、アメリカで金融自由化をもたらし、その流れは日本にも波及しました。日本でも金融自由化が進んだ１９８０年代後半からは、結果としての実質金利はプラスのことが多くなっています。

この期間で結果としての実質金利がマイナスになったのは97年と98年だけですが、97年の場合は、4月から消費税が2％引き上げられており、ほぼその分だけ消費者物価が上昇したという特殊事情があります。消費税の引き上げによる物価上昇については、一般的なインフレとは区別して考えるべきでしょう。また、98年の実質金利のマイナス幅は約0・2％と小さいため、あまり参考になりません。

＊残念ながら、消費税の引き上げによって税込み価格が上昇し、それによって預金の実質的な価値が目減りするという現象を避けるのは、今後もむずかしいと思われます。しかし、預金以外の株や土地などの資産を保有している場合でも、やはり消費税の引き上げによる物価上昇に対抗するのはむずかしいでしょうから、日本国内の資産で考える限り、預金だけが特に不利だとは言えません。

金融自由化後の日本では、いままでのところ激しいインフレを経験していませんから、1970年代前半のような激しいインフレが起きた場合に預金金利がどうなるのかについては、想像するしかありません。

インフレと実質金利の関係を考える際の最大のポイントは、「予想範囲内のインフレ」と「予想を超えるインフレ」を分けるということです。たとえば、金融業界の人たちの多くが、これから1年のインフレ率を5％と予想しているとしましょう。このとき、金融機関同士の期間1年の貸し借りであれば、名目金利は5％より高くなるはずです。予想されるインフレ率の5％に、プラスの実質金利がどれだけか上乗せされて、名目金利が決まるからです。

実質金利がどの程度高くなるかは、景気動向や日本銀行の金融政策などに左右されます。ただし一般的に、インフレ率が高くなってくると、日本銀行はインフレを抑制する政策をおこなう傾向が強いと思われます。インフレは、日本銀行の主力商品である日本銀行券（貨幣）の実質価値を低下させるため、できるだけ避けたいのが本音なのです。どの企業でも、自社の主力商品の評価が下がるのを喜ぶはずはないのと、似たような感情が働くというわけです。そして、実質金利を高くするのがインフレ対策としての金融政策の基本です。

ただし、景気悪化とインフレが同時に発生するケースもあり、その際に日本銀行がインフレ対策をおこなうと、景気はさらに悪化しますから、政治家などが日本銀行に対して、逆の政策をおこなうように働きかける可能性があります。

ややこしいようですが、全体としてインフレが加速しているような状況では、実質金利はそれなりに大きなプラスになる可能性が高いでしょう。

＊景気、物価、金融政策などについての基礎理論をマクロ経済学と呼びます。金利や為替レートや株価などの変動メカニズムを理解したい人は、まずマクロ経済学を学ぶといいでしょう。

そういった勉強をしたい人のために筆者が書いた本として、『ニュースと円相場で学ぶ使える経済学入門』（日本評論社）があります（手前味噌で恐縮です）。

ここでは仮に、期間1年での実質金利は2％とします。すると、予想されるインフレ率の5％に実質金利の2％を加えて、7％が金融機関同士の貸し借りでの名目金利となります。

このとき、預金の価値がインフレによって目減りする可能性は、2つあります。

まず、預金金利は、金融機関同士での取引の金利に連動して設定されますが、銀行が預金サービスをおこなう上でのコストや利益が差し引かれますので、7％よりは低くなります。この差し引かれる幅を〝利ザヤ〟と呼ぶことにすると、利ザヤが実質金利よりも大きく、たとえば3％であれば、預金金利は4％になってしまいますから、もし予想通り5％のインフレが起きたら、預金の価値は1年で1％分だけ目減りします。

預金金利の設定の際に、利ザヤが実質金利を上回るかどうかは、預金者と銀行の力関係によります。単純に、大口の預金と小口の預金に分けて考えると、いろいろな銀行が大口の預金については獲得競争をするでしょうから、多くの銀行で、実質金利よりも小さな利ザヤが設定されるのではないでしょうか。そうなれば大口の預金は、予想範囲内のインフレが起きても価値が目減りしないことになります。

小口の預金ではある程度大きな利ザヤを設定しないと、銀行は採算が取れないでしょうから、場合によっては、実質金利を上回る利ザヤが設定され、預金金利が予想されるインフレ率を下回るかもしれません。

しかし、ネット銀行（インターネット専業銀行）のように、店舗をもたずに低コストで預金サービスを提供する銀行は、小口の預金に対しても比較的高い預金金利を提示してくれます。いろいろな銀行の預金金利を比較して預け先を選ぶという手間さえ惜しまなければ、予想されるインフレに負けない預金を探すことは可能だと思われます。

ここまでは説明のために、1年もの円定期預金を前提に話をしてきましたが、本章執筆時点（2005年2月14日調べ）では、各メガバンクの1年もの円定期預金の金利は、大口でも小口でも0・03％で同じです。ところが、いつでも引き出し自由の普通預金の中にも、10万円以上預けるとか、給料の振込口座に指定するなどの一定の条件（銀行ごとに異なります）を満たせば、各種の優遇サービスが受けられる普通預金があります。このタイプの普通預金金利も年0・03％で、1年もの円定期預金と同じなのです。また、ネット銀行の普通預金の金利は年0・05〜0・06％で、さらに高くなっています。

日本で金利の自由化が完了し、ネット銀行が営業を始めてから今日まで、インフレ率が高くなった経験がありませんから、これは想像でしかありませんが、将来、予想されるインフレ率が高くなったときにも、それより高い金利がつく普通預金や定期預金が、ネット銀行では用意されるのではないでしょうか。

預金者がインフレによって実質的に損をする、もうひとつの可能性とは、予想を超えたインフレが生じるケースです。

先の仮定のまま、現在から将来にかけて年5%のインフレが予想されているとしましょう。預金金利は年6%とします。もし将来、予想を超えてインフレが進み、1年後の物価が現在より8%上昇していたとすると、結果としての実質金利はマイナス2%になり、それだけ価値が目減りすることになります。預金は、予想を超えるインフレには弱いのです。

普通預金・決済用預金・定期預金のちがい

さて、21世紀に入ってから数年間の日本では、厳しい不況のために物価が少しずつ下がりました。これをデフレと呼びます（デフレーションの略称です）。その一方で、将来のインフレを心配する人もいて、また、2005年4月からのペイオフ完全解禁（全面解禁）によって銀行の経営破綻時に預金が戻ってこない危険性も高まりましたから、デフレ・インフレと現金・預金の関係を正しく理解することが重要になっています。これまでの話もふくめて整理しておきましょう。

ペイオフについてはすでに十分理解している読者も多いと思いますが、簡単に、ペイオフ完全解禁について述べておきます。銀行が経営破綻したときに、その銀行に預けていた個人や企業の預金はすべて保護されるわけではありません。例外となる預金を除き、1000万円までの預金元本とその利息は保護されますが、それを超える預金については、破綻時の銀行の資産・負債状況に応じて、一部削減された金額しか払い戻されません。この清算処理の方法をペイオフと呼びます。

＊本当は「預金保険機構が……」といった説明をすべきなのですが、本書では省略します。ペイオフが心配な人は、自分の取引銀行に行き、ペイオフについて書かれたパンフレットをもらってくるといいでしょう。ただし、「ペイオフ対策の商品です」などと勧誘される金融商品のパンフレットをもらう必要はありません。

2005年の3月まで、普通預金は例外として全額保護されていたのですが、4月から普通預金もペイオフの対象になりました。これがペイオフ完全解禁の意味です。一方で、無利息型普通預金とか決済用普通預金などと呼ばれる、新しい〝決済用預金〟が創設され、これは全額保護されますが、「利息がつかないこと」などが条件となっています。企業などが決済に使う当座預金も利息はつかず、決済用預金にふくまれるために全額保護されます。

では**図19**をみてください。現金、（金利のつく）普通預金、（金利のつかない）決済用預金の3つが、物価の変動によってどのような影響を受けるのかを図示しました。普通預金としては、先に紹介した優遇金利のつく普通預金を想定しています。現時点で同じ1万円の価値をもつモノ・現金・普通預金・決済用預金について、①〜③のケース別に、将来（1年後）の価値を比較してみましょう。

①は将来にかけて物価が下落するデフレのケースで、ここでは1年で2％の物価下落が生じて、モノの価格は9800円にまで下がるとしましょう。現金1万円は将来もそのまま1万円として使えますから、実質的には2％（200円）分だけ余分にモノが買えるようになり、価値は上昇することになります。

仮に、普通預金には先に紹介した金利の年0・03％が適用されると考えましょう。1万円の預金では、1年後につく金利は3円だけですが、やはりモノの価格が下がっていますので、実質的には203円だけ余分にモノが買えるようになります。また、利息がまったくつかない決済用預金に預けた1万円は、現金と同じように1年後も1万円のままですから、実質的に200円分の価値が増えたことになります。

デフレが長期化している状況下では、現金や預金の実質的な価値はどんどん上がりますから、じっと現金や普通預金に預けている人は、結果として賢明な資産運用をしていると評価

図 19

インフレと現金・普通預金※・決済用預金

※「一定の条件を満たすことで有利な金利がつく普通預金」を想定

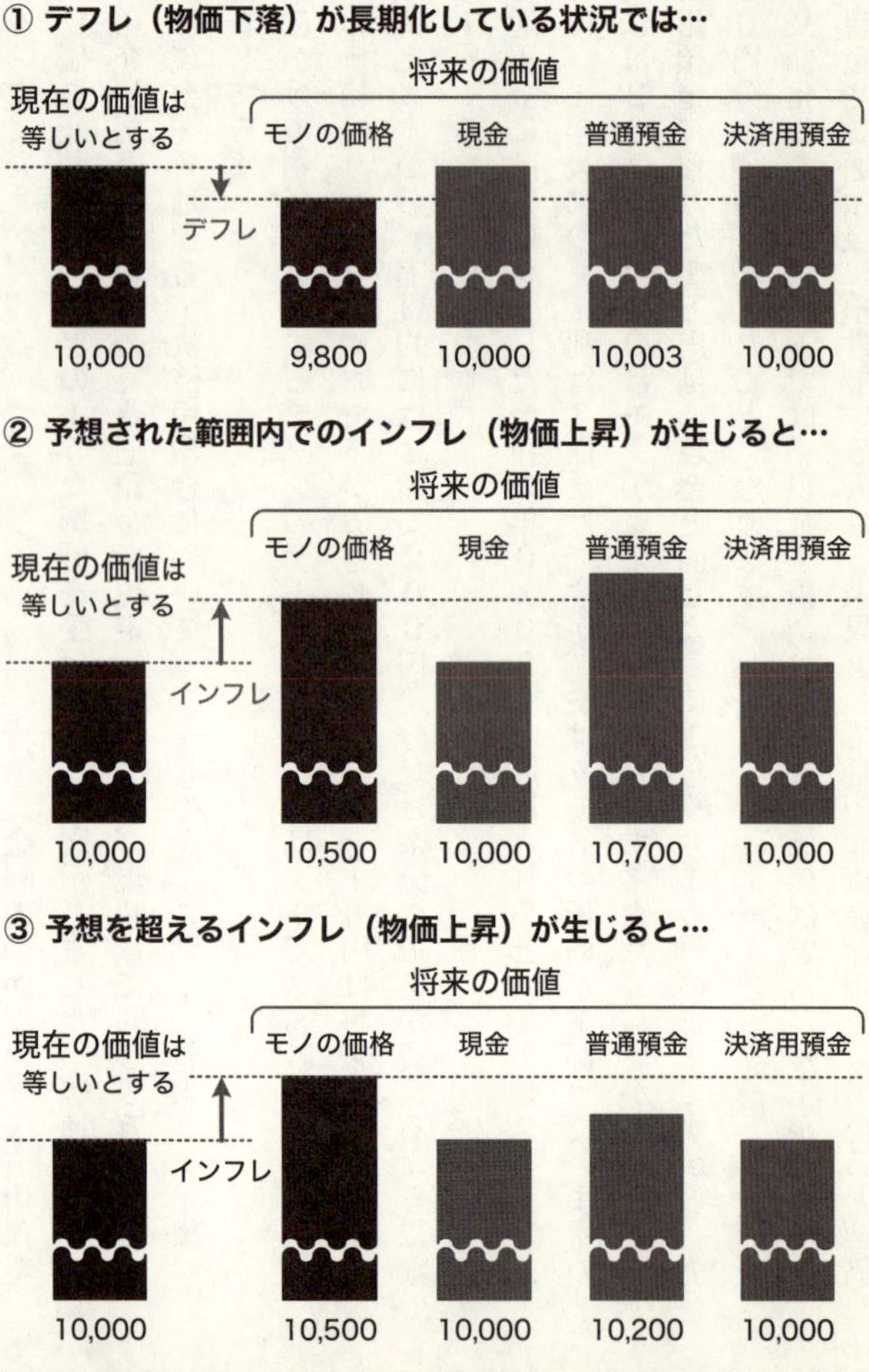

していいのです。だからこそ、銀行などの金融機関は、預金者のおカネを株式投資信託や外貨預金などに振り向けさせるのに苦労せざるをえず、その悪戦苦闘の中で、これまでに紹介したような広告がひねり出されたわけです。

図19の中央にある②では物価が上昇するケースをみますが、もともと年6％のインフレ率が予想されているのに対し、実際には1年後までに5％の物価上昇が生じるとどうなるかを考えています。これは予想範囲内でのインフレです。なお普通預金の金利は、予想されるインフレ率（年6％）より1％高い、年7％とします。

1万円のモノの価格はインフレで500円上がるのに、現金や決済用預金の1万円は将来も1万円のままですから、実質的には500円分だけ価値が下がると評価してよいでしょう。ところが、普通預金の1万円には700円の利息がつきますから、物価上昇分の500円を差し引いても、200円分だけ価値は高まることがわかります。

図19の下側にある③では、予想以上のインフレが起きるケースをみます。現在から1年後までに、結果としては②と同じ5％の物価上昇が生じるのですが、現時点で予想されるインフレ率は年1％だとします。普通預金の金利は年2％としましょう。

結果として、1万円のモノの価格が500円高くなり、現金と決済用預金の1万円は実質的に500円分だけ目減りします。そこまでは②と同じですが、この③のケースでは、普通預金も目減りします。1万円の普通預金には1年で200円の利息しかつかないため、実質的に300円分の目減りになります。

ただし実際には、予想を超えるインフレが起きたとしても、普通預金の実質的な目減りはもっと小さくてすむ可能性があります。説明しやすくするために、図中の各ケースではとりあえず、普通預金の金利は1年間変化しないものとしました。現実はどうでしょうか。

1年間に5%の物価上昇と言っても、それが生じるパターンは無限に考えられます。毎月少しずつ物価が上がるというパターンもあれば、ある月は物価が下がり、ある月は上がるという変動の中で、1年では5%上がるというパターンもありそうで、他にもいろいろなパターンがありえます。

消費者物価などのデータは毎月発表されており、テレビや新聞の経済ニュースでは必ず取り上げると言っていいほど、社会的に注目されています。毎月均等にインフレが進むとすれば、1年で5%の物価上昇は、月ごとに(前月比で)0・4%強の物価上昇ペースとなります(5÷12=0・42)。金融業界の関係者はもちろん、かなりの人が物価に注目しているでしょうから、たとえば、もし2ヵ月続いて前月比0・4%の物価上昇が生じたとすると、その時点で、予想されていたインフレ率を超えるインフレが起きつつあると懸念するにちがいありません。

すると、予想されるインフレ率は修正され、金融機関同士の貸し借りは、たとえば年5％のインフレ率を前提におこなわれるようになるかもしれません。そうなれば、やがて普通預金の金利にも反映され、より高いインフレ率を前提にした普通預金金利が実現するでしょう。

問題は、予想されるインフレ率を超えるインフレが起きつつあるとして、それが普通預金の金利に反映されるまでの遅れ（ラグ）にあります。物価指数のデータが集計されて発表され、その上昇傾向が認知され、さらに預金金利に反映されるまでの各段階で遅れが生じうるからです。

たとえば、全体で6ヵ月の遅れがあるとして、先の**図19**の③のケースを計算し直してみましょう。予想されるインフレ率が年1％で、それに応じた普通預金金利が年2％であったのに対し、現実のインフレ率が年5％になるという想定でした。ここでは、6ヵ月後には普通預金金利が年5％のインフレ率を前提にした水準まで上昇し、年6％になるものと想定を変更します。

1年間の金利をみると、半年が年2％、残り半年が年6％ですから、平均すると年4％です。1万円を基準にすると、1年間のモノの値上がり幅は500円、普通預金の利息は400円ですから、実質的な目減りは100円ですみます（図中の設定では300円の目減りでした）。

もし、インフレ率が普通預金金利に反映されるまでの遅れが6ヵ月でなく、3ヵ月しかないのなら、普通預金の目減りはさらに小さくなります。つまり、予想されたインフレが起きたとしても、それが1年のうちのある時期にだけ突然物価が上昇するというパターンでの物価上昇でなければ、普通預金の実質的な目減りは年率表示での単純計算よりもずっと小さくなる可能性があるのです。

＊なお、図19の②のケースでは、予想されていたインフレ率よりも現実のインフレ率は年1％だけ低くなりますから、しばらくして普通預金金利が年率で1％下がる可能性があります。

他方、1年もの定期預金であれば、1年間は金利が固定されていますから、予想を超えるインフレへの対応という点では、普通預金よりも不利になります。ましてや、5年ものとか、8年ものの定期預金となれば、予想を超えるインフレによって何年間も実質的な目減りが生じる危険性があります。

デフレが長期化した日本では、多くの人々が、将来も低いインフレ率が続く可能性が高いと予想しています。2005年以降の日本経済の中長期的な動向について、いろいろなシンクタンクが2004年末に予測を発表していますが、2009年までの5年間の消費者物価上昇率については、年1％未満と予想するところが多数派です。ただし、もし消費税率の変更があれば、その年（月）だけは例外的に、消費税の引き上げ分だけ物価は上がると考えられます。

経済予測のプロの多くが低いインフレ率を予想していると言っても、もう少し高い年2％前後の消費者物価上昇率を予測するシンクタンクもあります。そもそも経済予測とは結果としてなかなか当たらないものですから、数年後に予期せぬインフレが日本を襲う危険性は否定できません。

一方で、予想されるインフレ率が低いことを反映して、中長期の金利が低くなっているときに、満期までの期間が長い定期預金におカネを預けると、予想外のインフレが起きた場合に大損する危険性があります。このような状況下では、いつでも引き出し自由で、しかも金利がつく〝普通預金〟が、じつはとても有利な資産運用方法であることがわかっていただけたでしょうか。

インフレと定期預金

ところで、一般的な定期預金は、満期がくる前に中途解約しても、普通預金の金利が適用されます。だから「中途解約が可能で、その場合には普通預金金利が適用される」タイプの

図 20

インフレと定期預金

◆ 5年もの定期預金を始めた後、インフレが加速すると…

設定

- 定期預金を始めた段階では … 予想されるインフレ率：1％
  5年もの定期預金金利：2％
- それから1年後 … 実際のインフレ率：1％
- それから2年後 … 実際のインフレ率：5％
  予想されるインフレ率：5％

① 当初の定期預金を満期まで保有すると…

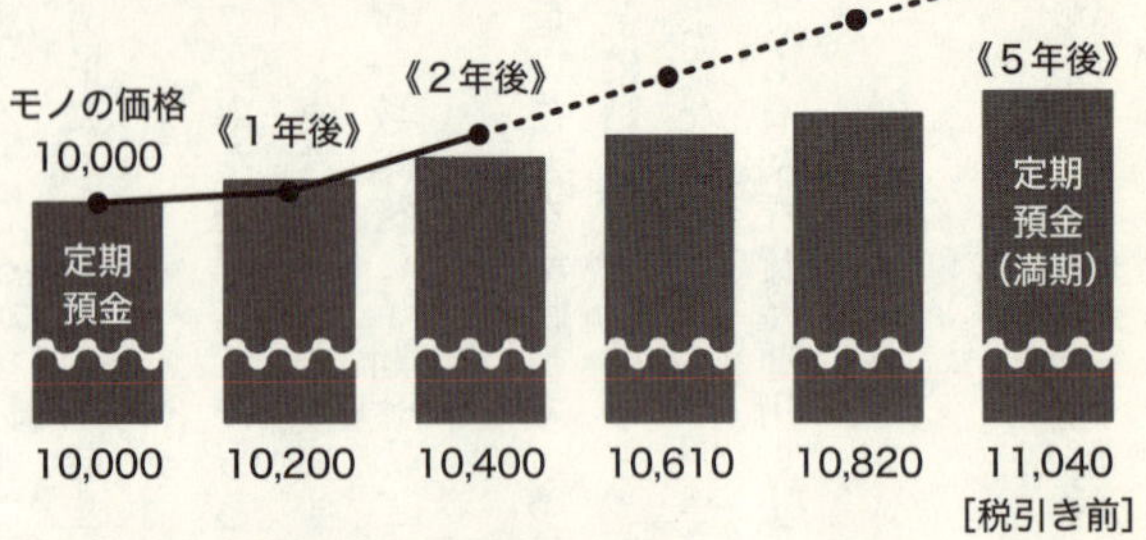

② 当初の定期預金を「中途解約」し、
3年もの定期預金に乗り換えると…

2年後の時点での、3年もの定期預金金利：5.5%
当初の普通預金金利：1％

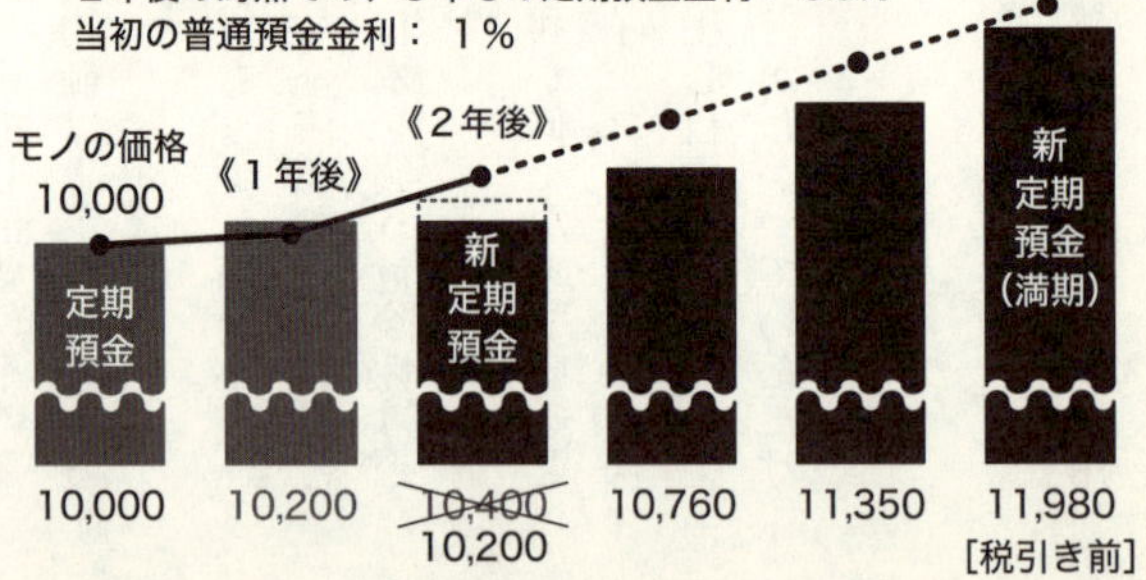

定期預金は、いざとなれば普通預金として引き出しできるのですから、資産運用の面だけで評価するなら、普通預金としての性質を兼ね備えていると言えます。この点をふまえつつ、**図20**をみながら長期の定期預金とインフレの関係について検討しましょう。

図の上側に設定が整理してあります。当初の時点で予想されるインフレ率は年1%、5年もの定期預金の金利が年2%とします。この定期預金に1万円を預けるのですが、それから1年後までは、実際のインフレ率が1%で予想通りだったものの、そのつぎの1年間でインフレが進み、インフレ率が5%に上昇したとすると、どうすればよいのかを考えてみます。預けてから2年後の段階にいるとして、その時点での判断について検討するわけです。予想されるインフレ率も年5%に上昇したとしましょう。

図の中央に「①当初の定期預金を満期まで保有する」ケースが示されています。なお、数字をみやすくするために、金額の表示では10円未満を四捨五入しています。このあと3年間でも年5%ずつ物価は上がると予想されますから、当初1万円だったモノの価格は定期預金の満期時点で2280円値上がりします。これに対して、定期預金に1万円を預けた人が満期時に受け取る利息は1040円だけですから、差し引きで1240円の実質的な損が生じます。かなり大きな損失です。

図の下側には「②当初の定期預金を中途解約し、3年もの定期預金に乗り換える」ケースが示されています。中途解約すると、過去の期間については普通預金金利が適用されるとし、その金利を年1％と仮定します。また、新しく預ける3年もの定期預金の金利は年5・5％とします（予想されるインフレ率が年5％に上昇したことを反映しています）。

過去2年間で得られた年2％の利息をあきらめて、普通預金金利（年1％）で利息が計算し直されるので、その時点では少し損ですが、あとの3年間は年5・5％の金利が適用されますから、最終的には、当初の1万円に対して1980円の利息がつきます。先に計算したように、1万円のモノは2280円値上がりしていますから、差し引きで300円（元本に対して3％）の実質的な損です。

もちろんこの場合には、②の中途解約を選択すべきでしょう。それでも預金価値の実質的な目減りは生じますが、中途解約しなければ、ずっと大きな目減りを覚悟しなければなりません。そもそも長期の円定期預金に預けた時点で、予想外のインフレには弱い資産運用を選択したのですから、実際に予想を超えてインフレ率が上昇したにもかかわらず、元本の3％程度の目減りですむのなら、「助かった」と評価すべきでしょう。

＊読者の中には「5年もの定期預金に預けてから4年経過し、あと1年で満期というときにインフレになったら、中途解約をするのも損な感じがするけど、どうすればいいのか」といった疑問を抱いた人もいるでしょう。自分で、その状況に応じて細かく計算して判断するしかない

のですが、満期まであと少しの定期預金をもっている場合には、中途解約以外の方法もありえます。

銀行に口座をもっている人の中には、定期預金と普通預金がひとつの通帳になった〝総合口座〟を利用している人も多いでしょう。たいていの総合口座であれば、その中で預けている定期預金を担保におカネを借りることができます。たとえば、定期預金の金額の90％までは普通預金の残高をマイナスにすることができるといった規定があり、それを利用するのです。このときの借り入れ金利は定期預金金利プラス0・5％が一般的です。

すでに預けている定期預金よりも、現在の定期預金金利の方がずっと高いような場合には、中途解約する代わりに、この制度を利用しておカネを借り、新しい定期預金を始めておき、古い定期預金の満期が来たところで借り入れを返済するというやり方が有利になるケースがありえます。過去によく使われていたテクニックです。ただし、自分の取引銀行の各種の金利や規定を調べた上で、きちんと計算しておこなう必要があります。

これまでの説明で、143ページの**図16**のAとBでは、Aの方がずっと不利な商品であることが理解できたでしょう。両者の広告を再掲してポイントを指摘したのが**図21**です。「預金（貯金）はインフレに弱い」と単純に信じていた人は、AとBのちがいに気がつきにくか

図 21

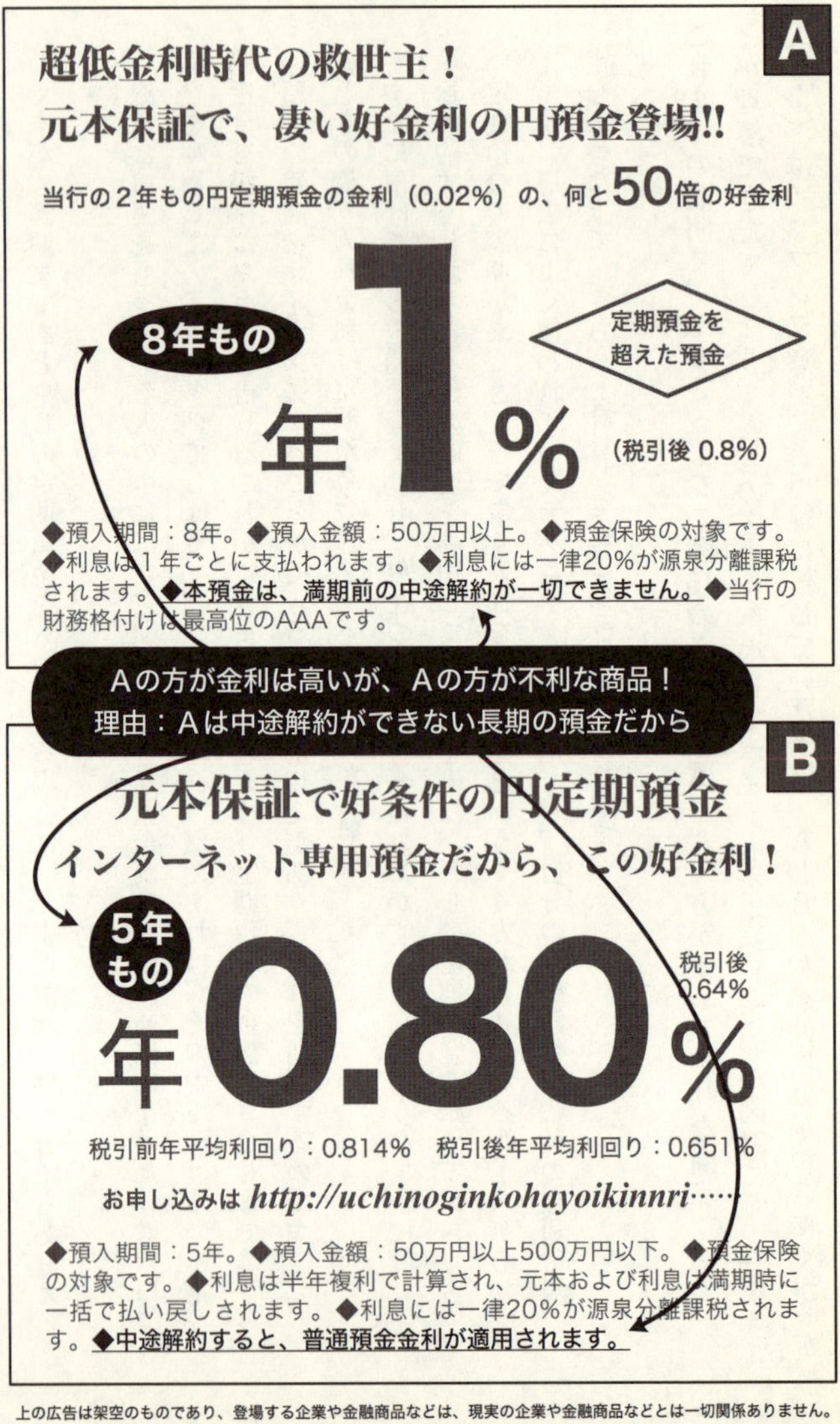
A
超低金利時代の救世主！
元本保証で、凄い好金利の円預金登場!!
当行の２年もの円定期預金の金利（0.02%）の、何と50倍の好金利
8年もの
定期預金を超えた預金
年1%
（税引後 0.8%）
◆預入期間：8年。◆預入金額：50万円以上。◆預金保険の対象です。◆利息は1年ごとに支払われます。◆利息には一律20%が源泉分離課税されます。◆本預金は、満期前の中途解約が一切できません。◆当行の財務格付けは最高位のAAAです。
Aの方が金利は高いが、Aの方が不利な商品！
理由：Aは中途解約ができない長期の預金だから
B
元本保証で好条件の円定期預金
インターネット専用預金だから、この好金利！
5年もの
年0.80%
税引後 0.64%
税引前年平均利回り：0.814%　税引後年平均利回り：0.651%
お申し込みは http://uchinoginkohayoikinnri……
◆預入期間：5年。◆預入金額：50万円以上500万円以下。◆預金保険の対象です。◆利息は半年複利で計算され、元本および利息は満期時に一括で払い戻しされます。◆利息には一律20%が源泉分離課税されます。◆中途解約すると、普通預金金利が適用されます。

上の広告は架空のものであり、登場する企業や金融商品などは、現実の企業や金融商品などとは一切関係ありません。

ったかもしれません。

現実に、いろいろな銀行が運用期間の長い（5～10年ものの）定期預金を用意していますが、中途解約の扱いにはバラツキがあります。大きく分けると、「原則として中途解約できません」といった記述があるタイプのものと、簡単に中途解約できることを前提に「中途解約すると普通預金金利が適用されます」といった記述があるタイプの、2つに分けられるでしょう。クイズの広告のAとBは、その2つのタイプに対応していたわけです。

長期の定期預金に預けるときには、中途解約の扱いがどうなっているのか、きちんと確認しておく必要があります。

恐ろしいワナを秘めた定期預金

つぎに、やや特殊な条件のついた長期の定期預金を紹介しましょう。図22の広告をみてください。新聞などで2004年から2005年にかけてよくみかけた広告を参考にしてはいますが、あくまで架空金融商品の架空広告です。

いくつかの雑誌・新聞の記事がこのタイプの商品を取り上げていましたが、肝心の「中途解約」の部分にきちんと言及した記事をみたことがありません。ぱっとみただけでは、少し変わった条件がついているものの、さほどむずかしい商品には思えないでしょう。

図 22

元本保証で有利な運用
『新型円定期預金（期間延長特約つき）』登場！

7年もの円定期預金　お預かり期間がさらに3年間延長する可能性も！

元本保証
年金利2%（税引後 年1.6%）

この定期預金は、満期日までの7年間（期間延長の場合には10年間）原則として中途解約できませんので、ご注意ください。

例えば、1,000万円お預けいただくと、
7年後に112万円のお利息が受け取れます！
▼
7年後の当初満期日の前に、
当行の判断で、満期日を3年間延長するかもしれません。
▼
期間延長の場合も、金利は年2％（税引後1.6%）で固定ですので、
税引後のお利息は、10年間合計で160万円になります。

お受取利息（税引後）は下表のようになります

お預かり金額	7年後のお受取利息	10年間での合計利息（3年間延長の場合）
500万円	560,000円	800,000円
1,000万円	1,120,000円	1,600,000円
2,000万円	2,240,000円	3,200,000円

◇期間延長の有無にかかわらず、原則として本預金は中途解約できませんが、特別な事情があると当行が認めて中途解約に応じる場合には、解約によって発生する費用（解約日から満期日までの本預金の再構築額と手続き費用）を計算して元本金額から差し引きますので、このとき、元本割れが生じる可能性があります。

上の広告は架空のものであり、登場する企業や金融商品などは、現実の企業や金融商品などとは一切関係ありません。

じつは、この広告の預金は〝長期の円定期預金〟と〝金利のオプション取引〟を組み合わせたセット商品なのです。１３２ページの**図13**でイメージしていた、セットになることでとても割高になる金融商品の典型例と言えます。原則として手数料がかからず、長期に渡って比較的有利な金利がもらえるだけのようにみえますので、割高な商品にはみえないのですが、それがこのセット商品の巧みなところであり、恐ろしさでもあります。

＊本書では、オプション取引の基本的な仕組みには言及せずに、オプション取引を応用した金融商品の説明をしています。オプション取引の基本的な仕組みや、預金にオプション取引を組み合わせたセット商品については、先にも紹介した拙著『金融工学の悪魔』（日本評論社）でやさしく解説しましたので、そちらを参考にしてください。

広告の中央と下側に小さな文字で書かれているように、この預金は「原則として中途解約できません」が、「特別な事情があると認めて中途解約に応じる場合」があります。この点について理解するには、まずは１７０ページの**図20**に戻って、長期の定期預金が中途解約されたときに、銀行側はどんな影響を受けるのかを考えるといいでしょう。

ここでは、原則として中途解約できないものとして預金を集めている銀行を想定します。すると、たとえば**図20**の①のように預金者が中途解約しない場合、預金者は実質的に損をしますが、それはその分だけ銀行が儲けるということではありません。

健全な経営をしている銀行であれば、預金者からおカネを預かった時点で同時に、5年間、安全な企業や他の銀行に年3%の金利で貸すといった取引をして、預金者に支払う年2%の金利との差（利ザヤ）である年1%が利益になる状態にしているでしょう。そのため、銀行はインフレになろうがデフレになろうが、毎年1%の利ザヤを稼げますが、それは、インフレになって預金者が損をしても、銀行が儲かるわけではないことを意味します。

ところが、いくら「原則として中途解約できません」と宣言していても、やむをえない事情で中途解約に応じることが考えられます。預金者の死亡といった事情が一番わかりやすい例でしょうが、他にも細かな規定に応じて中途解約が認められる可能性があります。

さて、原則として中途解約できない長期の定期預金に預けた人が、予想外のインフレで大損しそうなときに、何らかの事情で偶然に中途解約が認められれば、預金者は損を回避できますが、そのとき誰が損をかぶるのでしょうか。

じつは、損は銀行に押しつけられるのです。170ページの**図20**で②のように預金者が中途解約したとしても、銀行は当初時点で預かったおカネを年3%で貸しており、原則としてこれを期限前に回収するわけにはいきません。仮に、預金者が年5・5%の定期預金に乗り換えたとすると、銀行は年5・5%の金利を支払って集めたおカネを年3%の金利で貸し出すことになり、差し引き年2・5%の損になります（これを逆ザヤと呼びます）。

だから、原則として中途解約に応じないという前提で長期の定期預金を集めている銀行は、本音としては「長期の定期預金を中途解約する客には、それによる損失分を支払ってもらいたい」のです。しかし、1万円の定期預金を中途解約した客に対して、元本から損失分を引いて8千円しか払い戻さないといったやり方を、本当に実行すれば、かなりひどい銀行だと思われてしまいます。だから実行できず、1万円という名目上の元本は確保されるように払い戻します。

厳しいことを言えば、中途解約が原則として不可能な長期の定期預金に預けた人は、インフレ率が上昇しないことに賭けるというギャンブルをしたのですから、賭けに負けて、結果としてインフレ率が上昇した場合には、それによる損を自ら負うべきかもしれません。

問題は、銀行や他の金融機関などが「中途解約できない長期の定期預金とは、ギャンブル性の高い資産運用商品である」ということをきちんと説明しない点にあります。そういった説明をせずに長期の定期預金を集めている銀行であれば、銀行が損失を負うかたちでの中途解約に応じるべきでしょう。それがイヤなら、最初にきちんと説明しておけばいいのです。

いよいよ176ページにあった**図22**の預金の解説に入ります。この預金は、何らかの事情で中途解約が認められた場合にも、客が予想外のインフレによる損失から逃れられない仕組みになっています。この点が、先に出てきた一般的な定期預金との大きなちがいで、客にとって恐ろしいところです。銀行にとっては、損をする危険性がなく、しかもたっぷりと手数料が稼げる、まさに理想のぼったくり商品です。

なお前提として、この広告が出された時点では、過去に物価安定が長く続いたため、「将来もしばらくは物価がさほど上がらず、したがって低金利が続くと予想されている」としましょう。まず、広告の上半分をみてください。

小さな文字ですが「7年もの円定期預金」と書かれており、大きく「元本保証」で「年金利2％」とありますから、長期に渡って比較的高い金利が得られる定期預金だとわかります。もちろん、年2％が高い金利にみえるというのは、あくまで預け入れ時点の経済情勢を背景にした評価です。また、税金で2割が引かれると、年1・6％の金利になりますが、それでも高い金利であると考えることにしましょう。

ちょっと変わっているのは、広告の上から2行目と3行目に「期間延長特約つき」とか「お預かり期間がさらに3年間延長する可能性も」と書いてある点です。あとの第七章でも紹介しますが、このように〝特約つき〟との表示がある資産運用商品の多くは、銀行側に有利な特約がついているのであって、それはすなわち客側には不利な特約となります。

実際にこの商品の場合、広告の中央から下側の説明の中で「当行の判断で、満期日を3年間延長するかもしれません」と述べられていますから、銀行側が有利になるように判断される特約だと覚悟すべきです。例外もありますが、金融広告の中で〝特約〟の文字をみたら喜ぶのではなく、とりあえず用心するのが、客として正しい反応です。

さて、この預金の「期間延長特約」には、いったいどのような効果があるのでしょうか。延長されなければ7年間で満期が来ますが、3年間の延長になれば計10年間の運用になります。どちらにしても、税引後で年1・6％の金利が受け取れます（利息金額の例が広告中の表に示されています）から、さほど不満はないと感じた人が1000万円をこの預金に預けたとしましょう。それで、実際にはどのような場合に延長されるのか、**図23**を使って検討します。

かなり荒っぽい設定ですが、説明の都合上、ここでは、金融機関同士の貸し借りでの金利は予想されるインフレ率に等しいと考えます。実質金利をゼロと仮定しているわけです。**図23**の上側の①では、満期までの毎年のインフレ率が1％であるとして、モノの価格の推移を折線グラフで、預金の元利合計額（税引後）の推移を棒グラフで示しています。

7年後には、1000円のモノが72円だけ値上がりしていますが、預金も1000円に対して112円の税引後利息がつきますから、差し引きで、1000円につき40円、10

図 23

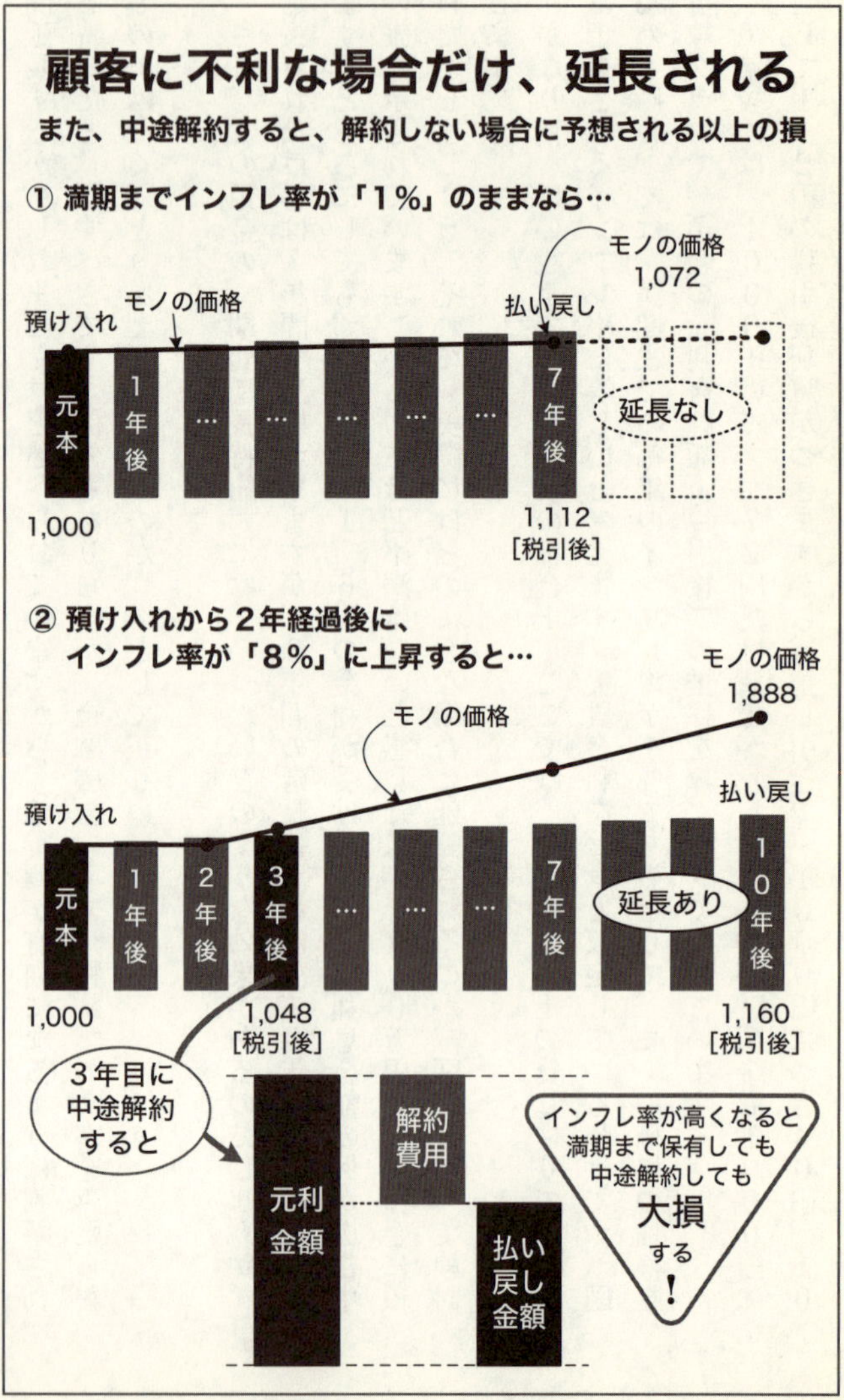
顧客に不利な場合だけ、延長される
また、中途解約すると、解約しない場合に予想される以上の損
① 満期までインフレ率が「1%」のままなら…
モノの価格
1,072
モノの価格
払い戻し
預け入れ
元本
1年後
…
7年後
延長なし
1,000
1,112
[税引後]
② 預け入れから2年経過後に、
インフレ率が「8%」に上昇すると…
モノの価格
1,888
モノの価格
払い戻し
預け入れ
元本
1年後
2年後
3年後
7年後
延長あり
10年後
1,000
1,048
[税引後]
1,160
[税引後]
3年目に
中途解約
すると
元利
金額
解約
費用
払い
戻し
金額
インフレ率が高くなると
満期まで保有しても
中途解約しても
大損
する
!

00万円を預けたとしたら40万円だけ、実質的な価値が高まっています。

この①のケースでは、銀行は期間延長をしません。あと3年間、実質的にプラスの金利を預金者に支払うのは損だから、期間を延長したくないのです。そのため、7年後には預金が払い戻されます。

他方、**図23**の下側の②は、満期までのインフレ率が、最初の2年間は年1％だったものの、そのあと年8％へと急上昇するケースを示しています。3年間が経過した時点で、3年目のインフレ率が8％だったことに預金者が気づき、そこから先の予想をやり直すとしましょう。話を簡単にするために、その時点では、すでに誰もが「今後は毎年8％のインフレ率がずっと続く」と予想し直していて、この預金は期間延長が予想されるものとしましょう。

3年目の段階でそのような予想を立てると、この預金が期間延長されて預け入れから10年後に満期を迎えたとして、1000円のモノの価格は1888円にまで値上がりしています。一方で、1000円を預けたときの10年後の元利合計額は1160円（税引後）でしかありません。差し引きで、実質的には728円もの目減りです。728÷1888＝約0・4ですから、モノの価格を基準にすると、預金の価値は約4割も下がることになります。1000万円預けていたとすると、約400万円の損失です。

＊なお、日本経済が近い将来に「年8％程度のインフレ率がしばらく続く状況」に転じる確率

はどれくらいかと問われたら、筆者は「確率は低いけど、無視できるような確率ではない」と答えるでしょう（2005年2月時点での判断です）。もう少し低いインフレ率（年3〜5％）なら、もっと実現可能性は高くなるでしょうし、それでもこの預金に預けていれば実質的に損をします。

この預金のタネをばらせば、将来の金利に対するギャンブル（賭け）を組み込んでいるのです。先に指摘した〝金利のオプション取引〟です。

預金者が〝一定の金額〟を受け取る代わりに、もし将来の金利（あるいは、予想されるインフレ率）が上昇した場合には〝その上昇幅に応じた金額〟を支払うというギャンブルを考えてみましょう。たとえば、この商品に1000万円を預けた人は、同時に、140万円を受け取った上で、将来の金利が上昇した場合には、**図23**の②のケースでみたように、何百万円もの損をする危険性があるギャンブルをおこなっているのです。

大損の危険性を引き受ける代償として得られる140万円は、1000万円の預金に対する7年間の金利（税引前）というかたちで受け取ることになります。140万円を7年で割ると、1年につき20万円ですから、1000万円に対して年2％の金利になります。おおよそこんな感じの仕組みが背景にあって、年2％の金利（税引前）が得られるのです。

ところで、このタイプの預金では、預金者が、引き受ける危険性に見合った金利を受け取ることなどできない、と覚悟すべきです。預金者がギャンブル（賭け）をしているということは、その相手がいるはずです。たいていの場合、それは、この商品を扱っている銀行とは別に存在します。銀行は、胴元としてギャンブルを取り仕切っているだけなのです。仮に、預金者のギャンブルの相手は３００万円を支払うとしましょう。胴元である銀行はこれをそのまま預金者に渡すのではなく、たとえば１６０万円を手数料（テラ銭）として抜いて、残りの１４０万円を金利の名目で支払うのです。

専門的な説明は省きますが、**図22**の広告の預金は、金利のオプション取引と定期預金を組み合わせることで、手数料をわかりにくくして、たっぷりと手数料を抜き取る狙いが秘められた、恐ろしいセット商品なのです。大まかな理解としては、この預金に預けたあとで急激なインフレが生じて、預金者が損をしたとすると、それはギャンブルの相手の利益になると考えていいでしょう。銀行は、どちらに転んでも、抜き取った手数料の分だけ確実に儲けることになります。

中途解約時の悲劇

さて、**図22**の広告の中央には、「この定期預金は、満期日までの7年間（期間延長の場合には10年間）原則として中途解約できません」とあり、実際に、たいていのケースでは中途解約に応じてくれないでしょう。

ただし、どうしても中途解約せざるをえないケースであれば、中途解約に応じてくれそうです。広告の一番下に「特別な事情があると当行が認めて中途解約に応じる場合」の注意書きがあるからです。その続きを読むと、「解約によって発生する費用（解約日から満期日までの本預金の再構築額と手続き費用）を計算して元本金額から差し引きますので、このとき、元本割れが生じる可能性があります」と書かれています。

では、**図23**の②のケースで、1000万円を預けた人が3年後に解約しようとすると、実際にいくらの費用を差し引かれるのでしょうか。本当は細かな条件を設定しての計算が必要なのですが、かなり大まかに説明しましょう。

ポイントは「中途解約によって生じる再構築額を差し引く」といった記述にあります。これをくだけた口調でわかりやすく言えば、銀行は預金者に対して「あんた（預金者）は将来の金利動向に関する賭けをした結果、現時点で約400万円の負けが予想される状況になっていて、それなのにいますぐ賭けを降りるというのなら、予想される負け分の約400万円をいますぐ支払ってもらうよ」と要求しているのです。

満期時の400万円と3年後の時点の400万円とでは価値が異なりますから、その差を調整して、もう少し少ない費用ですむかもしれません。ただし、再構築額は計算の前提条件によって増減します。その計算は銀行がおこなうのですから、400万円より高く見積もる可能性も十分にあります。さらに、再構築額とは別に、中途解約手続きの事務的な費用も差し引かれます。

銀行が冷酷に対応すれば、結果として、このケースでは元本の4～5割程度の費用が差し引かれるでしょう。元本保証を信じて1000万円を預けたのに、中途解約すると500～600万円程度しか戻ってこないこともあるということです。

なお、預けていた3年間の金利についての記述はありませんが、銀行側の規定によっては、3年間についての適用金利がほぼゼロである可能性があります。もし税引後年1・6％の金利が3年間だけ適用してもらえるとしても、元利合計金額は1048万円です。他方、物価は3年間合計で10％上昇していますから、費用を一切引かれないとしても、すでに実質的な価値は預け入れ時点より低いのです。それなのに、さらに多額の費用が差し引かれるのですから、踏んだり蹴ったりです。

一般的な定期預金では、銀行側は、預金者の中途解約に伴う損失を押しつけられる可能性があったのに対し、この商品では、オプション取引を組み込み、その「再構築額」という考え方をもち込むことで、損失を中途解約者に負担させることができます。ある意味で、よく工夫された商品だと言えます。

以上のように考えると、銀行の直接的な利益だけをみれば、じつは、この預金の中途解約を銀行側が嫌う理由はありません。客側からすれば、この預金に一度預けたあとどんな状況になっても、中途解約する方が、満期まで預け続けるよりもずっと損になると覚悟しておく必要があります。

くどいようですが、この預金は本当に恐ろしい金融商品です。たとえば、親が幼い子供の将来の教育資金にと、親の名義でこの預金に預けたとしましょう。しばらくして予想外のインフレが生じ、預金の価値がどんどん目減りし、そのままだとさらに目減りしそうなときに、親が死亡して、中途解約することになったとします。あるいは、突然の病気や事故などで急におカネが必要になった人が中途解約を認められたとします。

そういった場合でも、すでにインフレで実質的に目減りし始めている元本から、さらに何割かを差し引いた金額しか払い戻さないという処理を、銀行側は本当に実行するのでしょうか。まあ、いくら社会的に非難を浴びようとも、それぐらいのことは平気でやりそうだという銀行でないと、そもそもこんな商品を販売したりしないのでしょうね。あとは読者のご想像にお任せします。

もちろん、たくさんの人が予想しているように、今後しばらくは低いインフレ率ですむ可能性は高く、そうなれば低金利が続くでしょうから、この商品に預けることで結果として得をする確率はそれなりに高そうです。しかし、うまくいっても、7年合計で元本に対して約1割の税引後利息がつくだけです（2％×7×0・8＝11・2％）。悪い結果に転んだ場合には、10年かけて元本の大部分を実質的に失うかもしれないのです。とても不利なギャンブルです。

さて、このタイプの預金は、銀行に安定的に利益をもたらすでしょう。それを狙って外資系の銀行がこういった商品を積極的に開発し、「先進の金融テクノロジーをもつ当行だから開発できました」といった宣伝をするのに対し、邦銀（メガバンクなど）は、もちろんそれに追随するケースもありますが、類似の商品を提供しないこともよくあります。

このとき、学者や金融関係者の中には、「日本の多くの金融機関が金融テクノロジー（金融工学）の面で遅れているから、先進的な金融商品（オプション取引を応用した商品など）を提供できないのだ」といったコメントをする人がいます。

本当に困った人たちです。残念なことに、自分の研究が何か立派なものであるとミエを張りたいがために、あるいは、どこからか研究費をふんだくるために、実際には、ぼったくり商品の開発に応用されることが多かったりする研究分野を、社会的に過大評価させようとする学者（研究者）はどこにでもいるのです。

この程度の商品なら、技術的には、ほとんどの銀行がマネできるでしょう。しかし、これほど危険な仕組みをもちながら、一見すると危険性がないようにみえる商品を堂々と宣伝し、もし客が大損しそうになって中途解約するとしても、客の目の前で平然と多額の再構築額を差し引いてみせるには、銀行側もよほどの覚悟が必要です。それで評判を落とせば、良質な顧客を大量に失うかもしれないからです。

それが怖いから、他の銀行は図22のような商品を出したりしないだけなのです。決して、金融テクノロジーの差などではありません。

前の章までみてきたように、たいていの銀行では、知識のないカモを騙してぼったくることに躊躇はありません。しかし、この商品のように、ある程度知識のある上客まで引っかかる危険性がある預金となると、長期的な利益につながらないと判断する銀行が多いのではないかと、筆者は考えています。

第四章　「リスクとリターン」の正しい意味と考え方

確率を意識してリターンとリスクを測る

本章では、金融商品の性質を正しく理解するための基本概念として〝リターン〟と〝リスク〟の意味を整理しましょう。金融商品広告の中だけでなく、新聞や雑誌の記事などにもよく出てくる言葉ですが、意外にも、正しい意味で使われていることは少なく、まちがった意味で使われていることの方が多いのです。

典型的な例を**図24**に示しました。現実的ではありませんが、簡単な数値例を考えています。ある資産に100万円を投資すると、1年後に「成功」と「失敗」の2つの結果のどちらかが実現します。成功のケースでは、資産は50万円増えて150万円になります。失敗のケースでは30万円減って70万円になります。

新聞や雑誌などでよく「ハイリスク・ハイリターン」という表現をみますが、たいていはつぎのような意味で使われています。成功時の利益の「プラス50万円（プラス50％）」をリターンとみなし、1年で50％も増えるのだから高いリターンだという意味で「ハイリターン」と表現し、他方、失敗時の利益（マイナスの場合は損失）の「マイナス30万円（マイナス30％）」をリスクとみなし、これが大きなマイナスであれば「ハイリスク」と表現しているようです。

もっと簡単に言えば、「成功すれば大儲けできるが、失敗すれば大損する」という状態を

図 24

リスクとリターンの正しい定義

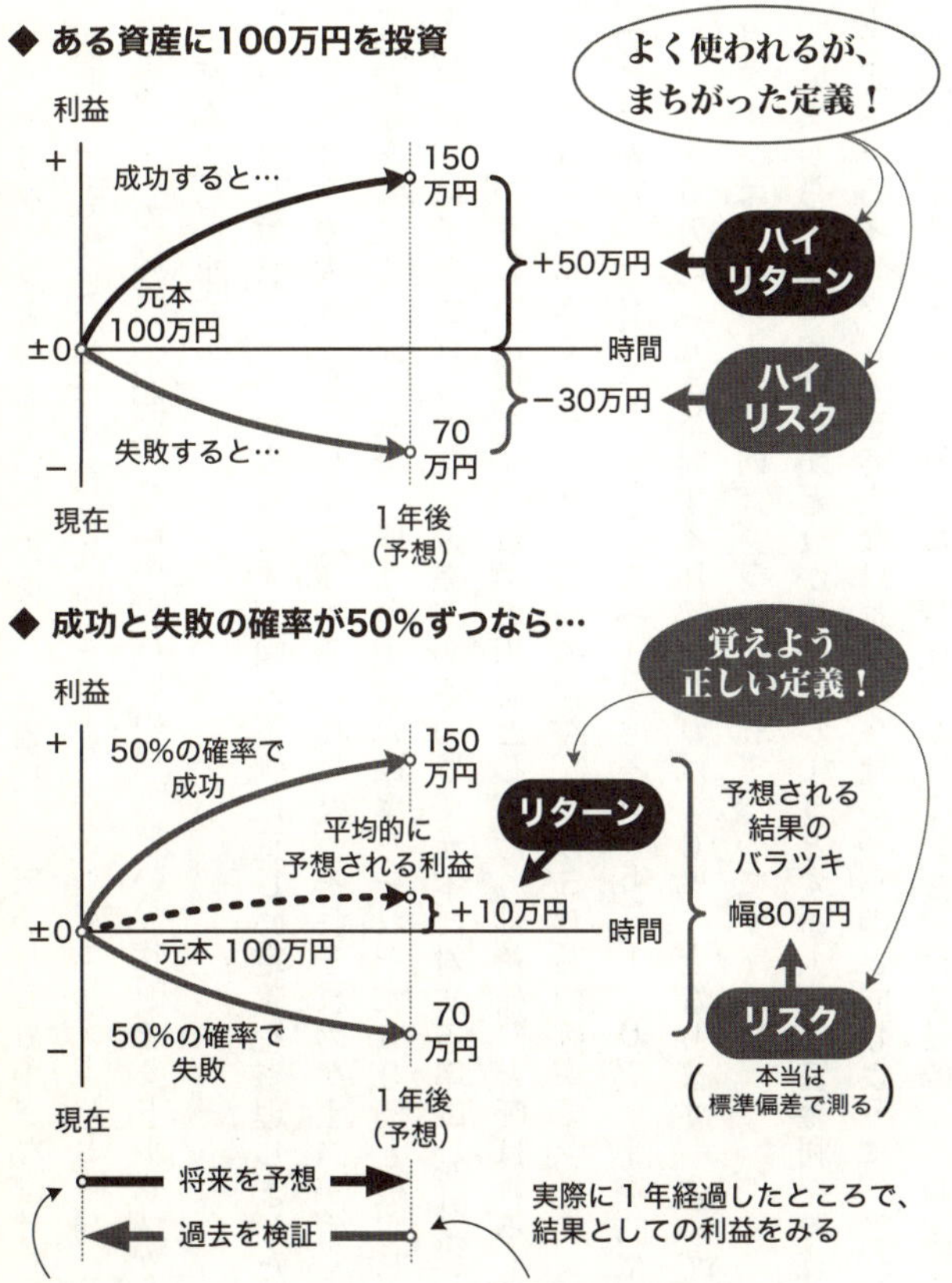

リターン
＝ 平均的に予想される利益
リスク
＝ 予想される結果のバラツキ

結果としてのリターン
＝ 過去の、結果としての利益

ハイリスク・ハイリターンと呼んでいるのです。同様に、「成功しても小さな儲けしか得られないが、失敗しても小さな損ですむ」状態をローリスク・ローリターンと呼び、さらに「成功すれば中ぐらいの儲け、失敗すれば中ぐらいの損」という状態をミドルリスク・ミドルリターンと呼ぶ人もいます。

残念ながら、これらはまちがった表現です。図の下側に正しい定義を整理しました。じつは、リターンとリスクの大きさを正しく認識するためには、それぞれのケースが生じる〝確率〟を知る必要があります。先の例で、成功と失敗の確率をそれぞれ50％と仮定しましょう。そして「平均的に予想される利益（金額、あるいは、元本に対する率）」を計算します。これが〝リターン〟の正しい定義です。数学の用語としては〝期待値〟と呼ばれるものです。

先の例なら、50％の確率でプラス50万円の利益、残り50％の確率でマイナス30万円の利益なのですから、（50×0・5）＋（－30×0・5）＝10で、平均的に予想される利益はプラス10万円（元本に対する比率でみれば10％）となります。よって、正しい定義でのリターンはプラス10万円（プラス10％）なのです。

第三章で、いまから預金に預けるかどうかを判断しようとする人が実質金利を計算する際には、将来予想されるインフレ率を考えなければならなかったのと同じように、これから投資先の資産を選ぼうとする人は、候補となる資産のリターンを評価する際に、将来予想される利益を考えなければなりません。しかし、将来の予想は不確かなものでしかありえません。だから、起こりそうないくつかのケースを想定し、それぞれの確率を推測することで、平均的に予想される利益（＝リターン）を求めるのです。

他方、先の例の資産に１００万円を投資したとして、１年経過した時点で、現実に生じる利益がプラス１０万円ということはありません。結果としては、プラス５０万円か、マイナス３０万円のどちらかが実現します。仮に、投資は成功し、資産は１５０万円に値上がりしたとしましょう。すると、１年後の時点にいるとして「過去の結果として利益（それがマイナスなら損失）」を求めると、プラス５０万円になります。

このように過去を振り返って投資の利益を計算することも重要で、これを本書では〝結果としてのリターン〟と呼びましょう。ややこしいようですが「リターン」と「結果としてのリターン」を混同してはいけません。投資の１年後に結果としてのリターンがプラス５０万円になったとしても、投資時点でリターンをプラス１０万円と計算したことがまちがっていたわけではありません。

また、たとえばこの資産に過去2回投資し、それぞれ成功してプラス５０％の利益（率）を勝ち取った人がいるとしましょう。２回とも結果としてのリターン（率）はプラス５０％

ですが、これから投資するかどうか迷っている人は、これからおこなう投資の（平均的に予想される）リターンもプラス50%であるなどと、単純に推測してはいけません。

もし、結果としてのリターンをそのままこれからのリターンとして採用すれば、過去に株価が上がった株式について、今後も株価が上がる可能性が高いと予想していることになります。実際に、これと同じような単純な予想をしている人もいるのでしょうが、現実には、株価は上がったり下がったりで、過去の株価上昇は将来の株価上昇を約束するものではありません。ですから、過去の結果としてのリターンを参考に、現在から将来にかけての運用の、平均的に予想されるリターンを推測してはいけないのです。

つぎに、リスクの定義を説明しましょう。じつは、リスクにはいくつもの定義があります。リスクを計算するための指標にはいくつもの種類がある、と言った方がわかりやすいかもしれません。それでも、本章の最初に紹介した、単に「投資に失敗したときに予想される損失」をリスクと呼ぶような表現は、正しい定義には決してふくまれません。

一番代表的な〝リスク〟の定義は「予想される結果（利益）のバラツキ」です。将来起こりうる結果が複数考えられて、それぞれの結果の間に大きなちがい（バラツキ）があることがリスクである、とみなすのです。また、先にリターンの計算が確率を必要としたように、リスクを測るための計算でも、それぞれの結果が起こりうる確率がある程度推測できる状態を想定しています。

先の例であれば、予想される利益は①プラス50万円か②マイナス30万円のどちらかでした。この①と②がどれくらいのバラツキをもつかを計算し、それをリスクの指標とするのです。ここでは、予想される結果は2つしかありませんから、両者の差である80万円をバラツキの指標としてみましょう（これだと確率を意識していませんから、厳密には正しいリスクの指標ではありませんが、代用の指標としてみてください）。

現実のほとんどの資産では、その資産に投資した際に予想される結果として、かなり多くのケースを想定しなければならないでしょう。100万円を1年間投資するとして、1万円の儲けになるケース、2万円の儲けになるケース……25万円の儲けになるケース……3万円の損になるケース……18万円の損になるケース……のように、かなりややこしい場合分けをすることになります。

このとき、リスク（＝予想される利益のバラツキ）をどのように計算するのかは、かなりむずかしい問題です。だからこそ、いろいろな指標がリスクを測る指標として考案されてきたのです。

どの指標も、統計学の手法を応用しています。もっともシンプルで、よく使われる指標は

〝標準偏差〟と呼ばれるものです。金融商品広告や新聞の金融記事などの中に、リスクを示す指標として〝ボラティリティ〟という言葉が出てくることがありますが、これこそ、予想される利益（率）の標準偏差を示す金融用語です。あるいは、ある資産について過去のリスクと将来のリスクはさほど変わらないと仮定して、過去の利益パターン（いろいろな利益が生じうる確率の分布）から標準偏差を計算し、これをボラティリティと呼ぶこともあります。

統計学の初歩を理解している人にとって、標準偏差はさほどむずかしくない概念ですが、よくわからないという読者の方が多数派かもしれません。本書ではくわしく説明しませんが、各種の金融商品について本気で理解したいのであれば、統計学の基礎知識は不可欠です。

ここまでの定義を整理しましょう。

リターン＝平均的に予想される利益＝予想される利益の期待値
結果としてのリターン＝過去の結果としての利益
リスク＝予想される結果（利益）のバラツキ＝予想される利益の標準偏差

リターンやリスクの計算においては、利益は金額で計算されるときもあれば、元本などに対する率（％）で計算されるときもあります。本書では、利益を率（％）で表示すると、確率も％で表示されていて、混同しやすくなりますから、できるだけ利益は金額で表示するようにします。

さて、先に紹介した「成功時の利益をリターン、失敗時の損失をリスク」とする表現について、金融の基本を理解している人なら、まちがいだと知っているのです。しかし、それがあまりによく使われていて、そして、正しい定義は統計学の知識がない人には理解しにくいので、素人向けに説明する際には、ついついまちがった定義の方を使ってしまう人が多いようです。

それによって、「みんなが使っているのだから、これもひとつの定義として認めればいい」という正当化がしやすくなり、さらに安易に使われるようになるという悪循環が生じています。

しかし、金融商品について正しく理解したい（あるいは正しく説明したい）のであれば、先のハイリスク・ハイリターンなどの意味は明らかなまちがいだ、と考えなければなりません。逆に言えば、客などを相手に金融商品について説明する際に、表面上は客に配慮しているかのような態度をみせながらも、本音では「正しく理解されると困る」と思っている人は、まちがったハイリスク・ハイリターンなどの表現を多用することになります。

それはなぜでしょうか。先の例の確率だけを変更した図25を使って、まちがった定義と正しい定義のちがいをさらに検討してみます。ここでは、100万円の投資を前提に、成功してプラス50万円が得られる確率は20%、失敗してマイナス30万円に終わる確率は80%であるとします。

まちがった定義では、それぞれが生じる確率はゼロでなければ何でもよく（その結果が生じる可能性さえあればよく）、成功時の利益のプラス50万円をリターン、失敗時の利益のマイナス30万円をリスクと呼ぶのでした。すると、100万円の元本に対して、50万円の利益や30万円の損失はそれぞれ大きなものだと思う人は、この資産への投資をハイリスク・ハイリターンと表現することになります。

正しい定義をもちいてリスクを計算するのは、本当は少しややこしいのですが、わかりやすく説明するために、2つのケースでの利益の差である80万円を、ここでもリスクの指標として代用します（本来なら、標準偏差を計算すべきです）。まあ、この資産のリスクは高い、つまりハイリスクと考えていいでしょう。

＊先の、成功と失敗の確率がそれぞれ50%だった例と比べて、今度は失敗する確率が80%と高いのですから、「たぶん失敗しそうだ」と結果を予想しやすくなっています。だから、リ

図25

「確率」を想定することが重要！

◆ まちがった定義を使うと…　失敗の確率の方が高くても…

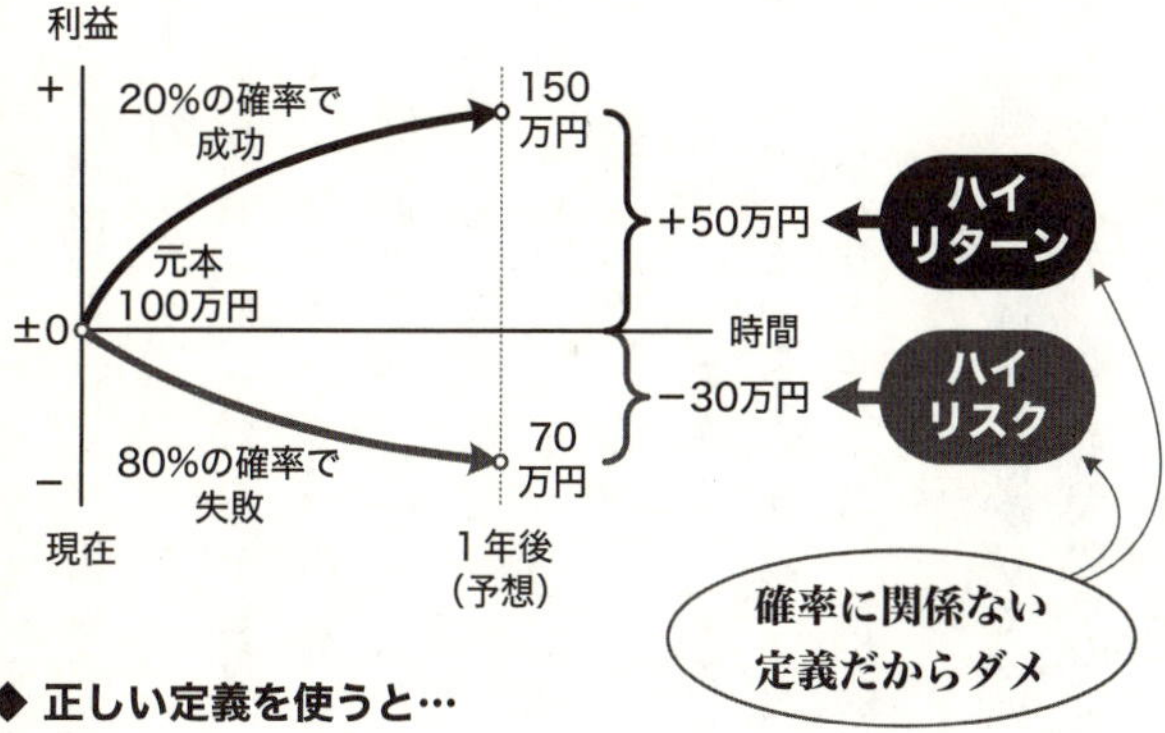

◆ 正しい定義を使うと…

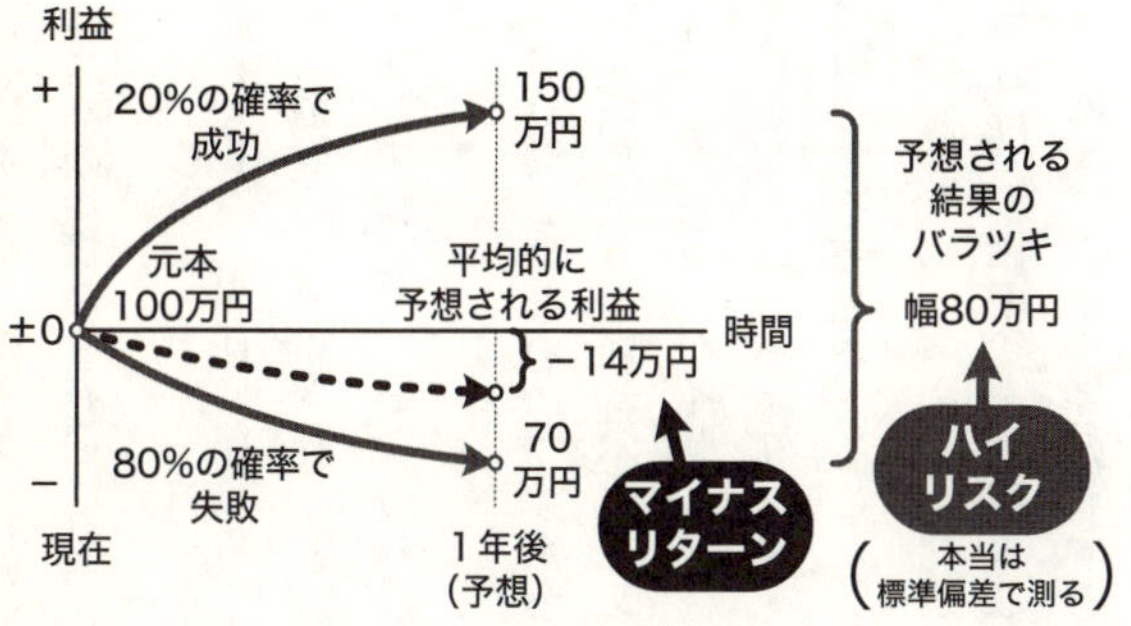

◆ もし成功の確率が70%と高ければ…

平均的に予想される利益は、

（＋50万円×0.7）＋（−30万円×0.3）＝ **＋26万円** なので、

「ハイリターン」と呼んでよいだろう

スク（結果のバラツキ）もその分だけ小さくなっているはずです。確率をもちいてリスクを計算することが必要な理由はここにあり、標準偏差をリスクの指標とすれば、確率が反映されることになります。

問題はリターンの計算で、正しい定義をもちいて求めると、（５０×０・２）＋（－３０×０・８）＝－１４で、マイナス１４万円がリターン（平均的に予想される利益）となります。したがって、この資産への投資は決してハイリターンではなく、ローリターンよりもひどい、マイナスリターンなのです。

成功すれば大儲けできると言っても、成功の確率は２０％しかないのですから、かなり不利なギャンブルなのは明らかでしょう。しかし、これに似たような利益パターンをもつ金融商品が実際にあったとして、まちがった定義を使えば、それを「ハイリスク・ハイリターン」の商品として宣伝できるのです。他方、正しい定義を使えば「ハイリスク・マイナスリターン」と表現するしかありませんから、平均的には損をする商品であることが明らかになってしまいます。

要するに、賢く金融商品を選ぶ客になりたいのであれば、〝確率〟を意識しながらリターンとリスクを評価することが、とても大切なのです（確率がリターンを左右することを強調するために、別の計算例を図25の一番下に載せています）。

反対に、金融機関側が、本当は客にとって不利なぼったくり商品を何とか売りたいと願うのであれば、まちがった定義の方を使って、リターンやリスクを正しく把握させないようにするでしょう。

そこまでの悪意がないとしても、個々の商品のリターンやリスクを正しく説明するのは本当に面倒です。また、正しい説明ができる人材も限られているでしょうから、金融機関が親切で正しい説明をしてくれると期待するのは、客として賢明ではありません。

コストの重要性

さて、ここまでの話では、資産が５０万円増えれば、単にそれだけ儲けたことになると考えてきました。しかし、現実の金融取引では、各種の手数料や税金などのコストが高ければ、あるいは、激しいインフレによって実質価値が目減りすれば、それだけ儲けは小さくなります。

そのため、金融商品を選ぶ際に、客が本当に「知りたいリターン」とは、その金融商品の「表面上のリターン」から「予想されるインフレ率」と「コスト（手数料や税など）」を差し引いたものであるはずです。

すでにみてきた預金広告のように、税引後の金利は小さく書かれることが一般的で、税引前の金利が大きく強調されます。手数料についても、どこかに細かな文字で書かれていればまだマシな方で、明示されていない手数料が何かとかかる商品も多いのです。だから、コストやインフレの影響を考慮してリターンを推測するという作業は、客側が自分でやるしかありません。

インフレの影響についての考え方は、すでに第三章で述べましたので、コストについて考えてみましょう。主なコストのうち、税金はある程度逃れにくいものと覚悟すべきですが、類似商品と比べて税制上有利な金融商品も、確かに存在します。ただし、同じ金融商品であっても、個人ごとの所得状況などに応じて税負担は変わりますし、税制や税務当局の判断の変更もありえますので、どの商品が税制上有利かといったことは、本書の扱う範囲を超えています。

当然ながら、一番重要なコストは手数料です。それぞれの金融商品についての説明を自分できちんと読み、商品の仕組みを正しく理解した上で、自分で手数料を計算できれば一番いいのですが、そう簡単ではありません。明示的に取られる手数料だけでなく、隠れたところでこっそり取られる手数料も計算すべきですが、実際にやるとなると、かなりの金融知識が必要です。

そもそも、ちょっと複雑な商品であれば、明示的な手数料をすべて計算するだけでも大変でしょう。金融機関から商品の詳細な説明が書かれた資料をもらって（あるいはホームページからダウンロードして）読み、場合によってはあちらこちらに散乱して記述されている手数料をすべてみつけて計算しなければなりません。将来の状況に応じて発生したり変動したりする手数料も多く、その商品に投資するかどうかを迷っている段階で、先にきちんと計算しておこうとすると、かなり複雑な作業が求められそうです。

マネー雑誌などでは、類似の金融商品を並べて手数料を比較するといった企画がよくおこなわれていますから、参考になることもあるでしょうが、それでも、隠された手数料がきちんと解説されていることは少ないでしょう。

しつこいようですが、金融機関は、勉強していない（勉強する気がない）客からいかに手数料を取るか、それこそ必死で工夫しています。客側としては、自力で十分に理解できないような金融商品に手を出すと、ムダな手数料をたっぷり支払わされる危険性が高い、と覚悟すべきです。

ただし、手数料の基本的な考え方を理解しておけば、実際に手数料を計算しなくても、手数料が高くつく危険性が高い金融商品を、選択の候補から排除できます。金融商品の取引も経済取引の一種なのですから、やはり〝競争原理〟が働いているかどうかが大きな意味をもちます。

同じ金融商品を扱っている多数の業者のうち、どこを相手に選んで取引してもよいのであれば、たいていの人はなるべく手数料の安い業者を選ぼうとします。すると、業者間では、手数料の引き下げ競争がおこなわれやすいでしょう。これが競争原理が働いている状況であり、少なくとも、割高な手数料を請求される危険性はぐっと下がります。競争原理が強力に働けば、取り扱う金融機関の採算が取れなくなるところまで、手数料が値下がりすることだってありえます。

典型的な例は、上場企業の株式の売買です。かつてはいまよりずっと割高な手数料がかかったのですが、インターネット取引などを武器に手数料を引き下げる証券会社が先導し、激しい値下げ競争の結果、かなり安い手数料で売買できるようになりました。

また、雑誌などでもよく取り上げられる、ＥＴＦと呼ばれる金融商品があります（あとの第九章でＥＴＦの広告を取り上げます）。日経平均株価やＴＯＰＩＸ（東証株価指数）などに連動して価格が上下する株式投資信託で、証券取引所に上場されて、ふつうの株式と同じように売買されているところが、長所のひとつです。

だから、ＥＴＦは株式と同じ手数料で売買できます。株式投資信託としての別の手数料がかかりますが、これも他の株式投資信託と比べてかなり安くなっています。いつもたくさんの投資家が取引をするような市場で、客が直接売買し、金融機関はその取り次ぎをしているだけという状況であれば、競争原理が働いて、売買のコストが安くなりやすいのです。

企業や政府などが借金のために発行する債券も、資産運用のための有力な金融商品です。債券を売買する客は、ふつうは、銀行や証券会社を相手に売買することになります。ただし、債券の中でも、日本政府が発行している一般的な国債（最近話題の個人向け国債は除きます）は、客が市場で直接売買するのに近い取引になっていますので、売買コストは他の債券より安くなります。

＊本当は、国債をふくめた債券の売買にはややこしい点も多いのですが、本書ではそのすべてを紹介できません。いくつかの代表的な債券の基本性質や広告については、第六章で解説します。

さて、売買コストが高くつくのは、特定の金融機関などを相手に売買するしかない金融商品です。買うときにはいろいろな相手が選べても、売るときには、買った相手の金融機関にしか売れないという商品もあり、その場合も、売却時のコストが割高になる危険性は大きいでしょう。

多数が参加する市場で直接売買することができない金融商品は、特定の金融機関との間で売買するしかなく、そのため競争原理が働きにくくなります。一般的な株式投資信託や、変額年金保険あるいは投資型年金保険と呼ばれる資産運用商品や、県や市などの地方自治体が発行している債券（地方債と呼びます）は、このタイプの金融商品で、売買コストは高いのがふつうです。

＊地方債を買って満期まで保有した経験のある人は、「売買コストはそれほど高くないはずだ」と疑問に感じたかもしれません。しかし、もし何かの都合で満期前に売ろうとすると、高いコストがかかる可能性が高いのです。この点についてはあとで説明します。

もちろん、いろいろな金融機関が類似の金融商品を扱っているのですから、それで競争原理が働いて、手数料を下げてくれてもいいはずなのですが、なかなかそうなりません。金融機関側が商品の品質やコストをわかりにくくしている一方で、日本でそういった商品に手を出す客は、コストに鈍感な人が多数派であるといった理由があるのでしょう。客側がもっと賢くなれば、事態は変わるかもしれません。

結局、いまの日本では、金融機関同士がいつも売買しているような金融商品（株式や債券など）について、個人も金融機関同士の取引に近いかたちで売買に参加できれば、売買コストは安くなるのですが、そうでない金融商品の売買コストはかなり高い、と覚悟しておくべきでしょう。

なお、外貨運用商品（外貨預金とその類似商品）にはさまざまな種類があります。客が市

図 26

リターンの考え方

インフレで予想される目減りと**コスト**を差し引いて、
リターンをみること！

知りたいリターン ＝ 表面上のリターン － 予想されるインフレ率 － コスト（手数料や税など）

◎「コスト」は、多数が参加している市場で直接売買できるかどうかによって大きく異なる

市場で売買できる	株式 ＥＴＦ 一般的な国債 など	← 競争原理が働くので **売買のコストは安い**
市場で売買できない	株式投資信託 年金保険 地方債 など	← 特定の金融機関を相手に 売買する必要があるので **売買のコストは高い**

※外貨（外貨預金など）の取引には、両方のタイプがある

◆ 過去の株価上昇は、将来の株価上昇を約束しない！

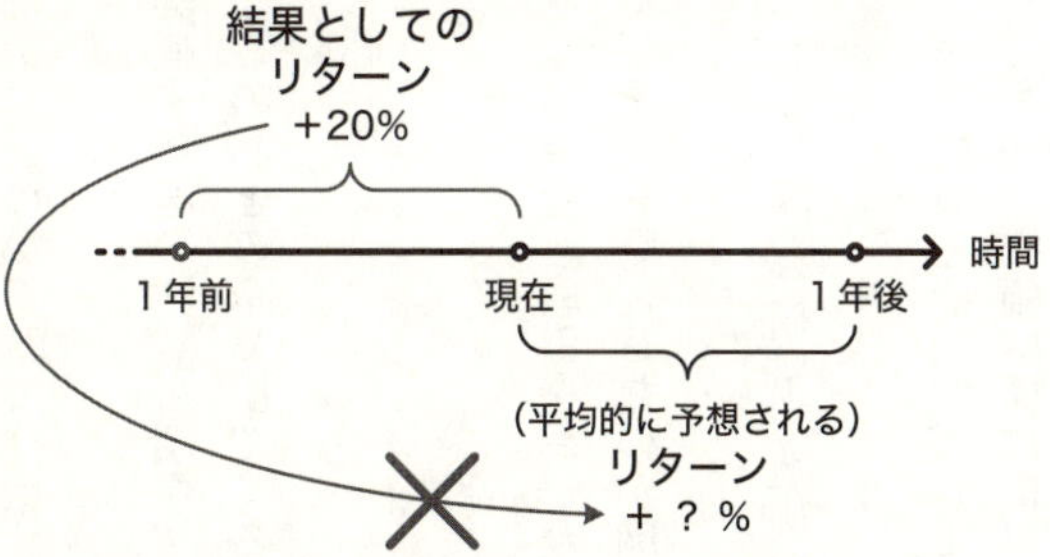

過去の「結果としてのリターン」を元に、
将来の「（平均的に予想される）リターン」を
推測してはいけない！

※正直なところ、リターンを推測するのは大変にむずかしい！

場で売買できるためにコストが安い商品もあれば、特定の金融機関を相手に売買するしかないために、コストが高い商品もあります。それらについては、つぎの第五章で比較することにします。

これまでに述べた、実際の金融商品のリターンについて評価する際の注意事項を、図26にまとめましたので、頭の中でよく整理しておいてください。このあとの章で出てくる金融商品広告をみるときに、基本となる話です。

善玉リスクと悪玉リスク

ここで、金融取引のリスクの種類について説明します。私たちが金融取引をおこなう際には、いろいろなタイプのリスクに直面することになりますが、それを整理したのが図27です。

①の「価格変動リスク」は、株価、為替レート（円相場）、金利、債券価格、地価などの、資産価格が変動することで、損失が生じる（あるいは、利益が生じる）リスクです。

「株式投資にはリスクがある」とか「外貨預金にはリスクがある」などと言っているときのリスクとは、この価格変動リスクであることが多いでしょう。また、株価は株式市場で、為替レート（円相場）は外国為替市場で決まりますので、これを「市場リスク（マーケット・

図 27

「金融取引のリスク」の種類

① **価格変動リスク** 株価、為替レート（円相場）、金利、債券価格、地価などの、資産価格が変動することで、損失が生じる（あるいは、利益が生じる）リスク

② **信用リスク** 企業倒産などのために、約束された金利や元本などの受け渡しがおこなわれなくなり、損失が生じるリスク

③ **流動性リスク** 取引しようとする資産の、市場での取引量が少ないため、適正価格よりも安く売る（あるいは、高く買う）しかなくて、損失が生じるリスク

④ **法的リスク** 取引相手や取引そのものが違法であるために、損失が生じるリスク

⑤ **操作リスク** 取引操作のまちがいや、取引の管理方法の問題などのために、損失が生じるリスク

個人が金融取引をおこなう場合には、上記に加えて…

⑥ **情報リスク** まちがった情報や、情報不足などのために、損失が生じるリスク

⑦ **知識リスク** まちがった知識に基づいて判断して行動しているために、損失が生じるリスク

リスク)」と呼ぶこともあります。

個別には、株価変動のリスクを「株価リスク」、為替レート変動のリスクを「為替リスク」、金利変動のリスクを「金利リスク」といったように表現します。これらを総称して、価格変動リスクあるいは市場リスク(マーケット・リスク)と呼ぶわけです。
②の「信用リスク」は、企業倒産などのために、約束された金利や元本などの受け渡しがおこなわれなくなって、損失が生じるリスクです。「クレジット・リスク」と呼ぶこともあります。
たとえば、銀行が破綻すれば、1000万円を超える預金は全額払い戻されるとは限りません。また、企業が倒産すれば、その企業が発行した株式や債券の価値は大部分が失われます。経営が安定している相手と取引していれば、信用リスクは小さいのですが、それでももし倒産が起きれば、大損の危険性がありますから、信用リスクを意識することはとても大切です。
③の「流動性リスク」は、取引しようとする資産の、市場での取引量が少ないため、適正価格よりも安く売る(あるいは、高く買う)しかなくて、損失が生じるリスクです。

たとえば、ふつうなら100万円前後で取引されている資産を売ろうとしたところ、運悪く、その日はなかなか買い手がみつからなかったとします。それでもどうしてもすぐに売って換金する必要があったので、泣く泣く70万円まで値下げして叩き売るしかなかったというようなケースは、流動性リスクによる損失の典型的な例でしょう。

いつも取引量が少ない資産（金融商品）の流動性リスクはいつも高く、ひんぱんに取引されている資産の流動性リスクは低いのですが、後者の資産であっても、何らかの事情でその日だけ取引相手がみつけにくくなる（一時的に流動性リスクが高まる）可能性もあります。たとえば、株価が世界的に暴落して、株式市場がパニックに陥っているときには、普段ならすぐに売れる株式もなかなか売れない（買い手がいない）でしょう。

④の「法的リスク」は、取引相手や取引そのものが違法であるために、損失が生じるリスクです。違法であることがバレれば、取引が無効になったり、罰金を取られたりしますから、それで損失が生じるかもしれないということです。「リーガル・リスク」とも呼ばれます。

⑤の「操作リスク」は、取引操作のまちがいや、取引の管理方法の問題などのために、損失が生じるリスクです。「オペレーショナル・リスク」とも呼ばれます。

買うつもりで注文を出したのに、パソコン操作をまちがえて、売る操作をしてしまったとか、1万円で買うつもりだったのに、10万円と入力してしまったため、9万円も高く買うハメになったとか、いろいろな操作ミスが損失につながります。こういった操作リスクの管理に力を入れているはずの金融機関でも、やはり人間が操作をしていますので、ときどきは、操作ミスによる巨額損失が発生しています。

⑥の「情報リスク」と、⑦の「知識リスク」は、筆者が、個人の金融取引に特有のリスクとして考えているものです。金融機関であれば問題になることがないのでしょうが、個人の金融取引では、まちがった情報や、情報不足などのために、損失が生じるリスクが存在し、また、まちがった知識に基づいて判断し、行動しているために、損失が生じるリスクも存在します。ここでは、前者を情報リスク、後者を知識リスクと呼んでいます。

さて、リスクは必ずしも悪いものではありません。将来の結果が確実でないからこそ、大儲けするチャンスもあるのです。金融取引では、よほどの幸運がない限り、絶対確実に(リスクを一切負わずに)大儲けできることなどありえない、と考えておくべきで、そのため、高い利益を目指すためには、ある程度のリスクを許容することが求められます。

問題は、そのリスクを引き受けたときに何らかの代償が得られるタイプのリスクと、そうでないリスクがあるという点です。先に「ハイリスク・ハイリターン」のまちがった用法を紹介しましたが、正しくは「高いリスクを引き受けることでリターン（平均的に予想される利益）が高まった状態」をハイリスク・ハイリターンと呼ぶべきです。

また、机上の空論をふりかざす人たちの中には「ハイリスクならハイリターンである」と述べる人もいます。しかし、現実の個人向け金融商品の中には、リスクが高いだけでリターンはマイナス（結果のバラツキが大きい上に、平均的には損をする）という商品もたくさんあります。すでに紹介した中で典型的なものは176ページの**図22**の商品でしょうが、このあとの章で他にもいろいろと登場する予定です。

つまり、高いリターンを得るためには、何らかの高いリスクを負う必要がありますが、一方で、ムダに高いリスクを負っても、必ずしもリターンが高まるとは限らないのです。

かなり大ざっぱな話をしますが、先の①〜⑦の各リスクのうち、そのリスクを引き受けることでリターンを高められる（ハイリスク・ハイリターンの状態が実現できる）タイプのリスクは、①価格変動リスク・②信用リスク・③流動性リスクの3つだけだと考えた方が無難です。他の④〜⑦のリスクをあえて引き受けても、平均的には得にならないと思われます。

たとえば、④の法的リスクを引き受けて高いリターンを目指すというのは、わかりやすく言えば、あえて不正な取引をおこなって儲けようとすることで、確かにうまくいけばボロ儲けできるかもしれません。しかし、不正が発覚したときに受ける損害は甚大でしょうし、不正が弱みとなって不利な条件をのまされることも考えられます。平均的にみれば、リターンは高まらないでしょう。

また、⑤・⑥・⑦のリスクは、大ざっぱにまとめれば、どれも不用意な（注意や情報収集や勉強の不足が原因で）損失が生じるリスクですから、それを高めてもリターンは高まらないでしょう。

さらに、①〜③のリスクであっても、それを引き受けることがリターンを高めることにつながらない場合があると思われます。金融取引にともなう各種のリスクの中には、より高いリスクを覚悟すれば、その代償としてリターンが高まるタイプの〝善玉リスク〟もあれば、他方、より高いリスクを覚悟しても、残念ながらリターンは高まらないタイプの〝悪玉リスク〟もあるのです。

善玉リスクと悪玉リスクを整理したのが**図28**です。①〜③のリスクであれば、その中から善玉リスクをみつけることができますが、悪玉リスクも混じっています。④〜⑦のリスクであれば、すべて悪玉リスクだと考える方が賢明です。

図 28

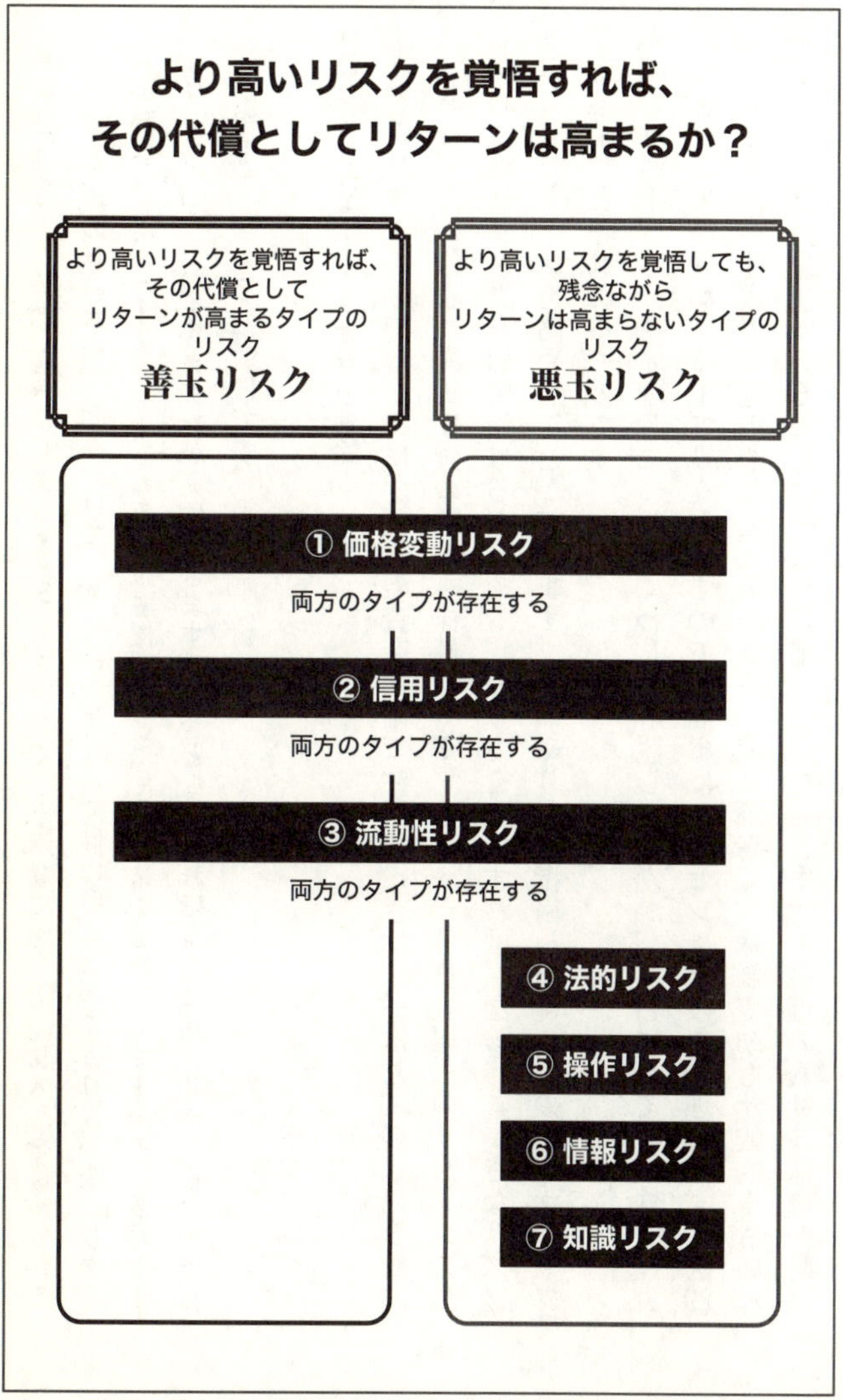
より高いリスクを覚悟すれば、
その代償としてリターンは高まるか？
より高いリスクを覚悟すれば、
その代償として
リターンが高まるタイプの
リスク
善玉リスク
より高いリスクを覚悟しても、
残念ながら
リターンは高まらないタイプの
リスク
悪玉リスク
① 価格変動リスク
両方のタイプが存在する
② 信用リスク
両方のタイプが存在する
③ 流動性リスク
両方のタイプが存在する
④ 法的リスク
⑤ 操作リスク
⑥ 情報リスク
⑦ 知識リスク

＊金融機関であれば、自分がリスクを負うのではなく、不用意に④〜⑦のリスクを負っている（リスク管理の甘い）相手をみつけて、スキにつけ込んで儲けることができれば、高いリターンが得られるでしょう。しかも、その金融機関にとってのリスクは低そうですから、夢のようなローリスク・ハイリターンが実現できます。もっとも、これはムダに高いリスクを負ってくれる相手がいることが前提です。

株価リスクとポートフォリオ理論

①〜③のリスクの中でも、特に、個人の資産運用で注目すべきは、やはり①の価格変動リスクであり、その代表は株式投資の際の〝株価リスク〟でしょう。資産運用のリターンを高めるために株価リスクを引き受けるとしても、やり方を工夫すれば、なるべく小さなリスクで効率よくリターンを高めることができます。そのやり方を指南してくれるのが〝ポートフォリオ理論〟と呼ばれるものです。

本書ではポートフォリオ理論についてくわしく解説しませんが、あとに出てくる株式投資信託などの広告を理解する上で役立ちますので、簡単にエッセンスだけを整理します。図29をみてください。株式での運用を考えたあなたは、配当が高く、株価変動も比較的小さいなどの理由で、電力会社であるA社の株式を候補に選んだとします。最近のA社の株価変動は、

図 29

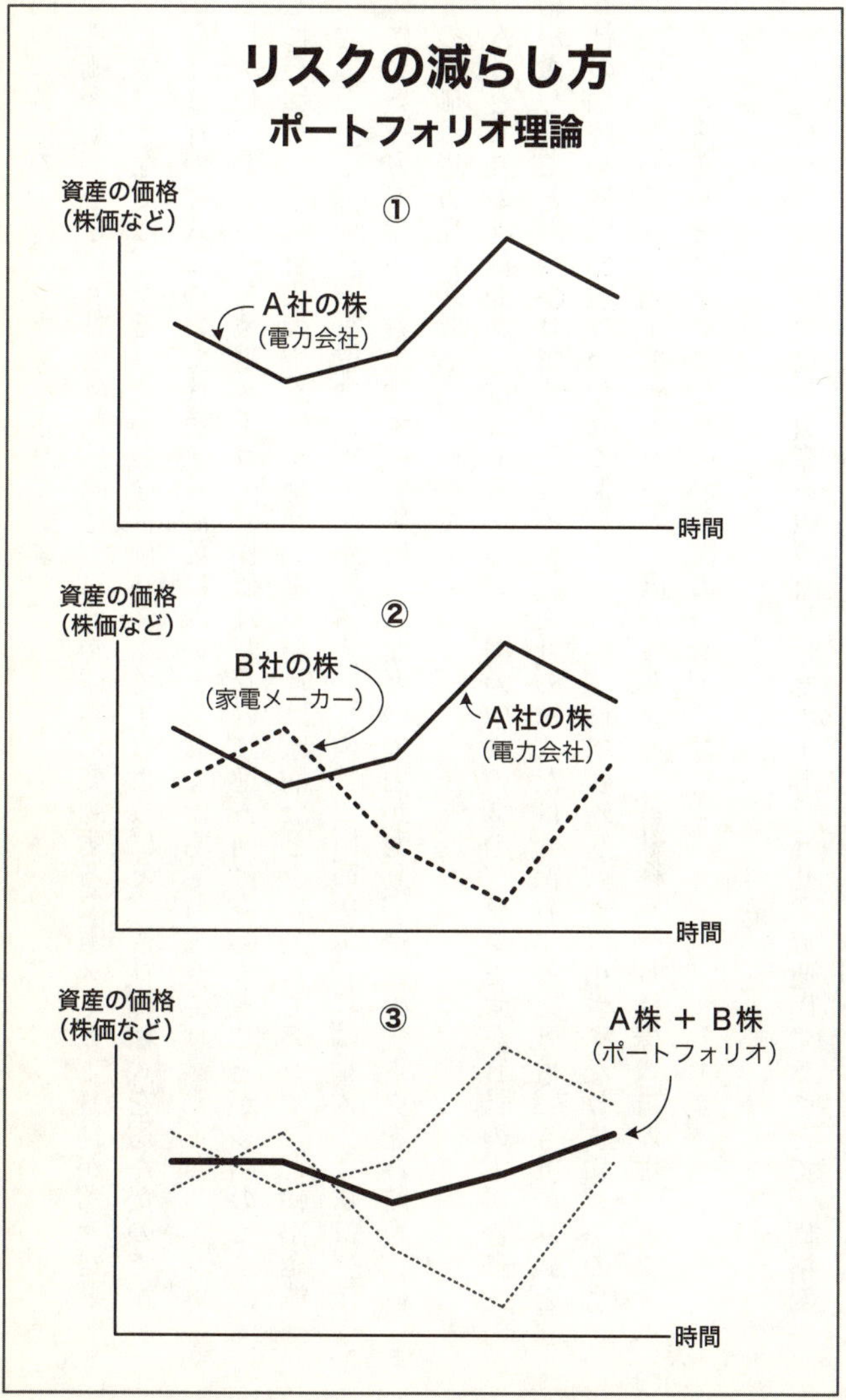

リスクの減らし方
ポートフォリオ理論
資産の価格
(株価など)
①
A社の株
(電力会社)
時間
資産の価格
(株価など)
②
B社の株
(家電メーカー)
A社の株
(電力会社)
時間
資産の価格
(株価など)
③
A株 + B株
(ポートフォリオ)
時間

図の一番上の①のグラフで示されています。

株価変動が小さいA社とは対照的に、株価が派手に変動する家電メーカーB社があったとします。あなたは、なるべく小さな株価リスクですむようにと、A社の株式を選んだのですから、B社の株式について検討する必要はないと感じるかもしれません。

しかし、電力会社と家電メーカーの株価はお互いに逆方向に変動することが多いのです。それぞれが、日本を代表する輸入企業（電力会社は原油などを輸入しています）と輸出企業（家電メーカーは製品を海外に輸出しています）であり、円高が生じれば輸入企業にはプラスになる一方で輸出企業にはマイナスになるなどの理由があり、過去のデータをみても、両者の株価は逆方向に変動しやすいのです。

A社とB社の株価変動を重ねてみたのが、図の中央の②のグラフです。B社の方が株価変動が激しいことがわかります。それでも、A社の株式だけを保有するよりも、A社の株式とB社の株式を適切に組み合わせて保有する方が、価格変動リスクは小さくなります。このような組み合わせを〝ポートフォリオ〟と呼びますが、「A社株式＋B社株式」のポートフォリオの価格変動をグラフにしたのが、図の一番下の③です。

価格変動パターンの異なる資産を組み合わせたポートフォリオで運用することで、価格変動リスクを小さくすることを〝分散投資〟とか〝リスク分散〟などと表現します。これらは金融商品広告にもよく出てくる言葉です。

実際に、たとえば海外への輸出が多いメーカーの株式と電力会社の株式を組み合わせると、たった２つの資産を組み合わせただけなのに、かなりのリスク分散効果が得られます。他にもいろいろな例が考えられるでしょう。また、バランスよく資産を選択する限り、２つの資産を組み合わせるよりも１０の資産を組み合わせる方が、リスク分散効果は高まります。

組み合わせる資産は多いほどよいのですが、ポートフォリオに追加する資産を単純に増やすだけでは、追加的なリスク分散効果はどんどん小さくなります。ビール好きな人が、今晩の1杯目のビールを飲んだときに大きな喜びを得るのに対して、すでに何杯も飲んだあとに追加で飲む1杯のビールにはさほど喜びを感じないのと同じです。

自らの運用を管理するコスト（時間や手間など）も考えれば、個人の株式投資では、一度に保有する株式の種類は多いほどよいとは言えないでしょう。数種類程度の株式を組み合わせたポートフォリオでも、十分にリスク分散効果を活用できるはずです。

さらに、ポートフォリオ理論の教えによれば、資産をできるだけ広い範囲で考えることが大切です。金融資産だけでなく、家や土地などの不動産はもちろん、自分や家族も、働いておカネを稼ぐ能力をもっているという意味で、重要な資産です。いまは小さな子供でも、やがて働いておカネを稼ぐようになります。

すべての資産を冷静に査定してみれば、よほどの資産家でない限り、たいていの家庭では〝人〟こそが最大の資産でしょう。ですから、たとえば読者がサラリーマンであれば自分の所得について、読者が専業主婦であれば夫の所得について、どのような要因で変動するのかをよく考え、その変動を打ち消す効果をもつような金融資産を保有するというのが、ポートフォリオ理論によるアドバイスです。

＊専業主婦の家事労働も大きな価値を生みますから、専業主婦の資産価値も高いのですが、その価値はさほど変動しないでしょう。だから、変動しやすい夫の所得のリスクに注目して、それを打ち消すような運用をするべきだと述べているわけです。

特に大切なのは、自分の所得（仕事）が抱えているのと同じパターンのリスクを、資産運用において負うのは避けるべきだという点です。リスク分散とは逆の効果が働いて、リスクが増幅されるからです。

たとえば、銀行からの借り入れが多い建設業や不動産業などは、金利が上昇すると経営に悪影響が出やすいとされています。そういった業種に勤めている人が、同じく金利が上昇すると損をするような金融商品（たとえば176ページの図22の預金）で資産運用をすると、将来金利が上昇したときに、ボーナスが減る上に、蓄えていた資産も目減りしているといった、ひどい状態に陥りかねません。

個人の資産運用におけるポートフォリオ理論の活用は、確かに有益だと思われます。しかし、株式投資だけに、あるいは金融資産運用だけに範囲を限ってポートフォリオ理論を適用するのでは、さほど意味をもちません。自分や家族がもつ能力や、仕事や生活の上でのリスクをきちんと査定することは、大変にむずかしい作業です。しかし、本当の意味でリスク分散を図りたいのであれば、不可欠なことです。

このように考えてくると、結局、自分の金融資産の運用を他人に任せても、リスク分散効果はほとんど得られません。もし運よく、伝説のファンドマネージャーとか、カリスマ・ディーラーなどと呼ばれる人たちが運用する金融商品に預けられるとしても、やはりダメです。それは、もし三つ星シェフが料理をつくってくれても、客の好みを無視して、辛いものが苦手なのに辛い味つけにしたりすれば、客が満足できるとは限らないのと同じです。

人間の味覚は、個人差があるとしても、かなり似ています（本当にマズイ料理なら誰もがマズイと感じます）から、上手な料理人なら大半の人が満足するような絶品料理を出すことができます。しかし、各個人がもともと抱えているリスクのパターンにはあまりにも大きな差があり（ほぼ正反対のこともあるでしょう）、結局、ひとつの金融商品を保有するだけで誰もがリスク分散に成功するような、絶品の金融商品など存在しないと考えるべきです。

さて先に、価格変動リスク以外に、信用リスクや流動性リスクの中にも善玉リスクがありうると述べました。実際に金融機関は、信用リスクや流動性リスクを引き受けることで、それらを利益の源泉としています。

高い信用リスクを引き受けるとリターンが高まるという明快な例は、消費者金融サービスにみてとれます。

貸し倒れの不安がある（＝信用リスクが高い）個人に積極的にカネを貸すことで、その分だけ高い金利を得ようとするのが消費者金融のやり方ですが、想定以上に貸し倒れが増えれば、赤字になることもありえます。しかし、日本の消費者金融業は平均的に高い利益を得てきました。消費者金融業は、信用リスクを負うことによりハイリスク・ハイリターンの状態を実現してきたと評価してもいいでしょう。

では、信用リスクは個人にとっても善玉リスクと考えてよいのでしょうか。これは、結論を出すのがむずかしい問題です。

まず最初は、信用リスクの高低が金利に反映されるタイプの金融商品について、検討してみましょう。具体的な例は第六章で出てきますが、信用リスクを負うと、その分だけ高い金利を得られる金融商品は、個人向けにもいろいろと用意されています。

うまくやれば、個人であっても、信用リスクを活用してハイリスク・ハイリターンの運用が実現できそうです。しかし、信用リスクを負う際の基本は、かなり多数の相手に分散して投資することにあります。

たとえば、すべての相手に金利年10％で1年間10万円を貸すことにしましょう。もし3人に総額30万円を貸していて、そのうちの1人が自己破産したら、残りの2人から1年後に11万円ずつ返済されても計22万円で、大幅な赤字になります。金融機関などは、もっとずっと多い人数に貸しているからこそ、極端な大損が避けられるのです。

個人が信用リスクを負う際には、かなり多数の資産に分散投資しないと、1社か2社の倒産で大損をする可能性がありますから、効率的なリスク分散はむずかしいと思われます。この点は、うまく選べば、2社の株式の組み合わせだけで大きなリスク分散効果が得られた価格変動リスクと、信用リスクの大きなちがいです。

＊なお、個人から集めたおカネを住宅ローンや自動車ローンに投資することで、信用リスクの分だけ高い金利を得ようとする金融商品も、個人向けに販売されています。ただし、本書ではその商品や広告について取り上げません。

個人であれば、むしろ、思いっきり信用リスクの高い取引をする方が、まだ効率的でしょう。たとえば、倒産が危惧されるために、社債の金利（流通価格から計算した利回り）が年100％を超えているような企業の社債を買うのです。倒産する確率は高く、そうなればおカネはほとんど返ってきませんが、倒産しなければ、1年後に2倍以上に増えます。

その企業の経営状態についての金融機関などの評価を反映して金利が決まっているはずですから、リターン（平均的に予想される利益）はそれなりに高いはずです。もっとも、筆者としては、あまりお勧めしません。上級者向けだからです。

信用リスクの評価は、じつは、金融機関などにとっても大変にむずかしいのです。銀行が適切に信用リスクを評価・管理できるぐらいなら、不良債権処理にこれほど苦しんだりしないはずです。このことだけをみても、信用リスクの評価の困難さは明らかでしょう。

個人があえて信用リスクを負って高金利を目指しても、それでリターンを高めることができないとは言いませんが、個人では効率的に信用リスクを負うことがむずかしいため、できるだけ避けた方がいいと思われます。

つぎに、株式を買う場合の信用リスクについてもみてみましょう。信用リスクが高くなった（倒産の危険性が高まった）と思われる企業の株価は下落します。くわしくは説明しませんが、これは信用リスクに応じてリターンが得られるようにする仕組みだと考えられます。

危なくなった分だけ株価がずっと割安になり、その企業が経営危機さえ脱すれば、大儲けできる可能性が高まるからです。もちろん、そのまま倒産して大損する危険性もあります。それでも、信用リスクの高さに応じたリターンが得られるところまで株価が下がるというのが、基本的な仕組みです。

また、信用リスクを知るための情報として重宝されていた〝格付け（財務格付け）〟が、じつはあまり役に立たないということがわかってきました。そこで、債券などの信用リスクの評価においても、株価から得られる情報を活用する方法が、信用リスク評価の新手法として主流のひとつになってきました。

つまり、株式投資をおこなう個人も、株価の動きを定期的にチェックし、大きな値下がりがあった場合には、信用リスクが高まった可能性などを検討して、運用を見直すといった作業をしていれば、それなりに信用リスクの管理ができるということです。そして、最初から信用リスクが高い株式を買う場合にも、それに応じたリターンは期待できるでしょう。

＊ここでの説明は、上場企業などの流動性の高い株式を買うことが前提になっています。つぎに述べる流動性リスクの話とも関係しますが、いつでも売れるということが大きいのです。

さて、流動性リスクも、金融機関にとってはリターンを高めるチャンスを与えてくれるものです。たとえば、国が借金をするときに発行する国債と、地方自治体が借金をするときに発行する地方債を比較してみましょう。

どちらも、事実上は日本国政府が返済を保証しています。だから信用リスクには差がないのですが、地方債の方が少しだけ高い金利がつきます。これは主に、地方債の方が、満期前に売買する際の流動性が低いからです。だから、5年ものの国債と地方債があるとして、5年間絶対に売らないで満期まで保有するつもりなら、金利が高い地方債を買う方が得です（少しの得でしかありませんが）。

＊制度変更によって、国が地方自治体の借金の保証をしなくなるという可能性もあります。本文では説明の都合上省きましたが、国債と地方債の金利の差には、この意味での信用リスクも反映されているとの指摘もあります。

金融機関であれば、流動性リスクの高い資産を買うことで、より高い金利を得るやり方は、リターンを高めるのに有効かもしれません。ところが筆者は、個人の場合には、流動性リスクを引き受けても、平均的には損なだけでリターンは高まらない（むしろ、必ずリターンは下がる）、と考えています。

確かに、個人であっても、5年間まったく使うつもりのないおカネを運用するとしたら、流動性リスクの高い地方債を買うことで、国債より高い金利を得ることができます。マネー雑誌などで、これに類似した運用を勧める記事をときどきみかけます。しかし、筆者はお勧めしません。

この場合、流動性リスクを負うことで得られる金利差はごくわずかです。その一方で、予定を変更して満期前に地方債を売らざるをえないという事態は、絶対に起こりえないのでしょうか。大きな病気にかかるとか、地震などの災害にあうとか、自分でなくても家族が急におカネを必要とする状況に陥るとか、予想もしなかった何かが生じておカネが必要になることはありうるはずです。

そんなときに、流動性の低い地方債を売ろうとすると、購入先の金融機関を相手に売るしかなく、そのため割高な手数料を取られます。相手の金融機関としても、市場での売却がむずかしいのですから、その分を織り込み、さらに事務コストと自らの利益を上乗せして、たっぷりと手数料を取るのは、ビジネスとして当然のことでしょう（少なくとも筆者は非難しません）。

金融機関と比べたときの個人の弱点は、不測の事態で急におカネが必要になったときの、おカネを借りる金利の高さにあります。銀行であれば、急に500万円を1年間借りるとしても、金融市場で銀行同士の貸し借りが恒常的におこなわれていますから、そこで成立して

図 30

流動性リスクは、個人が特に**注意**すべきリスク！

◆ リターンを高めるために覚悟すべきリスクのうち、
個人が特に注意しなければならないのは？

個人の資産運用での留意点

善玉

↑

個人の資産運用にとっては

↓

悪玉

価格変動リスク

個人の資産運用では、
適切にポートフォリオを組んだ上で、価格変動リスクを負うなら、リスクに見合ったリターンを得ることが可能！
※数種類の資産でも十分なポートフォリオが組める

信用リスク

個人の資産運用では、
信用リスクを負うことで、リターンを高めることができるかもしれないが…
※信用リスクの評価は金融機関でもむずかしい上に、かなり多くの種類の資産を保有しないと、効率よく信用リスクを負うことはできない

流動性リスク

個人の資産運用では、
流動性リスクを負うことで、リターンを高められることは少ない（と考えるべき）！
※流動性リスクによって損失を被りそうな事態になったとき、個人は金融機関に比べて、より大きな損失を被りやすいので、個人にとっては割にあわないタイプのリスク

いる金利で500万円を借りればすみます。他方、個人であれば、急に500万円を借りようとすると、かなりの高金利を要求されるでしょう。流動性リスクを引き受けるかどうかを考えるときに、この差は大きいのです。

個人であっても、金融機関や優良企業並みの低金利で借金ができるのであれば、それで、もし地方債を満期前に売却するときの手数料（売却コスト）が高すぎるなら、地方債を売らずに借金でおカネを用意し、地方債の満期が来たら借金を返すという方法で、損を小さくできるかもしれません。現実には、個人が借金をするときの金利は高いので、特殊な場合でないと、この方法は通用しません。

つまり、流動性リスクを引き受けたあと、実際に流動性リスクが原因で損失を被りそうになったときに、個人は金融機関よりもずっと大きな損失を被る事態に陥りやすいのです。その一方で、流動性リスクの代償として得られるリターンの大きさは、たいてい、金融機関がリスクを負う場合を前提にして決まっているでしょう。

したがって筆者は、個人にとって、流動性リスクは引き受けても代償が得られない、つまり悪玉リスクだと考えます。例外はあるのかもしれませんが、一般的なアドバイスとしては、個人は流動性リスクを避けるべきでしょう。

ここまでの内容をまとめたのが**図30**です。結局、個人が資産運用でのリターンを高めたければ、株価や金利などの価格変動リスクを負うことが必要です。これを読んで「そんなこと最初からわかっている」とつぶやいた読者もいるでしょうが、筆者がここで述べたかったのは、むしろ、他のタイプのリスク（信用リスクや流動性リスクなど）を過大に負わないように気をつけてくださいということでした。

第五章　「外貨で運用」の広告——コストの比較

ネット銀行の強み

前章で、金融商品のリターンを評価する上では、インフレ率とコスト（手数料など）を忘れないことが大切だと述べました。インフレ率の影響についてはすでにくわしく説明しましたので、本章では、コスト、特に手数料を中心に、金融商品広告をみることにします。その格好の題材が、外貨預金などの外貨運用商品です。第一章でも紹介しましたが、さらにいくつかを取り上げて比較してみましょう。

75ページの**図1**や92ページの**図5**の広告にみられるような一般的な外貨預金は、とにかく為替手数料（両替手数料）が高すぎて、資産運用商品としては非常に不利だという評価でした。ここで改めて、外貨預金の為替手数料について考えてみましょう。

銀行としては重要な収益源ですから、引き下げたくないのは当然です。それでも各銀行が外貨預金の獲得競争をしているのですから、競争原理によって為替手数料が下がるという現象が起こらないのはなぜか、疑問に思う人もいるでしょう。

日本で金融自由化が始まったころ（約20年前）の、1ドル＝250円前後の時代でも往復2円／ドルだった為替手数料が、1ドル＝100円前後になっても、同じ往復2円／ドルなのです。前者なら元本の0・8％ですが、後者なら元本の2％です。為替手数料は大幅に値上がりしたことになりますから、かなり批判を受けています。

それでも、日本のほとんどの銀行が為替手数料を値下げしない理由のひとつは、各店舗での事務処理上の問題があるからです。

為替レートは外国為替市場で決まり、時々刻々と変動していますが、個人客の外貨預金の入出金に対して、その時点の為替レートを適用しようとすると、とても大変です。もちろん、証券会社の店頭で株を売買する際には、その時点の株価で取引するのですから、同じことが、銀行の店頭での外貨両替でできないのは変な感じがします。

しかし、これまで日本の銀行は、小口の外貨両替の為替レートを、原則として1日中固定してきました。客がドルを買うときには、銀行が外国為替市場から買って客に渡すのですが、仕入れ先の外国為替市場では時々刻々と為替レートが変動しています。そのため、銀行が小口客向けの適用為替レート（販売価格）を決めて固定したあと、外国為替市場での為替レートがドル高になる（仕入れ価格が高くなる）と、銀行が損をする危険性があります。だから、1日のうちに為替レートが多少変動しても利益が確保できるように、往復2円／ドルの幅を取っているのです。

このやり方でずっとやってきた銀行が事務処理方法を変更するのは、たぶん、とても大変なことでしょう。しかし、もし仮に、適用為替レートを原則として1日中固定する方法を維持しながら、為替手数料を大幅に値下げすると、少しの為替レート変動があっただけで銀行が損をしてしまう危険性があります。なお現実には、もう少し複雑な話なのですが、大まかな事情はイメージできたのではないかと思います。

つまり、たいていの銀行は、小口客に対する為替手数料を引き下げようとすると、従来の店頭での事務処理方法（事務システム）を大幅に変更する必要があり、それをやれば莫大なコストがかかるという認識が歯止めとなって、為替手数料の引き下げ競争が起こっていないのです。もし、どこかの銀行がシステム変更のコストをかけて手数料の引き下げをしたら、他の銀行も追随するでしょうが、すると各銀行は、莫大なコストを支払った上で、手数料収入も激減しますから、大損をします。それはバカらしいとお互いに認識しているので、どの銀行もそんなことはしないのです。

ちなみに、銀行が大口の優良顧客を相手にするときの為替手数料では、ずっと以前から競争原理が強く働いていました。日本の代表的な貿易企業の中には、２０年以上も前から為替手数料はほとんどゼロだったという企業もあるほどです。

では、**図31**をみてください。上から5行の文を読むと、為替手数料の安さを売り物にした外貨預金の広告だとわかります。中央に大きな数字で為替手数料（片道）が示されています。各通貨ごとに、１５銭／米ドル、１５銭／ユーロ、４０銭／英ポンド、４０銭／豪ドルと、

図 31

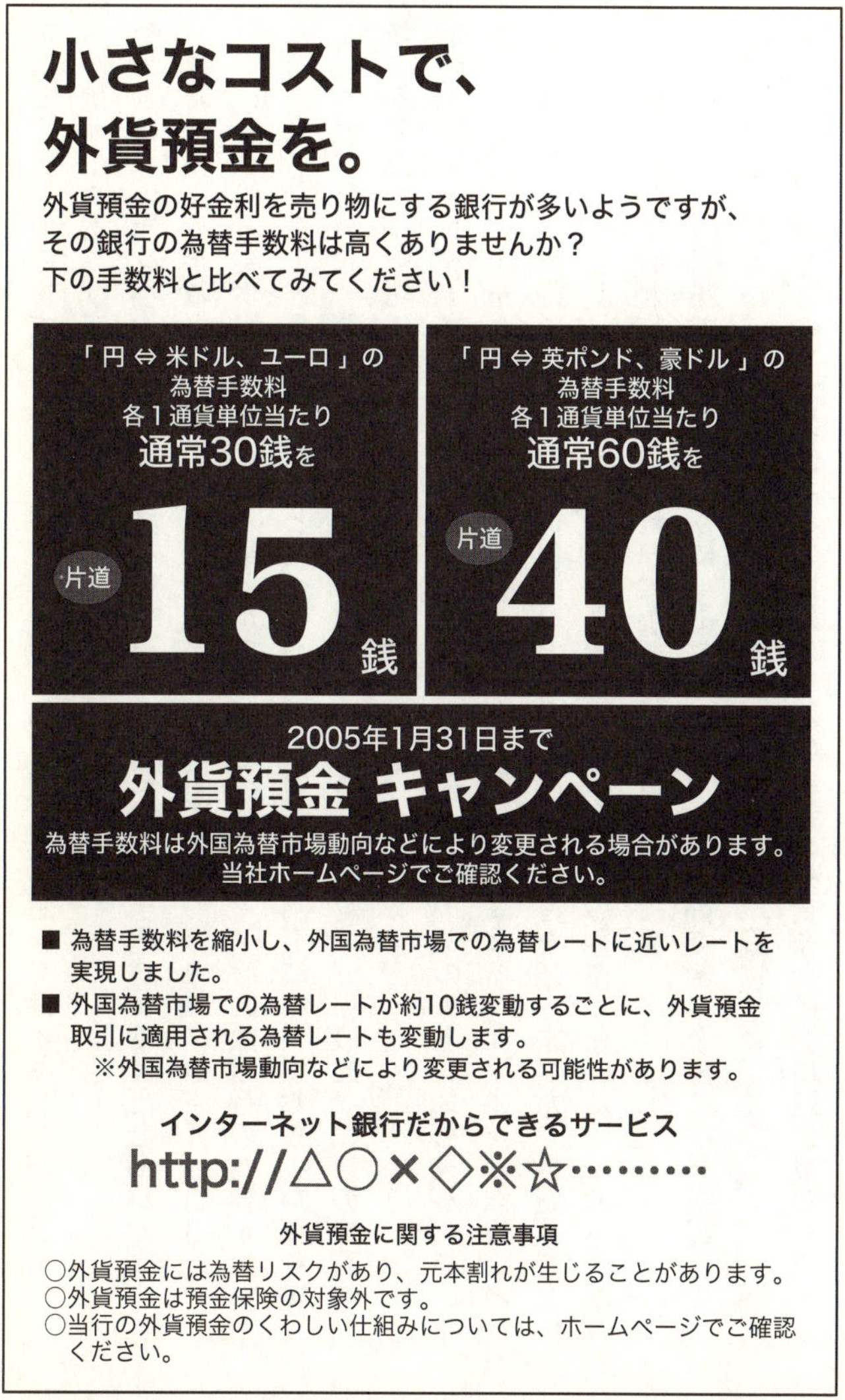

小さなコストで、
外貨預金を。
外貨預金の好金利を売り物にする銀行が多いようですが、
その銀行の為替手数料は高くありませんか？
下の手数料と比べてみてください！
「円 ⇔ 米ドル、ユーロ」の
為替手数料
各１通貨単位当たり
通常30銭を
片道
15
銭
「円 ⇔ 英ポンド、豪ドル」の
為替手数料
各１通貨単位当たり
通常60銭を
片道
40
銭
2005年1月31日まで
外貨預金 キャンペーン
為替手数料は外国為替市場動向などにより変更される場合があります。
当社ホームページでご確認ください。
■ 為替手数料を縮小し、外国為替市場での為替レートに近いレートを実現しました。
■ 外国為替市場での為替レートが約10銭変動するごとに、外貨預金取引に適用される為替レートも変動します。
※外国為替市場動向などにより変更される可能性があります。
インターネット銀行だからできるサービス
http://△○×◇※☆………
外貨預金に関する注意事項
○外貨預金には為替リスクがあり、元本割れが生じることがあります。
○外貨預金は預金保険の対象外です。
○当行の外貨預金のくわしい仕組みについては、ホームページでご確認ください。

上の広告は架空のものであり、登場する企業や金融商品などは、現実の企業や金融商品などとは一切関係ありません。

非常に安くなっています。なお、1銭＝0・01円であり、英ポンドはイギリスのポンド、豪ドルはオーストラリアのドルを意味します。

その下に「キャンペーン」と書かれていて、期間限定の為替手数料値下げだとわかりますが、通常時の為替手数料（片道）も広告の中に表示されていて、30銭／米ドル、30銭／ユーロ、60銭／英ポンド、60銭／豪ドルです。通常時でも、一般的な銀行の為替手数料の1円／米ドルや1・5円／ユーロと比べると、7割引とか8割引になっており、かなり安いようです。しかも、キャンペーン期間中のユーロの為替手数料は、一般的な銀行の手数料のちょうど1/10で、極端に安いことがわかります。

下の方に「インターネット銀行」と書かれていて、ホームページのアドレスも書かれています（架空広告ですからデタラメなアドレスです）。先に、店舗をもたないネット銀行（インターネット専業銀行）では円の普通預金などの金利が高いことを述べました。外貨預金となれば、先に述べたような、店頭での事務処理の問題がそもそも存在しないため、ネット銀行の優位はさらに拡大し、為替手数料の大幅値下げが可能なのです。

209ページの**図26**で整理したように、①客が市場で直接売買できる場合には、売買コストは安く、②そうでない場合には高い、という原則があります（例外もありますが）。一般の銀行の外貨預金が②のケースであるのに対し、この広告の外貨預金は①に近い取引システムを導入し、売買コストを安くしています。

実際に、広告の下の方に、「為替手数料を縮小し、外国為替市場での為替レートに近いレートを実現しました」とか「外国為替市場での為替レートが約10銭変動するごとに、外貨預金取引に適用される為替レートも変動します」といった説明があります。インターネット取引の特性を活かし、客に提示する為替レートを外国為替市場での為替レートとほぼ連動させているのです。

ただし、その下には「外国為替市場動向などにより変更される可能性があります」との表現もあります。外国為替市場で為替レートが急激な変動をしているときなどには、一時的に、市場でのレートをすぐに適用レートに反映するというサービスが続けられなくなる可能性があるのでしょう。専門的な説明は省きますが、これは外国為替市場の取引システム自体に起因するものですから、やむをえないことだと思われます。

なお、日本のネット銀行で実際に外貨預金を扱っているのは、本章執筆時点（2005年2月）で筆者が知る限りでは、ソニー銀行しかありません。本書では、いい話であっても悪い話であっても、できるだけ固有の金融機関名を出さないようにしています。しかしこの場合は、読者が調べる気になればすぐわかることでもあり、よい金融商品を提供している銀行として紹介しますので、実名を挙げました。

＊それでも、図31の広告はあくまで架空広告でしかありません。たとえば、この広告では通常時の為替手数料は片道30銭／ドルですが、ソニー銀行の為替手数料は通常片道25銭／ドルで、両者は異なります。

他の銀行も、それなりの初期投資が必要でしょうが、インターネット取引を前提にすれば、類似のサービスを提供できないはずはないと思います。もっとも、一般の銀行ではさまざまな外国為替サービス（外国への送金、外貨現金の両替、トラベラーズチェックの販売など）をおこなっていますので、店頭とインターネットでの顧客対応についてバランスを取ることがむずかしいかもしれません。

あるいは、銀行からみれば、外貨預金に預ける客は、他にもリスクがある（たっぷりと手数料が取れる）金融商品を買ってくれそうな客です。だから、そんな客がインターネットで外貨運用をするようになって、来店しなくなると、店頭でのセールスに悪影響を及ぼすと心配しているのかもしれません。

しかし、多くの銀行が割高な為替手数料を設定し続ける最大の理由は、それで十分に客が獲得できて利益が得られているからでしょう。外貨での運用がやりたいのであれば、ソニー銀行の外貨預金に加えて、つぎに取り上げる外国為替証拠金取引でも、一般の銀行の外貨預金よりも大幅に安い売買コストでの取引が可能です。

　それなのに、不思議なことに、一般の銀行で外貨預金をおこなう人がまだまだたくさんいます。銀行も、丸々と太っておいしいカモが目の前にたくさんいるのに、その猟場を放棄して、厳しい手数料値下げ競争に踏み出す気持ちにはならないでしょう。要するに、日本で一般的な外貨預金の為替手数料が高いのは、客側に問題がある、と筆者は考えています。

外貨預金以外での外貨運用

　少しあとの244ページの**図32**には2つの広告がありますが、ともに外国為替証拠金取引の広告です。〝悪名高き外国為替証拠金取引〟と言ってもいいでしょう。通貨証拠金取引などの別名も、カタカナやアルファベットの入った別名もいろいろあって、どの呼び名を使うか悩むほどです。
　取り扱い業者と客との間でトラブルが続出し、特に近年は被害が拡大したため、社会問題として取り上げられることも多くなりました。ただし、悪いのは外国為替証拠金取引そのものではありません。これを取り扱う業者の中に、極めて悪質な業者が一部混じっていて、さらに、そこまで悪質ではないもののトラブルを起こしやすい体質の業者が、業界全体のかなりの比率を占めていることが問題なのです。

外国為替証拠金取引は、①きちんとした業者を選び、②取引の仕組みを十分に理解した上で、③自分で管理できる範囲のリスクしか負わないようにいつも注意しておこなう、という条件がすべて満たせれば、優れた外貨運用手段となります。たとえれば、外国為替証拠金取引そのものは〝よく切れる刃物〟のようなもので、悪意のある業者が客を傷つける凶器として使うこともできますし、技量がない客が使えば、自分で自分の体を傷つける危険性もあります。しかし、正しく使いこなせれば、かなり便利な道具です。

外国為替証拠金取引の仕組みについて説明しようとすると、かなりの紙面を必要としますので、本書では説明を省略します。大まかに言えば、為替レートに関する〝先物取引〟の一種です。したがって、外貨預金とは異なる金融商品なのですが、外貨預金とほぼ同等の資産運用が可能です。その上で、外貨預金ではできないような外貨運用もできます。外貨預金よりも応用範囲が広い、便利な金融商品なのですが、だからこそ、利用者がきちんと仕組みを理解していない場合には、想像をはるかに超える大損の危険性さえあります。

＊為替レートに関する先物取引の代表は、貿易企業などがおこなう為替予約（輸出予約や輸入予約）です。為替予約の仕組みを理解すると、外国為替証拠金取引の仕組みもわかりやすくなりますし、また個人でも、外貨預金のリスクを減らすために為替予約を利用するケースがあります。為替予約や先物取引についてもう少しくわしく知りたい読者は、先にも出てきた拙著

『金融工学の悪魔』（日本評論社）で説明していますので、そちらを参考にしてください。

さて、図32の広告の内容について検討しましょう。上側にあるAの広告には、大きな文字で「業界最低水準のスプレッド、3銭（1米ドル当たり）で外国為替証拠金取引を」と書かれています。この3銭/ドルが為替手数料だと思った読者もいるでしょうが、別のものです。Aの広告の中央には「売値105・00円/ドル、買値105・03円/ドル」と書かれており、この2つのレート（売値と買値）の差も客にとっての売買コストとなります。差はここでは3銭/ドルで、これをスプレッドと呼んでいたわけです。

スプレッドとは別に、もちろん銀行の為替手数料に相当するものもかかります。広告内で「手数料も業界最低水準」と書いてあるのが、まさに為替手数料で、「1万通貨ごとに400円」とあるのは、たとえば1万ドルを買うときの為替手数料が片道4銭/ドルだという意味です。往復でみれば8銭/ドルで、これに先のスプレッド3銭/ドルを加えると、11銭/ドルが事実上の為替手数料（往復）となります。

また、「10万通貨ごとに2000円」とあるように、大口の場合の手数料はさらに安く、たとえば10万ドルを買うときの為替手数料は片道2銭/ドルです。すると、スプレッドを加えても、往復の手数料は7銭/ドルですみます。

図 32

A

業界最低水準のスプレッド

3銭（1米ドル当たり）で

外国為替証拠金取引を！

※インターネット専用お取引の場合

■ 個人でも、インターバンク市場と同等の環境で取引できます。
☆「円 ⇔ 米ドル」取引の例：
売値 Bid 105.00 円/ドル ←3銭→ 買値 Ask 105.03 円/ドル
※通常時のスプレッドであり、為替動向によっては変更になることがあります。

■ 手数料も業界最低水準！
◎ 1万通貨単位の取引の場合 ：「1万通貨ごとに400円」
◎ 10万通貨単位の取引の場合 ：「10万通貨ごとに2000円」

■ 取扱通貨も7種類と豊富！　対円以外の取引も可能！
◇ 米ドル、ユーロ、英ポンド、豪ドル、NZドル、カナダドル、スイスフラン

B

□△○☆社の

デイトレード専用

外国為替証拠金取引

なら

手数料 0 円

上の広告は架空のものであり、登場する企業や金融商品などは、現実の企業や金融商品などとは一切関係ありません。

これは架空広告ですが、もし現実にこの広告と同じ手数料で外国為替証拠金取引ができる業者があるとしたら、一般の銀行の外貨預金と比べて、売買コストの面でずっと有利なことが明らかです。外国為替証拠金取引は、アイディアとしては、銀行などが参加している外国為替市場で個人客も直接売買ができるように仲介しようというものです。ただし、現実に外国為替証拠金取引を扱う業者が、それぞれどのように客の取引を処理しているのかは不透明です。

先に、外国為替証拠金取引は先物取引の一種だと述べましたが、先物取引と聞くと、コメや小豆などの商品先物取引を思い浮かべる人も多いでしょう。事実、外国為替証拠金取引を手がける業者の多くは商品先物取引の会社です。コメや小豆に加えて、米ドルやユーロも扱うようになったということです。証券会社の中にも、外国為替証拠金取引の取り扱いに力を入れているところがあります。

さて、**図32**のBの広告では、驚くべきことに「手数料０円」と大きく書かれています。その上に「デイトレード専用」とありますから、１日の中だけで何度も売買をくり返すような客を相手にしているのですが、それでも手数料がタダというのは本当なのでしょうか。

話はちがいますが、中古車販売店でたったの２万円ポッキリで売られているクルマ（オモチャではありません）があるとしたら、どう思いますか。「ラッキー、いいモノみつけた」と思う人はあまりいないでしょう。ふつうは「ちゃんと走らないか、すぐに故障するか、とんでもない欠陥があるか、とにかく危なそうなクルマだ」と疑うはずです。

同じように、金融商品広告をみるときも、あまりに有利な商品の広告をみつけたら、まずは疑うべきです。Bの広告を出している「□△○☆社」について、予備知識はないものとして、3つの代表的なケースを考えてみましょう。

第1は、客からおカネを騙し取ろうとする悪徳業者のケースです。そんな業者は客の注文をきちんと処理する気などなく、自らが取引相手になって、客に無理やり損をさせて儲けようとします。つまり、客の資産をごっそり奪うつもりなので、手数料なんて取る必要はないということで、手数料をゼロにしていたのです。

＊悪徳業者に引っかかって商品先物取引に手を出すことの恐ろしさは、青木雄二氏の名作マンガ『ナニワ金融道』を読めば理解できます。何通りかの判型で出版されていますが、講談社漫画文庫であれば、第4巻から第5巻にかけて、小学校の教頭先生が悪徳業者に騙される話が描かれています。

第2は、ほどほどに悪質な業者のケースです。先にAの広告をみながら説明したように、外国為替証拠金取引では、為替手数料以外にも手数料がかかります。そこで出てきたスプレッドの話が、Bの広告には書かれておらず、隠れた手数料となっています。業者としては、そういったかたちで手数料が十分に取れるので、目につきやすい為替手数料をゼロにしていたのです。

第3は、それなりに良心的な業者のケースです。外国為替証拠金取引を扱う業者は非常に多く存在し、激しい手数料引き下げ競争をおこなってきました。そんな中で、□△○☆社は、きちんとした商売をしながら格安の手数料を実現しているのかもしれません。こういった業者をみつけられれば安心、と言いたいところですが、まだ問題はあります。安い手数料しか取らないのでは、□△○☆社はさほど儲からないでしょうから、経営が不安定かもしれず、悪くすれば倒産するかもしれません。

現実に、日本の商品先物取引会社には経営に不安のある会社も多いのです。かつてこの業界の最大手だった会社でさえ倒産しており、その際には、顧客の資産をきちんと管理していなかったことが発覚し、大きな問題となりました。外国為替証拠金取引は、日本ではお役所の縄張り争いのために制度整備が遅れ、悪質な業者による被害者の急増を招きましたが、最近やっと、制度整備の動きが本格化しつつあります（本書執筆時点では、まだ整備されていませんが）。

なお、大手・中堅の証券会社や、ネット証券の中にも、外国為替証拠金取引を扱うところがあります。それらの中から業者を探す方が、業者の安全性は高いでしょう。それでも、取引をする業者の経営については、自分で調べることが大切です。なお、日本の3大証券会社の中では、日興コーディアル証券で外国為替証拠金取引ができます(2005年2月調べ)。

*やはり実名は出したくなかったのですが、先のソニー銀行のときと同じで、探せばすぐみつかるでしょうし、いい商品として取り上げているつもりですので、あえて実名を挙げることにしました。

先の図32にあった2つの広告を評価すると、Aの方は、業者がきちんとした経営をしているという前提が満たされるなら、知識のある客にとって有利な商品と言っていいでしょう。Bの方は、もちろん業者の素性が何よりも重要ですが、デイトレードという特殊な取引の手数料だけを強調しているという点で、危なそうな広告だと感じられます。

さてここで、外貨運用のコストを比較したいのですが、重要な商品をひとつ、まだ取り上げていませんでしたので、それを取り上げてからコスト比較に移ります。図33の上側にあるAは「外貨MMF」の広告で、下側のBではコストの比較をしています。

銀行の外貨預金と並んで、昔から外貨運用の定番商品とされてきたのが、証券会社の外貨MMFです。広告では、「米ドルMMF、ユーロMMF、豪ドルMMF」が紹介されていま

図 33

A

ルクセンブルグ籍オープンエンド契約型外国投資信託

凸凹証券 の 外貨MMF

運用実績：2005年1月31日現在
（直近7日間の平均実績、税引前、各通貨ベース）
※下記の実績は過去の運用実績であり、将来の見込みを示すものではありません。

米ドルMMF 1.555% 年換算利回り

ユーロMMF 1.444% 年換算利回り

豪ドルMMF 4.321% 年換算利回り

▼ お手続き時の為替レートに基づき、リアルタイムに適用為替レートを決定します。適用為替レートには下記の為替手数料が含まれます。

	米ドルMMF	ユーロMMF	豪ドルMMF
1000万円相当額未満	0.50円	0.80円	0.90円
1000万円相当額以上	0.30円	0.40円	0.50円

上の広告は架空のものであり、登場する企業や金融商品などは、現実の企業や金融商品などとは一切関係ありません。

B

外貨預金と類似商品のコスト比較

米ドルでの運用を例に すべて2005年1月31日調べ	数百万円を運用する際の為替手数料 （スプレッドをふくむ往復）	評価
銀行の 外貨預金	2.00円/ﾄﾞﾙ [主な銀行の通常時]	×
証券会社の 外貨MMF	1.00円/ﾄﾞﾙ [主な証券会社の通常時]	△
ソニー銀行の 外貨預金	0.50円/ﾄﾞﾙ [通常時]	○
証券会社や商品先物取引会社の 外国為替証拠金取引	0.13〜0.45円/ﾄﾞﾙ程度 ※いくつかの業者の表示より	? × or ◎

すが、たとえば米ドルMMFは、米ドルの短期債券などから安全性の高いものを選んで運用する、一種の投資信託です。

＊先の第一章などで、投資信託は手数料が高いといった話がありましたが、それは主に株式投資信託（株式での運用をふくむ投資信託）のことでした。MMFのような投資信託は公社債投資信託と呼ばれ、株式では一切運用せず、安全性が高い国債や社債を中心に運用します。信用リスクは極めて小さいのですが、ゼロではありません。手数料は金利の利ザヤで取られるだけだと考えればわかりやすく、大まかには、MMFは普通預金に類似した性質をもつ金融商品だと考えてよいでしょう。

外貨MMFは引き出しが自由で、その割に、まあまあの金利がつき、さらに証券会社の場合には、為替手数料が銀行より安いのがふつうです。米ドルなら、一般の銀行の半額の片道50銭／ドルがふつうです。

広告の中に「下記の実績は過去の運用実績であり、将来の見込みを示すものではありません」との注意書きがあるように、決まった金利がつくわけではないのですが、ほぼ確実に、一般の銀行の外貨普通預金よりは高い金利（利回り）が、場合によっては外貨定期預金よりも高い金利がもらえます。

Aの広告をみても、金利（年換算利回り）はそれなりに魅力的です。また、「リアルタイムに適用為替レートを決定します」とも書いてあります。おまけに広告中の表をみると、1000万円以上の取引には為替手数料の値引きもあるようです。

じつは、税金の上でも、外貨MMFは外貨預金と異なる扱いを受けます。どちらが得かの評価はむずかしく、税制は変更される可能性もありますから、本書の基本方針として、税制上のちがいについての説明は省略します。

図33のBには、米ドルでの運用を例に、外貨預金と類似商品のコスト比較をまとめてみました。ただし、同じ商品でも、取引金額や取引方法などのちがいによって微妙に手数料が異なりますし、そもそも金融機関によってはかなり異なる手数料を設定しているところもあり、読者が本書を読んでいる時点では大幅に変更されている可能性もあります。ここでは、数百万円程度までの運用を前提にコストを計算していますが、かなり大ざっぱな比較だと思ってみてください。

一般の銀行の外貨預金がコスト（為替手数料）の面で圧倒的に不利なのは、誰がみても明らかでしょう。証券会社の外貨MMFはそれよりはマシですが、やはりお勧めできません。その下の2つに比べれば、上の2つの商品のコストは高すぎます。ソニー銀行の外貨預金は、ひんぱんに為替手数料の値引きキャンペーンをおこなっていることもあり、うまく利用すれば、もっとコストを下げられるかもしれません。

＊なお、ソニー銀行には外貨ＭＭＦも用意されています。

外国為替証拠金取引については、他の業者よりもやや割高なコストになってもいいから、はっきりと安心できる業者を選びたいという人もいるでしょう。日興コーディアル証券のホームページをみると、為替手数料が片道２０銭／ドルで、通常のスプレッドが５銭／ドルとみられますから、往復でのコストは４５銭／ドルと計算されます（２００５年２月調べ）。

ただし、大口の取引になれば、手数料はもっと安くなります。

ネット証券や商品先物取引会社などから選べば、もっとコストが安い外国為替証拠金取引が可能です。デイトレードの場合にはさらに値引きがある業者も多いのですが、それは対象としないことにして、いくつかの業者の広告を調べてみました。

その中で一番安かった業者では、為替手数料が片道５銭／ドル、スプレッドが３銭／ドルで、往復のコストは１３銭／ドルとなります。高い業者でも、為替手数料が片道１０銭／ドル、スプレッドが５銭／ドルで、往復のコストは２５銭／ドルです（以上すべて、２００５年２月調べ）。もちろん、大口の取引ならもっと安くなります。

その業者の経営について自分できちんと調べて、安心できる業者を選べば、◎の業者がみつかるかもしれません。しかし、表向きはよくみえても、じつは悪質な業者に引っかかる危険性もありそうです。そうなれば、外貨預金よりもずっと不利で危険な運用となります。

どちらにしても、外国為替証拠金取引は、業者に勧誘されて始めるようなものではありません。本書冒頭で、筆者は金融業を風俗業にたとえましたが、業者からかかってきた勧誘の電話をきっかけに外国為替証拠金取引を始めるのは、薄暗い路地裏で客引きに引っかかって風俗店に入るのと、ほとんど同じことです。外国為替証拠金取引を始めたい人は、自分で業者を比較して選び、自分から申し込むのでなければダメです。

また筆者は、知識が不十分であるがゆえに外国為替証拠金取引に手を出すべきでない人は、外貨預金などにも手を出すべきでないと考えます。さらに、売買コストを低くしたいのであれば、市場のレートが時々刻々と反映されるインターネット取引を利用することが絶対条件です。

有利な条件の商品を使いこなせない人が、だからといって、それよりも取引の条件がいろいろと不利になる商品（一般の銀行の外貨預金など）で運用するのは、かなりのハンディキャップを背負うことになります。たとえれば、外国為替市場を舞台にした戦争で、他の人がハイテク銃器を手に戦っているときに、自分はハイテク銃器は扱えないとあきらめた人が、それでも、自分でも使えそうな果物ナイフだけを手にもって戦いに参加する、といった感じでしょうか。

サルFP氏の外貨運用指南

結局、外国為替市場や為替レートについての基礎知識をもっていない人には、外貨預金などの外貨運用をお勧めしないというのが筆者の基本姿勢です。かつては、日本の大部分の銀行も、個人にはなるべく外貨預金はさせない（ていねいにリスクを説明して、なるべく断念してもらう）という方針でした。為替リスク（為替レートの変動リスク）を正しく理解せずに外貨預金を始め、トラブルを引き起こす客も多かったからです。

現在までに銀行の姿勢は大転換をみせ、為替手数料が稼ぎたいがために、ほとんどの個人客に対してスキあらば外貨預金を勧誘する、といった感じになりました。すでに述べたように、デフレ下では普通預金や一般的な定期預金がとても有利な資産運用となっており、そこに大部分の資産を預けている個人のおカネを、為替リスクのある外貨預金に向かわせるのは、かなりの難題です。

そこで、銀行や証券会社などの金融機関は、その取り巻きの評論家やFP（ファイナンシャル・プランナーの略で、おカネについてのアドバイスを仕事にしている人たち）と組んで、つぎの①から⑦までの展開をもつ〝怪しい論理〟を広めようとしています。

①為替レートはときに大きく円高になったり円安になったりします。日本政府の借金は膨大で、これがさらに増えると、その不安から〝日本売り〟がおこなわれ、大幅に円安になるのではないかと心配されています。

②もし大幅に円安が進むと、輸入品の物価が急上昇します（かつて円高が進んだときに、海外のブランド品が安く買えたことを思い出してもらえれば、その逆ですから、わかりやすいでしょう）。

③資源の少ない日本は原材料やエネルギーや食料品の大部分を輸入に頼っていて、特に石油などのエネルギーの価格上昇はほとんどのモノの生産に影響を及ぼします。だから、輸入品の物価上昇の波及効果は大きく、日本国内の消費者物価は大きく値上がりします。大幅な円安は高いインフレ率につながるのです。

④インフレが起きると、円資産の実質的な価値は目減りします。円預金ばかりで運用していると、円安が生じたときには、実質的に資産が目減りするのです。

⑤ところが、金融資産の一定割合（たとえば3割ぐらい）を外貨預金などの外貨資産でもっていると、円安が生じたときに儲け（為替差益と呼びます）が出ます。これが円資産の実質的な目減りを穴埋めしてくれるので、生活のリスクが減ります。

⑥もし逆に円高になったとすると、外貨預金では損（これを為替差損）が生じます。

しかし、輸入品が安く買えるようになって、その影響で国内物価も下がり、円預金の実質価値が上がりますから、外貨預金の損を穴埋めできます。

⑦だから、日本国内だけでふつうに生活している人でも、これからは金融資産の一部（3割ぐらい）を外貨預金でもつ方が、生活のリスクを減らす上で有効です。為替リスクについてよく理解できなくても、海外旅行に行く予定などなくても、生活を安定化させるために役立つのだから、外貨運用を取り入れた方がいいのです。

これに似たような話は、銀行の外貨預金パンフレットや新聞の広告記事などによく掲載されています。図表やイラスト入りで、しかもフルカラーできれいに印刷されていたりしますから、もっとずっと信憑性《しんぴょうせい》があるようにみえたりします。本書でも、ポイントだけを図34の中央の大きな枠内に図解してみました。

果たして、この論理は正しいのでしょうか。まちがっているとしたら、どこがどう正しくないのでしょうか。

答えを先に言えば、明らかにまちがっているのですが、いかにも正しそうにみえるという意味で、よく考えられたウソです。残念ながら、経済学を専門としている有名大学教授（経済学者）の中にも、この論理が正しいと信じていた人はいるのです（ご本人の名誉のため、

図34

「外貨投資は生活のリスクを減らす」という宣伝のウソ！

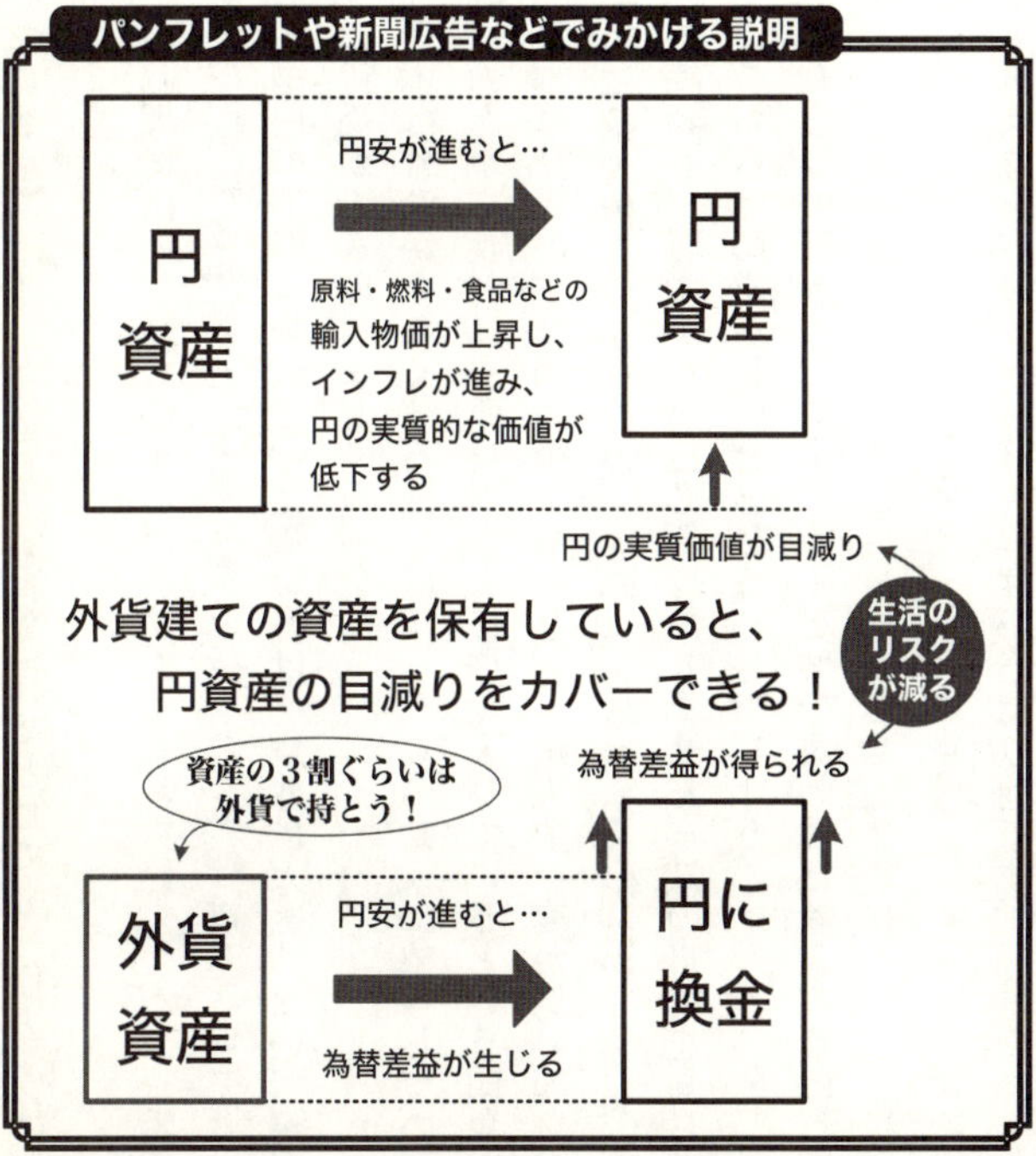
パンフレットや新聞広告などでみかける説明
円資産
円安が進むと…
原料・燃料・食品などの輸入物価が上昇し、インフレが進み、円の実質的な価値が低下する
円資産
円の実質価値が目減り
外貨建ての資産を保有していると、
円資産の目減りをカバーできる！
生活のリスクが減る
為替差益が得られる
資産の３割ぐらいは外貨で持とう！
外貨資産
円安が進むと…
為替差益が生じる
円に換金

正しい考え方は？

☆実際は、日本の輸入依存度は約１割で、世界でもっとも低いので、「円安によってインフレが起きるリスク」は小さい！
☆もし上記の論理にそってリスクを減らすとしても、外貨建て資産の比率を５％未満に抑えないと、リスクは減らない。
☆しかし、金融資産がさほど多くない人にとって、少額の外貨建て資産を保有するのは、コストが割にあわない。

実名は挙げられません）。経済が苦手な人が騙されたとしても、仕方がないでしょう。

先の①〜⑦の論理にはいくつものまちがいがふくまれていますが、一番重大なまちがいは「円安が日本国内の消費者物価（インフレ率）に与える影響は大きい」という話です。じつは「円安が日本国内の消費者物価に与える影響は、意外に大きくない」が正しい認識です。理論とデータの両面から説明しましょう。

そもそも、日本は資源が少なく、石油もほぼ100％輸入に依存していて、大豆とかエビとかアルミニウムとか、食料品も原材料も大量に輸入しているという印象が強いのでしょうが、じつは、日本は世界の主な国の中でもっとも〝輸入依存度が低い国〟です（輸入代金が支払えないために輸入依存度が低いなどの特殊事情がある国は比較対象から除きます）。知らなくて驚いた読者も、恥ずかしがる必要はありません。この事実を知らない経済学者も結構いるのです（こちらは恥ずかしいと感じるべきでしょう）。

たとえば2003年の日本の、モノとサービスをあわせた輸入規模は、経済活動規模を示すGDPのちょうど10％（1割）でしかありません（2004年は速報データで11％の見込みです）。資源大国のアメリカでさえ、もう少し高く、15％前後ですし、ヨーロッパや他のアジアの国々なら、20〜50％程度が当たり前です。

そのため、日本国内の消費者物価は輸入物価の影響を受けにくいのです。仮に輸入品の物価が30%上昇したとしましょう。単純に考えると、これは経済規模の1割に相当する部分での上昇でしかありませんから、1割部分での30%上昇で、経済全体で平均した物価は3%しか上がらない計算です。実際には、輸入品の物価が上がっても、一部は国産品で代替され、一部は企業努力で吸収されるといったように、消費者物価に波及しない部分もあります。だから、消費者物価はせいぜい1~2%程度しか上がらない可能性が高いのです。

そんな程度の影響なのですから、日本国内で生活しているだけの個人にとっては、円安による生活上のリスクを打ち消す外貨運用といっても、外貨預金にする比率は資産のせいぜい5%未満にしないとダメです。それ以上の比率で外貨運用をすると、ムダに為替リスクを負うことになって、リスクを減らしたい個人にとっては逆効果なのです。

ところが、よほどの資産家ならともかく、ふつうの資産レベルの人が金融資産の数%分だけを外貨運用に回すのは、結局、いろいろな手数料や管理コストを考えれば、たぶん割にあわないことでしょう。

＊ここでの話は、とりあえず図34の中央に図示された論理そのものは正しいと仮定し、それでも、平均的な個人は無理に外貨をもつ必要などないことを説明しています。しかし、図の論理自体が正しいかというと、さらにいろいろな問題があります（話が複雑になりますので、本書

では議論しません)。

もちろん、海外にひんぱんに出かける場合や、子供が将来海外留学を希望している場合などは、金融資産に占める外貨運用の比率をもっと高めることでリスクは減るでしょう。個人差は大きいのです。しかし、国内での生活だけを前提にしながら「3割ぐらいは外貨で運用した方が生活のリスクは下がる」という説明は、明らかに正しくありません。

255ページから256ページまでで展開されていた①~⑦の論理は、とても怪しい話だったのです。

じつは数年前、筆者がこのような話をFP(ファイナンシャル・プランナー)向けの雑誌に書いたとき、編集サイドから「さる有名なFP(以下ではサルFP氏と呼びます)があなたの意見を批判しているので、非を認めるか、もし反論があるなら説明を」といった趣旨の(挑発的な)電子メールをいただきました。

サルFP氏による批判の内容は、以前に、あるメガバンクの外貨預金パンフレットでもみたことがありました。要点を述べると、「石油価格は電力などのエネルギー価格に影響し、エネルギーはすべての生産活動に影響するから、その変動の影響が小さいと考えるのは正しくない」という認識のようで、だから「大幅な円安が起きて、円表示の石油輸入価格が大きく上昇すると、直接・間接の効果によって、国内の消費者物価もやはり大きく上昇する」といった結論につながるようです。

筆者は新幹線の中でメールを読み、パソコンの中に入っているデータだけを使って返事を書いたのですが、正直なところ、サルFP氏と雑誌編集者に対してとても怒っていました。内容の真偽以前の問題として、そもそも、サルFP氏の意見は、誰もが簡単に入手できるデータで、いとも簡単に検証できる話だからです。「こんな簡単なデータを、なぜ自分で調べないのか」というのが、筆者の怒りの理由でした。

サルFP氏の分析が正しいのなら、大幅な円安の際にはもちろんのこと、国際的な石油価格が急騰したときにも（この場合は円安にならなくても）、日本国内の消費者物価は大きく上がるはずです。他方、大幅な円高は、国内の消費者物価に強い下落圧力を生じさせるはずです。

これが正しいかどうかは、「為替レート（円相場）、国際的な石油価格（ドル表示）、消費者物価」の3種類のデータを調べれば、簡単に検証できます。どれも、テレビや新聞の経済ニュースによく出てくる、とても有名な経済データです。

くわしいデータを示すと際限がないので、過去20年のうちの代表的な時期に注目しましょう（筆者の話に疑問をもつ人は、結局は自分で調べないと納得しないでしょうし、入手しやすいデータばかりですから、実際に調べてみてください）。

１９８５年秋のプラザ合意によって１９８６年には激しい円高になりました。前年比約３割（別の計算法なら約４割）の円高で、そのため円高不況と呼ばれる状況が生じたほどです。ところが、それで輸入物価は3割以上も下がったのですが、消費者物価は下がったりはせず、わずか１％ですが上昇しています。このとき外貨預金で大損した人はたくさんいましたが、それを消費者物価の下落（生活費の下落）が穴埋めするという現象は起きなかったのです。

１９９０年には、国際的な石油価格が３割以上も値上がりしました。イラクのクウェート侵攻が原因の、突然で一時的な現象でした。消費者物価は年３％上昇しましたが、この年までいわゆるバブル経済による好景気が続いていましたし、その前後の年の消費者物価上昇率が年２％と年３％ですから、石油価格高騰が日本の消費者物価に及ぼした影響は小さかったことが明らかです。

１９９９年後半から２０００年末にかけても、石油価格は急騰し、当時の日本のテレビ・ニュースでは「輸入依存度の高いヨーロッパ諸国の物価に深刻な影響を与えた」と伝えていました。データの取り方にもよりますが、「国際的な石油価格は2年足らずの間に３倍に値上がりした」と報じたテレビ局もあったことを、鮮明に記憶しています。

１９９８年と２０００年を冷静に比較しても、国際的な石油価格は２・５倍（１５０％の上昇）になっています。その２年間で為替レートは１５％だけ円高になっていますので、これが円表示の石油価格の上昇を抑制した部分があるとしても、１５０％対１５％ですから、焼け石に水といった感じです。

これほどの石油価格急騰が起きた１９９９年と２０００年の日本の消費者物価上昇率は、さぞかし急上昇したのかというと、逆にどちらの年もマイナスで、日本の物価は下がっているのです。先に述べたテレビ・ニュースでは、「日本では物価が下がっているのに、ヨーロッパでは物価が上がって生活が大変です」といった感じで伝えていました。

話は戻りますが、筆者はサルＦＰ氏への再反論として２０００年ごろのデータを示しておきました。こんな、少しでも現実の経済に興味がある人なら当然知っているか、そうでなくても簡単に調べられることを、まったく無視して個人向けの金融アドバイスをするのは、専門家を名乗る（そういったアドバイスでおカネをもらっている）人のするべきことではありません。

本当に残念ですが、表面上は消費者（個人客）の味方を装いつつ、じつは金融機関の手下になっているＦＰは多くいます。消費者を裏切って金融機関に魂を売る方が、マネー雑誌などにも登場しやすくなって儲かるのでしょう。

だから、読者のみなさんは、「新聞・雑誌・テレビなどによく登場し、何冊も本を書いている人の説明だから信じても大丈夫」などと安易に考えてはいけません。本書の筆者はマスコミ嫌いなので、新聞・雑誌などにはあまり露出しませんが、どちらにしても、本書の内容(吉本佳生という人の書いていること)でさえ、読者がそのまま信じて大丈夫という保証はどこにもありません。結局、読者自身が調べて考えて、それで納得するしかないのです。

さて、筆者とサルFP氏のちょっとした論争があったあと、2004年にも石油価格が急騰しました。ご存じの読者も多いでしょうが、2004年の消費者物価は少しずつ下がり続けました。それでもなお、マネー雑誌や新聞などで「生活リスクを下げるために外貨運用を」というアドバイスをみかけます。本気で信じているのでしょうか。本音ではウソと理解している人もいるのでしょうが、そうだとすると、直接・間接に客からおカネをもらいながら、その客に対してウソをつき続けるのは、精神的に辛くないのでしょうか。
＊一般論ですが、ウソをつき続けるための秘訣は、過去を一切反省しないことです。気軽にウソをつき続けたい人は、過去に自分の言ったことや書いたことが結果として正しかったかどうか、過去を振り返って自ら検証するということを、決しておこなわないことが大切なようです。
残念ながら、企業でも大学でも、平気でウソをつき続けられる人の方が偉くなったりします。

マスコミによく登場して資産運用について語る人の中にも、過去のウソに平気でいられる人は多いように思います（もちろん、とてもきちんとした人もいますが）。

なお本書では、どの専門家が信用できないかを書くことはできません。代わりに、筆者が「信用できる」と評価している専門家と、その著書を４９５ページの**図80**で紹介しました。

まとめのクイズ

じつは、先ほどの比較では取り上げなかった外貨運用商品が、まだいくつかあります。そのうち、外国の中長期の債券と、外国の株式・債券・不動産などに投資する投資信託については、第十章で取り上げます。特約つき外貨預金と呼ばれる商品については第七章で、外貨建て年金保険と呼ばれる商品については第八章で紹介します。他に、第十一章や第十二章でも、外貨での運用商品が登場します。

このように挙げていくと、外貨運用商品は本当に多彩です。デフレ下では、日本の金利がとても低いので、金融機関側も、ぱっとみて目立つような金利の商品を開発しようとすると、どうしても外貨運用の活用に頼ってしまうのです。これからも、どんどん新しいタイプの外貨運用商品が出てくるでしょう。

さて、本章の締めくくりに、もうひとつだけ、つぎの**図35**の広告を取り上げます。広告の

図 35

革命的な外貨定期預金が登場。

高金利米ドル定期預金
10年もの

3.5% 年利 ※1

中途解約もできる！※2

円から外貨に
交換の際には
為替手数料
無料※3

たとえば
円資金500万円で開始

↓ 為替手数料は無料

TTMが1ドル＝100円なら
米ドル元本は50,000ドル

↓ 年利3.5%の半年複利で10年運用

満期時の受取額
66,591.12ドル（税引後）

↓ 為替変動がないとすると

TTM 1ドル＝100円（TTB 1ドル＝99円）なら
6,592,522円

← 500万円を預けて
10年後に
159万円の
利息受取

※１：2004年11月8日現在の金利です。税引後年利は2.8%です。
※２：中途解約時の適用金利は年利0.09%（税引後0.072%）です。
※３：外貨から円に戻すときの為替手数料は１円／ドルです。

上の広告は架空のものであり、登場する企業や金融商品などは、現実の企業や金融商品などとは一切関係ありません。

上の方をみると、一般的な「米ドル定期預金」のようですが、期間の長い「10年もの」の定期預金であるため、「年利3・5%」という高い金利がついています。

この広告が出された段階での状況としては、1年もの米ドル定期預金の金利が2%前後であると想定しています。それに比べればかなりの高金利ですから、「革命的な外貨定期預金」として宣伝しているのでしょう。

また、「中途解約もできる」とあり、「円から外貨に交換の際には為替手数料無料」ともありますから、かなり有利な条件で取引できそうな感じもします。実際に、広告の下側には運用例が示されていて、500万円を預けると10年後に「159万円の利息受取」と計算されています。

読者なら、この商品をどう評価しますか。まず、やや無理があるかもしれませんが、読者が本書を読んでいる日の朝に、実際に新聞に出ていた広告だと仮定してください。あなたの友人が「10年間は使う予定のないおカネだし、日本の先行きは不安だから、世界で一番安全な国の通貨で、しかも高金利だし、資産の一部をこの米ドル定期預金に預けるのは悪くないと思うのだけど」と相談してきたら、どうアドバイスしますか。これまでのまとめとして、ちょうどよいクイズですので、読者自身のアタマを働かせて考えてみてください。

ではは解説を始めます。魅力的な条件が書かれた箇所の右には「※1」から「※3」までのマークがついており、これらは広告の一番下の注意書きに対応しています。「年利3・5％」に対応する注意書きには「税引後年利は2・8％」と書かれており、「中途解約」の注意としては「適用金利は年利0・09％（税引後0・072％）」へと大きく引き下げられることが、「為替手数料無料」の注意としては「外貨から円に戻すときの為替手数料は1円／ドル」で何の値引きもないことが、それぞれ示されています。

このように注釈をきちんと検討すると、ほとんどの条件がさほど魅力的でないことが明らかです。「税引後年2・8％の金利はそれでも高い」と思う人がいるかもしれませんが、金利について評価したければ、その前に自分で調べるべきデータがあります。

新聞の経済面や経済雑誌の統計データの欄をみるか、インターネットで調べるなどの方法で、アメリカの期間10年（10年もの）の国債の金利を調べるのです。慣れない人が探すのは大変かもしれませんが、とても基本的なデータですから、どこかに載っているはずです。

＊本書執筆の上で、筆者が経済データを調べるために主に頼った雑誌は、『東洋経済統計月報』（東洋経済新報社から毎月発行）です。インターネットでは、日本銀行のホームページを何度か活用しました。

2000〜04年の5年間でみると、アメリカの10年もの国債の金利が4％を下回っていた時期は短く、たいていの期間で4％台か5％台でした。6％を超えていた時期もあります。アメリカの国債は、証券会社などで比較的簡単に購入できます。長期の資産運用の代表商品ですから、他の長期運用の商品について評価する基準にもなります。

広告の定期預金は、中途解約時の金利がほぼゼロでかなり不利ですから、10年間引き出さないつもりで預ける人がほとんどでしょう。それなら、アメリカの10年もの国債を買ってもいいのではありませんか。

＊あとの278ページでも説明しますが、中途解約をするケースを考えると、10年もの国債と10年もの定期預金には金利リスクの点で大きなちがいがあります。しかし、日本に住む人が米ドルで運用する場合には、さらに複雑な要因を考える必要があり、金利リスクが為替リスクを相殺する可能性も高いのです。そのため、まずは10年間運用を続けるという前提で考えることにして、中途解約の問題については、別に指摘することにしました。

そもそも、この広告を出している銀行は、あなたの友人がこの米ドル定期預金に預けたとしたら、そのおカネでアメリカの10年もの国債を買い、両者の金利差を利ザヤとして儲ける可能性が強いのです。客としては、そんな利ザヤを取られるぐらいなら、自分で国債を買う方が得です。

また、証券会社の為替手数料は、先の外貨ＭＭＦのときに出てきたように、一般の銀行の外貨預金と比べれば半分で、往復1円/ドルです。この広告の米ドル定期預金の為替手数料も、最初はタダですが、引き出し時の優遇がないために、往復では1円/ドルになります。また、証券会社でアメリカ国債を買うと口座管理料(ふつうは金額に関係なく3150円)もかかりますが、この外貨預金との比較では不利な材料に思えません。

他にも、いくつかの問題点がありますが、ポイントは2つです。第1に、もしどうしてもこの広告の預金に預けたいのであれば、その代わりにアメリカ国債を買う方が得です。

第2に、そもそも10年間もの長さで金利が固定された運用をするのは、よほど将来の経済情勢と自分の生活について考えた上で決断するのでなければ、賛成できません。第三章で説明したように、中途解約しないことを前提に長期の定期預金に預けるのは、正しい判断ではありません。

さて、読者による評価は、筆者の評価と一致したでしょうか。筆者が見落としていた点に気がついた可能性もありますから、一致したかどうかよりも、自分なりに考えたかどうか、自分でデータを調べたかどうかが大切なのです。その姿勢を忘れないでください。

第六章　「国債・社債・地方債」の広告——金利変動の影響

一般的な国債の仕組み

日本政府が借金のために発行している国債のうち、〝個人向け国債〟が人気になっています。雑誌や新聞などで「有利な金融商品」として紹介され、たくさんの人が買っていることが安心につながって、さらに人気を呼ぶという状況になっているようです。

紹介記事などには「変動金利だから有利」といった説明があります。債券の基本的な仕組みがわかっている人には十分な説明でしょうが、基礎知識がない方のために、本章では債券の基本から順に解説しましょう。

ひとまず個人向け国債の話は忘れていただき、一般的な国債の価格変動の仕組みから説明します。図36の上側には一般的な国債の概念図が書かれています。

「10年もの」の長期国債で、「クーポン金利2％」の「利つき国債」として発行されています。ここでは「額面価格10万円」の国債を考えましょう。金利が年2％ですから、この国債を購入すると、毎年2000円の利息が受け取れます。国債の利息は半年ごとに（年2回）支払われますから、半年に1000円の利息を20回受け取ることになります。発行から10年後の満期日には10万円の元本も返済されます。

国債のペーパーレス化が進んでいますので、紙に印刷された国債は過去の遺物になりつつありますが、紙（券）でイメージした方がわかりやすいので、本書では紙の国債を前提に説

図 36

一般的な国債のしくみ

10年もの利つき国債
クーポン金利： 2％
額面価格： 100,000円
発行日： 2005年4月X日
償還日： 2015年4月X日

1000円	1000円	1000円	1000円
1000円	1000円	1000円	1000円
1000円	1000円	1000円	1000円
1000円	1000円	1000円	1000円
1000円	1000円	1000円	1000円

半年ごとに1000円、
1年間で2000円の利息

上記の国債が発行されてから1ヵ月後に…

① 新しい国債の金利が3％になったとすると…

金利上昇

10年もの利つき国債
クーポン金利： 3％
額面価格： 100,000円
発行日： 2005年5月X日
償還日： 2015年5月X日

1500	1500	1500	1500
1500	1500	1500	1500
1500	1500	1500	1500
1500	1500	1500	1500
1500	1500	1500	1500

すでに発行されていた
国債の価格は**下落**

② 新しい国債の金利が1％になったとすると…

金利下落

10年もの利つき国債
クーポン金利： 1％
額面価格： 100,000円
発行日： 2005年5月X日
償還日： 2015年5月X日

500	500	500	500
500	500	500	500
500	500	500	500
500	500	500	500
500	500	500	500

すでに発行されていた
国債の価格は**上昇**

明します。

10年ものの利つき国債の下側には、20回の利息支払いに対応して20枚のクーポンがついています。半年ごとにクーポン1枚を切り取ってもっていくと、日本政府が1回分の利息を支払ってくれるのです。1枚ずつクーポンが切り取られますから、満期日には、額面価格が記載された券の下に1枚だけクーポンが残った状態になっていて、それ全体と引き替えのかたちで、最後の利息と元本（額面価格）が返ってきます。

さて、10年もの国債を買ったからといって、じっと10年間もつ必要はありません。いつでも他人に売ることができますので、数年や数ヵ月の資産運用であっても、10年もの国債を買うという選択はありうるのです。

実際に、発行されたあとの10年もの国債は、ひんぱんに売買されるのですが、額面価格が10万円であっても売買価格は10万円とは限りません。9万円に値下がりしたり、12万円に値上がりしたりします。これを国債の流通価格と呼びますが、国債の流通価格はなぜ変動するのでしょうか。

毎年膨大な借金をしなければならない日本政府は、毎月、新しい国債を発行します。図36の上側の条件（クーポン金利2％）の国債が4月に発行されたとして、その1ヵ月後の5月には、また新しい国債が発行されるのです。日本政府は、毎月の経済情勢に応じてクーポン金利などの条件を決めます。ここで、5月発行の国債について、図36の下側にある2つのケースを考えてみましょう。

図の左下の①では、5月発行の国債のクーポン金利が3％（年率）になっています。4月発行の2％と比べて、金利が上昇したことになります。このとき、4月発行の国債も市場で売買されており、10年もの国債を買おうとしている人からみれば、4月発行の国債でも5月発行の国債でも、10年間の運用で満期日がほんの1ヵ月ちがうだけですから、さほどのちがいはないと感じるでしょう。

だから、5月に新規発行される国債を額面価格の10万円で買うと、半年ごとに1500円のクーポン金利が受け取れるときに、すでに4月に発行されていた国債を額面価格で買う人はいないと思われます。また、4月発行の国債が額面価格のままで売れるのなら、すでに4月発行の国債を保有している人は、これをすぐに売って、5月発行の国債に買い換えたいでしょう。

そんな都合のいい話はなく、4月発行の国債は相対的に魅力が低下したのですから、それを反映して、額面価格より安く売買されるしかありません。ただし、際限なく安くなるわけではありません。

４月発行の額面価格１０万円の国債が、極端な話、仮に５万円で買えるようになったら、５万円の元本に対して半年ごとに１０００円（１年に２０００円）の利息が得られますから、それだけでも年４％の収益率（利回り）で、しかも約１０年後には額面価格の１０万円が戻ってくるのですから、５月発行の国債よりずっと有利になります。細かな計算は示しませんが、４月発行の額面価格１０万円の国債は、約９万円で売買されるようになると思われます。

新しく発行される国債の金利が上昇したら、すでに発行されていた国債の魅力が相対的に下がり、それらの国債の流通価格も下がるのです。

流通価格の変動は、すべての国債の魅力が同じ程度になるように調整する機能を果たします。逆に言えば、公正かつ効率的に取引がなされているなら、いつ発行された国債を買っても、その時点での収益率（利回り）でみた魅力に差はないことになります。

さて、図36の右下にある②のケースでは、５月に新しく発行される国債のクーポン金利が１％（年率）になっています。金利が低下したのです。額面価格の１０万円で買ったとして、半年に５００円ずつしか利息がもらえないのですから、１ヵ月前の４月に発行された国債をもっている人はラッキーです。

４月発行のクーポン金利が２％の国債は、相対的に魅力が上がりますから、流通価格も上昇します。細かな計算は省略しますが、４月発行の額面価格１０万円の国債は約１１万円で売買されるでしょう。

まとめると、つぎのようになります。なお、国債は債券の一種ですが、地方自治体が発行する地方債や、企業が発行する社債なども債券にふくまれます。国債以外の債券の価格も、金利の上昇・下落から同じような影響を受けます。

金利が上昇⇓国債（債券）の価格が下落
金利が下落⇓国債（債券）の価格が上昇

金利の影響については、国債などの債券を、(a)これから買おうとしている人と、(b)すでに買って保有している人の、２つの立場を分けて考えることが大切です。

先にも述べたように、国債の価格が変動することで、(a)これから国債を買おうとしている人からみれば、新しく発行される国債と、過去に発行されて流通している国債の、どれを買ってもさほど魅力に差がない状態になっています。

その一方で、(b)すでに国債を買って保有している人にとって、金利の上昇は損失を、逆に金利の下落は利益を生じさせます。先の例では、４月に１０万円で国債を買ったとすると、

5月に金利が上がっていれば9万円でしか売れなかったり、逆に、5月に金利が下がっていれば11万円で売れたりしたのですから、損失あるいは利益の発生は明らかです。

ただし、読者の中には「満期前に売ろうとするから損失や利益が出るのであって、10年後の満期日まで保有すれば額面価格の10万円が戻ってくるのだから、金利変動は関係ない（損失も利益も出ない）のではないか」と思った人もいるでしょう。それは正しくありません。第三章のインフレと長期の定期預金の話を思い出してください。

話をわかりやすくするために、たとえば4月にクーポン金利が年2％の国債を買ったあとで、5月になって予想外のインフレが生じて、将来予想されるインフレ率も年3％に上昇し、そのために金利も上がったとしましょう。金利が上がることで国債の価格は下がりますから、この時点で国債を売れば損をします。しかし、4月発行の国債を保有し続けても、インフレ率より低い金利しかもらえませんから、実質的な価値が目減りして、やはり損をします。

国債を買ったあとで金利が上がれば、その時点で国債を売っても、あるいは売らずに保有し続けても、どちらにしても同じ程度の損失が生じるのです。

それに比べて、171ページでみたように、長期の定期預金は、予想外のインフレが生じると損をするものの、もし中途解約できれば損失を小さく抑えることができました。この点が、定期預金と一般的な国債（債券）の大きなちがいです。一般的な10年もの国債は、中途解約できない10年もの定期預金と同じぐらいインフレに弱い（中途解約可能な10年もの定期預金よりもずっとインフレに弱い）のです。

個人向け国債はなぜ有利か

さて、**図37**は「個人向け国債」の広告です。2003年から発行されるようになった、比較的新しいタイプの国債ですが、広告中に「満期は10年」とあるように、個人向け国債も運用期間は10年間です。原則として、1・4・7・10月の年4回発行されます。先にみた一般的な10年もの国債と何がちがうのかを比較しながら、個人向け国債の性質を整理しましょう。

一般的な10年もの国債はクーポン金利が〃固定〃されていましたが、この広告の上の方に書いてあるように、個人向け国債は「最低クーポン保証付変動金利型国債」で、クーポン金利が〃変動〃する点が最大の特徴です。半年ごとに利息がもらえる点は一般的な国債と同じですが、その都度、利率（額面金額に対して何%の金利がもらえるか）は変動するのです。

広告の右上に「初回適用利率」が「年0・74%（税引後年0・592%）」と書かれていますが、これは実際に2004年（平成16年）10月に発行されたものに適用された利率（金利）です。その下に細かな文字で注釈がついていますが、個人向け国債の利率は半年

図 37

凸凹証券ではじめよう

第8回 募集中 **個人向け国債**

初回適用利率 年0.74%※

税引後 年0.592%

最低クーポン保証付変動金利型国債

お申し込み期間

平成16年9月9日〜28日

※上記は初回利払い時の利率です。利率は半年ごとに見直され、基準金利（10年物固定利付国債の入札結果から算出する金利）から0.80%を差し引いた利率となります。

発行日	：	平成16年10月12日
償還日	：	平成26年10月10日（10年債）
利払日	：	年2回（10月10日・4月10日）
申込単位	：	額面金額1万円単位
発行価格	：	額面金額100円につき100円

■ 国債ならではの「安全性」

■ 利子は年2回で「変動金利」最低金利を保証

■ 購入は「1万円から」満期は「10年」

■ 「中途換金」が可能　※発行日から1年経過後であれば、いつでも換金できます。

■ 口座管理料は「無料」

☆中途換金によるお受取金額は下記の式で計算されます。

額面金額 ＋ 経過利子相当額 − 直近2回の利子相当額

上の広告は架空のものであり、登場する企業や金融商品などは、現実の企業や金融商品などとは一切関係ありません。

ごとに見直され、「基準金利から年0・8％を差し引いた利率」となります。そして、前月に発行された一般的な10年もの国債の金利が「基準金利」になります。

つまり、半年ごとに〝6ヵ月もの定期預金〟に預けることを10年間くり返すような運用になります。各時点の経済情勢を反映した金利が適用されますので、もしインフレが起きて金利が上がっても、個人向け国債の金利も上がりますから、長期の運用にもかかわらず〝インフレに強い〟のです。

他方、この時期に6ヵ月もの定期預金に預けても、金利は年0・1％よりずっと低いのがふつうでしたから、広告に書かれた年0・74％という金利がとても有利な条件であることは明らかです。まとめると、変動金利のためにインフレに強い一方で、長期の運用として、各時点での短期の運用よりもかなり高い金利が得られるのが、個人向け国債の特徴です。

広告の中には「最低クーポン保証」とか「最低金利を保証」といった表現があります。適用金利を計算する際に、もし、基準金利から年0・8％を引いた金利がゼロとかマイナスになっても、個人向け国債の適用金利はゼロやマイナスにはならず、最低でも年0・05％が保証される（年0・05％より低くはならない）のです。この点も購入者には有利です。

また「購入は1万円から」で、一般的な国債の購入単位の5万円と比べて、小口の投資をする個人が買いやすくなっています。これは架空の証券会社による広告ですが、個人向け国債は証券会社の他、銀行や郵便局でも購入できます。銀行で買うと口座管理料を取られますが、証券会社や郵便局では「口座管理料は無料」です（ただし、個人向け国債の口座管理料を無料にする銀行も増えました）。

強力な長所をもつ個人向け国債ですが、短所もあります。広告の下の方に書いてあるように「中途換金が可能」なのですが、その横に小さな文字で「発行日から1年経過後であれば、いつでも換金できます」と説明されています。個人向け国債は期間10年の運用商品ですが、最初の1年間は原則として解約できないのです。一般的な10年もの国債の換金性（流動性）が非常に高く、ほぼいつでも市場で売ることが可能であるのに比べ、個人向け国債の換金性は劣ります。

206ページでも説明したように、基本的に、市場で直接売買できる場合には売買コストが安く、特定の相手と売買するしかない場合には売買コストが高くなります。一般的な10年もの国債は、個人でも市場で直接売買するのに近い取引ができますので、中途売却時のコストは安いと考えてよいでしょう。他方、個人向け国債には流通市場がないため、国に買い取ってもらうしかなく（日本政府という特定の相手に売るしかなく）、一般的な国債に比べて中途売却時のコストは高くなっています。

個人向け国債の売却コストについては、広告の一番下に「中途換金によるお受取金額」の計算式として示されています。その式は「額面金額＋経過利子相当額－直近2回の利子相当額」となっており、「直近2回の利子相当額」つまり1年分の利息が売却コストに相当します。

たとえば、個人向け国債を2年5ヵ月間保有したあとに売却しようとすると、その時点まで半年ごとに4回、すでに計2年分の利息を受け取っていたはずです。そのあと5ヵ月分の利息については、売却時に「経過利子相当額」として受け取ることができます。その一方で、すでに半年ごとに4回受け取っていた利息のうち直近の2回分（1年分）が売却コストとして差し引かれます。

個人向け国債の中途売却コストは、一般的な国債よりも高いものの、あとでみる地方債（ミニ公募債）などの中途売却コストに比べれば、高いとは言い切れません。地方債などの場合には、実際に中途売却してみないとコストがいくらかかるかわからないので、その不透明さゆえに、かなり高いコストがかかる危険性もあります。

特定の過去1年分の利息が売却コストになるとわかっていて、その計算も事前に簡単にできるという意味では、個人向け国債の中途売却コストはそれほど高くないと評価できるでしょう。一般的な国債よりは高いものの、債券全般で比べれば高くないという感じです。

やや説明がくどいかもしれませんが、一般的な長期国債（固定金利型）と個人向け国債（変動金利型）の比較を、図38にまとめておきました。左に一般的な長期国債、右に個人向け国債の概念図が書かれています。ともに同じ年の4月に発行され、長期国債のクーポン金利が年2％で、個人向け国債の初回金利は年1・2％になっています（前月の長期国債のクーポン金利も2％であったとして、そこから0・8％を引きました）。

同じ額面価格10万円の国債を買ったとして、発行から半年後にもらえる利息は、長期国債なら1000円、個人向け国債なら600円です。しかし、もし発行から1年間で急にインフレが発生し、インフレ率が上昇したとすると、新規に発行される長期国債のクーポン金利も上昇します。ここでは年5％まで上昇したとしましょう。

このとき1年前に発行された2種類の国債は、それぞれ図の下側の左右にあるように変化します。すでに説明したように、一般的な長期国債はクーポン金利が変動しない（固定されている）ために、国債の流通価格が変動します。ここでは、額面価格10万円に対して流通価格は8万円まで下落しています。

これに対して、個人向け国債ではクーポン金利が変動するため、国債の価値（理論上の価格）は変化しません。ここでは、5％引く0・8％で、年4・2％まで金利が上昇しており、

図 38

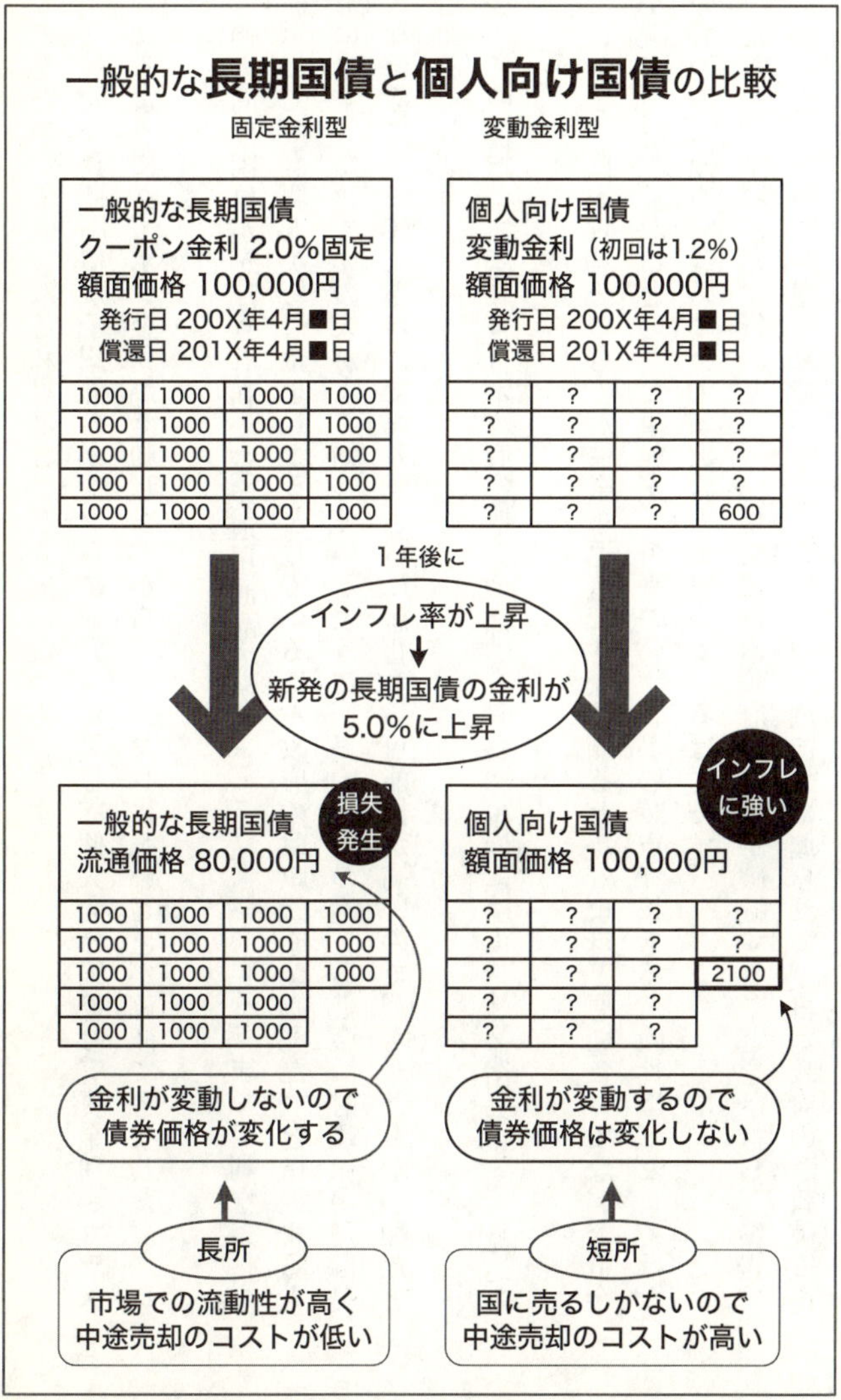
一般的な長期国債と個人向け国債の比較
固定金利型
変動金利型
一般的な長期国債
クーポン金利 2.0%固定
額面価格 100,000円
発行日 200X年4月■日
償還日 201X年4月■日
1000 1000 1000 1000
1000 1000 1000 1000
1000 1000 1000 1000
1000 1000 1000 1000
1000 1000 1000 1000
個人向け国債
変動金利（初回は1.2%）
額面価格 100,000円
発行日 200X年4月■日
償還日 201X年4月■日
? ? ? ?
? ? ? ?
? ? ? ?
? ? ? ?
? ? ? 600
1年後に
インフレ率が上昇
新発の長期国債の金利が
5.0%に上昇
一般的な長期国債
流通価格 80,000円
損失発生
1000 1000 1000 1000
1000 1000 1000 1000
1000 1000 1000 1000
1000 1000 1000
1000 1000 1000
個人向け国債
額面価格 100,000円
インフレに強い
? ? ? ?
? ? ? ?
? ? ? 2100
? ? ?
? ? ?
金利が変動しないので
債券価格が変化する
金利が変動するので
債券価格は変化しない
長所
市場での流動性が高く
中途売却のコストが低い
短所
国に売るしかないので
中途売却のコストが高い

このあと半年で受け取る利息は2100円になっています。

一般的な長期国債が予想外のインフレに弱いのに対し、個人向け国債は実質金利がプラスになるようにクーポン金利が変動しますから、インフレに強いことが確認できました。

個人向け国債がかなり有利な資産運用商品であることについて、「そこまで有利な条件を提示してでも個人から借金をしようとしている日本政府の財政状態が心配だ」と指摘する人もいます。たいていの人がよく知っているように、日本政府の抱える借金（財政赤字）は莫大な金額にまで膨れあがっており、さらに悪化する可能性が高いので、もっともな心配だと言えるでしょう。

＊国と地方をあわせた日本政府の借金残高は、2005年度には1000兆円を超える見込みです。

しかし、日本政府そのものが借金を返済できなくなるとか、よほど悪い条件でないと借金が続けられなくなるといった事態が、将来のいずれかの時点で起きる危険性は、ゼロではないものの「極めて低い」と大多数の人が思っているはずです。

ただし、本屋さんに行くと、近い将来に日本政府の財政が破綻することを予言し、警告するような本が何冊か売られています。そういった危機説に煽られて、日本政府の財政破綻を前提にした資産防衛策を実行する人もいるようですが、筆者としてはお勧めしません。

筆者としては、日本政府に過大な信頼を寄せているつもりはありません。しかし、日本に住む個人が、いまから日本政府の財政破綻を想定して資産運用などをするとなると、よほど勉強して国内外の現実の金融取引に精通しているのでない限り、かえって大変に危険です。バカ高いコストを支払うことになったり、悪質な業者に騙されて大損したりする危険性がとても高いのです。少なくとも、現在の筆者がもっている知識では、自分も失敗するだろうと自覚しています。

講演や著書などを通じて、日本政府の財政破綻の危険性について警告する人の中には、それで不安を煽って、じつはみなさんの資産を騙し取ろうとしている人もいるようです。すべての人がそうだとは思いませんが、そういった詐欺師の誰もが「私こそがみなさんの本当の味方です」と主張するでしょうから、素直に信じてはいけません。

こういった話で他人を頼ると、騙される危険性が高いと覚悟しておくべきです。そして、もしあなたが、日本政府が信用できないことを前提に何らかの取引をした場合には、騙されて損をしたとしても、日本政府が救済してくれる可能性は低いでしょう。

そこで本書では、日本政府の財政破綻の危険性を無視して話を進めていくことにします。先に紹介した用語で表現すれば、国債の信用リスクはゼロと考えるのです。

社債には信用リスクがある

さて、企業が借金をする際に発行する社債の広告として、図39を取り上げましょう。この広告は「凸凹コーポレーション株式会社（架空の企業です）」の社債の新規発行について宣伝しています。「4年債」とあり、この社債を購入する人は凸凹コーポレーションに4年間おカネを貸すことになります。「利率（仮条件）」となっているのは、まだ発行前で、利率（金利）も決定されていないことを示しています。

利率について、比較的大きな数字で「年1・75％〜2・35％」と書かれていますが、あくまで参考情報で、この範囲の利率が保証されているわけではありません（広告の中央にある注意書きを読めばわかります）。では、社債の金利（利率）はどんな要因を反映して決まるのでしょうか。

先に、一般的な国債はいろいろな金融商品の収益率を評価する際の基準になる、と述べました。社債の金利についても、国債と比べて考えると理解しやすいでしょう。

国債と社債の大きなちがいは〝信用リスク〟にあります。身の回りにある企業を思い浮かべてみると、企業にはいろいろあって、まず倒産しそうにないと感じられる企業もあれば、いつ倒産してもおかしくないと感じられる企業もあります。そして、企業倒産によって社債

図 39

新規発行社債のお知らせ

凸凹コーポレーション株式会社

第10回 無担保社債

4年債利率（仮条件） 年1.75%～2.35%

発行価格	額面100円につき100円
申込単位	100万円単位
償還期限	平成20年9月22日（4年債）
申込期間	平成16年9月1日～9月20日
払込期日	平成16年9月21日

この表示は情報のお知らせであり、上記の各条件は今後変更される可能性があります。当該債券や発行会社についての詳細な情報は「目論見書」に記載されていますので、そちらをご覧ください。

ただいま、お申し込み受付中です！

◆社債のご購入に際しては下記のリスクにご留意ください。

市場金利や経済情勢などに応じて価格が変動するリスク

社債の発行後は、市場金利や経済情勢の変化などの要因で、債券価格が購入時より上昇したり、下落したりします。そのため、投資元本を下回る可能性がありますので、ご留意ください。

発行会社の信用度に関するリスク

社債の元利金の支払いはすべて発行会社が責任を負いますので、経営状態の変化によって、債券価格が変動したり、元利金支払いの不履行や遅延が発生することもあります。従って発行会社の信用度を判断することが大切です。

「社債」のお申し込みに当たっては、必ず「目論見書」をご覧ください

目論見書のご請求は **凸凹証券**

上の広告は架空のものであり、登場する企業や金融商品などは、現実の企業や金融商品などとは一切関係ありません。

の元本や利息が払われなくなるリスクを信用リスクと呼んでいたのでした。

図のような社債の広告をみたときには、まず、社債を発行する企業の経営について心配すべきです（先に、個人向け国債の広告をみて日本政府の財政破綻を心配した人は、正しいのです）。その上で、自分で、満期までの期間などの条件がその社債とほぼ同じ国債を探して、金利を比較してみましょう。たとえば、どちらもクーポン金利が固定されているとして、社債の金利が、もし運用期間が同じ国債の金利よりも1％高いとしたら、それは主に信用リスクを反映していると考えるべきです。

現実の計算はややこしいのですが、数字にあまり強くない個人が大まかに判断するための簡便法としては、つぎのようにみておけばよいと思われます。類似条件の国債よりも金利が年1％高い社債を発行する企業は、今後1年間で倒産する確率が1％と予想されており、また、類似条件の国債よりも金利が年2％高い社債を発行する企業は、今後1年間で倒産する確率が2％と予想されている、と考えるのです。

一般化すれば、類似条件の国債よりも金利が年x％高い社債を発行する企業は、今後1年間で倒産する確率がx％ある、と評価するのです。

＊倒産する確率が同じ1％である企業100社に同じ金額ずつを貸したとして、平均的には1年間で1社が倒産して元本が返ってきません。全体の元本の1％が返済されないことが予想さ

れるのですから、貸し出す際に1%だけ余分に高い金利を設定し、余分に受け取る利息で返済されない元本の穴埋めをしているはずだ、と考えるのです。この計算は厳密には正しくありませんが、個人が信用リスクを判断する際の大まかな計算としては有効だと思われます。

226ページでも述べたように、筆者は、信用リスクを積極的に引き受けることで高い金利をもらうという運用手法は、たいていの個人には有効ではないやり方だと考えています。

金融機関などは、何百・何千・何万といった企業におカネを貸していますから、効率よく信用リスクを引き受けることができるのです。それを前提にして、信用リスクを引き受けたときのリターンの上乗せ分が決まりますから、他方でせいぜい数種類の債券しか保有しないような個人が信用リスクを引き受けても、そのうちの1社が倒産したときのダメージが大きすぎて、非効率的な運用でしかありません。

おまけに、やはり226ページでも述べたように、信用リスクの評価は金融機関でもむずかしいのです。また、信用リスクが高い社債を保有しているときには、発行企業の経営状態が悪化しそうな場合にすぐ情報が入手できないと不利ですが、そういった面でも個人はかなり損な立場にいます。社債の購入は、じつはかなり上級者向けの資産運用なのです。

さて、広告の下側に「社債の購入に際してのリスク」が書かれています。この社債も4年間クーポン金利が固定されており、一般的な長期国債と同じような固定金利型の債券です。

だから、273ページの図36でみたような価格変動リスクをもっており、たとえば予想外のインフレには弱いのです。その上に、先に述べた信用リスクもあります。広告でも、この2つのリスクに言及しています。

ミニ公募債は流動性リスクが高い

さらに、228ページでも述べたように、個人の資産運用であれば、流動性リスクについても注意すべきだと筆者は考えています。市場での取引が活発であるほど流動性リスクは低いのですが、債券の中では一般的な国債の流動性リスクが一番低く、個人にとって社債などの流動性リスクは比較的高いのが、日本の実情です。

何らかの事情で社債を満期前に中途売却しようとすると、市場では直接売れないことが一般的で、そのため、購入の際に窓口になった証券会社などに売るしかありません。すると残念ながら、すでに述べた「特定の相手にしか売れない場合には、売買コストは高い」という原則が当てはまることが多く、割高なコストによって損をする可能性が高いでしょう。

流動性リスクの問題がより明確になる債券として、地方債があります。この点についてはすでに228ページで説明しましたが、具体的な地方債の広告を示していませんでした。そこで図40をみてください。「○×△市」という架空の地方自治体が発行する地方債の広告で

図 40

住民参加型

◆5年債◆

第八回しゃちほこ市民債

○×△市は、個人向けの「第八回しゃちほこ市民債」を発行します。集めた資金は地震・水害対策などを推進するために使われます。

お申し込みメモ

資金使途：地震・水害対策などを推進する施策に使用
購入対象者：○×△市内に在住、あるいは在勤の個人
○×△市内に営業拠点等のある法人・団体
期間：5年［満期一括償還］
発行価格：額面100円につき100円
発行日：平成16年11月16日(火)
償還日：平成21年11月16日(火)
利払日：毎年5月と11月の各16日
募集期間：平成16年11月1日(月)～11月10日(水)
利率：平成16年11月10日(水)に公表の予定
購入可能額：一人当たり額面1万円から500万円まで
※マル優・特別マル優をご利用いただける場合があります

【本債券への投資には、下記のようなリスクが伴います】
本債券の価格は、市場金利の変動や発行者の信用状況の変化等によって上下しますので、償還前に売却すると、投資元本を割り込むことがあります。

お申し込みは **凸凹証券 しゃちほこ支店**

上の広告は架空のものであり、登場する企業や金融商品などは、現実の企業や金融商品などとは一切関係ありません。

す。広告の一番上に「住民参加型」とあり、「しゃちほこ市民債」という大きな文字の下には、「個人向け」の記述があります。これは、数年前から話題になることが多い、ミニ公募債と呼ばれるタイプの地方債です。

現実に、過去にいくつかの地方自治体が発行したミニ公募債は、募集額を大きく上回る応募があったりして、大変に人気があったようです。広告中央の「お申し込みメモ」にも書かれているように、①集めた資金の使途が明示されていて（この広告では地震・水害対策などを推進する施策に使用すると明記されています）、②購入対象者がその地域で住んだり働いたりしている人や団体に限定されています。

実際に、購入予定者を集めて、資金が使われる予定の施設などを見学してもらった地方自治体もあります。そのため、購入者は「私がこのミニ公募債を買うことで、私のおカネが、私が生活する自治体の特定の事業（災害対策や街づくり事業など）に活かされる」という充実感が得られます。これが人気の秘密のようです。

しかし、冷静に考えてみてください。ミニ公募債の資金使途が明確にみえても、それは詭弁でしかありません。たとえば、○×△市がミニ公募債で5億円を集めたとしましょう。その5億円は、公共事業としての必要性が高い災害対策に使われるということですが、でも、ミニ公募債が発行されなくても、税収などを使ってでも、その災害対策はおこなうべきなのではないでしょうか。

ミニ公募債でおカネが集まったことで、結局は、地方自治体の別の予算に使えるおカネが5億円だけ増えたと考える方が、本質に近い解釈でしょう。地方自治体がミニ公募債を発行しておカネを集めることが簡単であれば、結局のところ、地方自治体がムダな支出を切りつめて財政再建をする意欲を弱くするだけかもしれません。

＊地方自治体がミニ公募債を発行する裏側には、これまで「地元の役所とのつきあいを重視して」地方債を買ってくれていた地元の銀行などが、地方債を買ってくれなくなったという事情があります。つまり、ミニ公募債を買う人は、銀行が貸し渋っている相手に、その分のおカネを貸してあげていることになります。たとえが悪いかもしれませんが、借金が膨らんで消費者金融から借りられなくなった、大学生の孫が「勉強のために教科書を買うのに使うから」と祖父母にねだったとして、その言葉を信じておカネを貸す祖父母の心境に近いのかもしれません。

さて、広告の下の方には「購入可能額」が「1万円から」と書かれており、一般的な国債や社債よりも少額の投資が可能なことも、ミニ公募債の魅力のひとつです。この債券は5年ものですが、ミニ公募債は3〜5年ものが多いようです（中には7年ものなどもあります）。

なお、この広告は債券発行前のもので、利率はまだ公表されていないようです。

ミニ公募債の金利（利率）は類似条件の国債の金利を参考に決定されます。地方債の方が国債よりも流動性リスクが高い分だけ、金利に上乗せがあるのがふつうですが、ミニ公募債の場合には、上乗せ幅は0・01%よりも小さいことが多く、上乗せがない場合もあります。一般的な国債が5万円単位でしか購入できないのに対して、1万円程度から購入できるという意味で利便性が高く、また先に述べたように人気もありますから、金利の上乗せは必要ないと判断する地方自治体もあるのでしょう。

ミニ公募債は発行量が少なく、そのために何倍もの応募があって入手しにくいこともあります。しかし、発行時にどれだけ人気があっても、ミニ公募債を買った人が満期前に売ろうとすると、買ってくれる相手をみつけるのはむずかしく、そのため高いコストを支払って金融機関に買い取ってもらうしかないケースが一般的でしょう。

ミニ公募債の購入について冷静に判断するならば、国債に比べてほんの少しだけ有利な金利を得るために、流動性リスクの面で著しく不利になることを覚悟できるかどうかが、一番のポイントになります。

もし、国債と比べて金利の上乗せがないミニ公募債であれば、そもそも購入を検討するに値しない、と筆者は考えます。あるいは、資金使途の明確さにひかれて、地域貢献のつもりでミニ公募債を買っても、結局は、自分が生活する地方自治体の財政再建を遅らせて、志とは逆効果になるかもしれません。

第七章　「特約つき○○」の広告——富裕層向け商品はお得？

高金利の債券のカラクリ

不況で一般的な債券の金利が低いときに、それでも金利が高い債券の広告をみることがあります。1999年から2000年にかけて流行した〝EB債（他社株転換条項付債券）〟も、高金利を売り物にした債券でした。

2000年4月にいわゆるITバブルが崩壊し、その影響で多数の被害者を出したEB債は、関係した金融機関が何社も行政処分を受けたりして、社会問題化しました。それで世の中から消えたかのようにみえましたが、また再び、証券会社の店頭などでEB債の広告をみるようになりました。

たとえば**図41**の広告の上から2行目をみてください。長い名称が書いてありますが、中央に「他社株転換条項付円建債券」の文字があり、まさにEB債の広告です。債券の発行者は、広告の1行目に書いてある「○×王国貿易信用銀行」で、これも架空の団体ですが、海外（先進国）の公的金融機関で非常に信用度が高い（信用リスクが極めて低い）という想定になっています。

3行目には「償還対象株式」が「凸凹電気」であることが示されていますが、この企業も架空のもので、ただし日本の製造業を代表する有名企業という想定です。また、この債券は「2004年3月10日」に発行され、広告は発行直前に出されています。運用期間は「2

図 41

○×王国貿易信用銀行
期限前償還条項・他社株転換条項付円建債券（下方修正条項付）
償還対象株式 凸凹電気 好評発売中
年利率（課税前） 1年目 3.5% 2年目 1.5%
期間2年（最短3ヵ月で期限前償還される可能性があります）
下方修正条項：修正当初価格（受渡日（2004年3月11日）の償還対象株式の終値）が当初価格を下回っていた場合、期限前償還価格および行使価格が下記水準に下方修正されます。額面金額は下方修正されません。
期限前償還価格＝修正当初株価×1　行使価格＝修正当初株価×約0.8
■発行者……………○×王国貿易信用銀行
■売出期間…………本日から3日間（2004年3月8日〜10日）
■発行日……………2004年3月10日
■売出価格…………額面金額の100%
■お申し込み単位…額面金額：700,000円（行使価格×1,000）
■受渡日……………2004年3月11日
■満期日……………2006年3月10日（満期前償還の可能性があります）
■利払日……………3・6・9・12月の各10日（年4回、初回は2004年6月10日）
■利　率……………1年目：年3.5%（2004年3月10日〜2005年3月10日）
2年目：年1.5%（2005年3月10日〜2006年3月10日）
■当初価格…………880円
■修正当初価格……2004年3月11日（受渡日）の償還対象株式の終値
■期限前償還価格…880円（下方修正された場合は、修正当初価格×1）
■行使価格…………700円（下方修正された場合は、修正当初価格×約0.8）
■最終価格…………計算日の償還対象株式の終値
■計算日……………2006年3月3日（満期日の5取引所営業日前）
■参照日……………満期日を除く各利払日の5取引営業日前
■償還対象株式……株式会社凸凹電気　普通株式（銘柄コード：xxxx）
■償還の方法………額面金額あたり、以下の方法で償還されます。
（1）期限前償還：各参照日に償還対象株式の終値が期限前償還価格以上であった場合、その直後の利払日（期限前償還日）に額面金額で償還されます。
（2）満期償還：期限前償還されなかった場合、満期日に以下の方法で償還されます。　①最終価格が行使価格以上であった場合：額面金額で償還
②最終価格が行使価格未満であった場合：償還株式数の償還対象株式および（もしあれば）現金調整額
■償還株式数………償還対象株式の売買単位（現時点では1000株）で、確定株式数を超えない最大株式数
■確定株式数………額面金額÷行使価格
■現金調整額………（確定株式数ー償還株式数）×最終価格
※お申し込みの際には、必ず目論見書をご覧の上、本債券のリスク・注意点などを十分にご理解ください。

上の広告は架空のものであり、登場する企業や金融商品などは、現実の企業や金融商品などとは一切関係ありません。

年」ですが、「期限前償還」の可能性もあります（この点はあとで説明します）。

＊なお、このEB債が悪質な金融商品だとしても、凸凹電気（償還対象株式として選ばれた企業）は悪くありません。基本的に、上場企業の株式となれば、誰でも自由に売買できますので、こういった金融商品に組み込まれたとしても文句は言えないからです。

年利率（課税前）は1年目と2年目で異なっていて、「1年目3・5％、2年目1・5％」と大きな文字で記されています。日本でデフレが続いている時期の広告ですから、円での2年間の債券運用の金利としては、破格の高さにみえます。

この金利の高さは、株価変動のリスクを引き受ける代償として得られる仕組みになっています。176ページの図22で金利のオプション取引を組み込んだ金融商品を紹介しましたが、EB債は〝株式のオプション取引〟を組み込んだ金融商品です。このタイプの債券を〝仕組み債〟と呼ぶこともあります。

かなりややこしい内容になっていますが、広告を丹念に読めば、商品のカラクリがきちんと書かれていることがわかります。商品自体はお勧めできるものではありませんが、広告はそれなりに親切なのです。ここでは、要点だけをかいつまんで解説しましょう。

広告の2行目にある名称の中に、3つの「条項」が入っています。これらの条項をすべて理解しないと、商品の仕組みはわかりません。メインの条項は「他社株転換条項」で、満期日の1週間前（5取引所営業日前）に当たる計算日に、もし償還対象株式である凸凹電気の株価（終値）が特定の水準（行使価格）より安くなっていたら、満期日には、債券の元本金額（額面金額）が返済されるのではなく、その代わりに、凸凹電気の株式が渡されるのです。

＊今回のように、金融商品広告の中に「2営業日前」とか「5取引所営業日前」といった表現が出てくるときがあります。これは、銀行や証券会社あるいは証券取引所（株式市場）の休日を除いて、それらの営業日だけを数えた上で、ある特定日（満期日など）の2日前とか5日前の意味です。

広告の計算例をみてみましょう。たとえば債券発行時点の凸凹電気の株価が880円の場合には、そこから約2割安い株価の700円が行使価格となり、約2年後に凸凹電気の株価がもし700円より安くなったら、額面金額70万円の債券が、凸凹電気の株式1000株に転換されて償還（株式の現物で返済）されることが示されています。1000株と計算されたのは、額面金額70万円を株価700円で凸凹電気の株式に転換するからです。

他方、株価が700円以上になっていれば、額面金額の70万円が現金で返ってきます。この計算例でみる限り、凸凹電気の約2年後の株価が700円以上の場合には、債券の価値は株価に影響されず、元本金額を確保しつつ高い金利を受け取る運用になります。

ところが、株価が700円未満に下がると、株価に影響される運用へと変貌し、株価が700円より安くなればなるほど損をします。たとえば、株価が500円にまで下がっていれば、70万円の額面金額の代わりに、凸凹電気の株式1000株を受け取るのですが、これは時価50万円（＝1000株×株価500円）の価値しかありません。

1999年ごろには、EB債を売る金融機関側が客に対し、「日本の優良企業の株式に転換されるのだし、長期的にみれば株価は回復するでしょうから、それまで株式を保有していれば損はしませんよ」といったアドバイスをすることもあったようです。先の例であれば、50万円で買える株式を70万円で売りつけられるのですから、株式への転換によって20万円の損が発生していることは明らかです。

そもそも、このような大損の危険性があるから、ふつうではありえない高金利が得られるのです。それなのに、EB債を発行・販売する金融機関側は「損はしませんよ」とウソをついて売ったり、さらにひどいところになると、株式への転換の有無が決まる日（計算日）に償還対象の株式を大量に売る操作をして株価を下げて、意図的に客に損をさせたりしました。そしてその結果、金融庁から行政処分を受けたり、裁判で負けたりしました。

EB債は株価リスクをもつ商品ですが、そのリスクのパターンが特殊で、客にとっては大変に不利なのです。ふつうの株価リスクのパターンは、株価が下がればその分だけ損をするものの、株価が上がればその分だけ利益が得られるというものです。

ところが、ＥＢ債がもつ株価リスクは、株価下落時には株価が下がれば下がるほど損が拡大する危険性があるのに、他方、株価がいくら上がっても、利益は債券の金利が高くなっている部分だけに限定されていて、株価上昇のメリットを十分には享受できないのです。

かなり不利なタイプのリスクを引き受けるのですから、ＥＢ債の購入者としては、よほど高い金利をもらわないと割にあいません。しかしＥＢ債は、１３４ページで述べた「セット商品だからこそ割高な手数料を取られる金融商品」の典型例のひとつです。実際に、流行時にＥＢ債を開発した金融機関のほとんどが、非常に高い手数料を取っていたと言われています。要するに、ムダにリスクが高いだけの、ぼったくり商品だったのです。

さて、「下方修正条項」についても説明しましょう。この広告が作成されてからＥＢ債が発売（受け渡し）されるまでに数日のズレがありますから、その間に凸凹電気の株価が下がった場合に、ＥＢ債の購入者が不利にならないように、株式転換の基準となる株価を修正するための条項です。

先に、満期の１週間前の株価が７００円より高いか安いかで、株式への転換がおこなわれるかどうかが決まるという例を示しましたが、これはＥＢ債の発売時の株価を８８０円として、その約8割の株価として700円を基準株価（行使価格）にしていたのでした。EB債の発売時の株価が880円より安くなっていた場合には、その株価の約8割を行使価格として設定し直すことになります。

たとえば、EB債発売時に800円まで株価が下がっていれば、800×約0・8＝約640で、行使価格となる株価は640円程度に下がることになります。ただし、きっちりと「×0・8」で計算するのではなく、「×約0・8」となっているのは、1円単位の端数を出さないようにとの配慮かもしれませんが、やや不明瞭な感じがします。

なお、行使価格が変更になっても、額面金額は70万円で変わりませんので、実際に株式に転換される際には、1000株単位で株式に転換した上で端数金額が出ます。そのため、行使価格の下方修正がなされると、株式に転換された場合にも、一部は現金で払い戻すことになります。これが広告の下の方に書かれている「現金調整額」の意味です。

最後に「期限前償還条項」について説明します。このEB債は売り出されてから3ヵ月ごとに年4回の利払いがなされます。ところが、それぞれの利払い日の約1週間前（5取引所営業日前）には凸凹電気の株価がチェックされ、それが880円より値上がりしている場合には、このEB債はすぐに（直後の利払い日に）期限前償還されてしまうのです。

なお、もし下方修正条項による行使価格などの修正がなされていたとすると、それぞれの利払い日の約1週間前にEB債発売時の株価以上に値上がりしている場合に、期限前償還されてしまいます。

下方修正がなされているかどうかにかかわらず、要するに、少しでも株価が値上がりしていれば、さっさと期限前償還になります。客側にすれば、期限前償還されると額面金額がきちんと返ってきますが、その時点までの利息しか受け取れません。最初の利払い日は発行日の3ヵ月後ですから、「最短3ヵ月で期限前償還」というケースもありうるのです（この点については広告の中にきちんと書かれています）。

そうなれば、1年目に年3・5％の高金利といっても、その¼で、元本に対して0・875％の利息しか受け取れません。2割の税金を引けば、元本に対して0・7％の利息でしかありません。それで、このEB債での運用は終わってしまいます。

凸凹電気の株価が大きく下がれば大損する危険性がある一方で、その代償はというと、もし株価がすぐにちょっと値上がりした場合には、3ヵ月間で少しの利息をもらえるだけなのです（当然ながら、このケースになる確率は決して低くありません）。つまり、期限前償還条項のついたEB債は、客にとってかなり不利な金融商品だと思われます。

特約つきの外貨運用

外貨での運用商品にも、ＥＢ債と類似の仕組みをもつものがあります。図42の広告で宣伝されている「特約つき外貨預金」がその代表格で、１９９０年代からときどき流行し、現在も多くの銀行が販売しています。たいていの場合、特約つき外貨預金は〝通貨のオプション取引〟と預金を組み合わせたもので、ＥＢ債などと同様に、セットであるために手数料が割高になるタイプの金融商品です。

ＥＢ債が、株価に応じて株式に転換される債券であったのに対し、特約つき外貨預金は、為替レートに応じて外貨預金に転換される円預金と考えれば、理解しやすいでしょう。

＊この広告では「外貨預金」で「円償還特約つき」と書かれていますが、これを〝円預金〟に〝外貨転換の特約〟がついたものと考えても、ある場合は円預金、それ以外の場合は外貨預金になるという仕組みに変わりはありません。ここでは、わかりやすくするために、円預金に外貨転換の特約がついた商品として解説しています。円預金として償還されるときには、為替手数料がかかりませんから、基本は円預金だと考えているのです。

広告の中央には文章で、下側には図で、この商品のポイントが説明されています。数値例は書かれていませんが、仮に、預け入れ時点の為替レート（為替手数料をふくまないレートで、広告の中ではＴＴＭと表記されています）を１００円／ドルとしましょう。広告中に

図 42

満期に円で受け取ることになっても外貨で受け取ることになっても好金利！

預入金額：100万円相当額以上

取扱通貨：米ドル、ユーロ　預入期間：３ヵ月

円貨償還のときの預金金利	外貨償還のときの預金金利
年 **6** ％ 税引後 年4.8％	年 **1** ％ 税引後 年0.8％
満期時に円安にふれても、円安メリットは享受できません。	円に転換する場合、為替相場次第では差損が生じる場合があります。

《特約つき外貨預金のしくみ》お預入時に「円償還特約消滅相場」が決定され、その相場と判定日（満期日の２営業日前）のＴＴＭ※との比較で、元利金の償還通貨が円貨になるか外貨になるかが自動的に決まります。（お客様が償還通貨を選択することはできません。）

※ＴＴＭ：ＴＴＳ（円貨を外貨に替える際の相場）とＴＴＢ（外貨を円貨に替える際の相場）の平均値

円償還特約で、好利回りが期待できます

特約つき外貨預金

運用シミュレーション

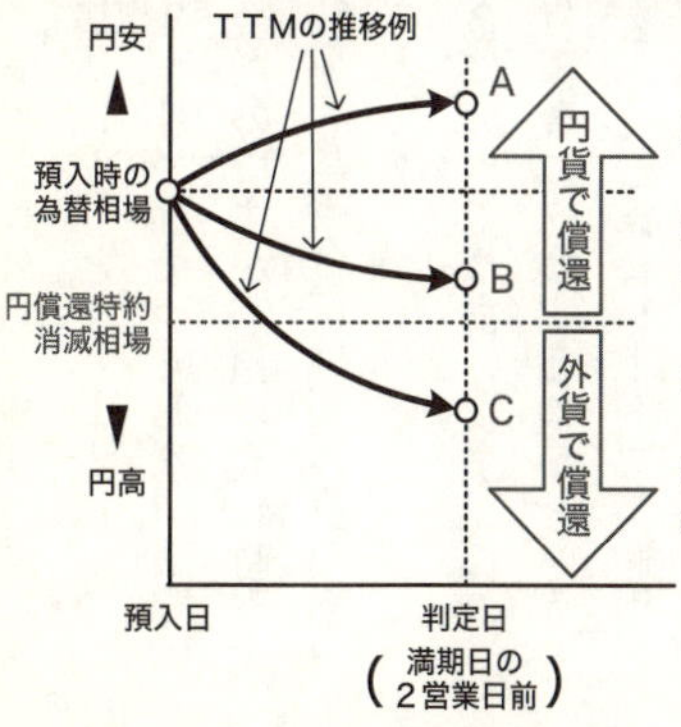

円貨で償還　（左図のＡとＢ）

判定日のＴＴＭが円償還特約消滅相場より円安の場合には、元本・利息とも円貨で支払われます。

外貨で償還　（左図のＣ）

判定日のＴＴＭが円償還特約消滅相場と同一あるいは円高の場合には、元本・利息とも外貨で支払われます。

上の広告は架空のものであり、登場する企業や金融商品などは、現実の企業や金融商品などとは一切関係ありません。

「円償還特約消滅相場」の名前で出てくる為替レートは99円／ドルとします。99円／ドルは、この商品が円預金になるか外貨預金になるかを判定する基準レートとなります。

この預金に100万円を預けるとしましょう。預入期間は「3ヵ月」となっており、満期日の2営業日前が「判定日」になっています。3ヵ月ものの預金なのですが、預け入れ時点と比較して、約3ヵ月後に為替レートが1円以上の幅で円高になった場合には、外貨預金（ドル預金）に転換されてしまいます。

たとえば、95円／ドルまで円高になったとすると、外貨預金になってしまいます。このとき、最初に預けた100万円をどの為替レートで換算して外貨預金に転換するのかというと、預け入れ時点のTTS（客が外貨を買うときの為替手数料をふくむ為替レート）が適用されるのです。

＊この商品は「特約つき外貨預金」として売られていますから、外貨に転換される場合にも、預け入れ時点にさかのぼって、その時点のTTSで外貨にして預金していたというかたちになるのです。

説明の都合上、為替手数料を別に考えることにして、大まかに計算してみましょう。満期日直前には為替レートが95円／ドルになっているのに、預け入れ時点の為替レートだった100円／ドルで交換したドル預金を渡されることになり、さらに為替手数料も取られます。

客側はドルという商品を買わされるのですが、時価95円のものを100円で売りつけられるのですから、この段階で必ず、1ドルにつき5円の損をします。

100万円を預けたとすると、1万ドルの外貨預金に転換されるのですが、その時点で約5万円の損が生じているのです。
＊現実には、為替手数料をふくんだ為替レート（TTS）の101円／ドルで、ドルに交換してから渡されることになります。現実の取引手順通りに、預け入れ時点で先に為替手数料が取られるとして計算すると、転換時の損は5万円ちょうどにはなりませんので、ここでは概算で約5万円としています。また、この損を為替差損と呼ぶのでした。
なおかつ、一般的な外貨預金のときと同じ為替手数料が適用されれば、片道1円／ドル（往復2円／ドル）として、満期時点で円預金に戻す場合には約2万円の為替手数料が、満期時点で外貨預金を継続する場合でも約1万円の為替手数料が取られることになります。

もし、もっと円高になって、たとえば90円／ドルになっていたら、同じように計算して、約10万円の為替差損プラス為替手数料（約2万円か約1万円）が、客の資産から消えてしまいます。

このタイプの商品は、為替レートが円高になった場合には、一般的な外貨預金と同様の為替差損を被る仕組みになっているのです。ただし、逆に円安が生じたときには、一般的な外貨預金では為替差益が得られるのに対し、この広告の商品では、円安時の為替差益は一切得られません。

失敗したときにはどんどん為替差損が膨らむのに、成功しても為替差益はまったく得られないのですから、ひどく不利な商品です。広告の中にも、大きな文字で「年6%」と書かれた下に、小さな文字ではありますが「満期時に円安にふれても、円安メリットは享受できません」との注意書きがあります。

特約つき外貨預金では、運用が成功したときのメリットは、為替差益ではなく、円預金の金利が少し高くなるかたちで得られます（この点はEB債と似ています）。広告の上側に「円貨償還のときの預金金利」は「年6%、税引後年4・8%」と書かれていて、確かにかなり高い金利です（円の通常の金利が非常に低い時代の広告ですので）。しかし、銀行が得意とする年率表示のトリックが応用されていて、運用期間は3ヵ月だけですから、満期時に得られる利息（税引後）は元本に対して1・2%（＝4・8%÷4）でしかありません。

100万円を預けたとして、どれだけ運用がうまくいっても、満期時に得られる利益は最高でも1万2000円（税引後利息）でしかないのです。客自身は成功しやすいタイミングを見計らってこの商品に預けるかもしれませんが、為替レートの予想は専門家でもなかなか当たりません。客観的に考えれば、この商品での運用が成功する確率は5割強でしょう。残りの5割弱の確率で失敗し、そのときには、最低でも3万円以上の損（手数料をふくみます）が発生し、悪くすれば10万円を超える損失の危険性もあります。実際に過去の為替レート変動をみれば、たった2日間で10円／ドル以上の円高が生じたケースもあり、100万円の元本が3ヵ月後に90万円より少なくなってしまう危険性は、決して無視できるようなものではないのです。

＊なお、最低でも3万円の損と計算されるのは、円償還特約消滅相場が預け入れ時点の為替レートよりも1円／ドルだけ円高に設定されているからです。外貨預金に転換された時点で、必ず1円／ドルの分だけは円高による損が生じ、さらに為替手数料が往復2円／ドルかかるとして、100万円＝1万ドルに対して3円／ドルで、3万円の損と計算しました。

また、円償還特約消滅相場が預け入れ時点の為替レートよりも1円／ドルだけ円高に設定されているために、3ヵ月間で1円／ドル未満の幅での円高が生じても、外貨預金には転換されず、運用は成功します。この点を考慮すると、この商品での運用が成功する確率は、ちょうど5割よりも少し（ただしせいぜい数％）だけ高いので、5割強と表現しました。

広告をみると「外貨償還のときの預金金利」は「年1％、税引後年0・8％」ですから、3ヵ月後に受け取る利息は元本に対して0・2％（＝0・8％÷4）でしかありません。この点でも、失敗したときには大損を覚悟すべきことがわかります。

わかりやすくたとえれば、コインを投げて、表が出たら1万2000円がもらえるけれども、裏が出たら3万円から10万円程度（運が悪ければもっと多く）を奪われるという賭けに参加するために、100万円の保証金をわざわざ3ヵ月間無利子で預けておくような仕組みの商品なのです。

なぜこんなに客側が不利になるのかというと、銀行側がバカ高い手数料を取っているからです。銀行が適度な手数料しか取らないで商品設計をすれば、運用成功時に円で償還される際には、年10％以上の金利がついて当然の仕組みの商品なのです。

＊じつはこれでも控えめな数字で、筆者の簡易計算によると、広告で提示されている金利をそれぞれ2倍して、円償還時に年12％、外貨償還時に年2％の金利がついたとしても、為替手数料も計算に入れれば、この商品に預けた客は平均的に損をすると予想されます。

広告の一番上をみると、「満期に円で受け取ることになっても、外貨で受け取ることになっても、好金利」を売り物にしていますが、商品のカラクリが理解できる客は、この売り文句を信じたりしないでしょう。銀行側からみても、まともな銀行員なら、本音では「こんな商品に手を出すのはよほどのバカだし、自分が本当に大切だと思っている客に対しては、絶対にこの商品を売ってはいけない」と考えているでしょう。

このタイプの商品が登場したのはかなり以前で、そのころには筆者も銀行に勤めていましたから、自信をもって断言できます。少なくとも当時それなりに勉強していた銀行員は（あまり勉強していなかった落ちこぼれ銀行員の筆者でさえ）、このタイプの金融商品の危険性を十分に理解して客に接していたと思います。当時の銀行員がそれでもどこかの客に売りつけたとすれば、本音では、その客に損をさせても平気だったということでしょう。

現在このタイプの金融商品を扱う銀行に勤務する銀行員の多くが、この商品をどう理解してセールスしているのか、筆者は実情を知りません。しかし、もし「まともな客には絶対に売ってはいけない商品だ」という意識が希薄になっているとしたら、残念な話ですが、基本的な金融技術が、バブル経済までの時代よりも格段に低下したということでしかありません。

プライベートバンクサービスの正体

つぎの**図43**の広告の下側にも、特約つき外貨預金が登場します。こちらの広告では「円預金」を主にした説明が書かれていますが、先にも述べたように「外貨転換特約つき円預金＝円償還特約つき外貨預金」ですので、基本的な仕組みは**図42**の商品と同じです。「特約レート」より円高か円安かで通貨が変わるのですが、特約レートの設定は先の**図42**の商品とやや異なります。それでも、円安時には少し金利が余分にもらえるだけで、円高時には大損する危険性があるという商品構造は同じです。

広告の一番下をみると、相違点のひとつは運用期間で、こちらは「3年」となっています（図42の商品では3ヵ月でした）。また、図42の商品は100万円から預けられたのに対し、こちらは「1億円以上」でないと預けられません。「VIP専用預金」との表示もあり、大金持ち専用の金融商品なのです。

広告の上側をみても、「1億円以上の金融資産をお持ちのお客様へ」とあり、「最高級のプライベートバンクサービスをどうぞ」とも書かれています。最近の日本の金融業界では、どうやら、金融資産が1億円を超える人たちを〝富裕層〟と呼び、富裕層向けに各種金融サービスを提供する業務（部門）を〝プライベートバンク業務（部門）〟とか〝プライベートバンキング業務（部門）〟などと呼んでいるようです。プライベートバンクサービスとは、そういった各種サービスの総称です。

正直なところ、金融機関にとってプライベートバンク業務は莫大な利益をもたらす可能性が極めて高く、とても魅力的な分野でしょう。新聞報道などで知っている読者も多いと思われますが、日本国内で特にプライベートバンク業務に力を入れて宣伝・営業していた外資系銀行が、2004年に違法取引が発覚して営業停止・業務撤退へと追い込まれました。これをチャンスととらえた他の金融機関（外資系や大手の銀行・証券会社など）は、2005年

図 43

一億円以上の金融資産をお持ちのお客様へ

最高級のプライベートバンクサービスをどうぞ。
凸凹銀行が持つ高度な金融技術を生かし、
専任の資産運用エキスパートが、
特別な金融商品を用意して、
お客様のご要望に速やかにお応えします。

円預金での好金利をお望みのお客様へ

ＶＩＰ専用預金 **『□☆○※△定期預金』**

円で好金利を目指すお客様で、指定の為替レートなら満期時に元本を米ドルで受け取ってもよいとお考えのお客様におすすめします。

■ 満期日２営業日前の為替レートが特約レート※と同じあるいは円安の場合、元本を円でお受け取り。（円普通預金に入金します。）
■ 満期日２営業日前の為替レートが特約レート※より円高の場合、元本を米ドルでお受け取り。（特約レートで米ドルに交換し、米ドル普通預金に入金します。）
※特約レートは、お預け入れ時にお客様にお選びいただきます。
■ 期間：３年　■ 預入金額：１億円以上、１万円単位　■ 利払：年１回

上の広告は架空のものであり、登場する企業や金融商品などは、現実の企業や金融商品などとは一切関係ありません。

に入ってから、積極的に新聞広告を出したり、組織を再編したりして、本腰を入れて勝負に出ている感じがします。

実態がわからない人からみれば、「大金持ち専用サービス」というと、何だかわからないけど、とにかく凄そうな感じがして、勝手に「大金持ちが優遇されるサービス」と信じている人もいるようです。また、それを煽るような本や雑誌記事もみかけます。

しかし、筆者の手元には、行政処分を受けて撤退した外資系銀行が1999年にひんぱんに出していた、プライベートバンクサービスの新聞広告がありますが、そこで紹介されている大金持ち専用の金融商品は、これまでみてきた特約つき外貨預金とほぼ同じものなのです。もっとあきれるのは、**図43**の架空広告を作成する際に参考にした現実の広告で、それは2005年になってから別の銀行が出したものだったのです。結局、いまも昔も、日本国内で営業している主要金融機関がプライベートバンクサービスの目玉商品として提供しているのは、特約つき外貨預金やEB債のたぐいの、ぼったくり商品でしかないようです。

筆者は「大変失礼だ」とお叱りを受けることを覚悟で、本書冒頭で金融業を風俗業にたとえました。本質をわかりやすく説明するには、ここでも同じ手法が有効です。要するに、「最高級のプライベートバンク」とは、「金融サービス業における高級ホストクラブ（あるいは、高級風俗店）」だと思っておけば、ほぼ正しいイメージでつきあえると思われます。

高級ホストクラブ（高級風俗店）なのですから、もちろん、客の欲望を満たす各種サービスを取りそろえています。客を気持ちよくさせる技術（話術など）を磨き、誠心誠意つくしてくれます。プライベートバンクと高級ホストクラブ（高級風俗店）の本質的なちがいは、「金持ちとしてチヤホヤしてほしい」という欲望を満たすのか、「女（男）としてチヤホヤしてほしい」という欲望を満たすのかのちがいでしかありません。

そして、いろいろなサービスにあれこれと手数料（チャージ）がかかり、ちょっとしたフルーツの盛り合わせでバカ高い料金が請求されるのと同じように、ちょっと資産運用をしようとすると、バカ高い手数料を取られるのです。

しかし、ホストクラブでも、客にフルーツやビールだけを出していたのでは、なかなか稼ぐのは大変ですから、いかにして高級シャンパンや高級ブランデーなどを注文してもらうかが、ホストの腕の見せ所になります。客が注文しても、どうせホストの方が一気飲みしたりするのですから、ビンに高級酒のラベルさえ貼ってあればいいのかもしれません。

さて、この架空広告には「凸凹銀行が持つ高度な金融技術を生かし、専任の資産運用エキスパートが、特別な金融商品を用意して、お客様のご要望に速やかにお応えします」と、いかにも凄そうな話が書かれています。筆者なりに翻訳すると、「専任の資産運用エキスパート」と称するホストが巧みな話術でヨイショをして、細かなサービスを迅速にこなし、それで気持ちよくなった客に「高度な金融技術」というラベルを貼った「特別な金融商品」を注文していただく、といった感じでしょうか。

しばらく前に、高等数学を駆使した金融理論で、金融工学とか数理ファイナンスと呼ばれる分野が話題になったことがあります。しかし、これに代わって数年前からは、心理学を取り入れた行動ファイナンスと呼ばれる分野が注目されるようになったこともあり、もはや金融工学（数理ファイナンス）は流行遅れになってしまいました。

＊金融工学（数理ファイナンス）と異なり、行動ファイナンスは個人の資産運用においても有益な示唆を与えてくれます。ただし、内容を正しく理解するためには、まず基本的な数学（特に確率）の考え方を学ぶ必要があります。資産運用の上で数学と行動ファイナンスがどのように役立つかを知りたい人は、まず、ジョン・アレン・パウロス著（望月衛・林康史訳）『天才数学者、株にハマる』（ダイヤモンド社）を読むといいでしょう。

それでもなお、プライベートバンクサービスの世界では、「高度な金融工学を応用したハイテク資産運用」というラベルが、非常に割高な料金を正当化するために使われています。まあ、ホストクラブでの高級酒と同じで、大切なのは中身よりラベルなのです。

つまり、プライベートバンクサービスの本質は、大金持ちからごっそり手数料をもらうことにあります。

＊この点を証明する事実が他にもあります。じつは、ある外資系銀行では、1億円以上もっている客にしか売らないはずのプライベートバンクサービス専用金融商品を、数百万円しか資金がない客にも売っていたというのです。銀行側とすれば、あまりにボロ儲けできる商品なので、少額の資金しかもたない客にもこっそり売って、とにかく利益を増やしたかったのでしょう。

銀行側にとって、特約つき外貨預金やEB債のような商品には、別の長所もあります。たとえば、図43の商品は「期間3年」で、図42の「期間3ヵ月」に比べてかなり長い運用になっています。円高による損失幅は、運用期間が長いほど大きくなる危険性があり、プライベートバンクサービス向けの方がずっと危険な商品になっているのです。

もちろん、運用期間が長い方が、より多くの手数料を一発で取れますし、結果が出るまでに時間がかかることを利用して、その間に別のぼったくり商品も売ることができます。そして、もし3年後に、このVIP専用預金に預けた客が大損していても、外貨のままで運用を続ければ、表面的には損失が確定しない（損失は円に戻すことで確定する）ことを利用し、むしろ、別の外貨運用商品を売りつけるチャンスと考えるのです。あるいは、EB債が株式に転換されてしまった客に対しては、その株式に関係した複雑な金融商品をさらに売りつけるチャンスができます。

凄腕ホストが、口八丁手八丁であれやこれやと客にカネを使わせ続けるのと同じです。優秀なプライベートバンカーなら、つぎつぎに新しいラベル（金融技術）を貼った金融商品を客に勧めて、何をどう運用して儲けたのか損したのか、とにかく何がなんだか客自身がよくわかっていない状態を維持しながら、でも客自身には「自分はきちんと理解している」と錯覚させながら、手数料を取れるだけ取ることができなくてはいけません。

当然ながら、プライベートバンカーにとって話術はとても大切な武器で、失敗したときには、専門用語を駆使して客を煙に巻く必要があります（そのための話術は、ビジネススクールと呼ばれる学校などで習うことができます）。

そして、失敗は話術でごまかすという基本営業方針の下では、特約つき外貨預金やEB債は、高度な技術を駆使しているというイメージを与えやすい一方で、客には仕組みがわかりにくく、損失を先送りしやすいなどの長所をもちますから、銀行側にとって大変優れた商品です。失敗をごまかしやすく、失敗しても成功しても、つぎのぼったくり商品を売りつけるチャンスが得られるからです。

だから、もし失敗して客が損をするときにも、どうせなら大損してくれた方が、客が円に戻して損失を確定させる気をなくすでしょうから、そのまま別の外貨運用に引きずり込みやすいのです。

あるいは、資産のかなりの部分を失って資産運用が怖くなり、取引を打ち切る客がいたとしても、銀行側からすれば、その客の懐具合に応じて十分に巻き上げたということになります。遊びすぎてカネが払えなくなった客は、高級ホストクラブにとって、もはや客でないのと同じことです。どちらにしても、プライベートバンカーが客に対して、一発で大損する危険性がある商品を売りつけることには、合理的な理由があるのです。

もっと複雑な特約つき外貨運用

現実のプライベートバンクサービスでは、もっと複雑な仕組みの金融商品を推奨されたりします。高度な金融工学を駆使する人たちにとって、そういった商品開発は得意なのです。あまり複雑な仕組みだと、客にきちんと説明して理解してもらうことは完全に不可能になりますが、その方が都合がいいことは、先に述べた通りです。どうせ、凄腕ホストが話術でごまかすことが前提ですから、デタラメな商品ほどかえって使いやすかったりするようです。

ここまでの説明がややこしいと感じている読者も多いと思います。さらにあまり複雑な商品を紹介しても、説明が格段にややこしくなるだけですから、少しだけ複雑性が増した商品として、**図44**の広告を簡単に解説し、この章を終えたいと思います。なお、こちらは１００

図 44

新規発行外債のご案内　《 現在お申し込み受付中 》

凹凸共和国産業金融公社

2006年1月20日満期
カナダドル償還特約付 円／カナダドル債券

売出期間：2005年1月11日～1月19日

利率［円ベース］ 年 3.3％ （期間 1年）

☆売出価格……額面金額の100％
☆利払日………2005年7月20日・2006年1月20日
☆償還期日……2006年1月20日 ※利金・償還金のお支払いは翌営業日以降
☆受渡期日……2005年1月20日
☆申込単位……額面100万円

当初為替レート　2005年1月20日東京時間午前11時現在の金融情報画面の「JPN¥」に表示された1カナダドルに対する日本円の売値と買値の単純平均値

ノックインレベル　当初為替レートから8.5円を引いたレート
※本債券の償還形態を決定する際の基準為替レートとなります。

観察期間　2005年1月20日東京時間午前11時から2006年1月6日東京時間午後5時までの期間

円／カナダドルレート　観察期間中の東京時間午前8時～午後5時の間に金融情報画面の「JPN¥」に表示された1カナダドルに対する日本円の売値と買値の単純平均値

償還の方法　●観察期間中のどの時点でも円／カナダドルレートがノックインレベルを上回っている場合、額面金額100万円当たり100万円で償還 ※仮に円安が進展しても為替差益は享受できません。
●観察期間中のいずれかの時点で円／カナダドルレートがノックインレベルを下回るか等しくなった場合、額面金額100万円につき、100万円を当初為替レートで割ったカナダドルの金額で償還

本債券の特徴
◆ 払込金および利金は円建です。
◆ 償還金は観察期間中の円／カナダドル為替レートの水準に応じて円あるいはカナダドルのどちらかで支払われます（為替リスクがあります）。

※お申し込みの際には、必ず目論見書をご覧の上、ご購入をご検討ください。

上の広告は架空のものであり、登場する企業や金融商品などは、現実の企業や金融商品などとは一切関係ありません。

万円単位で申し込みできる、一般的な金融商品です。

この商品は、通貨のオプション取引と債券をセットにしたものですが、ふつうのオプション取引ではなく〝経路依存型オプション取引〟と呼ばれる特殊な取引を使っています。もっとも、かなり昔からあるタイプの商品で、この商品で使われているオプション取引も、この商品そのものも、専門家からみれば、かなり簡単な金融取引（金融商品）の部類に入ります。ただし、商品設計の際の計算では、コンピューターを駆使して膨大な計算をする必要があり、ＩＴ（情報技術）の進歩によって実用化された金融商品と言えます。

先の**図42**や**図43**の商品と比べると、まず、外貨預金の代わりに外貨債券が使われていますが、どの商品も満期まで保有することが前提で、中途解約や中途売却はできないか、できても非常に不利な条件になるでしょうから、預金と債券のちがいにさほど意味はありません。なお、この債券の発行者の「凹凸共和国産業金融公社」は、もちろん架空の団体ですが、先進国の公的金融機関であり、信用リスクはないものと仮定しましょう。

ただし、外貨預金は好きなタイミングで運用が始められるのに対し、外貨債券は決められた運用期間で運用するしかありませんから、自由度はやや劣ります。しかし、コスト面を考えると、こういった債券は証券会社が扱っていますので、銀行が扱う外貨預金と比べると、年間為替手数料が半分ですむ可能性が高いでしょう。その一方で、外国債券を購入すると、

350円（税込み）程度の口座管理料が徴収されるのが一般的ですが、このタイプの商品では免除されたりするようです。

この債券の運用期間は「1年」で、円ベースで「年3・3％」の金利がもらえます。また、金利の支払いだけは、必ず円でおこなわれます。

外貨として「カナダドル」が選ばれていて、「カナダドル償還特約付、円／カナダドル債券」となっています。円とカナダドルのどちらで償還されるかは、広告の下半分に書かれたルールにしたがって決まります。ここでは、円の債券にカナダドル転換の特約がついているものと考えましょう。

「ノックインレベル」として説明されているのが、カナダドルへの転換の基準となる為替レートです。当初為替レート（運用開始日の午前11時の為替レート）から8・5円／カナダドルだけ円高に設定された為替レートがノックインレベルになります。これを基準に、それよりも円高になった場合には、当初為替レートで換算したカナダドルで償還されますから、大きな為替差損を被る危険性があります。他方、ノックインレベルを超える円高が生じなければ、円で償還されますから、元本に対して3・3％（税引前）の利息がもらえるだけで、為替差損も為替差益もありません。

基準となるノックインレベルが、当初為替レートよりも８・５円／カナダドルも円高に設定されていますが、仮に当初為替レートを８５円／カナダドルとすると、ちょうど１０％までの円高なら、ノックインレベルを超えないことになります。１０％以上の幅での円高が生じなければ、運用は成功し、客が損をすることはないのです。このように説明すると、成功する確率の方が失敗する確率よりもかなり高いように思えます。

しかし、広告の説明をよく読むと、カナダドルへの転換条件は、もう少し複雑です。債券の運用期間の1年間ずっと、銀行同士での外貨取引で標準的に使われる金融情報端末に表示される円とカナダドルの交換レートを観察し、「観察期間中のいずれかの時点で円／カナダドルレートがノックインレベルを下回るか等しくなった場合」には、カナダドルで償還されてしまいます。

３０７ページの**図42**の特約つき外貨預金では、満期日の2営業日前の為替レートだけで判断されたのに、こちらは、１年間のどの日に基準の為替レート以上の円高水準になっても、それでカナダドルへの転換が決まってしまうのです。

先の**図42**の商品であれば、満期直前の為替レートだけで判断できますから、いくつかのデータをもちいて簡単な計算をすれば、平均的にどれくらい儲かるか損するか、大まかな評価ができました。しかし今度の商品は、１年間の為替レートの変動パターンに応じて、千差万別の結果がありえますから、単純には評価できないのです。だから〝経路依存型〟と呼ばれているわけです。

なお、銀行でも、経路依存型オプション取引を組み合わせたタイプの特約つき外貨預金は、かなり前から販売されています。EB債が流行した時期には、こういった経路依存型オプション取引を応用したEB債や、もっと複雑なオプション取引を応用したEB債が、新聞広告などで宣伝されていました。

＊じつは、図41のEB債も、3ヵ月ごとに期限前償還される条項がついていましたので、経路依存型の性質を少しもっていたと言えます。シンプルなEB債の広告をみつけるのは、意外にむずかしいのです。

このタイプの商品での損得をきちんと計算しようとすると、高価なソフトウェアが必要になります。昔は「1億円のソフトが必要」などと言われていましたが、いまは十数万円のソフトでもかなりいい計算結果が得られるようになっています。とはいえ、個人でそんなソフトを買う人はあまりいないでしょう。単純な特約つき外貨預金と比べて、商品開発側と客側の情報格差がずっと広がっているのですから、当然のことながら、客が騙される危険性はさらに高くなっていると考えるのが無難でしょう。

第八章　「年金保険」の広告——老後の不安につけ込む

ただ保険会社を儲けさせるだけの年金

本章では、年金保険の広告をみていくことにします。２００３年から２００４年にかけて、公的年金制度の改革が話題になり、国会議員の国民年金未加入問題や、年金運用の失敗や、特定の人たちと一般庶民の年金格差などの問題がどんどん報道されて、将来の年金不安が増幅されました。また２００５年春のペイオフ完全解禁もあり、低金利が続くこともあって、個人で資産運用をして年金を用意するための金融商品、いわゆる個人年金保険（単に個人年金とも呼びます）を契約する人（加入者）が急増しました。

金融機関側も、つぎつぎと新商品を発売し、大々的に宣伝・勧誘活動を展開しています。これから6つの個人年金保険の広告をみますが、すべて原則として、加入者は最初にまとまったおカネを一括で支払い、それを金融機関に長期間運用してもらい、運用が終わったら、年金として受け取るという仕組みになっています。運用期間中に加入者が死亡した場合の生命保険機能もついています。

商品によって、運用方法や年金受取方法や生命保険機能などにちがいがありますが、特に注目すべきは、やはり運用方法のちがいです。完全に金融機関に運用をお任せするタイプもあれば、客がある程度自由に運用を選択できるタイプもあります。元本確保を重視して運用するもの、外貨での運用を中心にするもの、株式での運用を中心にするもの、いろいろとミックスして運用するものなど、多種多様な個人年金保険が用意されています。

本章の架空広告を作成するのに参考にしたのは、すべて２００４～０５年に新聞に掲載された広告ですので、デフレと低金利を背景にした商品設計となっています。まず、そんな中で、確実に資産を増やしたい人をターゲットにした個人年金保険からみてみましょう。

図45の広告です。大きく商品名が書かれた下に、小さな文字で「積立利率変動型個人年金保険」とあります。これが商品の性質を示す名称ですが、「利率変動型」というのですから、たとえば１０年後にどれだけおカネが増えるかわからないのかと思ってみると、そうではないようです。

広告の上から2行目や、中央の利率表示をみると、どうやら１０年以上の運用を原則とした商品で、最初の１０年間が「利率保証期間」となっており、その１０年の運用では「円建てで元本も利率も保証」となるようです。「積立利率１・１０％」とも表示されており、これはもちろん年率の金利で、超低金利下に円の運用で年１％を超えるのですから、それなりによさそうな金利と感じた人も多かったでしょう。しかし、その横に「実質利率０・５８％」とも書かれています。この２つの利率はどうちがうのでしょうか。

広告の下側に細かな文字で書かれた説明をよく読むと、ある程度の仕組みがわかります。

図 45

豊かな老後のために

円建てで、しかも元本も利率も保証。[※1]

堅実に増やしたい方に最適です。

△○□☆年金保険

積立利率変動型個人年金保険

円建て 利率保証期間 10年	積立利率[※2] 1.10%	実質利率[※3] 0.58%

がっちりふやす

円建てで元本保証により、ご契約時に年金原資が確定。固定利率の複利運用で有利です。

万一のときも安心

死亡保証金として元本相当額を保証。ご家族も安心です。

いろいろな受取方法

一括受取や一生涯の受取など、いろいろな受取方法が選択できます。更新や転換も可能。

◆契約年齢：0～80歳

◆基本保険金額：300万円以上1円単位

◆保険料払込方式：一時払のみ

※1：中途解約の場合には元本保証はありません。　※2：積立利率は、契約時費用などを控除した資産残高に対して利率保証期間の終了時まで適用される利率です。※3：実質利率は、元本相当額と満期時の資産残高を基に計算した年換算利率（複利）です。

［解約時の払戻金について］解約の際の払戻金は、解約時期や金融市場の情勢に応じて調整されますので、払戻金が増加または減少することがあります。

ご契約に当たっては、必ず「商品パンフレット」「ご契約のしおり／特に重要なお知らせ」「特別勘定のお知らせ」をお読みください。

上の広告は架空のものであり、登場する企業や金融商品などは、現実の企業や金融商品などとは一切関係ありません。

この年金保険の加入者は、「300万円以上」のおカネを最初に「一時払《いちじばらい》」の保険料として支払い、それを金融機関に任せて運用してもらい、運用終了後に「いろいろな受取方法」から選択して年金として受け取ることになります。運用期間中に加入者が死亡した場合には、死亡給付金として払い戻されますが、最初に支払った元本金額が保証されています。

ここまで読んで、「元本保証で運用しているのだから、死亡時の給付金が元本保証されるのは当然じゃないのか」と疑問に思った読者もいるでしょう。じつは、広告の右下の辺りに、利率などについての注釈が細かく書かれており、この部分に一番大切な内容が集約されています。

わかりやすく要約すると、たとえば加入者が一時払保険料として1000万円を支払ったとして、まずそこから「契約時費用など」が差し引かれます。きちんと計算するとわかるのですが、契約時費用などとして約5％（約50万円）が差し引かれるようです。そして、約950万円になった資産残高に対して利率保証期間の10年間は「年1・10％」の利率での運用がなされ、10年後に約1060万円になります。

結果として、1000万円が10年で約1060万円になったという点に注目して利率を計算し直すと、1年複利での換算利率は「年0・58％」になるということです。客側がみるべき利率は、もちろん年0・58％の方です。いくら超低金利下でも、10年固定の運用でこんな利率（金利）しか得られないのでは、まったく魅力がありません。

しかも、「中途解約の場合には元本保証はありません」とあります。一番最初に5％減った資金を運用しているのですから、年1・1％の利率で運用しても、運用期間10年のうち前半のほぼ5年間では、元本より少ない資産残高になっているはずです。だから、その期間に中途解約すると、1000万円より少ない金額しか戻ってこないのです。

また、その期間に加入者が死亡した場合にも、そのままでは1000万円より少ない金額しか給付できませんから、それではひどすぎるということで、「死亡保証金として元本相当額を保証」して、1000万円を家族に返してくれるわけです。この点について、広告の中では「万一のときも安心」とか「ご家族も安心です」と宣伝していますが、こんな商品に手を出さなければ、そもそも1000万円は加入者の家族の手元にあるはずのおカネなのです。客をバカにしているとしか思えません。

なお、利率保証期間の10年を超えて運用する場合には、運用の利率が変動します。だから商品の正式な種類としては「積立利率変動型個人年金保険」となっているのです。

とにかく、まともな客なら手を出すべきではない商品のように思われます。もっとも、金融機関側からすれば、低金利の時代に、元本保証で何とか有利な運用をして老後の資金を残したいという客を相手にして、年金保険を開発するとなると、しかも手数料もしっかり稼ぐ必要がありますから、あまり高い金利は提示できないのでしょう。

そこで、円より金利の高い外貨を活用するという、お約束のパターンが登場するわけです。**図46**の商品がそれです。

広告の右上に「金融資産を１億円以上お持ちの方へ」と書かれていますので、じつはプライベートバンクサービスの一環として提供されている個人年金保険なのです。ただし、商品名の下に「積立利率変動型個人年金保険」と書かれていますので、先の**図45**と同じ種類の年金保険だとわかります。先の商品との大きなちがいは運用通貨だけで、「米ドル建て／ユーロ建て」とありますから、米ドルあるいはユーロで運用できるようです。

広告の左側にフローチャートがあり、米ドルでの運用例が書かれています。また右側には、利率などが表示されています。積立利率は１０年間は「年３・１％」で固定され、ただし最初の１年だけは「プラス１％」があって、年４・１％で運用されるようです。

なお、先の**図45**の商品と異なり、最初に費用を差し引かれることはありません。広告中の例では、一時払保険料を５２５０万円として、それが１０５円／ドルの為替レートで米ドルに交換され、５０万ドルの元本が１０年間運用されますので、１０年後には６８・５万ドルへと、３７％も年金原資が増えることが示されています。

図 46

外貨建て個人年金保険

凹凹凸凸

積立利率変動型個人年金保険
（米ドル建て／ユーロ建て）

10年で37％増

金融資産を１億円以上お持ちの方へ。
いまの資産を有効に活かして、
一生涯豊かにくらすためのお小遣い
を手に入れましょう。

◎米ドル・ユーロ建て年金で、通貨の分散投資が可能。
◎10年後の年金受取時に為替レートが76.64円／ﾄﾞﾙを超える円高にならなければ、年金の受取金額は円建てで当初支払い保険料を下回りません。

ご契約の例
50歳・男性・据置期間10年

一時払保険料が5,250万円なら
米ドル元本 50万ﾄﾞﾙ ※1

↓ 10年の運用 ※2

年金原資
米ドル 68.5万ﾄﾞﾙ
7,193万円相当※3

↓ 一生涯の年金受取なら

年金金額
米ドル 28,941ﾄﾞﾙ ※3
304万円相当※1

【保証金額付終身年金の場合】

米ドル建て
積立利率
3.1％
1年目はプラス1％
10年固定

米ドル建て
年金原資
37％増加

多彩な
年金受取
方法

※1：為替レートを105円／ﾄﾞﾙとして換算しています。
※2：据置期間中に被保険者が死亡した場合には、死亡給付金の保障があります。
　　また、災害などによる死亡の場合には災害死亡給付金の保障があります。
※3：所得税・住民税の課税対象となります。
　　上記例以外に、一時金・確定年金・夫婦年金などの受取方法が選択できます。
　　米ドルで保険料を支払い、年金をユーロまたは円で受け取る場合には、所定の為替手数料がかかります。
※4：途中解約はいつでも可能ですが、所定の解約費用などが差し引かれますので、一時払保険料を下回る可能性があります。

上の広告は架空のものであり、登場する企業や金融商品などは、現実の企業や金融商品などとは一切関係ありません。

ここまでの話だけで、魅力的に感じた読者がいるかもしれません。しかし、これまでの章でも何度か述べてきたように、この商品が本当に魅力的なものかどうかを評価したければ、比較の基準となる情報を調べるべきです。米ドルでの10年間の固定金利での運用なのですから、ちょうど比較基準になる金融商品があり、情報が簡単に入手できるはずです。それは〝10年ものアメリカ国債〟です。

＊気がついた読者もいるでしょうが、この年金保険は266ページの図35の外貨預金とよく似ています。保険関係の費用がかかるなどの点で、たぶん、客にとってはこちらの商品の方がさらに不利でしょう。

268ページにも出てきましたが、10年ものアメリカ国債の金利が年4％より低くなることは珍しいのです。実際に、筆者がこのタイプの現実の広告をいくつか集めて、それが出された時点のアメリカ国債の金利と比べると、必ず年率で1％以上の差がありました。プライベートバンクサービスとして宣伝されている商品でも、そうだったのです。

この年金保険では、最初に費用を取られないからよさそうにみえましたが、毎年1％以上の費用を差し引かれていると考えるべきです。大まかに言えば、金融機関側は、客から集めたおカネで10年ものアメリカ国債を買い、たとえば年4・6％の固定金利で運用しながら、年1・5％（1年目だけは0・5％）を手数料として差し引き、残りの利息を年金原資に加えればいいのです。

現実にはもう少し手間がかかるのでしょうが、それでも、金融機関の一般的なビジネスからすれば、簡単な割に儲け幅が大きい、おいしいビジネスと評価できるでしょう。

とにかく、客側からすれば、この商品に手を出すべきでなく、同じような運用がしたければ、単純にアメリカ国債を買うべきです。

アメリカ国債を買うと、為替手数料や口座管理料などのコストがかかります。しかし、この商品の場合にも、広告の下側の注意書きに「米ドルで保険料を支払い、年金をユーロまたは円で受け取る場合には、所定の為替手数料がかかります」とあるように、為替手数料はかかるのです。この年金保険を契約したときの為替手数料については明示されていませんが、規定通りに取られると覚悟した方が無難でしょう（無料だったり、割引があったりすれば、広告の中で大きくアピールするはずです）。

この商品を扱うのが銀行で、為替手数料が片道1円／ドルであれば、他方、証券会社でアメリカ国債を買うときの為替手数料はふつう片道0・5円／ドルですから、この点でもアメリカ国債の方が有利です。口座管理料は金額に関係なく年3150円がふつうですから、多額の資金を運用することを前提にすれば（年金保険はかなりまとまった金額を運用することが前提の商品ですので）、無視してもいいぐらいの差にしかなりません。

さらに、注意事項の中に「据置期間中に被保険者が死亡した場合には、死亡給付金の保障があります」と書かれています。これが特に有利な条件でないことは、先の商品の説明で述べた通りです。

また、「途中解約はいつでも可能ですが、所定の解約費用などが差し引かれますので、一時払保険料を下回る可能性があります」ともあり、途中解約（中途解約）の際に余計なコストを取られることが明らかです。すでに何度も指摘してきたように、市場で直接売却できる国債の売買コストに比べて、特定の相手との間で途中解約手続きをするしかない個人年金保険では、そのコストが高くなるのは当然です。

つまり、金利とコストの両面で、ふつうにアメリカ国債を購入するという運用に劣るのですから、コストを差し引いたリターンでみると、この商品は圧倒的に不利なものだとわかります。またしても、プライベートバンクサービスの名の下に新聞広告で宣伝されていた金融商品が、ぼったくり商品でしかないことが判明しました。

米ドル（あるいはユーロ）で運用するという点が高級にみえるかもしれませんが、庶民がふつうに証券会社で買えるアメリカ国債（あるいはヨーロッパ各国の国債）と比べて、中身はさほど変わらず、それなのにずっと割高な商品だったのです。

まさに、高級ホストクラブが、ふつうの酒屋で安く売っているアメリカ産やフランス産やイタリア産のワインを買ってきて、高級そうなラベルを貼ったビンに詰め直して、ゴージャスな雰囲気だけで、高い値段で提供しているといった感じでしょう。

単にアメリカ国債を買うのとは異なる点として、「災害死亡給付金」などの保険機能がついていたり、「多彩な年金受取方法」が選べたりしますが、高い手数料を考えれば、大したサービスではありません。筆者には、高級ホストクラブで客がタバコを吸おうとすれば、さっとライターが差し出されるのと、さほど変わらないサービスにみえます。

＊災害死亡給付金については、あとで少し説明を加えます。

客に有利な商品設計はそもそも無理？

2つの年金保険をみてきましたが、外貨を活用しても、元本保証の運用では「老後の資金をどんと増やしてみせます」といった感じの、派手な商品はできないのです。そこで、株式運用を積極的に取り入れた年金保険が脚光を浴びています。〝投資型年金保険〟とか〝変額年金保険〟などと呼ばれるものです。

じつは、同様の商品はバブル崩壊直後にも話題になりました。いくつかの銀行と生命保険会社がタッグを組み、このタイプの商品を資産家の老人などに相続税対策として言葉巧みに斡旋し、しかもローンまで組ませて巨額の（何億円もの）契約をさせた事例が、数多くあったからです。〃変額保険〃とか〃融資一体型変額保険〃などと呼ばれていました。

バブル崩壊後の株価急落により、この商品で大損をした客に対して、銀行は手のひらを返して残酷な取り立てを実行しました。金融資産や不動産をすべて取り上げられ、それでも借金が残ったために、自殺して、保険金で借金を清算する道を選んだ老人も多数いました。

日本の生命保険会社や銀行は、こういった過去（現在でも戦っている被害者にとっては過去のことではありませんが）の悪いイメージもあって、しばらくはこのタイプの商品を売るのを控えていました。しかし、外資系の生命保険会社がどんどん売っているのをみて、メガバンクや日本の大手生命保険会社なども積極的に販売するようになりました。

図47の広告をみてください。「投資型年金保険」との表示があります。中央に書かれているような図は、多くの投資型年金保険（変額年金保険）の広告に出ています。どの金融機関の投資型年金保険でも、「運用・年金・保険」の３つの機能を兼ね備えていることを売り物にする広告が多いのです。

先の**図45**の年金保険が固定利率で運用されていたのに対し、この商品のような投資型年金保険は、株式などの価格変動リスクがある商品で運用します。しかし、運用以外の部分では、さほどちがいはありません。そのため、たいていの投資型年金保険では、「年金・保険」の

図 47

ご自分とご家族の明るい将来のために
ワンランク上のリッチな生活設計を！

◇※☆

投資型年金保険

特別勘定（ファンド）で
資産を運用します。
リスクを軽減しつつ、
長期で複利効果を活か
した運用をします。

豊かな将来を築くため
にお役立てください。
多彩な年金受取方法を
用意し、ご希望の方法
をお選びいただけます。

万一に備えるために、
死亡保障がついていま
す。払込保険料相当額
が最低保証されます。

●「◇※☆」は凸凹生命保険を引受保険会社とする生命保険商品です。
元本保証はありません。本保険のご契約に際しては、商品パンフレット
などを必ずご覧ください。

上の広告は架空のものであり、登場する企業や金融商品などは、現実の企業や金融商品などとは一切関係ありません。

2つの機能はオマケ程度のものと考えていいでしょう（例外はつぎの商品で紹介します）。

投資型年金保険の運用について、広告の図には「特別勘定（ファンド）で資産を運用します」と書かれています。この年金保険を開発した保険会社が運用するのかというと、たいていの場合、特別勘定として各種の投資信託（ファンド）が用意されており、客がその中から選んで運用します。そのため、それぞれの投資信託を運用している会社に資産を託すことになります。年金保険という名前がついているものの、本質は〃株式投資信託〃なのです。

新聞広告やテレビCMなどをみていると、いろいろな銀行が投資型年金保険の販売に力を入れていることがわかります。しかし、銀行の窓口で勧誘されて、投資型年金保険に加入すると、販売した銀行、年金保険の引受先の保険会社、各投資信託を運用する会社のそれぞれに手数料を支払うことになります。逆からみれば、それらすべての金融機関が十分に手数料を取れるよう設計された商品なのです。客としては、手数料がかなり割高にならざるをえない構造の金融商品であると認識すべきです。

じつは、特定の狙いをもって投資型年金保険（変額年金保険）に加入する人も多くいます。新聞広告などでも、その点をアピールしていることがありますが、いろいろな意味で相続対策（特に、相続税を節約するため）に利用できるのです。所得税の生命保険料控除を利用した節税メリットを狙う人もいます。

しかし、「変額年金保険を活用して相続対策をしましょう」という話を聞くと、筆者は、先に紹介したバブル崩壊後の事例を思い出し、正直なところ恐怖さえ感じます。

もちろん、「あれはローンを組んでまで契約させるという手法が悪かったのであって、うまく使えば、変額年金保険は相続対策に有効なんだ」との意見があるのは、十分に承知しています。「銀行や生命保険会社も、あのときのような変額年金保険の売り方はしないはずだ」とみる人の方が多数派なのかもしれません。

でも、最近の銀行の、外貨預金やオプション取引をセットにした商品などの売り方をみていると、金融商品販売の基本的な技能は、10~20年前よりも劣っているように思えます(これは筆者の個人的見解ですが)。だから、変額年金保険で相続対策と聞くと、いつかそれがエスカレートして惨劇がくり返されるのではないかと、やはり心配になります。

そもそも、たっぷり手数料を取られる金融商品で相続対策や節税をしても、手数料でムダに資産が減る分だけ効果が薄いように思うのですが、いかがでしょうか。「税金で取られるぐらいなら、生命保険会社や銀行に取られる方がマシ」と考える人がいるかもしれませんが、税制や税務当局の判断が変更されたりすれば、「生命保険会社にも銀行にも手数料を取られた上で、結局は税金も取られてしまう」という危険性もあります。

なお、株式投資信託などで運用すれば、資産が減ってしまう危険性もありますから、運用期間中に加入者が死亡した場合に、死亡給付金として元本金額が保証されているのは、それなりに有利な保険機能にみえるかもしれません。しかし、最初に支払った金額を保証してもらうために費用を支払うのですから、やはり、さほど有利な機能には思えません。

この保険機能についても、相続対策として契約する人にとっては、魅力的なのかもしれません。運用期間中に死亡することが十分にありうる年齢で契約し、その場合に死亡給付金として家族におカネを遺すことが大切なのですから、少々費用を支払ってでも、元本金額が保証されている方が安心なのでしょう（本当に安心できるかについては、あとで検討します）。

とはいえ金融機関側としても、相続対策でしか売れないようでは、販売増強に限界があります。そこで、保険機能をもっと魅力的にした商品も売り出されています。つぎの**図48**の広告をみてください。中央の図に「ステップアップ型死亡保障」の説明がありますが、これがこの変額年金保険の一番の売り物です。ラチェット型死亡保障などと呼ぶこともあります。

「死亡保険金（死亡給付金）の最低保証額を見直す仕組み」のことです。

この商品では、１年ごとに、その時点の積立金とそれまでの死亡保障を比較し、金額が大きい方が最低保証額になります。その上で、もし加入者が死亡したときには、①一時払保険

図48

あなたの老後をさらに幸せにする

変額個人年金保険

ステップアップ型死亡保障付変額年金保険

●豊富なファンドを用意して、大切な資産をしっかり運用します。
●運用期間中に万一の事態が起きても安心な死亡保障をご提供します。
●介護割増年金も用意されており、長生きでも安心できます。

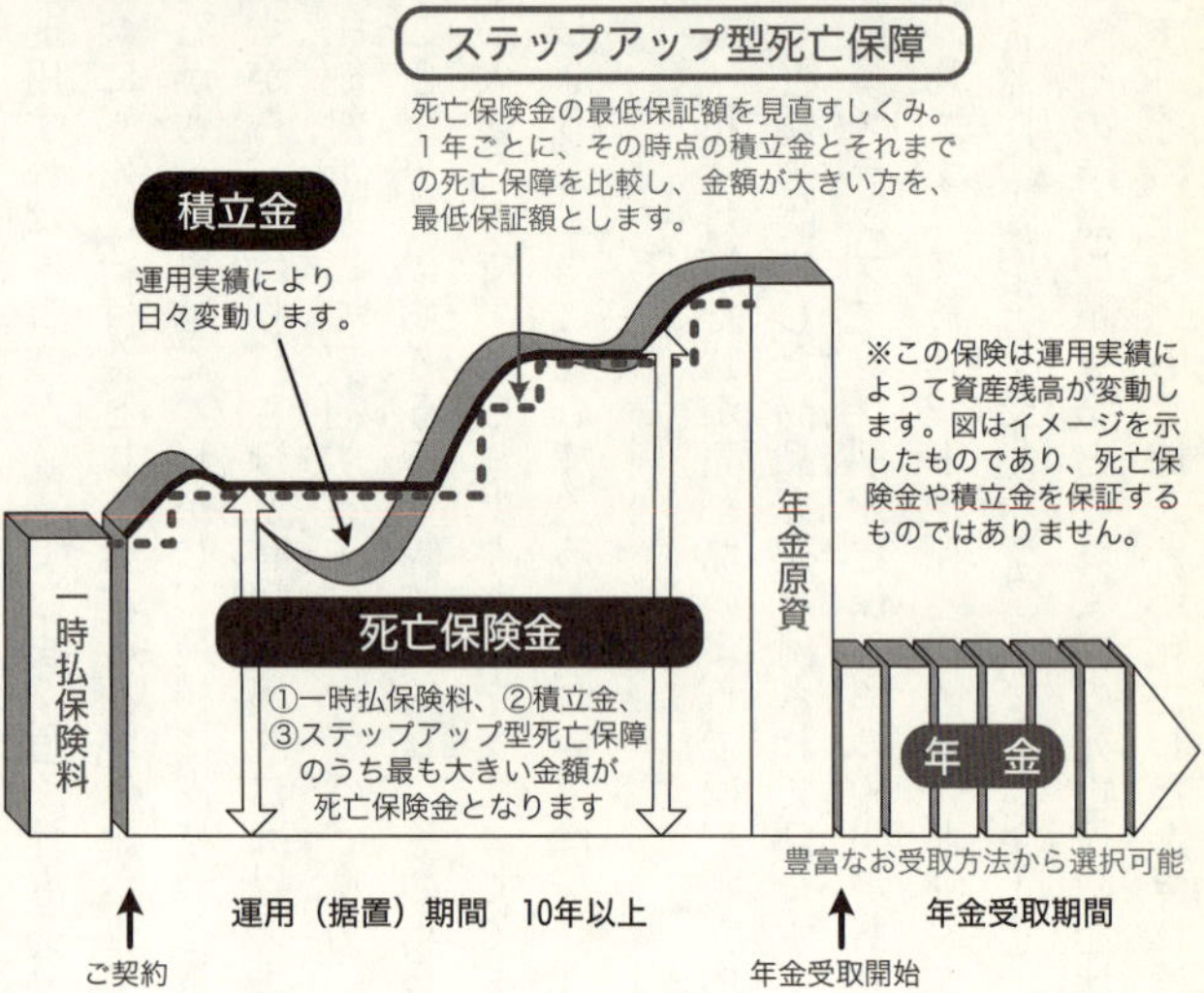

ステップアップ型死亡保障
死亡保険金の最低保証額を見直すしくみ。
１年ごとに、その時点の積立金とそれまでの死亡保障を比較し、金額が大きい方を、最低保証額とします。
積立金
運用実績により日々変動します。
※この保険は運用実績によって資産残高が変動します。図はイメージを示したものであり、死亡保険金や積立金を保証するものではありません。
年金原資
一時払保険料
死亡保険金
①一時払保険料、②積立金、③ステップアップ型死亡保障のうち最も大きい金額が死亡保険金となります
年　金
豊富なお受取方法から選択可能
運用（据置）期間　10年以上
年金受取期間
ご契約
年金受取開始

◇一時払保険料は最低100万円から
◇加入時は職業告知のみ
◇最長80歳まで加入可能
（ご契約の内容によって異なります）

ご検討の際には「商品パンフレット」「ご提案書」をあわせてご覧ください。お申し込みの際には必ず「重要事項説明書」「定款・約款」「特別勘定のしおり」をあわせてご覧ください。くわしくは凸凹証券の変額保険販売資格をもった社員が説明いたします。

上の広告は架空のものであり、登場する企業や金融商品などは、現実の企業や金融商品などとは一切関係ありません。

料、②その時点の積立金、③ステップアップ型死亡保障、のうちで最も大きい金額が死亡保険金となります。

なお、この広告に書かれているような図は、変額年金保険の広告にはよく登場するものです。ただし、図中の注意書きにもあるように、この図は運用イメージを示したものであり、死亡保険金や積立金がどんどん増えることを保証するものではありません。図のイメージを信用しすぎると、まちがった評価をする危険性が高いでしょう。

現実には、最低保証額をもっと細かく、3ヵ月ごとに見直すタイプなどもあります。ステップアップ型死亡保障の充実を売り物にして、販売競争に勝とうとする保険会社もあるのです。ここまでの保険機能があれば、いくら口の悪い筆者でも、これをオマケとは言えません。客にとってかなり魅力的な機能であることを認めましょう。

ところが、ステップアップ型死亡保障のついた変額年金保険は、1990年代からアメリカで売られていて、すでに大量に契約がなされています。それで何が起きたかというと、数年前から日本の新聞でも何度か報道されましたが、保険会社の経営が悪化したのです。

よく考えれば当然なのですが、たとえば当初元本が1000万円であるとして、途中まで運用がうまくいって、最高で1400万円まで資産が増えたとして、そのあと株価下落によって運用に失敗し、資産が800万円まで大きく目減りしたとしましょう。それでも、もし加入者が死亡した場合には、最高時の１４００万円と現在の８００万円の差である６００万円を保険会社が補填して、１４００万円の死亡保険金を支払う必要があります。

ステップアップ型死亡保障さえなければ、保険会社の負担は２００万円ですみますが、この機能をつけたために、保険会社の負担は６００万円にまで増えています。この数値例は極端なようにみえますが、たとえばバブルが生じて株価がどんどん上がったあとで、バブルが崩壊して株価が急落すれば、ステップアップ型死亡保障つきの変額年金保険を大量に引き受けていた保険会社は、多額の潜在的な負担（隠れ債務）を抱えることになります。とにかく、株価が大幅に変動すると、保険会社の経営を圧迫してしまうのです。

それが現実のものとなったアメリカでは、変額年金保険（投資型年金保険）の販売においてアメリカでも日本でもよく知られた保険会社でさえ、巨額の債務処理をしたり、販売を抑制せざるをえなくなったりと、対応に追われました。いくら客に有利な機能を提供しても、それで保険会社が破綻してしまえば、結局のところ、その機能は意味をなくし、客は大損をします。このタイプの商品では、そもそも、客に有利な商品設計が無理なのかもしれません。

２つの年金保険についてのクイズ

つぎの図49と図50の２つの広告は、クイズとして出題します。まず読者自身が広告をよく読み、つぎのクイズの設定にしたがって、商品を評価してください。

＊なお、本書は２００５年初めに執筆されたもので、それよりずっとあとに手に取る読者もいるでしょうが、本章のこれ以降の内容は、２００５年初めの経済状態（日本ではデフレと超低金利が続いている状態）を前提にしていることを、どうぞご了承ください。

あなたの身近にいる４５歳前後の男性が、老後の資金として２０００万円を超える定期預金をもっていて、６０歳前後まで使う予定はなく、これから１５年以上の運用が可能です。来月には定期預金が満期になるのですが、「元本はなるべく減らしたくないものの、低金利の中で、何とか定期預金よりもう少し有利な運用ができないか」と考えていたところ、取引銀行からこの2つの年金保険を紹介され、契約を検討しているようです。

広告をよく読まないとわからないのですが、ともに「基本保険金（一時払保険料）」との表現が出てきますので、先にみてきた商品と同様に、年金保険契約時にまとまったおカネを一括で支払い、そのあと１５年あるいは１２年の運用を経て、年金として受け取る商品のようです。死亡時の保証などもついています。また2つとも、運用期間終了時点で、当初に支払った元本金額（基本保険金額）を年金原資として保証した上で、株式などでの運用によって年金原資をさらに増やす可能性も追求できます。

銀行の窓口の女性は、「**図49**の方がお勧めですが、**図50**もいい商品ですよ」と勧誘したよ

図 49

あなたの将来に、確かな安心を！

投資型年金保険　○※△×□

運用期間が 15年以上なら	（年金受取時の）年金原資 **108％** 保証特約あり※

※上記特約をつけない場合にも、運用期間12年以上なら、年金原資100％保証

《　さらに、下記の機能も備えています。》

豊富な特別勘定から自由に選択・スイッチングして運用

国内外の株式や債券に分散投資された５種類の特別勘定から、自由に選択して組み合わせて運用できます。また、年間12回まで、各特別勘定から別の特別勘定に、手数料無料で振替（スイッチング）ができます。

死亡給付金100％保証

被保険者が運用期間中に死亡した場合の死亡給付金は、基本保険金（一時払保険料）の100％を最低保証します。
◎死亡給付金には年金原資108％保証特約は適用されません。

◆投資型年金保険○※△×□は、運用実績に応じて積立金や解約返戻金が増減しますので、投資リスクがあります。◆年金原資108％保証特約は、15年以上の運用期間終了後の年金受取の際に適用されるもので、契約時に限り付加できますが、別途費用が必要です。また、つぎの場合には年金原資の最低保証はありません。「即時の年金受取を選択した場合」「定額年金保険に変更した場合」「年金受取開始後に一括受取を選択した場合」◆解約返戻金には最低保証はありません。◆運用期間中には、保険関係費用や運用関係費用などがかかります。◆ご契約から８年未満での解約・一部解約などの諸変更には、所定の解約控除がかかります。◆お申し込みの際には必ず「商品パンフレット」「重要事項説明書」などをご覧ください。また、変額保険販売資格をもつ募集人にご相談ください。

上の広告は架空のものであり、登場する企業や金融商品などは、現実の企業や金融商品などとは一切関係ありません。

図 50

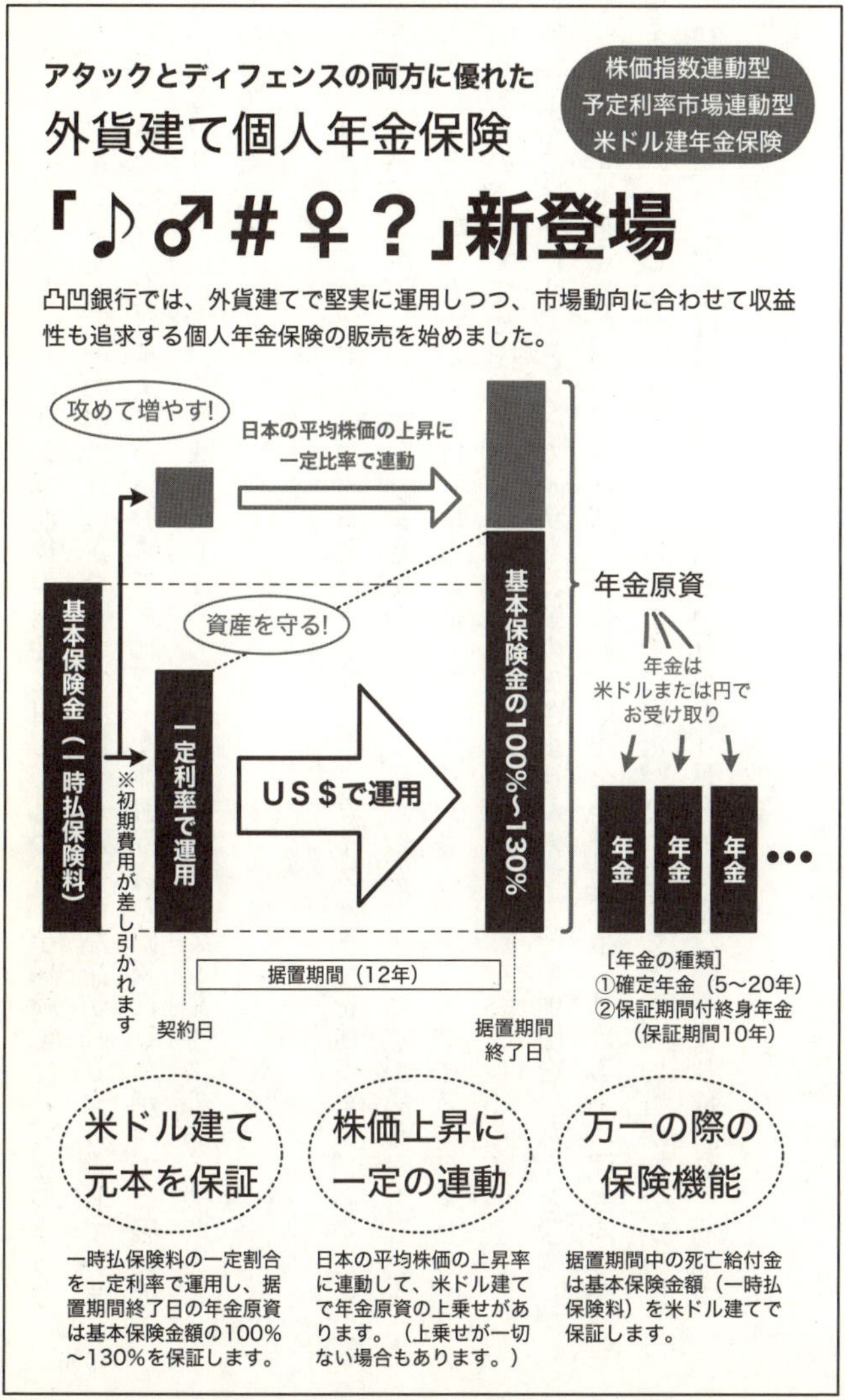
アタックとディフェンスの両方に優れた
外貨建て個人年金保険
株価指数連動型
予定利率市場連動型
米ドル建年金保険
「♪♂#♀？」新登場
凸凹銀行では、外貨建てで堅実に運用しつつ、市場動向に合わせて収益性も追求する個人年金保険の販売を始めました。
攻めて増やす!
日本の平均株価の上昇に一定比率で連動
資産を守る!
基本保険金（一時払保険料）
※初期費用が差し引かれます
一定利率で運用
US$で運用
基本保険金の100%～130%
年金原資
年金は米ドルまたは円でお受け取り
年金
年金
年金
据置期間（12年）
契約日
据置期間終了日
[年金の種類]
①確定年金（5～20年）
②保証期間付終身年金（保証期間10年）
米ドル建て元本を保証
株価上昇に一定の連動
万一の際の保険機能
一時払保険料の一定割合を一定利率で運用し、据置期間終了日の年金原資は基本保険金額の100%～130%を保証します。
日本の平均株価の上昇率に連動して、米ドル建てで年金原資の上乗せがあります。（上乗せが一切ない場合もあります。）
据置期間中の死亡給付金は基本保険金額（一時払保険料）を米ドル建てで保証します。

上の広告は架空のものであり、登場する企業や金融商品などは、現実の企業や金融商品などとは一切関係ありません。

うです。さて、あなたはその45歳前後の男性に対し、2つの年金保険についてどのようなアドバイスをしますか。その男性は、かなり本気でどちらかの商品を契約しようとしていますので、あなたのアドバイスがいい加減であれば、女性銀行員の勧誘にしたがって、**図49**の商品に2000万円を預けてしまうでしょう。2つの商品について、説得力のある説明をしてあげてください。

では、筆者ならこうアドバイスするという意味での、クイズの答えを述べます。必ずしも筆者のアドバイスが正しいとは限りませんが、読者が気がつかなかった点があるかもしれませんから、そういった点があれば再度考え直してみてください。また、クイズの答えとして説明しますので、すでに出てきた商品の解説と重なる部分がある点をお許しください。

結論を先に述べれば、どちらの商品もお勧めできませんので、その理由をきちんと説明し、その上で「元本を守りたいのであれば、今後も定期預金か普通預金に預けるか、個人向け国債を買うといいでしょう」とアドバイスします。また、2つのうちどちらの方がいいかと聞かれれば、先の女性銀行員とは逆に「**図49**の方がよりお勧めできない（より危険な）商品です」と答えます。

保険会社の経営破綻も心配

図49の商品は、売り物である元本保証そのものが、じつは大きな欠点ですが、問題点を指摘する前に、まず商品内容を整理しましょう。広告の上の方に書いてあるように、「運用期間が15年以上なら年金原資108％保証特約」がつけられます。また、その下に小さな文字で書いてあるように、108％保証特約をつけない場合でも、「運用期間12年以上なら年金原資100％保証」となっています。

この商品の特徴をわかりやすくするため、ここでは運用期間を15年として、108％保証特約をつけるものとしましょう。それで、一時払保険料として2000万円を支払ったとします。したがって、基本保険金額は2000万円となります。

広告の中央には、あと2つの機能についても説明されており、客が自分で判断して「国内外の株式や債券に分散投資された5種類の特別勘定から、自由に選択して組み合わせて運用できます」し、かなりの頻度で運用を変更（スイッチング）しても、変更に伴う「手数料は無料（年12回まで）」です。この特別勘定は投資信託だと考えればわかりやすいでしょう。また、運用期間中に被保険者（この年金保険に加入した人）が死亡しても、死亡給付金として基本保険金額2000万円が受け取れます。

ここまで読んだところで評価すると、たとえば、株式での運用に積極的に資金を配分し、もし運用がうまくいけば、大きく増やすこともできそうな感じです。しかも、もし運用に失敗して、原資が2000万円から大きく減少してしまっても、15年間の運用期間終了時点では2160万円（＝2000万円×108％）が年金原資として保証されます。また、もし運用期間中に原資が減ってしまったところで死亡しても、2000万円が給付されます。とにかく、損失が出ても最後には穴埋めしてもらえるのだから、かなり得な気がします。しかし、何のコストもなく、損失の穴埋めがしてもらえるはずはありません。広告の下側に細かな注意書きがありますが、それをよく読むと、「年金原資108％保証特約は、15年以上の運用期間終了後の年金受取の際に適用されるもので、契約時に限り付加できますが、別途費用が必要です」とあります。また、「運用期間中には、保険関係費用や運用関係費用などがかかります」ともあります。

簡単に言うと、15年以上の運用後に元本の108％を保証してもらうためには、毎年かなりの費用を取られるので、よほどうまく運用できても、なかなか資産を増やせないのです。この条件だと、費用はたぶん年3％程度でしょう。

すると、たとえば、費用がない場合には15年後に資産が50％増えるような運用を達成した場合でも、費用を差し引くと元本割れしますから、108％保証を適用してもらって、損失を埋めてもらう必要があります。もし、もっと運用に成功して、費用が取られなければ

15年後に2倍になるような運用ができたとしても、費用を差し引くと、年金原資は3割未満の増加にしかならないのです。

＊あとにみる理由で、年金原資が何割も増えるような運用の可能性は低いと思われます。結局、かなりの確率で、15年後に108%保証を適用してもらうことになります。なお、108%保証特約をつけずに、12年以上の運用後に元本の100%だけを保証してもらう場合でも、それなりの費用（たぶん年2・5%程度）が毎年かかりますから、さほど結果は変わらず、12年後に100%保証を適用してもらうことになる可能性が高いでしょう。

おまけに、注意書きには「即時の年金受取を選択した場合、定額年金保険に変更した場合、年金受取開始後に一括受取を選択した場合」のそれぞれで年金原資の最低保証が消えてしまうことが記されています。108%保証（あるいは100%保証）を適用してもらいたいときには、年金の受取方法が大幅に制約され、運用が終了したらすぐに年金原資をすべて受け取るといった方法は選択できなくなるのです。運用期間終了後にそれなりの年数をかけて少しずつ年金を受け取るしかありません。

また、「解約返戻金には最低保証はありません」との条項があり、「運用実績に応じて積立金や解約返戻金が増減しますので、投資リスクがあります」とも書かれていますから、もし何らかの事情で中途解約をする場合には、かなり資産が目減りしている危険性があります。

しかも、「ご契約から8年未満での解約・一部解約などの諸変更には、所定の解約控除がかかります」とありますから、8年未満での中途解約だと、さらに割高な手数料を請求されます。ひどい場合には、中途解約の手数料で元本の約1割を失うこともあります。

この商品を運用する保険会社としては、この商品の宣伝・販売にかかるコストがかなり高いため、それを8年間の手数料で取り返そうとしているわけです。だから、8年未満の解約に対しては、未回収のコストを徴収した上で解約に応じるのです。この商品に限らず、新聞やテレビで大々的に宣伝している金融商品に手を出すと、結局、宣伝コストも負担させられると覚悟すべきでしょう。

＊そもそも、こういった年金保険を積極的に販売しているのは銀行（メガバンクなど）です。商品を提供する保険会社は、銀行で年金保険を販売してもらうために、一時払保険料の5～6%に相当する金額を銀行に支払うと言われています。本質的には、客が最初に2000万円を支払うと、まず100万円以上がそこから差し引かれて、販売した銀行に取られてしまうと考えてもいいでしょう。だから、数年で中途解約すると、たぶん2000万円よりかなり少ない金額しか戻ってこないのです。

つまり、この商品に2000万円を預けると、かなりの確率で15年後に2160万円

(あるいは、せいぜいもう少し増えた金額) の年金原資が得られる結果になりますが、もし中途解約をすれば、大損する危険性が高いのです。ここまで読んで、もし読者が「でも元本より増えているからいいじゃないか」と思ったようなら、筆者としては心配です。

この商品は、基本的に、143ページの**図16**のAや176ページの**図22**の商品と同じ問題点をもつことが明らかだからです。しかも、こちらの方が運用期間が長いので、**図16**のAや**図22**の商品よりもひどいダメージを被る危険性があります。

長期での元本保証は、インフレが起きた場合に意味がなくなります。2160万円という金額が保証されていても、インフレで2160万円の実質的な価値が目減りしたら、その保証では資産価値は守れません。そのときインフレに対抗するには、中途解約をしたいのですが、中途解約の際に大きな損失を被る危険性があるとなると、もしインフレが起きても、資産価値が目減りするのを呆然とみていることになりかねません。

しかも、年金として長期に渡って少しずつ受け取っている間にも、インフレによる目減りは起きそうですが、一括で年金を受け取ろうとすると、108%保証 (あるいは100%保証) が失われるのでした。

＊株式投資は比較的インフレに強いので、この商品においても、株式で運用する特別勘定に資

金を集中させていれば、インフレに応じて元本を増やすことが可能かもしれません。しかしそれでも、高い費用を取られている分だけ、運用がインフレに追いつかない危険性が高まります。

現実には、あとに述べる事情があるため、こういったタイプの投資型年金保険では、株式での運用比率が7割以上にならないように抑えられていて、残りを債券で運用するような特別勘定にしか投資できなかったりします。すると、インフレで金利が上がったときには、債券価格が下落しますから、債券運用では損をする可能性が高く、インフレが運用結果を悪化させることもありそうです。他にもいろいろなケースがありえますので、この商品がインフレに弱いとは言い切れないのですが、よほど運がよくない限り、インフレが生じたら損をする危険性が高いと思っておく方が、きっと無難でしょう。

この年金保険が、普通預金や一般的な定期預金（中途解約時に普通預金金利が適用されるタイプの定期預金）や個人向け国債と比べて明らかに不利な金融商品であるのは、このように考えてくると明らかでしょう。それは、この商品が、客の将来の不安につけ込み、運用に失敗した場合にも元本を確保したいという甘えた欲望につけ込み、毎年たっぷりと手数料を稼ぐ構造になっているからです。

さらに、この商品にはもっとひどい危険性があります。もし、この年金保険で資産を運用している人たちの大半が運用に失敗し、運用期間中に大幅に資産を減らしたとしたら、どうするのでしょうか。株価が平均的に下落したりすれば、ありえないことではありません。また、債券価格が大きく下がって、債券運用を選択していた人たちが大損する危険性は、現実にはかなり高そうです（２００５年初めの時点では、日本の債券価格は高すぎるので今後暴落する危険性も無視できない、と心配されていました）。

そんな場合に保険会社は、大損した全員に対し、運用期間終了時に損失を補填する約束ですが、さて、その約束は守れるのでしょうか。保険会社にそれだけのおカネがあればいいのですが、無い袖は振れないとばかりに保険会社が経営破綻して、客は大幅に減ってしまった年金原資しか受け取れないという事態が、十分に危惧されます。無理に元本保証を追求したために、客も保険会社も大損する（儲けたのは販売した銀行だけ）という結果も、それなりの確率で起きそうなのです。

＊筆者がこの年金保険を契約し、もし最初の数年で資産運用に失敗し、資産が減ってきたとしたら、そのあとは一発逆転を目指して、最大限のリスクを負った運用をするでしょう。失敗しても１０８％保証があるのですから、大損か大儲けかという運用が合理的なのです。専門用語で表現すると、これはモラルハザードという現象です（申し訳ありませんが、くわしくはミクロ経済学の教科書をお読みください）。そして、もし他の契約者も同じ行動をして、もし全員

がさらに運用に失敗すれば、保険会社が108%保証を維持できなくなる危険性が高まるでしょう。これはかなり現実的な問題なのです。

もっとも、保険会社側もモラルハザードの問題をよく理解していますので、株式での運用比率が7割未満になるような運用しか選べないようになっています(それでも株価が暴落すれば大損の危険性はあります)。客が何となく運用方法を選ぶと、債券運用の比率が半分ぐらいになってしまう可能性が高く、だからインフレに弱い運用になる可能性があるのです。

先に、投資型年金保険(変額年金保険)が売れている理由のひとつは、相続対策だと述べました。家族に確実に資産を遺したいと考える人は、元本保証に安心を感じてこの**図49**の商品を選ぶかもしれませんが、思ったより長生きした場合に、保険会社が経営破綻して資産の大部分を失うという悲劇を味わうかもしれません。

為替リスクと株価リスクの両方を負う運用

さて349ページの**図50**の商品も、やはりお勧めできません。「外貨建て個人年金保険」であり、米ドルで安定的に運用される部分と、日本の平均株価に連動して運用される部分に分かれます。年金原資の元本保証も、死亡給付金の元本保証もついていますが、どちらもドル建てでの保証でしかなく、為替リスクにさらされています。おまけに、株価リスクを同時に負い、かつ、当初に一括で支払った一時払保険料（基本保険金）から「初期費用」が差し引かれます。運用期間中に毎年かかる手数料（利ザヤとして隠れて取られる手数料）もあるでしょうし、こういった商品の手数料が高いのは当然のことなのです。

為替リスクと株価リスクを同時に負う運用がいいかどうか、実際の評価はむずかしいのですが、先のクイズは「できるだけ元本を守りたいと思っている客」を前提にしていましたので、この商品が適当でないのは明らかでしょう。

ただし、ドルでの元本保証は、ドルの金利がそれなりに高いことを利用して、毎年ある程度の金利を得て確実に増やす方法で達成できます。円での不完全な元本保証のために割高な手数料を取られる上に、保険会社の経営破綻が懸念される**図49**の商品よりは、まだマシではないか（毒性が薄いのではないか）と筆者は考えます。

日本の平均株価の上昇率に連動する部分については、広告の一番下の中央に「上乗せが一切ない場合もあります」と書かれていますから、たとえば株価が上がると、年金原資への上乗せがありますが、もし株価が下がると、この連動部分に回した資金はゼロになってしまうといったような、リスクを増幅させた運用をしているのでしょう。たぶん〃株価指数についてのオプション取引〃を活用しているものと思われます。

この商品は、ドル債券での運用、日本の平均株価に関連した運用（オプション取引）、死亡保険機能、年金機能を組み合わせたものです。前章でしつこいほどみたように、セット商品の中にオプション取引が加わると、手数料が割高になるだけでした。さらにいろいろな金融サービスが組み合わされていますから、割高な手数料を取られやすいと覚悟すべきです。それぞれ別々に契約する方がずっと得でしょう。**図50**の年金保険も、ぼったくり金融商品でしかないのです。

たとえば、**図45**から**図50**までのすべての商品に、運用期間中に万一死亡したとき、最初に一括で支払った金額以上を死亡給付金として受け取れるように保証（保険）機能がついています。最初に2000万円を払い込んだとして、死亡時にそれより少ない金額しか戻ってこないという事態を避けるために、保証をつけてもらうのです（なお**図46**と**図50**の商品で保証されるのは当初換算のドル金額でしかありません）。当然ながら、そのための費用も支払うことになります。これは、あまりにバカらしくないでしょうか。

そもそも、運用期間中の資金が最初に支払った2000万円（あるいはそのドル換算額）より減っているとしたら、その理由のひとつは、いろいろな費用が差し引かれるからです。**図50**の広告の中にも、基本保険金からまず「初期費用が差し引かれます」と書かれています。そうして減った原資を、せめて死亡時には元の金額に戻して返してもらおうとして、費用を支払うのです（実際には、これも初期費用などにふくまれているということです）。

さすがに、金融機関側もそんな保険機能だけで費用を取るのはひどいと思ったのか、特に定めた理由での死亡に対しては基本保険金額の1・5倍を死亡給付金として保証したりする商品がよくみられます（たとえば**図46**の商品での災害死亡給付金がこれに相当します）。しかし、これも喜ぶべきことではありません。そのための費用もきっちり取るのでしょうから、そこまでの保険機能が不必要だと感じる人にとっては、余計に保険関係の費用を取られるだけです。

結局、ひとつの金融商品に対して、保険と資産運用の両方の機能を要求すると、割高な手数料を支払うことになります。ここでも「セットは割高」の原則が通用するのです。だから、賢い客なら、死亡時などの保険機能が欲しいとしても、資産運用とは切り離して、保険は保険だけで別に契約するべきです。保険機能のある資産運用商品には手を出さず、資産運用とは別に、たとえば経営のしっかりした共済などで〝掛け捨ての生命保険〟に加入して、少額の保険料を支払う方が優れています。

おまけのクイズ

さて、本章最後におまけのクイズをひとつ。先のクイズの設定で、あなたの知人という想定の男性に年金保険を勧誘した女性銀行員は、なぜ、**図49**の商品の方が**図50**の商品よりもお勧めだと言ったのでしょうか。その理由を考えてください。

考えていただけましたか。本当のところはその女性銀行員に聞くしかありませんから、正解がないクイズなのですが、筆者ならこう答えます。たぶん、図49の商品の方が図50の商品よりも、販売時に保険会社が銀行に支払う手数料（銀行にとっての儲け）が高かったからでしょう。たとえば、一時払保険料が同じ2000万円の場合、図49の商品なら銀行に120万円の手数料が入るのに対し、図50の商品なら銀行に100万円の手数料が入る、といった具合だったのではないかと推察します。

また、窓口で対応した女性銀行員の個人的な意見というよりも、銀行全体としてどの商品を強く推薦するのかが決まっていて、その女性銀行員は与えられた指示にしたがっただけだと思われます。銀行側からすれば、とても合理的な行動です。

こういったケースで銀行側は、表面上、客の立場になってアドバイスする姿勢はみせますが、本音のところでは、自分たちの利益が少しでも大きくなる取引に客を勧誘するのが基本となります。これはビジネスとして当然のことであり、筆者としては非難する気がしません。その本音が見抜けない客の方が悪いのであり、たとえば人生経験豊富なお年寄りの中には、こんな話は当たり前だと感じる人が多いと思われます。

第九章　「投資信託」の広告——手数料のかたまり

家電製品と金融商品の広告効果のちがい

これまでの章では、新聞広告などで宣伝されている金融商品の大半が、客にとって不利な商品であることをみてきました。ところが、金融商品以外の、たとえばパソコンや洗濯機やクルマなどを買おうとすると、大々的に宣伝されている商品がお買い得であることも多いでしょう。実際に、筆者が所有しているパソコンも洗濯機もクルマも、新聞やテレビでよく宣伝されているモノですが、筆者としては、それぞれいい商品を買ったと満足しています。お菓子や即席麺などの食品、あるいはシャンプーや洗剤などの日用品といったものでも、従来より品質がよくて安い新製品が発売になると、大量の広告やテレビCMが流されるといった事例を、ひんぱんにみかけます。読者の中にも、「大企業が大々的に宣伝しているモノは、それなりによい（安い、あるいは品質がいい）ことが多い」といった印象を、漠然と抱いている人は少なくないでしょう。

それなのに、金融商品の場合には、宣伝・広告が目立つ商品は、客にとって悪い（手数料が高く利便性も低い）商品であることが圧倒的に多いのです。本書でこれまでにみてきた広告は35個ありますが、その中の27個はお勧めできない商品でした。

例外と言えるのは、89ページの**図4**のA・B、116ページの**図11**のA・B、143ページの**図16**のB、237ページの**図31**、244ページの**図32**のA、280ページの**図37**の8

個だけです。ただし、244ページの図32のAは、この外国為替証拠金取引を扱っている業者がきちんとした経営をしている金融機関である場合に限り、客にとって利便性が高く手数料も安い金融商品の広告と評価できます。

本書では解説の都合上、それなりに有利な商品も混ぜていますから、悪い金融商品とよい金融商品がこのような比率で出てきましたが、筆者が現実の新聞広告をみている印象では、悪い金融商品の方がもっと圧倒的に多数を占めます。

じつは、製造業と金融業では、広告が商品の魅力に与える影響が大きく異なるのです。そのため、家電製品や日用品の広告をみるのと同じ感覚で、金融商品の広告をみてはいけません。図51をみながら説明しましょう。

製造業の中でも、特に、家電製品（たとえばテレビや洗濯機）、精密機械（たとえばカメラ）、自動車などは、研究開発や製造設備にかかる固定費用が巨額になりますので、販売量が増えるほど、1台当たりの製造コストが低下します。固定費用とは、販売量に関係なくかかる費用のことで、たとえば、Aという新製品の固定費用（研究開発費＋製造設備費）が2億円かかったとします。また、それに加えて、Aを1台製造するごとに3万円の原材料費がかかるとします。

図51

「製造業の広告」と「金融機関の広告」の比較

◆ 家電製品、精密機械、自動車などは、研究開発や製造設備などにかかる固定費用が巨額であるため、販売量が増えるほど、1台（個）当たりの製造販売コストは低下し、販売価格も低下することが多い。

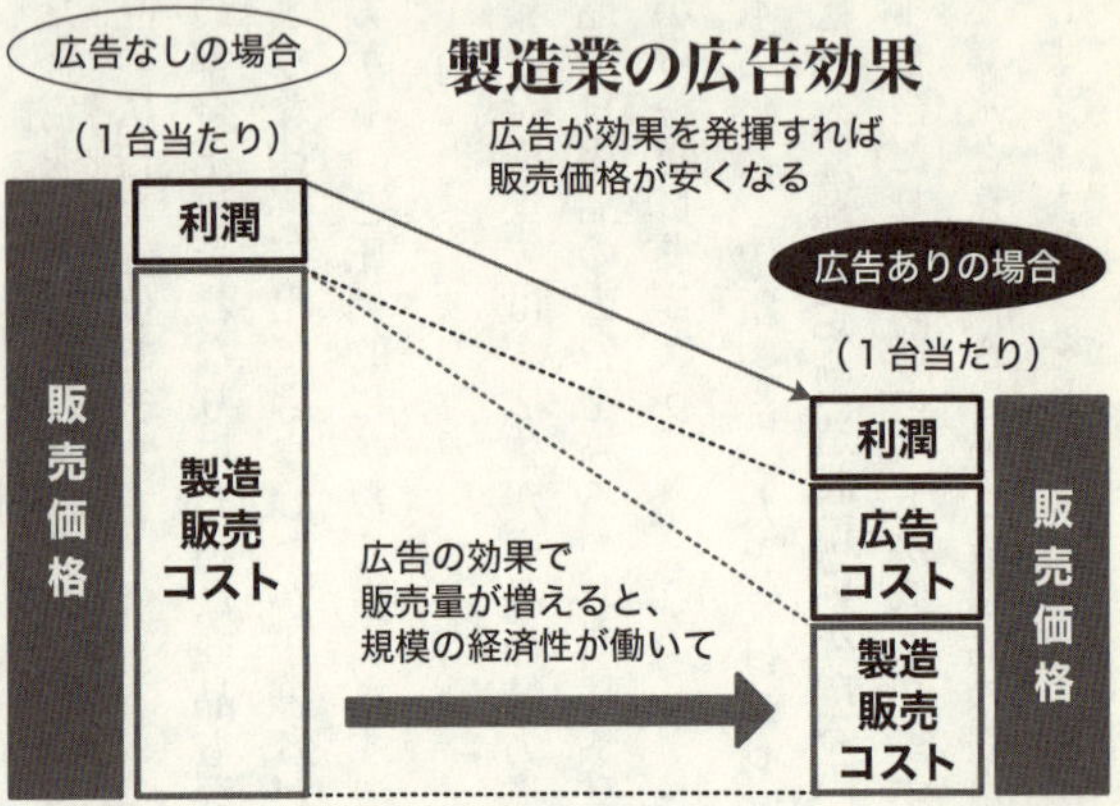

◆ 金融商品では、広告の効果で販売規模が拡大しても、一般的に、資産運用商品の収益率（コスト差し引き後）は上昇しない。

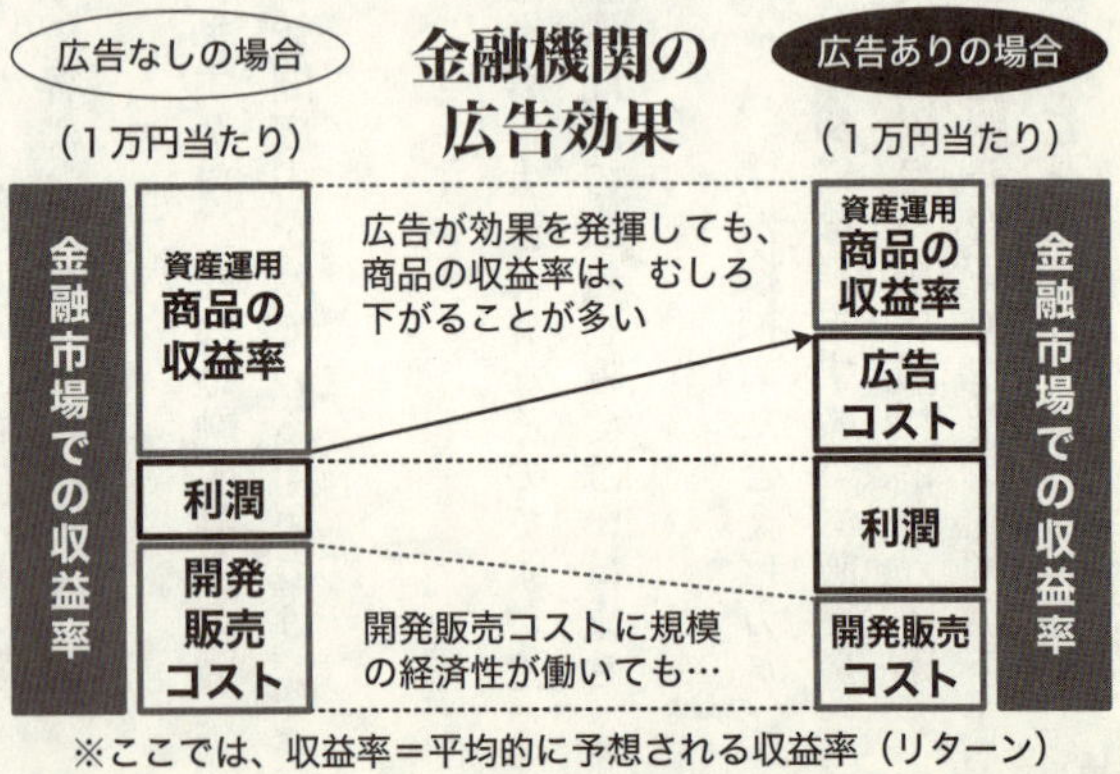

※ここでは、収益率＝平均的に予想される収益率（リターン）

極端な話ですが、もしAを1000台しか生産しないとしたら、固定費用の2億円を1000で割って、1台につき20万円の固定費用がかかったことになります。これを原材料費の3万円に上乗せして、1台23万円以上で販売しないと、採算が取れません。しかし、もしAが1万台販売できるのであれば、固定費用分の上乗せは1台につき2万円ですみますから、原材料費とあわせても5万円以上で売ればいいことになります。Aが10万台売れる場合には、同じように計算して、3万2000円以上で売れば採算が取れます。

現実には、製造時に人件費もかかりますし、販売などのコストもかかります。そういったコストを考えに入れても、製造業では、販売量が増えれば増えるほど1台(個)当たりの製造販売コストが低下する製品は多いのです。この性質を〝規模の経済性〟と呼びます。

規模の経済性がある製品での広告の効果を、図51の上側に示しました。製造販売コストに企業の利潤を上乗せして、製品の価格設定がなされるものとしましょう。まず、新聞広告やテレビCMを一切活用しないとすると、販売量が限られ、1台当たりの製造販売コストが高くなるため、販売価格も高くなります(図の左側の棒グラフをみてください)。

ここで大々的に広告を打ち、その効果で販売量が大きく増加したとすると、規模の経済性が働いて、1台当たりの製造販売コストが大きく低下します。広告コストが余分にかかっていますが、利潤を上乗せして設定される販売価格は、広告なしの場合より安くなっています

（図の右側の棒グラフをみてください）。製造業の場合には、広告が効果を発揮すれば、客側にも大きなメリットがあることが多いのです。

他方、金融機関が出す広告では、その効果がまったく異なると考えるべきです。金融機関が販売している資産運用商品（外貨預金・個人年金保険・投資信託など）の場合には、広告の効果で販売規模が拡大しても、一般的に、その商品の収益率は上昇しないからです。図51の下側に棒グラフで示したように、まず、金融機関がいろいろな資産で運用する際の「金融市場での収益率」があり、基本的に、運用規模が拡大しても、金融市場での収益率は変わらないと考えられます。これが大切なポイントです。

個人向けの資産運用商品の場合には、金融市場での収益率から金融機関がコストと利潤を差し引いたものが、その資産運用商品の収益率（客にとっての収益率）になります。では、広告がない場合とある場合とで、商品の収益率はどう変化するのでしょうか。預け入れ金額1万円当たりで考えることにして、図の左右の棒グラフで比較してみます。

まず、広告なしの場合には、左側の棒グラフのように、金融市場での収益率が分けられているものとしましょう。ここで金融機関が大々的に広告を打ち、販売規模が拡大したとすると、右側の棒グラフのようになります。いろいろと複雑な仕組みの商品もあり、そういった資産運用商品の開発販売コストにはある程度の規模の経済性があるかもしれませんので、販売規模の拡大が開発販売コスト（預け入れ1万円当たり）を引き下げるものとしましょう。ただし、広告コストが上乗せされます。

また、金融機関側としては、せっかく大々的に宣伝しているのですから、利潤幅を大きくしようとするでしょう。もちろん、利潤幅を下げて薄利多売を目指す金融機関もあるのでしょうが、積極的に広告を出す場合には利潤幅を大きくする金融機関の方が多数派であることは、これまでの広告をみれば明らかでしょう。すると、金融市場での収益率から金融機関が差し引くコストと利潤の割合が大きくなり、客がその資産運用商品から得られる収益率は、広告なしのときより下がってしまいます。

このように、大々的に宣伝されている資産運用商品の多くが、客にとってかなり不利な商品であることには、きちんとした理由があるのです。**図51**は概念図であり、現実はもっと複雑ですが、基本的な考え方はわかってもらえたのではないかと思います。とにかく、製造業の広告と金融機関の広告を同じ感覚でみてはいけません。

株式投資信託の手数料

第四章でも少し述べたように、ある程度のリスクを負ってでも、資産運用のリターンを高めたいと思っている人にとって、いまの日本では、自分で勉強して企業を選んで株式投資をするのが一番有利です。有利というのは、引き受けるリスクに対して、コスト差し引き後のリターンを高める効果が、他の資産運用の場合よりも大きいという意味です。

インターネット取引の普及と証券会社間の激しい競争によって、株式を売買する際の手数料はとても安くなりました。また、株価リスクについては、数種類の企業の株式を組み合わせるだけでも、比較的大きなリスク低下が期待できます。個人であっても、ある程度まとまった金額（数百万円以上）を株式市場で運用するのであれば、十分に低コストで効率的な運用ができるのです。

ところが、数十万円の資金しかない人が株式投資を始めようとすると、資金規模が小さいために運用の際の制約が多く、効率的な運用がむずかしくなります。たとえば「日本の優良企業の株式を何種類か組み合わせて買いたい」と思ったとすると、基本的に、百万円を超える資金が必要だと覚悟すべきです（数十万円の資金で実現する方法もありますが、その場合には、別の制約がかかります）。

また、「株式投資で儲けたい」との欲望はあっても、「自分でどの株式を買うかを選ぶのは面倒だ」と思っている人もいます。勉強（努力）はしたくないけど、儲け（成果）は手に入れたいという発想です。

そこで、①少額の資金しかないけどリスク分散効果の高い株式投資がしたい人、あるいは、②自分で企業を選ぶ手間を省いて株式投資をしたい人、に向けた金融商品として〝株式投資信託〟が用意されています。そういった人たちから集めた資金をまとめて、専門家が株式や債券などで運用してくれる金融商品です。

株式を中心に運用する投資信託はもちろん、株式と債券をバランスよくミックスした投資信託も、株式投資信託にふくまれます。海外の債券を中心に運用する投資信託も、税制上の理由などで、株式投資信託の一種として販売されています。

投資信託は、新聞広告でみかける金融商品の代表格と言っても過言ではないでしょう。「〇〇ファンド」といった名前がつけられていることが多く、投資信託を単にファンドと呼ぶこともよくあります。

多種多様な投資信託があり、本書でそのすべてのタイプを網羅することは到底不可能ですが、この第九章から第十二章までは、投資信託の広告を中心に取り上げることにします。中には、客にとって有利な商品も存在しますが、新聞広告でみかける投資信託の多くは、やはり客側に不利な商品設計となっています。日本で販売されている投資信託では、一般的に、各種の手数料が高いからです。

投資信託にかかる手数料にはいろいろなパターンがあり、他とは異なる手数料体系の商品もありますが、もっとも一般的な株式投資信託の手数料は図52のように整理されます。

まず、図の上側では、投資家（客）のおカネがどのような流れを経て株式市場などで運用されるのかをみています。客の多くは、販売会社（証券会社や銀行）の窓口で株式投資信託を購入しますが、購入代金として預けたおカネは、販売会社を通じて株式投資信託を運用する会社（投資信託会社）に集められます。

どんな株式に投資するかの判断は運用会社がおこないますが、実際の売買は信託銀行がおこないます。客から預かった資産は信託銀行が自らの資産とは分別して管理していますので、販売会社や運用会社や信託銀行が経営破綻しても、客の資産は保護される仕組みになっています。

さて、株式投資信託を購入した客は、どのようにして利益を得るのでしょうか。たとえば、ある投資信託の取引単位を1口とし、ある時点でその投資信託を買おうとすると、1口につき7500円で購入できるとします。これを基準価額と呼びます。そして、投資した資産から収益（株式の配当や債券の金利など）を受け取ることで、また、投資した資産の価格変動（株価や債券価格などの変動）によって、投資信託の基準価額は日々変動します。

しばらくして、その投資信託の基準価額が8800円に値上がりしていたとして、その時

図52

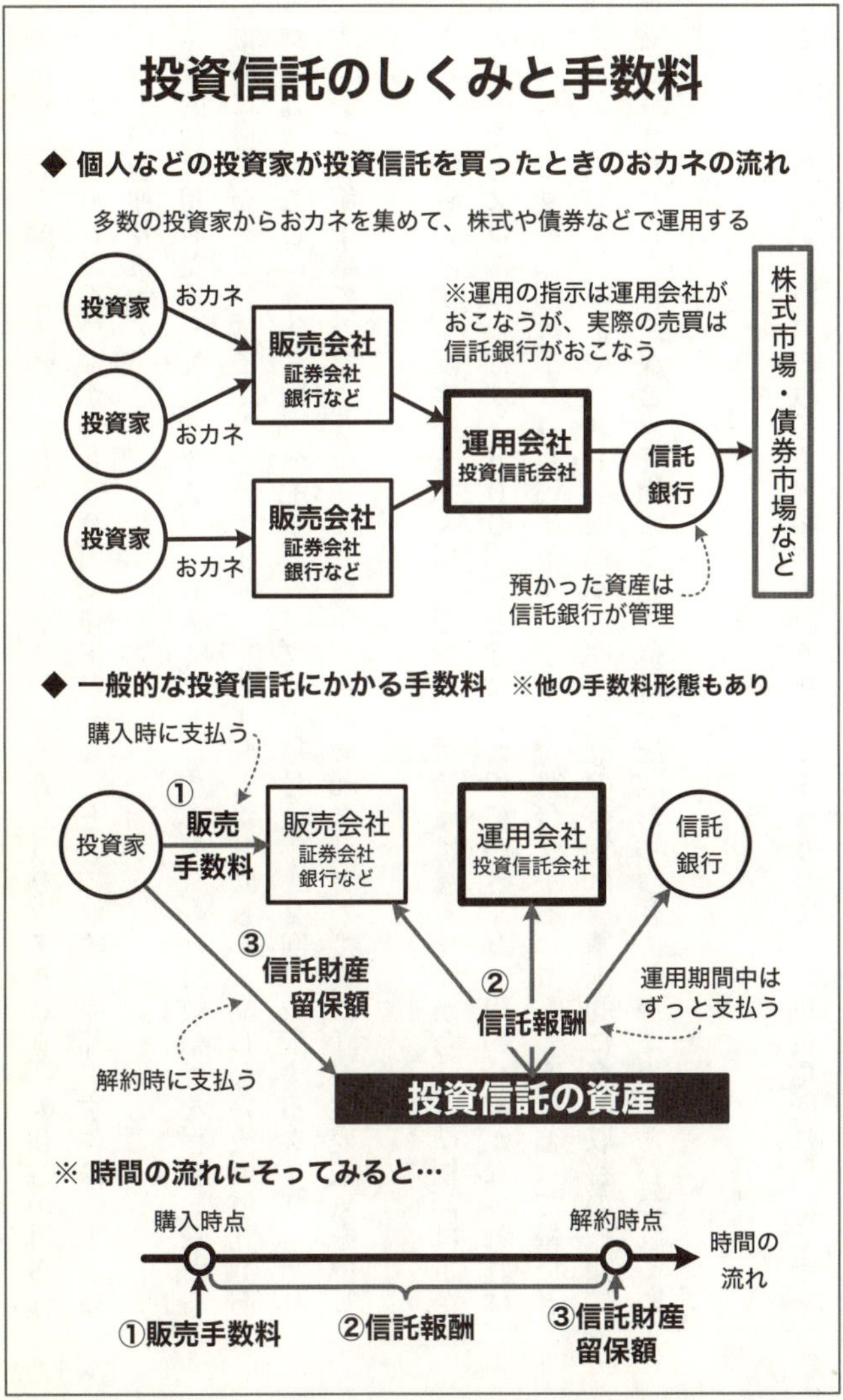
投資信託のしくみと手数料
◆ 個人などの投資家が投資信託を買ったときのおカネの流れ
多数の投資家からおカネを集めて、株式や債券などで運用する
投資家
おカネ
投資家
おカネ
投資家
おカネ
販売会社
証券会社
銀行など
販売会社
証券会社
銀行など
※運用の指示は運用会社がおこなうが、実際の売買は信託銀行がおこなう
運用会社
投資信託会社
信託銀行
株式市場・債券市場など
預かった資産は信託銀行が管理
◆ 一般的な投資信託にかかる手数料　※他の手数料形態もあり
購入時に支払う
投資家
①
販売手数料
販売会社
証券会社
銀行など
運用会社
投資信託会社
信託銀行
③
信託財産留保額
②
信託報酬
運用期間中はずっと支払う
解約時に支払う
投資信託の資産
※ 時間の流れにそってみると…
購入時点
解約時点
時間の流れ
①販売手数料
②信託報酬
③信託財産留保額

点で投資信託を解約（売却）すれば、１３００円（＝８８００−７５００）の利益が得られます。逆に、もし基準価額が６３００円に値下がりしたときに解約（売却）すれば、１２００円の損失を被ります。

定期的に運用収益を分配する投資信託も多く、そうすると、客は投資信託を保有しながら定期的に分配金を受け取ることができます。年に１回とか２回しか分配しない投資信託もあれば、３ヵ月ごとに（年４回）分配するタイプや、毎月（年１２回）分配するタイプもあります。あとの第十章でみるように、ここ数年、毎月分配タイプの投資信託が大変人気を博しています。

ただし、投資信託が分配金を支払えば、その分だけ資産は減りますから、基準価額は下がります。たとえば基準価額が７５００円のときに、１口につき１００円の分配がなされれば、それによって基準価額は７４００円に下がります。毎月分配があっても、客にとって得だとは言えないのです。税金やコストを無視すれば、分配の有無は、基本的に客の収益の総額に影響を与えません。税金などを考慮すると、毎月分配はむしろ客にとって損だと言われています。

ここまで、投資信託におけるおカネの流れを概説しました。では、投資信託にかかる手数料にはどのようなものがあるのでしょうか。図52の下側をみてください。一般的な株式投資信託では、①まず購入時に「販売手数料」を支払うことになります。これは客が販売会社に対して支払います。たとえば販売手数料が３％の株式投資信託を１００万円分だけ買おうとすると、購入代金の１００万円に加えて３万円の販売手数料を支払う必要があるのです。

同じ投資信託を買う場合でも、どの金融機関を窓口にして買うかによって、販売手数料が異なることがあります。購入金額が大きくなるにつれて販売手数料が安くなるパターンもよくあります。また、販売手数料がゼロの株式投資信託もあり、「ノーロード型」と呼ばれます。

つぎに、②投資信託の運用期間中ずっと「信託報酬」を支払い続けることになります。信託報酬は、投資信託の資産の中から販売会社・運用会社・信託銀行それぞれに支払われます。たとえば、合計で年率２％の信託報酬がかかる投資信託では、その支払いによって、年に２％ずつ資産が減る（基準価額が下がる）ことになります。

短期的な投資対象として株式投資信託を買う人にとっては、期間に応じてかかる信託報酬よりも、最初に取られる販売手数料の方が大きな負担になるかもしれません。しかし、数年以上保有し続けるつもりで買う人にとっては、期間に応じてかかる信託報酬こそが一番重要な手数料となります。

信託報酬が年率1％を超える投資信託を買うと、よほどうまく運用してくれるのでなければ、コスト負担が大きすぎて、リスクの割に不利なリターン（コスト差し引き後の、平均的に予想される収益率）しか得られないと覚悟すべきです。では、信託報酬が高い株式投資信託は運用が上手なのかというと、現実には、信託報酬の高さと運用の巧拙は関係ないようです。それならば、信託報酬の高い投資信託に手を出すのはなるべく控えるべきでしょう。

少し変わったタイプとして、運用が成功した場合に信託報酬が高くなる投資信託もあります。いわゆる成功報酬になっているわけですが、成功報酬が運用成績を高めるかというと、この場合には、さほど効果があるとは思えません。成功報酬は確かに運用担当者（ファンドマネージャーと呼ばれます）のヤル気を高めるでしょうが、副作用として、たとえば成功報酬を狙うあまりに無謀な資産運用をする危険性も高まるでしょう。成功報酬タイプの投資信託に過剰な期待をするのは、あまり賢くないと思われます。

さらに、③投資信託の解約時に「信託財産留保額」がかかることがあります。運用が続いている投資信託から客が資金を引き揚げるときに、解約手続きの費用として投資信託に少し資産を残していくといった感じでしょうか。一般的に、①販売手数料や②信託報酬に比べて、③信託財産留保額はさほど大きなコストにはなりませんが、無視できない高さが設定されている場合もあります。また、信託財産留保額が不要な投資信託もあります。

なお、販売手数料と信託報酬には消費税もかかります（信託財産留保額は、その性質上、消費税はかかりません）。他にも、細かな手数料がかかったり、運用期間に応じた手数料体系が導入されている投資信託があったりします。本書では、投資信託にかかる手数料をすべて紹介することはできませんが、基本的に、投資信託では販売・運用にいくつもの金融機関が関係するため、どうしても手数料が高くなりやすいのです。株式投資信託の広告をみるときには、まず何よりも、①販売手数料と②信託報酬の2つをチェックすることが大切です。

手数料の二重徴収

一般的な投資信託よりも、さらに信託報酬が余分にかかる構造の投資信託もあります。客からおカネを集めた運用会社が自分では運用せずに、他の投資信託会社が運用する投資信託をいくつか選んで、それらに投資するという構造の投資信託です。〝ファンド・オブ・ファンズ〟と呼ばれています。

先に、信託報酬は販売会社・運用会社・信託銀行それぞれに支払われると述べましたが、ファンド・オブ・ファンズでは二重に運用会社を経由してから株式や債券などで運用されるわけですから、運用会社に支払う信託報酬が二重にかかることになります。

正直なところ、ファンド・オブ・ファンズは、賢い客ならばできるだけ避けたいタイプの投資信託です。それなのに、ファンド・オブ・ファンズの広告を新聞などでみる機会は増えてきました。いくつか取り上げてみたいと思いますが、まずは図53の広告をみてください。

一番上に堂々と「凹凹證券のファンド・オブ・ファンズのご紹介」と書かれています。この凹凹證券はもちろん架空の金融機関ですが、広告の中では、ファンド・オブ・ファンズが優れた商品であるかのように宣伝しています。広告の中央をみると、このナンデモごちゃまぜファンドを運用する会社は、それぞれ世界株・米国債券・日本株・中国株・世界債券・米国株などに投資するファンドを選んで、それらのファンドに運用を任せきりにするようです。

＊商品名の下にも「追加型株式投資信託／ファンドオブファンズ」と書いてあります。これは投資信託の商品分類の表示で、通常、ファンド・オブ・ファンズであればこのような表記があります。また「追加型株式投資信託」とは、いつでも購入できるタイプの株式投資信託であることを意味します。

当然のように手数料は割高で、販売手数料（お申込手数料）は最大3・15％、信託報酬は年1・4〜1・8％程度、信託財産留保額は0・3％となっています。信託報酬に幅があるのは、選んで投資するファンドの信託報酬にバラツキがあるためです。この信託報酬に関する記述は不親切にみえますが、もっとひどい広告もあります。

図 53

凹凹證券のファンド・オブ・ファンズのご紹介

世界中から
凄すぎるファンドだけを
集めちゃいました！

世界中から適当に
選び抜いたファンドに
まとめて投資できます！

ナンデモごちゃまぜファンド
追加型株式投資信託／ファンドオブファンズ

お申し込みメモ　※くわしくは目論見書をご覧ください。
◎信託期間…………平成16年8月13日設定以降、無期限とします
◎当初募集期間……平成16年7月30日〜8月12日
◎お申込単位………１万口以上１万口単位（当初元本１口＝１万円）
◎お申込手数料……最大3.15%（税抜3.0%）
◎その他の費用……実質的な信託報酬として、純資産総額に対して年1.6%±0.2%程度（税込）がかかります。
信託財産留保額として基準価額の0.3%がかかります。

上の広告は架空のものであり、登場する企業や金融商品などは、現実の企業や金融商品などとは一切関係ありません。

同じ凹凹證券が一連のシリーズとしてファンド・オブ・ファンズを宣伝しているという設定で、もうひとつ図54の広告もみてみましょう。

よく似た広告ですが、商品の内容と手数料の説明が少し異なっています。こちらはテーマを絞り込んでいて、「日本のIT関連企業の株式に投資するファンド」を7つ選び、それらのファンドに運用を任せきりにしています。テーマが広いか狭いかのちがいを除けば、商品の基本的な仕組みは図53の商品とほぼ同じです。ただし、広告の下側の「お申し込みメモ」をよく読むと、微妙に説明方法が異なっています。

販売手数料（お申込手数料）は、金額が大きければ（約1億円以上の場合には）1・575%ですが、金額が小さければ3・15%であることが明示されています。信託報酬については「純資産総額に対して年0・9975%（税込）」と書いた上で、その下に「上記の他に、ファンドが投資対象とする投資信託に関しても信託報酬等がかかります」との注意書きをつけています。これでは信託報酬の総計がまったくわかりませんので、先の図53の広告よりも不親切な表示となっています。

しかし、2つの広告をあわせてみると、凹凹證券のファンド・オブ・ファンズの信託報酬の内訳を類推することができます。こちらのファンド・オブ・ファンズでも、総計では年1・8%程度の信託報酬が取られるとすると、そのうち、このファンド・オブ・ファンズを

図54

凹凹証券のファンド・オブ・ファンズのご紹介

日本のIT株に投資する
7つの凄いファンドが結集！

愛ティセブン博覧会

追加型株式投資信託／ファンドオブファンズ

お申し込みメモ　※くわしくは目論見書をご覧ください。

◎信託期間…………平成16年8月13日設定以降、無期限とします
◎当初募集期間……平成16年7月30日～8月12日
◎お申込単位………１万口以上１万口単位（当初元本１口＝１万円）
◎お申込手数料……１口以上１億口未満の場合：3.15%（税抜3.0%）
１億口以上の場合：1.575%（税抜1.5%）
◎信託報酬…………純資産総額に対して年0.9975%（税込）とします。
※上記の他に、ファンドが投資対象とする投資信託に関しても信託報酬等がかかります。目論見書でご確認ください。
◎信託財産留保額…基準価額の0.5%とします。

上の広告は架空のものであり、登場する企業や金融商品などは、現実の企業や金融商品などとは一切関係ありません。

販売・運用する金融機関があわせて約1%を取り、残りの約0・8%が各ファンドを実際に運用する会社の信託報酬となります。他社を選んでそこに運用を任せきりにするだけなのに、実際に運用をする会社が取る信託報酬よりも高い、年約1%の信託報酬を上乗せするというやり方は、まさに濡れ手で粟の商売です。

日本中の、あるいは世界中の投資信託(ファンド)の中から投資先を選ぶという作業だけで、バカ高い信託報酬を取る運用会社は、ではどうやって投資先のファンドを選んでいるのでしょうか。たぶん基本的な考え方としては、過去の運用実績がよかったファンドを選んでいるだけだと思われます。しかし、過去の運用実績が将来の運用実績を保証しないことは、これまでにも述べた通りです。つまり、ファンド・オブ・ファンズと書かれた株式投資信託を買うと、ふつうの2倍以上の信託報酬をムダに支払うことになるのです。

すでに述べたように、筆者はここ数年、大学で金融商品広告の読み方を講義しています。その際、「ファンド・オブ・ファンズという言葉をみたら、危険な商品だと疑いなさい」と教えているのですが、世の中には、本質はファンド・オブ・ファンズであるのに、広告やパンフレットなどにはファンド・オブ・ファンズと書かれていない投資信託もあります。**図55**がその一例です。

図 55

八つ墓ファンド

（追加型株式投資信託 ／ 国際株式型）

素敵な4つの長所

① 8種類の資産に分散して投資。

日本株、アメリカ株、EU株、BRICs株、日本債券、アメリカ債券、EU債券、エマージング債券の8つに分散投資します。※各マザーファンドを通じて投資します。

② 国際的に著名なアドバイザーが運用。

株式会社アカサタナ・コンサルタントのファンドアナリストが厳選した、各資産の運用のスペシャリストが運用します。

③ 盛り沢山の情報提供サービス。

毎月、ニュースレターを、3ヵ月ごとに運用レポートを、年初には運用報告書をお送りします。

④ 要するに、革命的な、国際分散投資。

凸凹証券の長年の研究が生み出した、革命的な国際分散投資の効果を、ご堪能ください。

お申込メモ

◎お申込単位……新規：10万円以上1円単位　追加：1万円以上1円単位
◎お申込価額……お申込受付日の翌営業日の基準価額
◎お申込手数料…1億円未満：3.15%（税抜3.0%）
1億円以上10億円未満：1.575%（税抜1.5%）
10億円以上：0.525%（税抜0.5%）
◎信託期間………無制限
◎決算日…………原則毎年1月5日（1月5日が休業日のときは翌営業日）
◎信託報酬………純資産総額に対して年1.995%（税抜1.9%）

8つのマザーファンド
日本株アイウエオ・ファンド＜運用：アイウエオ投信＞
アメリカ株カキクケコ・ファンド＜運用：カキクケコ投信＞
EU株サシスセソ・ファンド＜運用：サシスセソ投信＞
BRICs株タチツテト・ファンド＜運用：タチツテト投信＞
日本債券ナニヌネノ・ファンド＜運用：ナニヌネノ投信＞
アメリカ債券ハヒフヘホ・ファンド＜運用：ハヒフヘホ投信＞
EU債券マミムメモ・ファンド＜運用：マミムメモ投信＞
エマージング債券ラリルレロ・ファンド＜運用：ラリルレロ投信＞

上の広告は架空のものであり、登場する企業や金融商品などは、現実の企業や金融商品などとは一切関係ありません。

広告の上側に①〜④の「素敵な4つの長所」が記されており、その①と②を読むと、アカサタナ・コンサルタントというアドバイザーに選んでもらった、8つの分野別のファンド（広告の一番下に列挙されています）に投資するだけですから、商品の構造はまさにファンド・オブ・ファンズです。それなのに、広告の中にはファンド・オブ・ファンズという表現は一切出てこないのです。

ただし、「注意しないと騙されるかもしれない」といった心配は無用でしょう。広告の下側にある「お申込メモ」の中に手数料が書かれていますが、信託報酬は年1・995％で非常に高いのです。そもそもファンド・オブ・ファンズが危険なのは、ムダに信託報酬が高いからでした。だから、総計での信託報酬が明記されていれば、賢い客はその高さをみて手を出さないことにするでしょう。

なお、長所の③として、毎月のニュースレター、3ヵ月ごとの運用レポートなど、たくさんの情報提供サービスがあるようですが、これも余分なコストがかかることを考えると、筆者には短所にしかみえません。自分では運用しないで高い信託報酬を取ることを正当化するためのサービスでしかない、と言ったら言いすぎでしょうか。

長所の④はまったく意味不明です。「革命的な国際分散投資」と書かれていますが、どこが革命的なのでしょうか。表面上は、高級なファイナンス理論（投資理論）を応用しているかのように宣伝しつつ、実際にやっていることは、ファンド・オブ・ファンズなのにファンド・オブ・ファンズと書かずに売るという、極めて姑息な工夫でしかありません。

使い古されたトリック

かなり有名な話ですので、新鮮味がありませんが、つぎの図56の広告について、ひとつクイズを出したいと思います。典型的な株式投資信託の広告ですが、中央に、過去の運用実績のグラフが示されています。グラフにある「凸凹平均株価」は架空の株価指数ですが、日経平均株価やＴＯＰＩＸ（東証株価指数）のようなものだと思ってください。グラフをみると、この投資信託の基準価額は凸凹平均株価を上回る値上がりとなっています。要するに、この投資信託は過去に大きく値上がりしており、しかも、凸凹平均株価を基準として比較しても、優れた運用実績だったことを強調したいようです。

これまでのクイズと同じように、あなたの知人が新聞でこの広告をみて、運用実績に魅力を感じ、この投資信託を買おうとしているという設定で、あなたならどんなアドバイスをするかを考えてください。「過去の運用実績を誇示する新聞広告が出ていても、その投資信託の運用が上手とは言えない」という話を、いかに説得力をもって示せるかがポイントになります。答えを知っている読者も多いと思いますが、よくわからないと感じた読者は、ぜひじ

図56

ジャパン・カブカアガーレイ・ファンド

追加型株式投資信託 ／ 国内株式型

重点テーマ ＝ 情報通信 ＋ 生命科学 ＋ 中国関連 ＋ 自然環境

設定以来の、すばらしい運用パフォーマンスをぜひご覧ください

運用実績

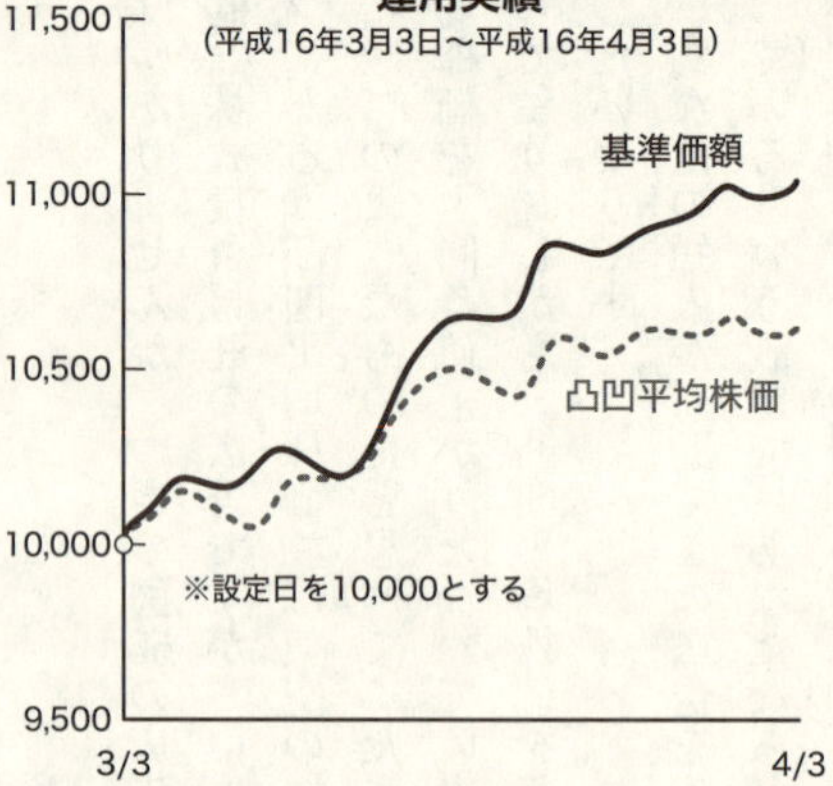

◆ 運用実績は過去のものであり、将来の運用成果を保証するものではありません。
◆ 凸凹平均株価は参考指標であり、当ファンドのベンチマークではありません。

お申込みメモ　くわしくは目論見書をご覧ください

◎信託期間…………平成21年4月13日まで（平成16年3月3日設定）
　※設定より2年経過後にファンドの口数が20万口を下回った場合には、信託を終了いたします。
◎決算日……………原則毎年4月13日（休業日のときは翌営業日）
◎お買付単位………1口以上1口単位（当初元本1口＝1万円）
◎お買付価額………お申込み日の基準価額
◎お買付手数料……基準価額の3.15％（税抜3％）以内で、販売会社が独自に設定した率
◎信託報酬…………純資産総額に対して年1.68％（税抜1.6％）
◎信託財産留保額…1口につき基準価額の0.4％

上の広告は架空のものであり、登場する企業や金融商品などは、現実の企業や金融商品などとは一切関係ありません。

っくり考えてみてください。

では、クイズの答えを述べます。つぎの話をていねいに説明した上で、「このグラフに騙されてはいけない」とアドバイスするべきでしょう。そもそも金融機関側は、過去に結果として運用成果がよかった投資信託があれば、その新聞広告を出し、過去に運用に失敗した投資信託については、新聞広告を出さなければよいのです。もし何らかの都合で、運用に失敗した投資信託の広告を出す場合でも、過去の運用実績を無理に示す必要はありません。

つまり、たまたま運用に成功したときにだけ、運用実績を誇示するような新聞広告を出すことが、金融機関側とすれば合理的です。実際に、新聞の金融商品広告でこういったグラフの入ったものをみると、そのほとんどが優れた運用実績を上げています。

したがって、この広告のグラフは、運用の上手・下手についての情報を与えてくれません。過去にたまたま運がよかったことがわかる程度の情報でしかないのです。しかも、グラフの下には、小さな文字で「運用実績は過去のものであり、将来の運用成果を保証するものではありません」と書かれています。

都合のいい結果が出たときにだけ、それをアピールするという手法は、かなり多くの人が仕事や日常生活の上で使っているものであり、使い古されたトリックでしかありません。それでも、数字に弱い（数学的な考え方が苦手な）客を相手に金融機関が使うトリックとしては、まだまだ有効だと考えられているようです。

学校教育について論じるときに、「数学なんて生活に役立たない」と主張する人もいますが、それは大きなまちがいであり、たとえば金融商品を選ぶ際には、基本的な数学の知識が意外に役に立つのです。

少なくとも、金融機関側は数学的思考ができる客とできない客を区別したいと思っているはずです。数学的思考ができない客には、この手のトリックをどんどん使って各種の金融商品を売りつけることが容易になるからです。102ページで述べた価格差別の応用と考えれば、こういったグラフを誇示する広告は、金融機関にとって、自動的に客を選別する効果をもつという意味で、じつは大変に優れた広告です。

図56の広告について、他の部分も簡単にみてみましょう。上側に「重点テーマ」として「情報通信・生命科学・中国関連・自然環境」の4つが挙げられています。将来性がありそうなテーマだと思った読者がいるかもしれませんが、冷静に考えると、何年も前から注目されているテーマばかりであり、あまり目新しい感じがしません。

もし本気で購入を検討しているのであれば、下側の「お申込みメモ」をすべて読むべきです。「お買付手数料」とあるのは販売手数料のことで、「3・15%以内で販売会社が独自に設定した率」とありますが、少額の資金しかない客は3・15％の販売手数料を取られる可能性が高いと思われます。信託報酬の年1・68％、信託財産留保額の0・4％もふくめて、かなり手数料が割高な株式投資信託です。

また、「信託期間」の注意事項として、「設定より2年経過後にファンドの口数が20万口を下回った場合には、信託を終了いたします」と書かれています。「当初元本1口＝1万円」とあり、20万口は基準価額1万円なら20億円に相当します。最低2年間は運用をしてくれるようですが、そのあとは、もし20万口を下回ると運用が終了してしまうということです。このように投資信託には、運用が途中で打ち切られるリスクもありますので、注意が必要です。

手数料の安い投資信託

今度は**図57**の広告をみてください。「国内バランス凸凹まぜまぜ25」と「国内バランス凸凹まぜまぜ50」の2つの株式投資信託が同時に宣伝されています。名称の最初に「国内」とあるのは、日本国内の金融市場で運用するからです。国内金融市場を大きく分類すると、株式市場、債券市場、短期金融市場（銀行などが主に1年以内の資金を貸し借りする市場）、預金・貸出市場の4つに分けられます。

広告の中の図をみるとわかるように、この投資信託では、日本国内の株式市場・債券市場・短期金融市場の３つにバランスよく資金を配分して運用します。「まぜまぜ２５」は債券での運用が５０％を占め、株式と短期金融資産での運用はそれぞれ２５％ずつです。他方、「まぜまぜ５０」は株式での運用が５０％を占めます。

広告の２行目の中央に「バランス型」とありますが、このように株式と債券などにバランスよく投資するタイプの株式投資信託のことです。広告中央には「資産配分比率が異なる、2つのファンドからお選びいただけます」と書かれています。さらに、その下には「2つのファンド間で自由にスイッチングできます（手数料は無料です）」ともあります。スイッチングとは、ある投資信託（ファンド）から別の投資信託に運用を切り替えることで、この2つの投資信託の間では、自由に、しかも手数料無料でスイッチングができるようです。

客にとって「手数料は無料」という言葉は、何であっても気持ちよく感じられるものですが、金融商品広告をみるときには「その下心はどこにあるの？」と疑うことを忘れてはいけません。

スイッチング手数料無料の秘密は、信託報酬にあります。バランス型ではなく、債券や短期金融資産だけで運用する投資信託と、株式だけで運用する投資信託を比較すると、後者の方がずっと信託報酬などの手数料が高くなります。たとえ話としては、ビールでも「発泡酒

図 57

国内バランス凸凹まぜまぜ25

追加型株式投資信託／バランス型／自動継続投資可能

国内バランス凸凹まぜまぜ50

お申込みの際は、必ず「目論見書」をご覧ください。

★ 国内の株式や債券にバランスよく分散投資し、安定的な収益を目指します。

★ 資産配分比率が異なる、２つのファンドからお選びいただけます。

★ ２つのファンド間で自由にスイッチングできます（手数料は無料です）。

★ 株式部分の運用は、凸凹平均株価指数に連動することを目指します。

国内バランス凸凹まぜまぜ25

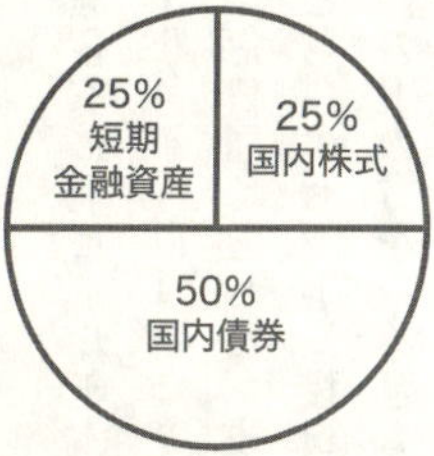

国内バランス凸凹まぜまぜ50

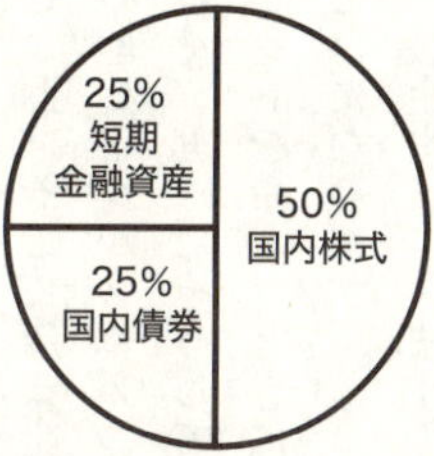

お申込みメモ

◎信託期間……………平成◇年○月×日まで（平成△年○月×日設定）
◎決算日………………原則毎年○月×日（休業日のときは翌営業日）
◎お申込み単位………1万円以上1円単位
◎お申込み価額………お申込み日の基準価額
◎お申込み手数料……基準価額の最大1.575%（税抜1.5%）
◎信託報酬……………純資産総額に対して年1.05%（税抜1%）
◎信託財産留保額……基準価額の0.1%

上の広告は架空のものであり、登場する企業や金融商品などは、現実の企業や金融商品などとは一切関係ありません。

は安く、地ビールは高い」のと同じようなものだと考えてください。発泡酒＝債券・短期金融資産、地ビール＝株式とたとえているわけです。

すると、広告の商品のうち「まぜまぜ25」は発泡酒3本に地ビール1本で計4本セットになったもの、「まぜまぜ50」は発泡酒2本に地ビール2本で計4本セットになったものと考えていいでしょう。どちらかのビール4本セットが毎日届くとして、支払う代金に相当するのが、これらの投資信託の信託報酬です。当然、どちらのセット（投資信託）を選ぶかによって、代金（信託報酬）は異なるはずなのに、広告の下の方をみると「年1・05％」で一定です。

スイッチング自由なのですから、客は、気分に応じて地ビールが多いセットを頼むときもあれば、地ビールが少ないセットを頼むときもあるでしょう。そこで店（金融機関）側としては、どちらを頼まれても損をしないように、高い方の地ビールが2本入ったセット（まぜまぜ50）を前提に代金（信託報酬）を決めておけばよく、実際にそうしているにちがいありません。客側からみると、地ビールが1本しかないセットを頼んだときには、安い発泡酒のうちの1本について、高い地ビールの代金を支払うことになります。

つまり、広告の2つの投資信託には共通の信託報酬が設定されていますので、株式での運用比率が25％の「まぜまぜ25」を選んでも、株式で50％運用するときと同じ信託報酬が取られるのです。「まぜまぜ５０」を前提にしても、年１％を超える信託報酬はかなり割高です。その上に、客が「まぜまぜ２５」を選んでくれれば、サービスの質を落とした上で同じ手数料が取れるのですから、金融機関側は笑いが止まりません。だからスイッチングは自由で無料なのです。

広告の中には「株式部分の運用は、凸凹平均株価指数に連動することを目指します」とあります。日経平均株価やＴＯＰＩＸ（東証株価指数）などの、日本の株式市場全体の動向を示す指標を〃株価指数〃と呼びますが、特定の株価指数に基準価額が連動するような仕組みで運用する株式投資信託を〃インデックス型〃と呼びます。この広告の２つの投資信託も、国内株式の部分はインデックス型で運用しているのです。

通常、インデックス型の株式投資信託は、信託報酬が比較的安いのが特徴です。しかもこの株式投資信託では、株式での運用部分は多くて５０％なのですが、この商品の信託報酬はとても割高になっています。「架空広告だから高く設定しているのでは」と思う読者がいるかもしれませんが、現実に、これとさほど変わらない投資信託が売られています。

つぎの**図58**の広告にも２つの投資信託が宣伝されています。どちらも、インデックス型の株式投資信託の一種ですが、商品名の上に「株価指数連動型上場投資信託」とあり、〝ETF〟と呼ばれるものです。上の商品は「日本」の株価指数に連動し、下の商品は「アメリカ」の株価指数に連動します。206ページでも少し紹介しましたが、ETFはふつうの株式と同じように証券取引所に上場して取引されていますので、いろいろなコストが安くなります。また、新聞の株式欄に情報が出ていますから、値動きの情報が得やすいのも利点です。

この広告では、それぞれの商品名の下に手数料の記述があります。売買手数料は「当社所定の手数料」と書いてありますが、インターネットで売買すればかなり安いと思われます。信託報酬は、上の商品が「年率0・12%」で、下の商品が「年率0・19%」です。これこそがETFの最大の魅力で、とにかく、日本で売られている他のタイプの株式投資信託に比べて、ETFの信託報酬は格段に安いのです。

ETFは、コストが安く、リスク管理がしやすいなどの点で、他の株式投資信託よりも優れています。ただし、いくつかの問題点も指摘されています。商品内容のくわしい解説は本書の範囲外ですので、特に重要な点を2つだけ簡単に述べます。

株価指数連動型の投資信託なのですから、何らかの株価指数を選んでそれに連動させるわけですが、日本の株式市場の場合、その株価指数に問題が多いのです。テレビのニュースでよく報じられるのは日経平均株価（日経225）とTOPIX（東証株価指数）ですが、た

図 58

これから株式投資をはじめようとする方へ
ETFをどうぞ
国際分散投資をお考えの方も
ETFをどうぞ

日本経済に投資する ＥＴＦ

【株価指数連動型上場投資信託】

上場凸凹平均株価

売買単位：1,000口単位

売買手数料：当社所定の手数料をいただきます

信託報酬：純資産に対して年率0.12%

&

アメリカ経済に投資する ＥＴＦ

【株価指数連動型上場投資信託】

A#S$*+#&U!!~?

売買単位：100口単位

売買手数料：当社所定の手数料をいただきます

信託報酬：純資産に対して年率0.19%

上の広告は架空のものであり、登場する企業や金融商品などは、現実の企業や金融商品などとは一切関係ありません。

とえば、2000年4月のITバブル崩壊以降、日経平均株価に対する批判が強まっています。日経平均株価は225社を選んでその株価を指数化したものですが、そこにふくまれる企業を入れ替えるという作業がときどきおこなわれ、その都度、いろいろな問題が生じているからです。

では、TOPIXは大丈夫かというと、2005年から2006年前半にかけて計算の方法が大きく変更になりますので、それが落ち着くまでは、いろいろと問題が起きそうです。

また、人気がないETFがいくつも上場廃止になっています。本来、いろいろなタイプの株価指数に連動するETFが取引できるようになって、個人の株式投資の効率を高めることが期待されていたのですが、特定のETFだけに取引が集中するような状況になっています。

たとえばアメリカでは、ここで述べたような点はほとんど問題にならないようですが、日本で、ETFが安心でバラエティに富んだ商品となるまでには、まだまだ時間がかかるでしょう。

第十章　「流行の投資信託」の広告――毎月分配はお得？

21世紀最初の大ヒット金融商品

21世紀に入ってからの数年で、金融商品として最大のヒットを記録した商品と言えば「毎月分配型投資信託」でしょう。2005年2月には残高がついに10兆円を突破しました。いくつかの広告を取り上げることにしますが、まずは図59をみてください。広告の2行目に「毎月決算コース」とあり、その下の説明の中には「原則として毎月分配」と書かれています。毎月10日(休業日の場合には翌営業日)に、収益が分配されることが売り物の投資信託なのです。おまけに「年2回は売買益・評価益等からも分配」とあり、半年に1回は、特別な分配金がもらえる可能性もあります。

広告の中央には「2004年の分配実績(1000口当たり、課税前)」が例示されています。一番下の注意書きにあるように「当初元本1口=1万円」ですから、この投資信託が売り出された当初に1000万円分(1000口)を購入した人は、2004年の1月には3万2000円、2月にも3万2000円、……、11月には3万8000円、12月には何と103万8000円がもらえました。半年に1回の特別な分配金は、6月には出なかったものの、12月には100万円も出たのです。

＊現実の広告では「1口当たり」の分配実績を示してあるのがふつうですが、あえてこの架空広告では「1000口当たり」で示しました。そのため、かなり分配金額が目立つ広告になっ

図 59

ワールド☆※◇◎ボンドファンド

毎月決算コース（為替ヘッジなし）

追加型株式投資信託／バランス型／自動継続投資可能

► 世界主要国（日本を除く）の国債を中心に信用力の高いA格以上の債券に投資します。

► 原則として毎月分配！ ※原則、毎月10日に分配
年２回は売買益・評価益等からも分配!!

2004年の分配実績（1,000口当たり、課税前）

1月	32,000円	2月	32,000円
3月	32,000円	4月	32,000円
5月	34,000円	6月	34,000円
7月	34,000円	8月	38,000円
9月	38,000円	10月	38,000円
11月	38,000円	12月	1,038,000円

※半年毎の分配金を含む

☆上記の分配実績は過去のものであり、将来の成果を保証しません。
☆分配対象額が少額の場合には、分配がなされない場合もあります。
☆原則として、対円での為替ヘッジは行いません。

お申し込みメモ ［お申し込み単位］（当初元本１口＝１万円）１口以上１口単位
［お申し込み手数料］2.0%（税込2.1%）を上限に、各販売会社が決めた手数料
［信託財産留保額］基準価額の0.3%
［信託報酬］信託財産の純資産総額に対して年率0.9%（税込0.945%）

上の広告は架空のものであり、登場する企業や金融商品などは、現実の企業や金融商品などとは一切関係ありません。

ています。ただし、類似商品について、数百万円あるいは1000万円単位のおカネを預けることを前提に、「毎月何万円かのお小遣いがもらえますから、家族でリッチな外食を楽しんだり、夫婦で旅行に出かけたりできます」とか「毎月決まった日に収入が得られますから、公的年金を補完する機能をもちます」などと宣伝されることも多いので、その点をあわせた架空広告になっています。

広告に例示されている分配金を単純に合計すると、1年間で142万円です。仮に投資元本を1000万円とすれば、年14・2%の収益率となります。半年ごとの特別な分配金の100万円を除いて、毎月の分配金だけでみても年4・2%の収益率です。このとても魅力的な分配金だけに注目して、毎月分配型投資信託に購入希望者が殺到したのも、何となくわかる気がします。では、高い分配金の秘密はどこにあるのでしょうか。

商品名の「ワールド☆※◇◎ボンドファンド」のボンドとは債券のことです。また、広告の中に「世界主要国（日本を除く）の国債を中心に、信用力の高いA格以上の債券に投資します」と書いてあるように、金利が高い海外の債券で運用する投資信託です。広告の上から3行目には「追加型株式投資信託」とあり、そこだけをみると株式でも運用しているように思えますが、税制上の理由などで株式投資信託に分類しているだけであって、実際の内容は、外国債券で運用する投資信託です。

　広告の一番下の「お申し込みメモ」をみながら、手数料をチェックしてみましょう。税込みでみると、販売手数料（お申し込み手数料）が２・１％、信託報酬が年０・９４５％、信託財産留保額（消費税はかかりません）が０・３％です。外国の債券ばかりを買うとはいえ、債券で運用する投資信託としてみると、年１％弱の信託報酬は高すぎます。

　先の数値例でみると、特別な分配金の１００万円は、運用している債券が値上がりしたので、その利益を分配したと思われます（あとで再度検討します）。それとは別に、年１％弱の信託報酬を支払ってもなお、年４・２％の分配がなされたのですから、これが債券の金利によるものだとすると、年５％程度の金利を稼いでいることになります。

　もっとも、２００４年のアメリカやヨーロッパ主要国の国債の金利は年４～５％で推移しました。国債よりも金利が高い社債などでも運用しているのでしょうし、過去に発行された、現在の金利よりも高いクーポン金利の国債・社債も保有している可能性がありますから、年５％を超える金利収入は驚くことではありません。

　やはりこの分配実績の中で凄いのは、１２月に特別に出された１００万円（当初元本に対して１０％）の分配金です。２００４年の１年間だけでそれだけ債券価格が値上がりしたとは思えませんが、２０００～０２年と比べると、２００４年の欧米の長期国債のクーポン金利はずいぶん低くなっています。そのため、数年前のクーポン金利が高い債券を買って保有していたとすると、数年の間に大きく値上がりしたと思われます（金利と債券価格の関係を忘れた人は277ページを参照してください）。

つまり、過去2〜3年かけて債券が値上がりした分を、2004年12月に一気に分配したようです。そしてその直後に、分配実績を売り物にした新聞広告を出したわけです。新しい客を獲得するための作戦としては、なかなか優れています。

しかし、毎月の分配にしても特別の分配にしても、資産の一部を分配金として支払っているだけです。投資信託に預けた資産は、分配があれば、ちょうどその分だけ減ります（基準価額も下がります）。普通預金からおカネを引き出すと、預金残高が減るのと同じ原理です。毎月分配型投資信託で資産を運用している客は、結局のところ、投資信託に預けたおカネを少しずつ解約している（引き出している）のと同じなのです。

客が自分で引き出す金額と日にちを決めて、自分で引き出す手続きをするか、それとも、投資信託の運用会社が引き出す金額を適当に決めて、毎月決められた日に自動的に渡してくれるかのちがいでしかありません。毎月分配は、特に有利な仕組みではなく、あとに述べるケースでは、むしろ客に不利な仕組みになります。

＊販売側が、年金生活者に対して「毎月分配型投資信託は公的年金を補完する金融商品としてお勧めです」といった宣伝をすることもあります。公的年金が2ヵ月ごとに支給されることに着目し、毎月分配型の変形タイプとして、年金支給がない月に隔月で分配する投資信託もあります。

さて、このタイプの投資信託は高金利を得るために外国の債券で運用しますから、どうしても為替レート変動のリスク（為替リスク）にさらされます。広告の2行目に「為替ヘッジなし」と書かれていますが、ヘッジとはリスクを減らす措置のことで、この商品では「為替ヘッジなし」なのですから、為替リスク対策は何もやっていないことになります。

＊為替ヘッジ（為替リスクを減らす措置）の代表格は為替予約（２４２ページを参照）ですが、じつは、為替予約をおこなうと高金利が得られなくなります。そのため、外国債券で運用する毎月分配型投資信託では、為替ヘッジをしないのがふつうです。なお、本書では為替予約の仕組みを説明しませんので、この話に納得できない人は、すでに紹介した拙著『金融工学の悪魔』（日本評論社）をお読みください。

外国の債券には、固定金利のものも変動金利のものもありますが、こういった投資信託はかなりの部分を固定金利の債券で運用していると思われます。そのため、金利変動のリスク（金利リスク）にもさらされています。つまり、為替レートが円高になったときに損をする危険性に加えて、海外で金利が上昇したときに損をする危険性もあるのです。

毎月分配型投資信託のさらなる問題点は、資産が増えていないときでも分配がおこなわれるところにあります。「儲かっていなくても、毎月分配してくれるのだからありがたい」と考えている人も多いようですが、不利な運用になっていることに気づくべきです。

たとえば、1000万円の金融資産をもつ人が、全額をこのタイプの投資信託で5年間運用し、毎月5万円の分配金を受け取ったとしましょう。毎年60万円ずつで、5年間なら300万円です。それで毎月楽しく遊ぶことができたのですが、5年後に解約してみると、円高と金利上昇で基準価額が下がっており、ちょうど700万円しか戻ってこなかったとします。それでも、すでに受け取っていた分配金とあわせれば1000万円になります。話を単純にするため、当初の1万円と5年後の1万円は同じ価値とすると、この投資信託を買った人は損をしていないと考えていいのでしょうか。

いいえ、毎月の分配金（計300万円）が所得税の対象となり、そこから税金を取られていた分だけ損をしています。一方で、とりあえず手数料などを無視すると、もしこの投資信託が一切分配をしていなければ、5年後に1000万円を受け取れたはずです。実際には、他の金融取引や所得との関係によって所得税の負担が異なりますので、複雑な話なのですが、基本的な考え方としては、税金の分だけコストが高くなる可能性があると認識しておくべきでしょう。

そもそも投資信託としての信託報酬が高い上に、毎月分配という仕組みによって税金を余分に支払う可能性があるのですから、全体的なコストが高すぎて、長期的にみればかなり不利な資産運用だと思われます。さらにこのタイプの投資信託には、他にも問題点がありますが（話がややこしくなりますので、本書では説明を省略します）。

とはいえ、このタイプの投資信託で運用を始めると、とりあえず毎月（あるいは隔月）の分配金が得られますから、それだけに注目して満足する客が多く、利用客の評判がさらに新規の客を呼び込むという循環が生じています。そこで、巨額の資金を集めたことを売り物にした広告もみられます。たとえば**図60**のような広告です。

投資信託の名称の上に「毎月決算型」と大きく書かれており、毎月分配型投資信託であることがわかります。また広告の下側では、北海道から沖縄まで、日本中で２２６社がこの投資信託の販売を取り扱っていて、純資産総額が５・１兆円に達したことが強調されています。日本人の中には「みんなが買っています」といった言葉に弱い人が多いので、こういった広告もかなり有効なのでしょう。

図60

みなさまから絶大なご支持をいただき、８周年を迎えました
豊かな実りをもたらす凹凸凹凸オープンに
これからも、たっぷり期待していてください

毎月決算型
凹凸凹凸オープン
追加型株式投資信託／バランス型／分配金複利継続投資適応

北海道から沖縄まで、
日本中で愛されています

販売会社の数 **226** 社

運用レポート発行部数 **170** 万部

純資産総額 **5.1** 兆円

上記の数字は、2005年12月24日現在での、
凹凸凹凸オープン（毎月決算型）に関するデータです。

上の広告は架空のものであり、登場する企業や金融商品などは、現実の企業や金融商品などとは一切関係ありません。

しかし、投資信託は、みんなが買っている投資信託を買っても得になるとは限りません。運用資産（純資産総額）が増えることが、むしろ、不利に働く場合もあります。

たとえば、XとYの2つの毎月分配型投資信託が、海外の金利が年6％のときに運用を開始し、クーポン金利が年6％の外国債券を大量に購入して運用しているとしましょう。年6％から信託報酬などを引いても年4～5％の分配ができます。

つぎに、運用開始から1年後に、海外の金利が下落して年4％になったとします。すると、保有している債券が値上がりしますから、基準価額も値上がりします。そのために、人気が高まって、この投資信託を買う人が急増し、新しい資金が大量に流れ込んだとしましょう。

ただし、同じ運用をしているXとYですが、Xはまったく宣伝をしなかったので、追加の購入者はいなかったとします。Yは大々的に運用実績を宣伝したので、追加で買う人が急増し、新規購入者の資金はすべてYに流れ込んだとします。

Yは増えた資金で外国債券を買うことになりますが、ここでは、最初から保有しているのと同じタイプで、ただしクーポン金利が年4％の（前年の年6％より低い）外国債券を買うことにしましょう。運用資産の中にクーポン金利が低い債券が大量に混ざりますから、追加の資金が増えるほど、運用資産全体での平均的なクーポン金利は低くなっていきます。

もしその1年後（運用開始から2年後）に金利が年6％まで再び上がったとすると、クーポン金利が年4％の債券では価格下落による損が生じます。

同じような運用をしている投資信託のXとYですが、運用開始時にXを買った人は、まったく損をしません（話を簡単にするために、税金や手数料は除いて考えています）。クーポン金利が年6％の債券の価格が1年間で上昇したものの、つぎの1年間で元に戻っただけだからです。運用実績がよかったときに、新規の購入者がいなかったことが幸いでした。

他方、Yの投資信託を2年目に買った人はもちろん損をします。それだけではなく、Yを1年目（運用開始時）に買っていた人も損をします。本書では理由をくわしく説明できませんが、クーポン金利が低い債券ほど、金利上昇による価格下落は激しくなるからです。そのため、金利上昇（債券価格下落）による運用資産全体の損失は増幅され、その時点でこの投資信託で運用している客のすべてに降りかかります。

この例では、運用実績につられて買う人が増えると、その前に買っていた人もあわせて、みんなが不利になるという話になりました。もちろん、現実の運用はこれほど単純なものではありません。

とはいえ、ドルやユーロでの債券の金利が2000年前後に比べて2002～04年には大きく低下しました。その一方で、そういった債券で主に運用する毎月分配型投資信託の人気が2002～04年に高まって、急激に資産が流入する現象が実際に起きています。人気が出て、急激に資産が増えた毎月分配型投資信託であれば、やはりその分だけ、将来の金利上昇などによって損をする危険性が高まっていると考えるべきでしょう。

債券価格と金利の関係についての理解が不十分な人は、ここでの説明がわかりにくかったかもしれません。しかし、もしこの説明がわからないようなら、「みんなが買っているから」という理由だけで毎月分配型投資信託を買うのは、やめるべきでしょう。

発展途上国ゆえの高金利とリスク

毎月分配型投資信託が大ヒットしていることについて、何人もの専門家が数年前から、すでに説明したような問題点などを指摘し、「手を出すべきではない」と警告してきました。しかし、その一方で毎月分配型投資信託の魅力をアピールして回る人たちもいて、結果からみると、残念ながら後者の影響力の方が勝ったのかもしれません。新しいタイプの毎月分配型投資信託も続々と登場してきました。

つぎの**図61**の商品も、外国債券で運用する毎月分配型投資信託です。もし欧米先進国の金利が下がると、昔からある毎月分配型投資信託は利益を上げることができますが、その時点から新しく運用を開始して、欧米先進国の国債などを買っても、低い金利しか得られないことになります。そこで、国としてのリスクが高い（国自体が借金を踏み倒す危険性がある）

図61

エマージング債券ごちゃまぜファンド
(毎月分配型)

追加型株式投資信託／バランス型／分配金再投資可能／信託期間約８年

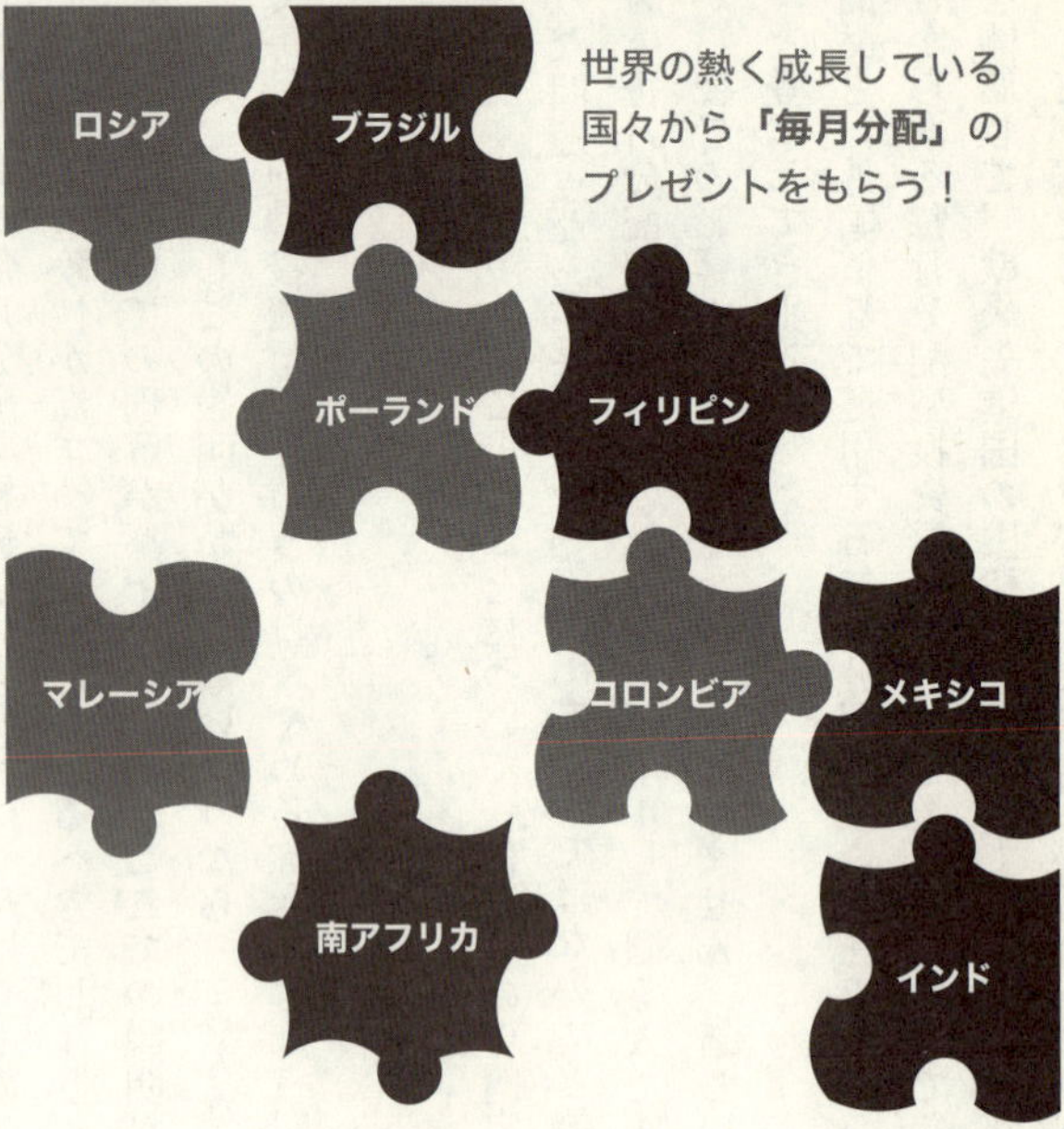

世界の熱く成長している
国々から「**毎月分配**」の
プレゼントをもらう！

主に、新興国（エマージング・カントリー）の政府や政府機関が発行する米ドル建て債券に投資します。

【 お申込みメモ 】

- 信託期間…………平成25年8月13日まで
- お申込単位………1口以上1口単位（1口＝1万円）
- お申込価額………お申込み日の翌営業日の基準価額
- お申込手数料……基準価額の3.15%（税抜3%）以内
- 信託報酬…………純資産総額に対して年1.575%（税抜1.5%）

くわしくは目論見書をご覧ください

上の広告は架空のものであり、登場する企業や金融商品などは、現実の企業や金融商品などとは一切関係ありません。

発展途上国の国債に目をつけたのが、この投資信託です。

昔は、先進国に対して後進国と呼んでいましたが、後進国では差別的な感じがするので、発展途上国と呼ぶようになりました。金融業界では、それでもイメージが悪いと考えて、エマージング・カントリー（新興国）と表現するようになりました。単に名前だけの格上げですから、つまりは発展途上国のことです。この投資信託は、発展途上国の政府や政府機関が発行する米ドル建ての債券に投資し、信用リスクがある分だけ高い金利を得て、それを原資に毎月分配をする仕組みのようです。

広告中央の図をみると、ロシア、ブラジル、ポーランド、フィリピン、マレーシア、コロンビア、メキシコ、南アフリカ、インドの各国の債券に投資するようです。この中には、過去に海外からの借金を返せなくなって、国そのものが借金の棒引きをしてもらった経験をもつ国がいくつもあります。だから国債でも安心できないのです。信用リスクはかなり高く、それゆえに欧米先進国の国債を買うよりも高い金利が得られます。

広告の下側の「お申込みメモ」をみると、手数料が図59の毎月分配型投資信託よりも高くなっています。販売手数料（お申込手数料）は3・15％で、信託報酬は年1・575％もかかります。これまでの毎月分配型投資信託もお勧めできませんでしたが、この商品の場合には、さらにコストが割高になっている上に、信用リスクも高くなっていますから、もっとお勧めできません。

さて、今度の図62は投資信託ではなく、外国債券そのものの広告です。発展途上国に投資することで高い金利を得るという狙いは、前の図61の投資信託と似ていますが、図61は米ドル建ての発展途上国の国債に投資していたのに対し、こちらは発展途上国の通貨建て（発展途上国の通貨で金利も元本も支払われる）債券です。

これで債券の発行者も発展途上国の政府となれば、かなり危険ですが、広告をみると、この債券の場合には「世界凸凹銀行」が発行者となっています。もちろん架空の機関ですが、「格付は最高位のＡＡＡ」と書かれているように、信用リスクが極めて低い国際機関という想定です。

また、広告には書かれていませんが、「○×共和国」は鉱物資源を豊富にもつ発展途上国であり、その通貨は「共和ドル」と呼ばれているという想定で、このあとの説明をします。

そして広告中の「お申込みメモ」をよく読むと、つぎのことがわかります。広告の債券は、○×共和国通貨（共和ドル）で約１２年後に償還される「ゼロ・クーポン債」で、利率は年１０・２３％と非常に高いのが特徴です。ゼロ・クーポン債とは、その名の通り、クーポン金利がゼロの債券ですが、利息が一切もらえないのに、なぜ高い利率なのか、不思議に思っ

図 62

世界凸凹銀行

格付は 最高位の AAA

○×共和国通貨建て

ゼロ・クーポン債

利率 10.23%

残存期間 約12年　○×共和国通貨建て

【お申込みメモ（2005年△月△日現在の条件です）】

発行体………世界凸凹銀行
格　付………AAA
通　貨………○×共和国通貨建て
利回り………10.23%（現地通貨ベース・複利・年率）
償還日………2017年◇月◇日
満期償還……額面金額の100%で償還されます
購入単価……額面100につき31.2
購入単位……10,000［○×共和国通貨］
為替レート…○×共和国通貨買い：19.87円
○×共和国通貨売り：17.87円

下記の諸点にご注意ください。

※ 為替変動により、円建て受取額の変動リスクがあります。
※ 途中換金の際には、為替および市場価格の変動リスクがあります。
※ 上記の条件は2005年△月△日現在のものであり、日々の市場動向に応じて変動します。

上の広告は架空のものであり、登場する企業や金融商品などは、現実の企業や金融商品などとは一切関係ありません。

た読者がいるかもしれません。

広告にある条件で取引すると、約12年後に額面100共和ドルで償還される債券を、現時点で31・2共和ドルで買うことになります。運用期間中に利息はもらえませんが、償還（運用終了）時には、約31から100へと、3倍以上に増えた金額（共和ドル）を受け取ることができます。複利計算を前提にして年率の増加率を求めると、10・23%となります。これを利率としているわけです。

ゼロ・クーポン債は、毎月分配型投資信託とは対照的なタイプの資産運用商品です。本質的には、毎年の利息を自動的にすべて再投資する仕組みが内蔵されているようなもので、当然ながら、運用途中で利息や分配金を受け取って消費してしまうより、利息をすべて再投資する方が効率的な運用ができます。

また、満期前に市場で売却して換金することも可能です。そのため、外国の高金利に注目して効率よく運用したいと考える人の中には、ゼロ・クーポン債を選ぶ人も多くいます。

では、この広告に出ている債券は買ってもいい金融商品かと問われると、筆者なら「お勧めできない」と答えるでしょう。確かに、信用ある国際機関が発行していて、高金利で効率よく運用できますので、債券としての魅力は抜群にみえます（実際には、インフレ率を考慮して評価する必要がありますが）。日本に住む人がこの債券を買う際の問題は、外貨での運用、しかも発展途上国の通貨での運用だという点に集約されるでしょう。

広告内に「為替レート」が「〇×共和国通貨買い　19・87円、〇×共和国通貨売り　17・87円」と提示されています。両者の差をみると、往復で2円／共和ドルの為替手数料がかかるようですが、これは資金の10％以上が為替手数料で取られてしまうことを意味します。発展途上国通貨で運用しようとすると、為替手数料が高くなりやすいのです。また、発展途上国の通貨では、為替レートが暴落する現象もときどきみられます。為替リスクもかなり大きいと覚悟すべきです。

それでも、「10％の手数料を取られても、年率10％で12年間運用できるのであれば、さほど気にならないし、また、為替レート変動によって差損があるかもしれないが、逆に差益が得られるかもしれないのだから、ハイリスクだけどハイリターンの運用と言えるのではないか」と思った読者もいるでしょう。

この〇×共和国は架空の国ですが、現実に、南アフリカの通貨（ランド）建てで国際機関が発行する債券の話が、マネー雑誌などにときどき取り上げられており、それなりに人気があるようです。

ポイントは、結局のところ、こういった金利が高い発展途上国の為替レートが長期的にどう変動するかにあります。なお、わかりやすく説明しようとすると大変ですので、このあとしばらく、経済の基礎知識がない人には少しむずかしい論理を多用して説明します。

結論を先に述べると、為替レート変動によって為替差益・差損のどちらが生じるケースもありうるでしょうが、それは半分ずつの確率ではなく、長期傾向としては為替差損を被る確率の方がかなり高いと思われます。ただし、あくまで確率の話ですので、運がよければ為替差益が得られるでしょう。

実際に、金《きん》や鉄などの資源が国際的に急騰した2003～04年には、そういった資源を大量に産出する南アフリカのランドの為替レートは高くなりました。この時期に南アフリカ・ランド建ての債券を保有していた人は、高金利と為替差益の両方を享受できたわけです。しかし、債券がいつでも売れるとしても、為替手数料がバカ高くて短期での売買には向きませんので、長期での運用を前提に保有すべきです。そこで、もっと長い期間でみると、南アフリカ・ランドの為替レートは安くなる傾向にありました。

そもそも、第四章でもみたように、高い金利は高いインフレ率を反映している可能性もあり、高いインフレ率が続く国の通貨は、長期的にみれば実質的な価値が大幅に低下します。そして、長期傾向としては、国内での実質的な価値が大きく下がった通貨の為替レートは安くなり、その通貨建ての債券を日本人がもっていた場合には、為替差損を被ることになります。

必ずしも理論通りに動かないのが現実の為替レートですが、長期でみて、かつ確率的に考えると、インフレ率を反映して金利が高いような通貨で運用しても、為替差損を被って、高金利のメリットが相殺されてしまう可能性が高いのです。実際に、南アフリカの過去のインフレ率は高かったのですが、２００３〜０４年にかけて低下しました。金や鉄などの資源の国際価格が今後もっと上がりそうだと予想する人にとっては、南アフリカ・ランド建てで国際機関が発行する債券は有力な選択肢になるかもしれません。もっとも、そういった資源の国際価格の予想は、株価の予想以上にむずかしいと思われますので、やはり筆者としてはお勧めしません。

不動産投資で毎月分配を得る

毎月分配型を好む人たちに対しては、他にもいろいろな金融商品が用意されています。そのひとつは、不動産投資を活用するものです。**図63**のＡの広告をみてください。「ペイオフのリスク対策にどうぞ」とありますが、なぜこの商品がペイオフのリスク対策になるのか、筆者にはまったく理解できません。その下に「都市型マンション経営」とあり、中央にマンション名と写真（ということにしてください）が示されています。

客は、このマンションの１戸（あるいは複数戸）を選んで持ち主になり、他人に貸すことで家賃を得るという仕組みです。確かに、家賃なら毎月受け取れますから、毎月分配型の資産運用と言えそうです。

これはいわゆる〝マンション投資〟ですが、広告の下側には「年利回り６・１８％」という計算例が示されています。筆者としては、この計算をくわしく解説する気にはなりませんし、読者も、真剣に計算してみる必要などありません。もしもっと細かな計算が示してあったとしても、どうせ超楽観的な予測と極めて適当な数値設定を元にした計算でしかないからです。

このタイプの不動産投資の利回りなんて、本当はまったく計算不可能なのです。それを、単に「年間家賃収入」だけをみて、エイッとばかりに計算した結果が「年利回り６・１８％」なのです。しかも、こういった計算には、マンション管理費や修繕積立金や固定資産税などのコストがふくまれていないことがふつうです。

また、広告の中には「先進の……借上システム」とか、住宅ローンを借りてマンションを購入することを前提に「毎月定額で手取り家賃を受け取りつつ、住宅ローンを返済できます」といった表現もありますが、さらっと読み流すだけにして、決して信じてはいけません。

図 63

A

ペイオフのリスク対策にどうぞ。

都市型マンション経営こそ、資産運用の切り札です。

新宿◎☆△マンション

新発売

先進の **「◎☆△借上システム」** をご利用いただくと、
毎月定額で手取り家賃を受け取りつつ、住宅ローンを返済できます。

ご利用例：Dタイプ110号室を1,998万円（税込）でご購入の場合

年間家賃収入1,234,500円÷購入価格1,998万円

＝年利回り6.18%

B

不動産投資信託証券（○×証券取引所上場）

日本◇※▽？不動産投資法人

銘柄コード
XXXX

会社型記名式無額面クローズドエンド型投資証券

投資信託委託業者：東京◇※▽？不動産インベストマネジメント

売出の概要

★発行・売出口数	発行口数／75,000口、売出口数／5,000口
★発行・売出価格	未定（ブックビルディング期間中に積み上げられた需要状況等を考慮して決定されます。）
★申込単位	1口以上1口単位
★日程	ブックビルディング期間／平成xx年xx月xx日まで 発行・売出価格決定日／平成xx年xx月xx日 申込期間／平成xx年xx月xx日からxx月xx日まで 受渡期日／平成xx年xx月xx日
★主幹事証券会社	凹凸証券株式会社

上の広告は架空のものであり、登場する企業や金融商品などは、現実の企業や金融商品などとは一切関係ありません。

そんなにいい物件なら、こんな売られ方はしないからです。

つぎに図63のBの広告をみましょう。最近人気が高まっているREIT《リート》（上場不動産投資信託）です。いろいろな不動産を投資対象にして分散運用する投資信託で、ETFと同じように証券取引所に上場して取引されています。投資対象の不動産としては、当初はオフィスビルが中心でしたが、その後はショッピングセンターや賃貸マンションといった物件にまで手を出しています。

なお、この広告に書かれている内容をくわしく説明しようとすると手間がかかる割に、読者のメリットもほとんどありません。大きな文字で名称が書かれた横に「銘柄コード」が記載されています。これは架空広告ですから番号が入っていませんが、現実の広告には入っているでしょうから、自宅や証券会社店頭のパソコンなどでインターネットに接続し、株価情報のページで番号を打ち込めば、簡単にいろいろな情報を得ることができます。こういった点は、さすがに証券取引所に上場している金融商品の優れたところです。

マンション投資などの方法で不動産投資をやるよりは、リスク分散や流動性やコストなどの面から考えて、REITの方が優れた（まだマシな）不動産投資であると思われます。

しかし、本章執筆時点（2005年3月）の状況を前提にするなら、筆者としてはREI

Tもあまりお勧めできません。２００１年秋から登場した金融商品ですが、全体として価格は上昇傾向にあり、しかも、年３～４％程度の配当が得られます。以前はもっと配当の利回りが高かったのですが、値上がりによって、配当の利回りは低下してきました。

特に２００３～０４年には多額の資金がＲＥＩＴに流入し、値上がりをもたらしました。ところがその結果、２００４年後半以降、「ＲＥＩＴはすでにバブルの（過度に上昇しすぎた）状態になっているのではないか」と心配する声が強くなっています。

ただし、バブルが生じているかどうかの判定は、その時点では困難です。ＲＥＩＴがもうしばらく魅力的な資産運用商品であり続ける可能性も十分にありますが、すでにかなり値上がりしてしまいましたので、景気や金利の変動や、もしかしたら災害などの影響を受けて、損をする危険性も高まっています。

ＲＥＩＴ以外に、上場していない不動産ファンドもいろいろとあり、マスコミを通じて宣伝をしているものもあります。新聞や雑誌をみていると、巨額の資金が流れ込んだために、従来は検討対象にしなかったような物件を買ったり、長期的にみて採算が取れそうにないほどの高値で、いろいろな物件を買い漁ったりしている不動産ファンドもあるようです。なお、ＲＥＩＴの中にも、そういった懸念をもたれるものがあるようです。

１９８０年代後半に株価と不動産価格のバブルが生じたとき、不動産業界の人たちはかな

図64

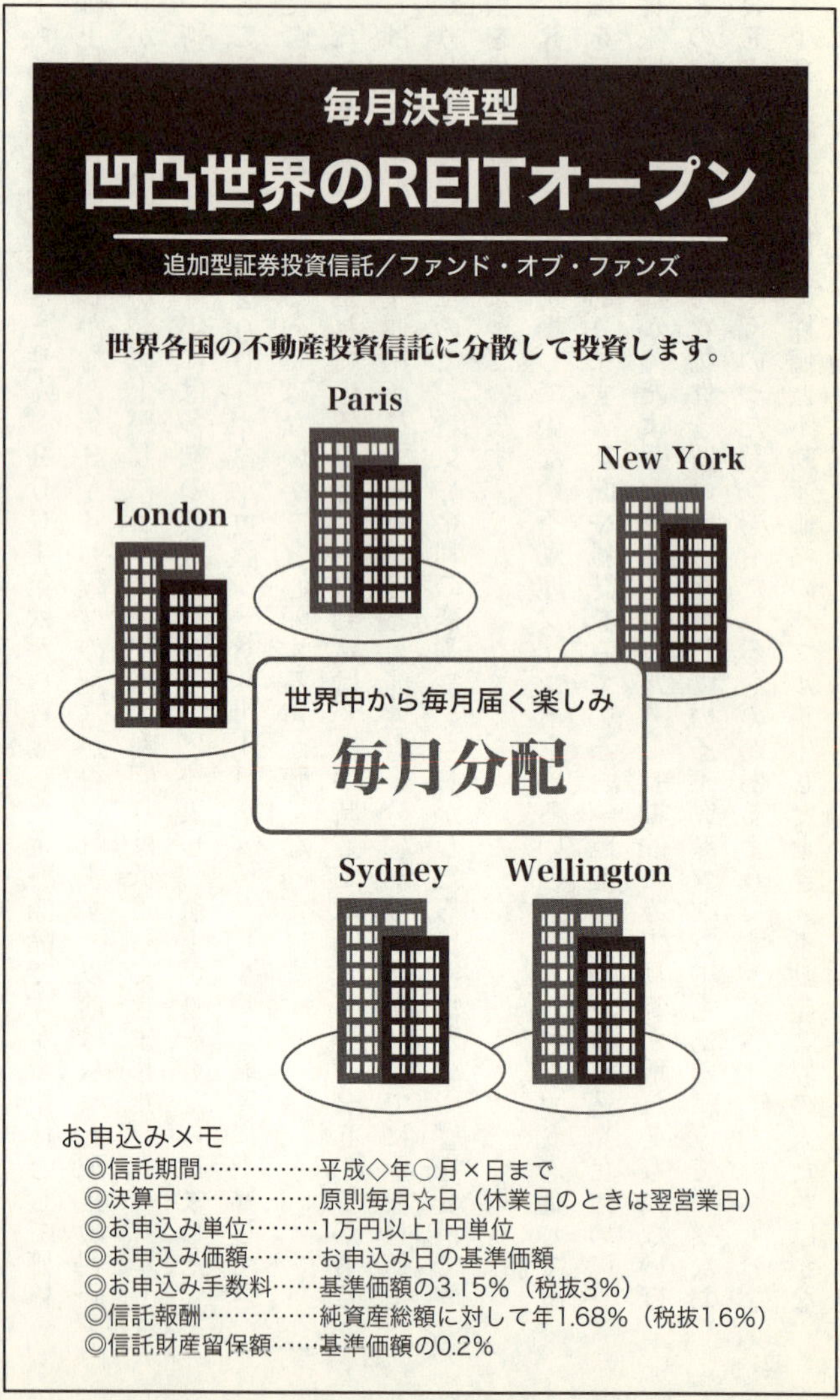

上の広告は架空のものであり、登場する企業や金融商品などは、現実の企業や金融商品などとは一切関係ありません。

りいい生活ができたでしょうから、バブルの再来を願う人も多いのでしょう。いまでも、不動産ビジネスには、うまく立ち回れば大きく儲けられそうなニオイがするのかもしれません。ＲＥＩＴなどの登場で、ちょっとした元手しかない個人でも、その儲け話に絡めそうな感じになっているのですが、バブル崩壊で痛い目にあった人が大勢いたことを忘れない方がいいでしょう。

さて、「日本の不動産で儲けるのが大変だとしても、世界中の不動産を投資対象にすれば儲かるだろう」という発想は、ある意味、この業界では自然な感覚です。**図64**の広告をみてください。「ＲＥＩＴ、ファンド・オブ・ファンズ、毎月分配」といった文字が並んでいます。これまでに紹介した投資信託のいくつかを融合させたような、素敵な投資信託です。

もちろん、販売手数料（お申込み手数料）は３・１５％、信託報酬は年１・６８％、信託財産留保額は０・２％で、全体としてかなり割高な手数料体系となっています。不動産価格変動のリスクに加えて、為替リスクまで負って、おまけにこれだけの手数料を取られて、しかも効率が悪い毎月分配型と、危ない要因が満載ですから、よほど危険が好きな方にしかお勧めできません。

また、ファンド・オブ・ファンズですから、この「凹凸世界のＲＥＩＴオープン」を運用する会社は、実際の運用そのものは他にまるっきり任せるのに、たっぷり手数料が取れます。これで客が集まるのなら最高のビジネスでしょう。読者が万が一にも、そういった金融機関に貢ぐ側にならないよう願っています。

第十一章　続「流行の投資信託」の広告——リスクは小さい？

安全な株式投資がしたい人たち

毎月分配型投資信託とともに、近年流行した投資信託として〝リスク限定型〟と呼ばれる投資信託があります。

そもそも、投資のリスクが高いということは、結果のバラツキが大きく、大儲けの可能性も高いが大損の危険性も高いということでした。いろいろと資産運用商品を物色する客の中には、「大損の危険性を排除した上で、大儲けの可能性を追求したい」との都合のいい要望をもつ人も多く、そんな要望に応えて（そんな欲望のスキをつくために）開発された金融商品こそが、リスク限定型投資信託（リスク限定型ファンド）です。

本書冒頭の「問題」でも登場していましたので、ここで図65にその広告を再掲し、商品内容について検討してみましょう。上側に広告があり、下の図は解説になっています。広告の中には「小さなリスクで大きな値上がりが期待できます」と書かれており、大きく「リスク限定型株式投資信託」と表示されています。その下に仕組みが述べられていますが、「オプション取引を活用」などとありますから、くわしく解説しようとするとむずかしい商品です。

要点だけを、図をみながら説明しましょう。広告の細かな文字を読むと「株価下落時にも元本の９０％を確保します」とあります。また、運用期間は2年で、販売手数料は１・０５％、信託報酬は年２・１％となっています。これらのことから、下の図のような仕組みにな

図65

超凄凸凹ファンド

『小さなリスク』で、
『大きな値上がり』が期待できます !!

リスク限定型株式投資信託が新登場！

特徴① 将来有望な企業だけを選んで投資
特徴② オプション取引を活用してリスクを限定

●企業の成長力を示す20の指標から選んだ「将来有望な企業」の株式を中心に投資します。●オプション取引を活用することで、株価下落時にも、元本の90%を確保します。●運用期間：2年 ●販売手数料：1.05% ●信託報酬：年2.1% ●株式投資信託には、株価変動等によるリスクがあります。●詳しくは目論見書をお読み下さい。

実際に 買ってみると…

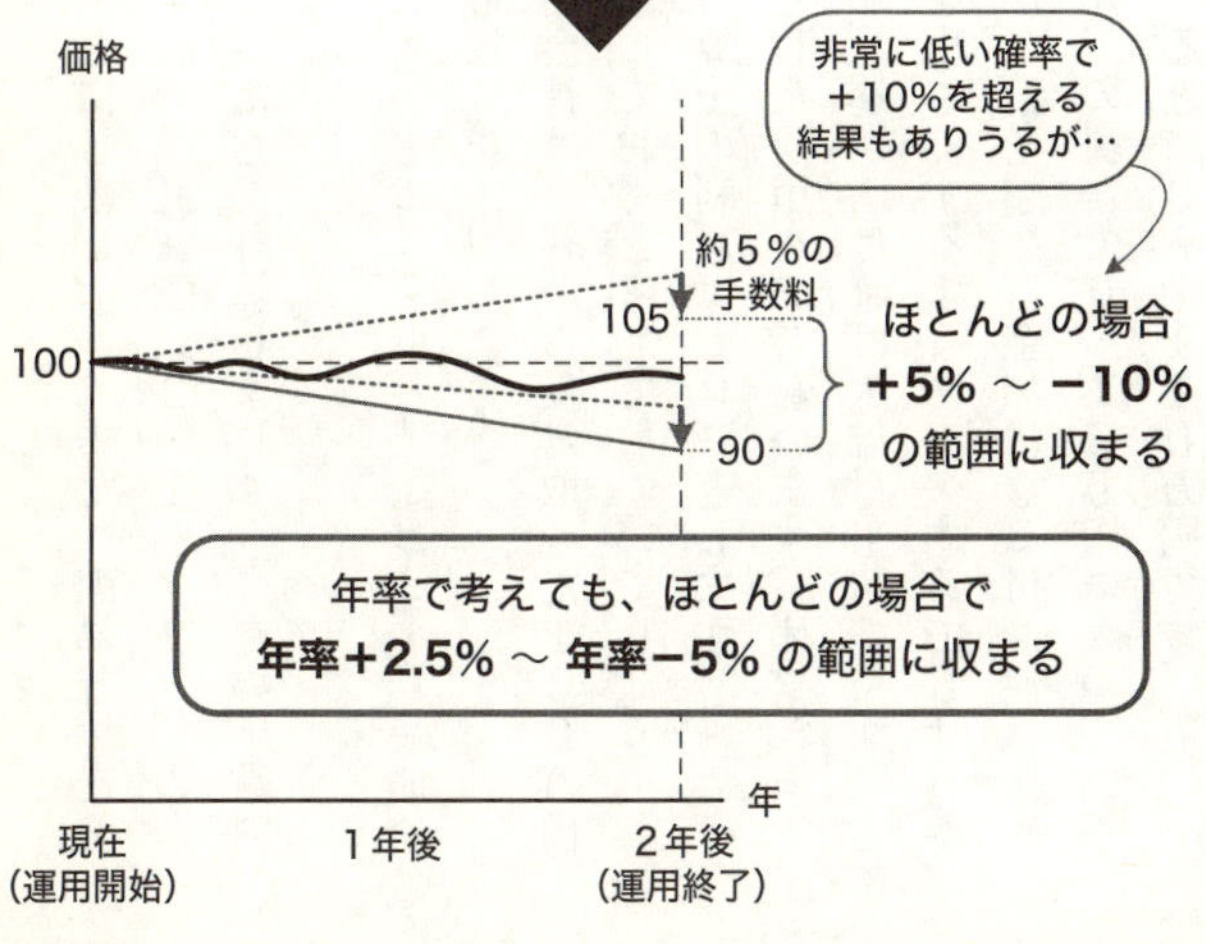
価格
非常に低い確率で
+10%を超える
結果もありうるが…
約5%の
手数料
105
100
90
ほとんどの場合
+5% ～ −10%
の範囲に収まる
年率で考えても、ほとんどの場合で
年率+2.5% ～ 年率−5% の範囲に収まる
年
現在
(運用開始)
1年後
2年後
(運用終了)

上の広告は架空のものであり、登場する企業や金融商品などは、現実の企業や金融商品などとは一切関係ありません。

っていると想像されます。

たとえば、この投資信託で１００万円を運用することにしましょう。また、簡易計算をおこなうことにして、販売手数料（１・０５％）と２年間の信託報酬（２・１％×２年）の合計を約５％とみて、５万円を運用終了時点に差し引くかたちで計算しましょう。この手数料の件は、とりあえず忘れてください。

＊本当は販売手数料だけは別に（最初に別に取られるものとして）計算すべきですが、説明を簡単にするために、ここでは信託報酬とあわせて、最後に差し引いています。

この投資信託の本質をわかりやすく述べると、運用会社は、客から受け取った１００万円のうち９５万円を安全確実な資産で運用します。預金しておくと考えてもいいでしょう。この９５万円にはほとんど利息がつかないもの（簡易計算上の利息はゼロ）とします。

残りの５万円で〝株式のオプション取引〟を中心とした運用をおこないます。オプション取引では、かなりの確率で投資した全額を失いますが、運がよければ大儲けも可能です。もっとも、実際の運用では、５万円全額を失う危険性を小さくするように工夫するでしょうから、その分だけ、運用が成功した場合でも、５万円が３倍を超える金額になる可能性は極めて小さくなるでしょう。つまり、２年後には、ほとんどの場合で０〜１５万円になっていると思われます。安全に運用した９５万円にこれを加えると、９５〜１１０万円です。

＊オプション取引は、第七章で登場した金融商品などに組み込まれていましたが、株価変動や金利変動や為替レート変動についての〝保険〟のような機能をもちます。災害や事故や病気に備える保険と同じように、株価下落で生じた損失を補填する保険として機能するのです。保険の取引では、保険に加入した人はリスクを限定できますが、それを引き受けて、災害などがあったときに保険金を支払って損失を補填しなければならない保険会社の側は、高いリスクを負うことになります。

じつは、これまでに登場した金融商品でのオプション取引は、主に、その金融商品の客側が保険会社の役割を果たし、金融機関が保有する株式や外貨資産の価値（株価や為替レート）が下落した場合には、その損失を客側が補填する（だから客は大きな損を被る）ような仕組みになっていたのです。

図65のリスク限定型投資信託の場合には、客側が株価下落の保険に加入するような仕組みですので、立場が異なり、第七章でみたような商品ほどは危険でないのです。

ここで、運用終了時点にまとめて差し引くことにした手数料5万円を考慮すると、結局、この投資信託に預けた100万円は、2年後には90～105万円になっている可能性が高いのです。しかも、平均的な予想では、100万円を切ると思われます。信託報酬が割高な分だけ、どうしても損をしがちなのです。

非常に低い確率ではありますが、100万円が2年後に120万円とか130万円になっている可能性はゼロではありません。他方、原則として、10万円を超えて損をする危険性はないのです。かなり乱暴な予想を述べると、同じ投資信託を買ったとして、10回のうち6〜7回までは、元本より少ない金額しか戻ってきません。残りの3〜4回では儲かるのでしょうが、大儲けできる確率は10回のうち1回あるかないかでしょう。

この投資信託を買う客は、安全性を要求するあまりに、かなりの確率で少しずつ損をするという運用を選択したことになります。もし「絶対確実に少しずつ損をする」状態にあるとしたら、結果がはっきりしていますから、正しい定義でリスクという用語を使えば、「リスクがない」状態と言えます。そこまでひどくはないのですが、この投資信託を買った場合の結果はかなり限定されていますから、その意味で「リスク限定型」と表現するのは正しいのです（なんてイヤミな商品名でしょうか）。

さて、この広告には、特徴のひとつとして「将来有望な企業だけを選んで投資」とも書かれています。細かな説明の部分を読むと、「企業の成長力を示す20の指標」を使って有望な企業を選んでいるようです。本当に、そういった方法で将来有望な企業が選び出せるのでしょうか。

株式市場には企業分析や金融分析の専門家が多く参加し、各企業の経営状態や将来性を見極めようとして、多様なデータを駆使して分析したりします。その分析にそって株式を売買する人たちがいることで、各種の指標による評価は、それなりに株価に反映されます。そのため、A社の株価がある指標からみて安すぎる場合、それだけでは、①A社の株式がお買い得なのか、あるいは、②A社の株価を安くするような何か別の要因がある（だからA社の株式はお買い得ではない）のか、判断がむずかしいのです。

そこで20の指標を組み合わせているのでしょうが、複数の指標を組み合わせて評価するとなると、今度は、指標をどう組み合わせるかによって評価が逆転するといった問題が生じます。企業の将来性について何らかの指標から評価することは、うまくやれば有効なのでしょうが、現実には簡単なことではなく、投資信託の運用会社だからといって、それが上手だとは限りません。あまり期待しない方が無難でしょう。

とにかく、リスク限定型投資信託（リスク限定型ファンド）はさほど魅力的な金融商品ではなく、むしろ、資産を大きく増やすチャンスが非常に小さいのに、それにしては割高な手数料を取られます。

先の数値例でみると、95万円の部分は預金をしているだけなのですから、残り5万円の運用に対する信託報酬が、元本100万円に対して年2・1％というのは、メチャクチャすぎるぼったくりです。販売手数料もふくめて5万円を超えましたから、わかりやすく表現すると、5万円の運用を任せるのに、別に5万円を手数料で取られるようなものです。

じつは、オプション取引を組み込んだ金融商品の多くが、ほぼ同じ感覚で売られています（これまでの章でもいくつかの例を紹介しました）。たとえば、最近は降水量や気温などに関するオプション取引も流行していて、これを天候デリバティブと呼ぶのですが、スキーのシーズンに雪が降らないと利益が減るようなスポーツ用具販売企業とか、サッカーの試合がある日に雨が降ると観客数が減るJリーグのチームなどが購入しています。ところが日本では、一般的に、50万円の価値がある天候デリバティブが、その倍の100万円で販売されるといったやり方が通用しています。

＊なお、本書でも何度か登場した「先物取引、オプション取引」を中心に、他のタイプの種々の取引をふくめ、それらを総称した呼び名が〝デリバティブ（派生商品）〟です。他に代表的な取引として、スワップ取引と呼ばれるものがあります。そして、このデリバティブの価格がどう決まるかを研究する学問分野が、これもすでに何度か登場した〝金融工学（数理ファイナンス）〟です。

天候デリバティブとなると、それでも金融機関などから買うしかありませんが、資産運用の際の株式オプション取引は、個人が直接に証券取引所で売買することが可能です。リスク限定型の株式投資がおこないたいのなら、リスク限定型投資信託を買うよりも、自分で株式オプション取引をおこなう方がずっと優れています。

リスク限定型投資信託には他にもいろいろなバリエーションがあり、中には、リスクが中途半端にしか限定されておらず、条件次第で大損の危険性が残されるようなタイプの株式投資信託もあります（リスク低減型株式投資信託などとも呼ばれます）。残念ながら、現実に売られている金融商品の中では、**図65**の広告のリスク限定型投資信託は、まだ危険度が小さい方なのです。もちろん、それでも決してお勧めできる商品ではありません。

元本確保で大儲けは可能か？

安全に儲けたいとの要望をもつ客側からすれば、元本の９０％が保証されていても不十分なようです。元本が全額、つまり１００％確保されていた上で、さらに魅力的な収益を得たいと願う人をターゲットにした資産運用商品が、つぎの**図66**のＡとＢです。まずＡの広告からみてみましょう。

一番上に「元本＋利回り確保型ファンド」とあり、その下に「満期まで保有した場合に元本と分配金が確保されます」と書かれています。中央には大きく「年１・２５％」と書かれ

図 66

A

「元本＋利回り」確保型ファンド

満期まで保有した場合に元本と分配金が確保されます

募集期間限定
2004年6月1日
〜6月30日

1000万円預けたら
税金を引いても
毎年10万円のお小遣い

年1.25％

税引前・目標利回り

お申込みメモ

◎信託期間……………平成16年7月×日から平成26年7月×日まで
◎お申込み単位………100万円以上1円単位
◎ご解約について……平成18年以降、年２回の解約請求可能期間のみ解約可能。
※中途解約の場合は基準価額での解約となりますので、元本割れになる可能性があります。
◎信託報酬……………純資産総額に対して年0.42％
※目標利回りの1.25％から引かれるものではありません。

B

単位型株式投資信託／バランス型

ぱっとみがっちりファンド

条件付収益確保型

信託期間：平成16年9月○日〜平成19年9月○日

募集期間：2004年9月△日まで

凸凹平均株価が運用期間(約３年間)に一度も25％以上下落しない場合

元本確保　＋　運用期間中の目標分配率

年4.32％ 税引前 程度

運用期間中に、凸凹平均株価が一度でも25％以上下落した場合には、償還時の基準価額が元本を下回る可能性があります。凸凹平均株価の動向に応じて価値が変動する特定の債券に投資しますので、ファンドの基準価額は当該債券の価格変動の影響を受けます。目標分配率は将来の運用成果を約束するものではありません。

上の広告は架空のものであり、登場する企業や金融商品などは、現実の企業や金融商品などとは一切関係ありません。

ていますから、元本が確保された上で、低金利時代にしては魅力的な利回りが得られます。もちろん、年1・25％の利回りは税引前です（数字の下に小さな文字で書かれています）から、その2割が税金で差し引かれるとして、ちょうど年1％が税引後の利回りです。

そこで、利回りの数字の右上には、「1000万円預けたら税金を引いても毎年10万円のお小遣い」との魅惑的なフレーズが挿入されています。また、数字の左上には「募集期間限定」と書かれており、2004年6月の1ヵ月間だけの募集だったようです。

広告の下側の「お申込みメモ」をよく読むと、運用期間は10年で、信託報酬が年0・42％かかりますが、この信託報酬と税金を差し引いた上で年1％の利回りが確保できるようです。また、100万円以上の資金があれば購入できて、販売手数料はかからないようです。

要するに、満期までの運用期間が10年の定期預金に近い商品です。ただし、元本と利回りが確保されるのは満期まで運用した場合に限られ、中途解約の場合は元本割れになる可能性があります。そもそも中途解約については、最初の1年半はおこなうことができず、それ以降も「年2回の解約請求可能期間のみ解約可能」となっています。

10年間、年1％ずつ確実に金利がつくような商品なのに、なぜ中途解約の際に元本割れになる可能性があるのでしょうか。本書をここまで読み進んだ読者なら、そして「このファンドの運用会社はどのような運用をしているのか？」と考えれば、きっとわかるはずです。

単純な運用をしているはずで、オプション取引などのややこしそうな手法は使われていないと思われます。わからない人は、ここで本書を伏せて、考えてみてください。

考えていただけたでしょうか。答えを述べます。あなたがこのファンドを100万円分買ったとすると、運用会社はそのおカネで一般的な10年もの国債を買うのです（細かな部分はちがうとしても、基本的にはこのような運用をしていると思われます）。この商品が募集された2004年6月には、日本の一般的な10年もの国債のクーポン金利は年1・67％以上でしたので、そのときに発行された国債を買えば、年0・42％の信託報酬を引いても、年1・25％の利回りを確保できます。

ただし、これは国債の満期まで10年間保有した場合であって、満期前に売れば、債券価格の変動によって元本割れが生じる可能性もあります。だから、このファンドも中途解約の際に元本割れする危険性があるというわけです。

すでに本書で何度も述べてきたことからもわかるように、このファンドを買ってはいけない理由は2つあります。第1に、元本が100％確保されているようにみえても、それは名目上の元本であって、インフレが生じれば、実質的な価値の目減りが起こります。期間10年の運用ですから、インフレの心配をしないのは危険です。実際にインフレになったら中途解約するとしても、そのときには金利は上昇しており、このファンドが保有する国債の価格は下落しているでしょうから、ほぼ確実に元本割れするでしょう。

第２に、もしこのファンドの運用条件に満足して購入したいとしても、それなら自分で一般的な１０年もの国債を買えばいいのです。こんな簡単な運用を代行してもらうのに年０・４２％の信託報酬を支払う必要はありません。また、１００万円ももっていなくても、５万円単位で買えます。しかも、一般的な国債ならいつでも売れるのに、このファンドは年２回しか解約チャンスがないのです。

どこをどうみても、ふつうに国債を買う方が圧倒的に優れています。なお、インフレが心配なら、個人向け国債にすればいいでしょう。

これもくり返し述べてきたことですが、もし読者が新聞や雑誌などを読んでいて、実際にこのような広告をみつけて興味をもったとしたら、まず、新聞や経済雑誌やインターネットなどで、現在の１０年もの国債の金利を調べることが大切です。評価基準となりそうな金利を自分で調べること、また、金融機関側がどんな運用をしているのかを想像して理解しようとすることが大切なのです。

図66のＢの広告では、「元本確保」で「年４・３２％」という数字が強調されています。

ただし、数字のあとに「程度」と書かれているのを見逃してはいけません。確実に年4・32%ということではないのです。また、絶対に元本が確保されるのでもなさそうです。広告をよくみると、「元本確保」などの文字の上に「凸凹平均株価が運用期間（約3年間）に一度も25%以上下落しない場合」と小さく書かれています。

この条件が満たされないときには、運用開始時点と運用終了時点の株価の差だけ損をする危険性があるのです。だから、広告の下側の注意事項には「運用期間中に、凸凹平均株価が一度でも25%以上下落した場合には、償還時の基準価額が元本を下回る可能性がありま す」と述べられています。

広告では、ファンド名称の下に「条件付収益確保型」とも書かれています。この「条件」を「特約」と読み替えれば、第七章で紹介した金融商品によく似た内容であることがわかります。EB債です。EB債は特定の企業の株価によって運用結果が影響される金融商品でしたが、現実には、同じような仕組みの債券で、株価指数である日経平均株価に連動するものも販売されていました。これを〝日経平均リンク債〟などと呼びます。

＊EB債が特定の期間で運用されるように、図66のBの商品も特定の日から特定の期間だけ運用されます（運用期間は広告の中に書かれています）。募集も運用開始前にだけおこなわれ、この商品に投資したければ、そのタイミングで買うしかありません。このタイプの投資信託を

「単位型」と呼び、広告の一番上にも「単位型株式投資信託」と書いてあります。

日経平均リンク債も、ＥＢ債とともに金融機関にたっぷりと収益をもたらした上で、客側には多数の被害者を出しました。特に２０００年４月のＩＴバブル崩壊時には、先にも少し述べた日経平均株価の株価指数としての問題点も絡んで、客は理不尽な損失を被り、金融機関側の取引操作にも問題があって、批判の的になりました。それで消えたかにみえたのですが、**図66**のＢの投資信託は、内容としては日経平均リンク債に酷似しています。しかも、こちらは「元本確保」を売り物に銀行などで売られていますから、より悪質な感じです。

さらに第七章での説明に関連して述べると、株価下落によって損失を被る危険性があるのは「期間中に……一度でも……下落した場合」となっていますから、これは〝経路依存型オプション取引〟を活用していることがわかります。またややこしい説明に戻ったとうんざりした読者もいるでしょうが、要するに、運用開始から3年間で、一度でも平均株価が大幅に下落すれば、平均株価に連動した運用に転換されてしまう金融商品なのです。

この商品は平均株価に連動する株式投資信託としての性質と、年４・３２％程度の金利が得られる債券としての性質をあわせた資産運用商品（悪質なセット商品）です。ただし、株価下落による大損の危険性はあるのに、株価が順調に上昇したとしても、それによるメリットは年４・３２％程度の金利に限定されます。

しかも、個人では容易に評価ができないような経路依存型オプション取引を活用していますので、その分だけ手数料が不透明になり、ひどく割高な手数料が取られているはずです。「元本確保」という言葉につられて買うと、じつは、大損の危険性が無視できないようなハイリスクの（しかもコスト高によってマイナスリターンの）運用をさせられてしまいます。先の**図65**の解説をした際に、もっとひどい、不完全なリスク限定しかできない商品もあると述べましたが、じつは、**図66**のBの商品こそが、その典型例のひとつです。

この商品の解説で経路依存型オプション取引という言葉が出てきたときに、「説明がややこしくなりそうでイヤだな」と感じた読者は、普通預金や定期預金や個人向け国債以外には、元本確保の商品は存在しないと思っておく方が無難です。じつは、投資信託などで元本確保を売り物にしている金融商品は、よほどの知識がないと買えない仕組みになっているのです。もちろん、仕組みが理解できるだけの知識がある人は、知識があるからこそ買いません。

元本確保を売り物にしている別の広告をみてみましょう。**図67**の商品ですが、広告には「元本確保を目指す」と書かれているだけで、絶対に元本が１００％確保されるのかわからない感じですが、これはむしろ慎重に書かれているのであって、原則として、償還（運用期間終了）時に元本は確保されると思われます。ただし、関連する金融機関が多いため、その

図 67

日本の株価に連動しながら
元本確保を目指すファンド

☆？◇ファンド （豪ドル建） 2004-04

ケイマン籍オープンエンド契約型外国投資信託

お申し込みの際には、目論見書を必ずお読みください。

Japanese Stock Price Index A$

■ 主として、オプション資産と債券に投資することで、
最終評価日（平成21年4月×月）に
①凸凹平均株価が下落していた場合 …豪ドル建元本の確保を目指す。
②凸凹平均株価が上昇していた場合
…凸凹平均株価に100～150%程度連動したリターンを目指す。

■ 債務証券にAAA格の金融機関の保証をつけ、元本の確実性を高める。

■ 運用は、☆？◇インベストテクノロジーリミテッドが行なう。

お申込みメモ

▼ 申込期間…………平成16年4月○日～△日
▼ 償還日……………平成21年4月○日（約５年）
▼ お買付単位………1口以上1口単位
▼ お買付価格………1口当たり1,000豪ドル
▼ お申込み手数料…申込金額の3.15%（税込）を上限とする
▼ 税金………………税法上、当ファンドは公募外国公社債投資信託として扱われますが、課税については公募国内公社債投資信託と同様に取り扱われます（税制等の変更により取扱が変更になる可能性があります）。
▼ 信託報酬…………純資産総額に対して最大年1.8%
※その他に、弁護士や監査人に支払う報酬等をファンドの資産から支払います。

上の広告は架空のものであり、登場する企業や金融商品などは、現実の企業や金融商品などとは一切関係ありません。

どれかが破綻した場合に元本が確保されないことがあるようです。

問題は、ファンド名称の横に小さく「豪ドル建」とあることで、オーストラリアドルでの元本確保でしかないのです。その一方で、広告の1行目にあるように「日本の株価に連動」する運用をおこないます。「元本確保」を売り物にしているにもかかわらず、為替リスクと株価リスクの両方にさらされる金融商品なのです。

ただし、株価リスクに関しては、427ページの図65の商品と同じような仕組みで、一部の資産で株式のオプション取引をおこなうことで、株価に連動した運用を実現しています。大まかな仕組みだけをみると、図65の商品とのちがいは、元本が円かオーストラリアドルかだけなのです。ではなぜ、オーストラリアドルなのでしょうか。図65の商品と同じように考えてみると、理由がわかります。

この商品は最低1000豪ドルから買えるようですので、客が1000豪ドルを購入したとしましょう。そして、運用会社はこの1000豪ドルのうち750豪ドルを預金で安全に運用し、残りの250豪ドルで日本の株価指数についてのオプション取引をおこなうものとします。日本の平均株価が下がった場合には、250豪ドルはすべて失われますが、平均株価が上がった場合には利益が出ます（数倍に増える可能性もあります）。

この投資信託の運用期間は約5年ですが、5年後にどうなっているかというと、オーストラリアドルの金利は非常に高く、しかも金融機関が運用するのですから、預金した750豪ドルは1000豪ドルを超えるところまで増えているはずです。5年間の複利で計算すると、年6%以上の金利で預金できれば、1000豪ドル以上に増えます。

つまり、先の図65の商品とこの図67の商品は基本的には同じ仕組みなのですが、安全に運用する部分について、前者が超低金利の円で預金しているのに対し、後者は高金利の豪ドルで運用するため、運用期間終了時点で、前者は元本の90%しか保証できなかったのに、後者は元本の100%を確保できるのです。なお、349ページの図50の年金保険も、この商品とよく似た運用をしていました。

広告の下側に細かく仕組みが説明されていますが、ポイントはすでに説明しましたので、つぎに手数料をチェックしましょう。販売手数料（お申込み手数料）は3・15%で、信託報酬は「最大年1・8%」で、「その他に、弁護士や監査人に支払う報酬等をファンドの資産から支払います」ともあります。

先の図65の商品と同じ理由で、この信託報酬はメチャクチャに割高です。信託報酬をもらって運用する株式投資部分は、資産の2〜3割程度のはずです。先の数値例であれば、250豪ドルの部分に対する信託報酬のはずが、最大なら1000豪ドルの1・8%ですから、年に18豪ドルを取られます。これを250豪ドルに対する率に直すと、年7・2％です。まあ、これはかなり大ざっぱな計算ですが、とにかくこの信託報酬は高すぎます。

こういった金融商品では、海外の金融機関がいくつも運用に関係したりして、そこに運用を任せっきりにする日本の金融機関もあり、広告にある「弁護士や監査人」も関わって、たくさんの関係者に手数料を取られることになります。おまけに、海外の金融機関も弁護士も監査人も、その名を聞くだけで、高い手数料を要求しそうな気がしませんか。そのため、信託報酬が高いのはもちろんのこと、オプション取引を活用することで金融機関側が隠れて取る手数料も高いと思われます。

＊広告の商品名の下に「ケイマン籍」との表記があるように、海外の金融機関が海外で運用しています。こういった場合には、たいていタックスヘブン（税金天国）と呼ばれる国で運用するのが定番となっています。もちろん、その運用にかかる信託報酬には日本の消費税はかからず、だから信託報酬は年1・8％とだけ書かれ、「税込」などの表示がなかったのです。

くり返しになりますが、こんな金融商品を買うぐらいなら、その資金の75％を為替手数料が安いネット銀行のオーストラリアドルで預金し、残りの25％を使って、自分で株式オプション取引をおこなえばいいのです。あるいは、残りの25％の資金でふつうに個別の株式やETFを買ってもいいでしょう。

すでに庶民の平均レベルよりもずっと高い所得を稼ぎ、いい生活をしている人たち（外資系銀行員や弁護士や公認会計士など）に、さらにいい暮らしをしてもらうために、あなたの資産を貢ぎたいという奇特な人でなければ、この商品に手を出すべきではありません。

そもそも、景気が悪くて金利が低い日本で「元本が１００％確保（保証）された上で、大儲けの可能性がある投資」なんて、本当は存在しないか、あるいは、もし存在しても庶民には縁がないと思われます。なのに〝元本確保（保証）で大儲け〟を夢みる客は多く、その心のスキにつけ込んで、たっぷり手数料を稼ごうというのが、元本確保型の資産運用商品を提供する金融機関側の狙いなのです。

金融テクノロジーへの幻想

いくら筆者が「損をする危険性がほとんどなく、確実に大儲けできる」ような資産運用方法はないと主張しても、「いや、どこかにそんな理想的な運用をしてくれる金融機関があるはずだ」と信じ続ける人はとても多くいるでしょう。雑誌や本などで「低いリスクで簡単に儲かる投資法」の存在をアピールする人たちも、世の中にはたくさんいるからです。

ひどいことに、視聴者からおカネを集めて番組を制作しているテレビ局が、ときどき「〇〇スペシャル」などの看板番組で、「海外には〝ヘッジファンド〟と呼ばれる凄腕金融専門家集団がいくつも存在しており、圧倒的に優れた運用実績を誇っている」などと報じてくれます。

最近では、ヘッジファンドをどう定義したらいいのかむずかしくなっていますが、高度な金融テクノロジーをもち、複雑な取引手法（先物取引やオプション取引などのデリバティブ）を駆使する資産運用会社といったイメージをもっている人が多いでしょう。テレビ番組の中では、難解な金融工学で理論武装をし、素早く世界中から情報を得て、スマートに資産運用をするといったイメージで紹介されたりします。

このヘッジファンドの説明について、筆者自身、この原稿を書きながらも「意味不明だな」と思っていますが、テレビなどでは、本当にこんな感じの紹介がされやすいのです。日本人の一部には、「インテリの外国人がスマートに運用」と言われると、とにかく何だかありがたく感じる（とにかく金髪をありがたがるような）風潮があるようです。

日本の金融機関の中にも、一般の企業の中にも、そして最近は個人でも、海外のヘッジファンドなどにおカネを任せて、「いままで経験したことがないような凄いテクニックで素敵な運用をしてもらいたい」と思う人がかなりいるようです。そこで、ヘッジファンドに限らず、高度な金融テクノロジーを活用した運用が売り物になっている金融商品広告を、これからいくつか紹介しましょう。

まず図68の広告をみてください。ヘッジファンドという言葉は出てきませんが、高度な金融テクノロジーを売り物にする運用会社が使う、一番基本的なテクニックがよくわかる広告ですので、まず取り上げてみました。一般的な株式投資信託になくて、ヘッジファンドなどがもつ最大の魅力は何かというと、この広告にも書かれている「株価の下落でも儲ける」ところでしょう。

じつは、株価が下落したときに儲けるような運用は、個人でもそれほどむずかしいものではありません。それがわかっている人は、最近はネット証券などで手軽に取引できますから、自分でそういった運用をしています。基礎知識がない人のために、ごく簡単に説明しておきましょう。

たとえば、現在のA社の株価が1000円であるとして、これから1ヵ月の間にそれが下落すると予想した人は、A社の株を保有していなくても、A社の株を売ることができます。

そのための手法にはいくつかありますが、ここではA社の株式をBさんから1株だけ借りて、それを売ることにしましょう。これを〝カラ売り〟と呼びます。すると、現時点では1000円で売れますから、1000円が手に入ります。ただし、借りた株式は1ヵ月後にBさんに返す約束にしています（そのとき一緒に、貸してもらったお礼として10円を支払う

図 68

ジャパン凹凸ロング＆ショート・ファンド

ルクセンブルグ籍オープンエンド契約型外国投資信託

下がる株もあれば、上がる株もある

ロング＆ショート戦略によって

株価の上昇で儲け、株価の下落でも儲ける！

数多くの日本企業についてその適正な企業価値を測定し、株価が割安と判断される銘柄を買い（ロング・ポジションをとり）、株価が割高と判断される銘柄をカラ売りし（ショート・ポジションをとり）、株価の上昇からも、株価の下落からも、利益を狙います。

ロング＆ショート戦略によって、日本株全体の変動と比較して「安定した」資産の成長を目指します。

【現物株式への投資に加えて、先物取引やスワップ取引を活用します。】

◎信託期間：約12年（平成◇年○月×日から平成△年○月×日まで）
◎決算日：毎年○月×日
◎お申込単位：10口以上1口単位（1口＝当初10,000円）
◎お申込み手数料：5万口未満は申込金額の3.15％（税抜3％）／5万口以上10万口未満は申込金額の2.625％（税抜2.5％）／10万口以上は申込金額の2.1％（税抜2％）
◎管理報酬等：管理報酬は年率1.6％（別途、実績に応じて投資運用会社に実績報酬が支払われます）、保管報酬は年率0.4％以内

上の広告は架空のものであり、登場する企業や金融商品などは、現実の企業や金融商品などとは一切関係ありません。

ものとしましょう）。

実際にA社の株価が下落し、１ヵ月後に８００円になっていたら、株式市場でA社の株式を１株だけ買います。当然８００円を支払うことになりますが、買った１株にお礼の１０円をつけて、Bさんに返却します。

これですべての取引が清算されたことになり、最初に受け取った１０００円から１ヵ月後に支払った８００円と１０円を引くと、１９０円の利益になります。株価の下落が予想される場合に、それに賭けて儲けようとする取引をおこなうことは、さほどむずかしくないのです（金髪のインテリ外国人でなくてもできるのです）。

ただし、予想が外れて、A社の株価が上昇し、１ヵ月後に１２００円になっていたら、今度は損をします。BさんにA社の株式を返す必要がありますから、株式市場で１株１２００円で買って、それで返すしかなく、お礼の１０円も支払いますから、最初に１０００円をもらっていても、差し引きで２１０円の損失を被ります。

株価の下落を予想して儲けようとした人は、予想が外れた場合には損をするのです（同じことをやれば、金髪のインテリ外国人だって損をするしかありません）。

さて、この広告の投資信託は「ロング&ショート戦略」をもちいて、株価の上昇でも下落でも儲けると宣伝しています。しかし、A社の株価が上がっても儲かるし、下がっても儲かるというような運用をしているわけではありません。広告の説明をよく読めばわかりますが、ポイントをわかりやすく述べるために、たとえば、A・B・C・D・E・Fの6つの企業の株式を投資対象の候補としましょう。

このうちA・C・Dの3社については株価下落を予想し、B・E・Fについては株価上昇を予想したとします。一般的な株式投資信託であれば、A・C・Dの株式については取引をせずに、B・E・Fの株式だけを買います。だからB・E・Fの株価が上がれば儲かりますが、下がれば損をします。

ロング&ショート戦略をもちいる投資信託は、B・E・Fの株式を買うだけでなく、同時にA・C・Dの株式をカラ売りします（このような説明は、広告の中央にもあります）。それぞれの株価についての予想が当たれば、どの株式の取引でも儲けることができます。

B社の株式であれば、株価の上昇で儲けられますし、A社の株式であれば、株価の下落で儲けられます。この投資信託の「ロング&ショート戦略によって、株価の上昇で儲け、株価の下落でも儲ける」という特徴は、このような意味なのです。

しかし、株価が上がると予想したB社の株価がもし下落したら、一般的な株式投資信託も損をしますが、このロング&ショート戦略の投資信託も損をするしかありません。さらに、

A社の株価が予想に反して上がった場合にも、この投資信託は損失を被ります。「いつでも、どんな状況でも儲かる」とか「予想が外れても儲かる」といった期待をした人は、残念でした。そんな都合のいい運用方法は存在しないのです。

さて、手数料のチェックも忘れないでください。販売手数料（お申込み手数料）は最大で3・15％で、よほど大口の取引でも2・1％です。信託報酬に相当する手数料が「管理報酬等」として書かれていますが、管理報酬が年率1・6％で、年率0・4％以内の保管報酬も取られます。

しかも、管理報酬については「別途、実績に応じて投資運用会社に実績報酬が支払われます」との注意書きがあり、これは成功報酬のかたちでの上乗せがあることを意味しています。

＊こういったタイプの商品での成功報酬については、つぎの**図69**の広告で具体的な例が示されます。

つまり、運用に失敗しても、かなり高い手数料を取られる上に、運用に成功した場合には、もっと高い手数料を取られるということです。少し高級なテクニックを駆使して運用しているようにみえるかもしれませんが、先にも述べたように、ある程度勉強した個人投資家なら、同じような取引を自分で低コストでおこなっています。

もちろん、巨額の資金をまとめて運用する投資信託の方が、多数の企業の株式を効率的に取引できます。それでも、自分で同様の取引ができるだけの知識をもっていない人がこのような運用に手を出すのは、投資信託を利用したとしても非効率的です。

つぎに図69の広告をみてみましょう。一番上に「先端の金融技術を駆使して運用」とあり、商品名にも「ファイナンシャルテクノロジー」という言葉が入っています。どんな凄い先端テクノロジーが使われているのかと期待させますが、広告中央に「特徴2」として書かれているように、「ロング・ショート戦略」を基本としているようです。「特徴3」にあるように「コンピューターモデルを駆使して戦略立案」しているとのことですが、もし、コンピューターや運用モデル構築におカネをかければ運用に成功するというのなら、過去に実際に巨額のおカネを注ぎ込んできた日本の大手銀行は、株式運用で大儲けしていなければなりません。それなのに、日経平均株価が下がるたびに巨額の損失を計上したりします。特徴3は、客側からすれば「その分だけコストが高そうだ」という話でしかありません。

上に戻って「特徴1」には、「高いリターンを目指す絶対収益追求型」と書かれています。絶対収益という言葉が出てきましたが、意味はその上に述べられています。「絶対収益とは、ベンチマークに対する相対的な超過収益と異なり、投資元本に対する収益を意味します」と

図 69

先端の金融技術を駆使して運用
●▲■ワールドファイナンシャルテクノロジー
追加型株式投資信託／派生商品型

世界主要国の通貨・株式・債券の市場に投資し、ハイレベルの絶対収益を目指します。

★絶対収益とは、ベンチマークに対する相対的な超過収益と異なり、投資元本に対する収益を意味します。

特徴 1	高いリターンを目指す「絶対収益」追求型ファンド ※高いリターンに応じたリスクをともないます。
特徴 2	世界主要国の通貨・株式・債券の市場を対象に、 ロング・ショート戦略を活用して運用
特徴 3	●▲■アセットマネジメントが 最新のコンピューターモデルを駆使して戦略立案

運用では、主に通貨・株式・債券の先物取引を活用します。

お申込みメモ

◎信託設定日……2004年○月×日
◎申込期間………当初申込期間：2004年○月△日～◇日
継続申込期間：2004年○月×日～2005年☆月×日
◎信託期間………無制限
◎決算日…………原則毎年○月×日（休業日のときは翌営業日）
◎お買付価額……当初申込期間：1口当たり1円
継続申込期間：お申込み日の翌営業日の基準価額
◎お申込単位……100万口以上1万口単位
◎お申込手数料…3.15%（税抜3%）以内
◎信託報酬………基本報酬：純資産総額に対して年率1.68%（税込）
成功報酬：日々の基準価額がハイウォーターマークを上回った場合、その超過額に対して21%（税込）

上の広告は架空のものであり、登場する企業や金融商品などは、現実の企業や金融商品などとは一切関係ありません。

あり、この説明でわかる人なら、元から意味を知っていると思われます。

わかりやすく述べると、つぎのように言いたいのでしょう。一般的な株式投資信託は日経平均株価やＴＯＰＩＸなどの株価指数を比較基準（ベンチマーク）にして、その基準を上回る運用成果を得ようと努力します。これはいろいろな株式を選んで、それらをすべて買うという運用だから意味があるわけです。ところが、ロング・ショート戦略を採用している投資信託は、買う株式もあれば、カラ売りをする株式もあるので、株価指数と比べられても困ります。だからとにかく、儲かったかどうか、つまり絶対収益でみてください。……といった感じでしょうか。

まあ、広告の5行目にも「ハイレベルの絶対収益を目指します」とはありますが、「目指します」なんてセリフは誰でも言えます。試合前のスポーツ選手が「出るからには1位を目指します」などと言っているのと大差ありません。そのぐらいの冷めた目でみないと、このタイプの広告はバカらしくて読む気になれません。

絶対収益を売り物にしている理由のもうひとつは、手数料をみるとわかります。広告の一番下に書いてありますが、販売手数料（お申込手数料）が３・１５％以内で、信託報酬は①基本報酬と②成功報酬の2段階になっています。

①基本報酬だけで年1・68%も取られますから、十分に高いように思いますが、②成功報酬は「日々の基準価額がハイウォーターマークを上回った場合、その超過額に対して21%」となっています。これは、過去に一番値上がりしたところからさらに値上がりしたら、その値上がり分の21%を手数料として取るという話なのです。

成功報酬の部分だけを数値例で考えてみましょう。最初に100万円を預けたとして、100万円より値上がりした分に対しては、どこかで必ずその21%を成功報酬で取られますから、手数料を引く前の資産が途中で140万円まで値上がりしたとすると、40万円の21%で、8万4000円が手数料として取られます。

しかも、それをピークにして、解約時には手数料差し引き前の基準価額が110万円まで下がっていたとしても、途中で取られた成功報酬は返ってきません。この場合の成功報酬は、10万円の利益に対して8万4千円で、じつに利益の84%を取られることになります。

この例は極端にみえるかもしれませんが、十分に起こりそうな数値例です。運が悪ければ、もっとひどいことも起きそうです。たとえば、結果として元本割れしたのに、途中では値上がりしていたので、ごっそり成功報酬を取られた（元本が20万円減ったのに、さらに10万円の成功報酬を取られた）といった事態も、やはり十分に起きそうなのです。

つまり、絶対収益の名の下に、元本より増えた部分について凄く高い率の手数料を奪い取るのが、この商品の本性です。絶対収益という考え方を強調し、「元本から増えたかどうかをみてくれ」とアピールしていたのは、元本から増えた部分を高度な金融テクノロジーを駆使した運用による成果とみなして、その一部をもぎ取るためでした。

「高度な金融テクノロジーがあれば、大儲けできる」という話は、資産運用そのものについては幻想でしかありません。しかし、資産運用商品を売る金融機関からみると、「高度な金融テクノロジーを売り物にすれば、客からごっそり手数料をぼったくって、大儲けできる」という意味で、正しいのかもしれません。

＊高度な金融テクノロジーの本質は〝裁定取引〟と呼ばれるものにあります。もう少しくだけた言い方をすると〝サヤ取り〟です。その基本的な考え方や、なぜ金融テクノロジーが進歩しても資産運用のリターンを高めることがむずかしいのかの分析については、拙著『金融工学 マネーゲームの魔術』（講談社＋α新書）をご参照ください。

庶民でも投資できるヘッジファンド

ちょうど筆者がこの章を執筆しているとき（２００５年３月某日）に、４４５ページでも述べたテレビ局について、収入低下の問題が新聞に大きく出ていました。ヘッジファンドの運用の凄さをむやみに強調したテレビ番組（○○○スペシャル）をときどき放送し、何かとヘッジファンド神話をつくるのに貢献してきたテレビ局なので、それならヘッジファンドで運用すればいいと思うのですが、いかがでしょうか。

冗談はさておき（じつは半分以上本気ですが）、海外の高級自動車に憧れるのと似たような感覚で、「いつかはヘッジファンドとやらで運用してみたい」と憧れる人も多いのです。そんなカモの群れを金融機関が放っておくはずはなく、〝個人向けヘッジファンド〟と呼ばれる資産運用商品が、ここ数年で続々登場しています。

＊日本で個人向けヘッジファンドの人気が高まる一方で、２００３年も、２００４年も、ヘッジファンドの平均的な運用成績は、単純に世界の株式にバランスよく投資した場合の運用成績を下回ったとのことです。

新聞記事などをみていると、これまでに取り上げた**図68**・**図69**の２つの商品も、個人向けヘッジファンドの範疇にふくまれたりします。むしろ、これからみる商品よりも、**図69**の商品の方がヘッジファンドの運用の特徴がよく出ていたと思います。

それでも、読者の多くは、広告の中にきちんとヘッジファンドの文字が入っている商品もみてみたいでしょうから、さらに２つ取り上げましょう。**図70**と**図71**です。よく似た商品ですが、２００３年から２００５年初めにかけて、このタイプの個人向けのヘッジファンドの

図70

凸凸証券・凹凹投資顧問・ヘッジファンド・シリーズ

○×ファンド参照&元本確保型ファンド
(NZドル建)

ケイマン籍オープンエンド型契約型外国投資信託

★凹凹ABC債（凹凹投資顧問が支払い義務を負います）への投資を通じ、最終評価日（平成22年3月△日）においてNZドル建投資元本の確保を目指します（途中換金の場合、投資元本は確保されません）。

★その上で、○×ファンド（○×が運用するファンドオブヘッジファンズ）の変動を部分的に反映する運用を目指します。

★ファンドの運用は凹凹投資顧問が行ないます。

ファンドのしくみ

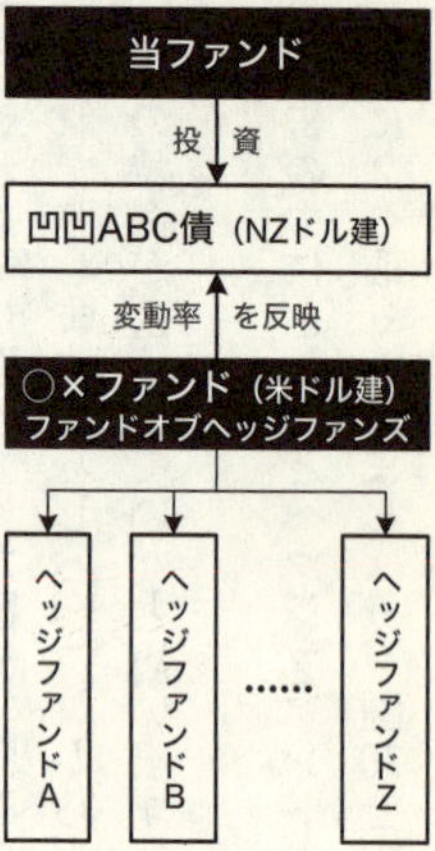

☆お申込期間：平成16年3月▽日まで
☆設定日：平成16年3月□日
☆償還日：平成22年4月△日（信託期間約6年1ヵ月）
☆お買付価格：1口当たり1,000NZドル
☆お申込単位：1口以上1口単位
☆お申込手数料：上限3.15%（税抜3%）
☆クローズド期間：平成16年3月□日〜平成17年3月□日
☆途中換金：平成17年4月以降、各月1回の買戻請求日に換金可能
☆管理報酬等：ファンドの残存口数に当初元本（1口1,000NZドル）を乗じた金額に対して最大年0.85%相当額、および、当初募集総額の1.10%相当額、の合計額
※他に監査法人・弁護士報酬等をファンド資産から支払います。

上の広告は架空のものであり、登場する企業や金融商品などは、現実の企業や金融商品などとは一切関係ありません。

図 71

元本を確保しつつ 先進のヘッジファンドに投資する

世界有数の銀行である凹凸バンクが元本を保証しながら、最強の金融技術を自在に操り、絶対収益を追求するヘッジファンドの中から特に厳選したヘッジファンドだけを組み合わせる、ファンド・オブ・ヘッジファンズ方式で、安定した高収益を狙います。

米ドル建元本確保 ＋ ヘッジファンド連動 型

ほにゃほにゃファンド

ケイマン籍オープンエンド型契約型公募外国投資信託

お申込みメモ

☆募集期間…………2005年2月1日〜2月15日
☆信託期間…………2005年2月16日〜2013年3月22日
☆お申込み単位……1口以上1口単位（当初1口＝1万米ドル）
☆クローズド期間…2005年2月16日〜2006年2月15日
☆販売手数料………ありません
☆管理報酬等………当初元本に対して上限年率0.95%
☆買い戻し手数料…設定日から2年以内：当初元本の4.2%
2年超3年以内：当初元本の3.15%
3年超4年以内：当初元本の2.1%
4年超5年以内：当初元本の1.05%
以降：0%

※当ファンドは凹凸ホニャホニャ社の発行する債券を通して様々なヘッジファンドに投資しますので、株価・金利・為替レート等の変動リスクを持ちます。また、この債券には十分な市場が形成されていませんので、売却できなかったり、理論価格を大きく下回る価格でしか売却できない可能性があります。

上の広告は架空のものであり、登場する企業や金融商品などは、現実の企業や金融商品などとは一切関係ありません。

広告が目立っていました。

2つに共通する特徴として、まず、どちらも「元本確保型」であることが挙げられます。ただし、図70はニュージーランドドル建てで、図71は米ドル建てです。どちらにしても比較的高い金利が得られる通貨で比較的長く（前者は約6年間、後者は約8年間）運用し、その間にかなりの利息が稼げることをアテにしています。

441ページの図67の元本確保型ファンドとは異なる運用方法を採用していますが、考え方としては同じようなものとみていいでしょう。当初元本のうちの何割か（3割前後？）を積極的な運用に回しても、残り（7割前後？）を安全に運用していれば、金利がついて、満期時には安全運用部分が元本の100％まで回復するという考え方です。

そして、積極的に運用する部分について、先の図67の商品では株式オプション取引を活用したのに対し、図70や図71の商品ではヘッジファンドに投資すると考えれば、本質的な仕組みが理解しやすいと思います。

実際の運用はもう少し複雑にみえますが、図70の中央右側には運用の流れが図示されています。2つとも、ヘッジファンドに投資する際にも、複数のヘッジファンドを組み合わせたファンド・オブ・ヘッジファンズ（ファンド・オブ・ファンズの一種）に投資をしています。要するに、①ヘッジファンドで、②元本確保型で、③ファンド・オブ・ファンズでと、3つも、割高な手数料を取られる要因がそろっています。

具体的に手数料をみてみましょう。図70の個人向けのヘッジファンドは、販売手数料（お申込手数料）が上限3・15％、信託報酬（管理報酬）はやや複雑な体系になっていて、当初元本金額を前提に、まずその1・1％が取られ、さらに運用期間に応じて年率0・85％が取られるようです。監査法人・弁護士の報酬なども別に取られます。

それなりに高い手数料ですが、「ヘッジファンドの割には安い」と思った人は、まちがっています。

第1に、ファンド・オブ・ファンズですから、各ヘッジファンドがどれだけ手数料を取っているかがわかりません。運用成績のよさそうなヘッジファンドをいくつも選んで投資するのかもしれませんが、そうすると、それぞれかなり高い手数料（成功報酬など）を取られているのでしょう（何せヘッジファンドですから）。

第2に、元本確保型ですから、考え方としては、元本の大部分は預金か債券で安全に運用しているようなもので、残りのたとえば⅓についてヘッジファンドで運用していると想定しましょう。その部分にかかる信託報酬として計算すると、元本に対する率の3倍に換算されます。やはり凄く割高な手数料が取られる上に、その一部は隠れて取られているのです。

もうひとつの図71の商品では、信託報酬（管理報酬）は上限年率0・95％で、これも一見するとヘッジファンドの割に低そうですが、そうでないこと（隠れた手数料が高いなどの話）は図70の場合と同じです。

販売手数料は「ありません」となっていますが、じつは、その代わりに別の「買い戻し手数料」が取られます。解約時に取られますので、信託財産留保額と同じようなものかというと、むしろ、販売手数料を後払いしているような感じです。

販売会社としては、もし最初に販売手数料が得られなくても、運用期間に応じて取る信託報酬をその分だけ高めに設定しておけば、運用期間に応じて販売手数料部分を受け取れます。それをアテにして販売手数料をゼロにしているのですが、もし、この投資信託の購入者が1〜2年の保有で投資信託を売ったとすると、期間に比例する信託報酬金額は少なくなってしまいます。それなら「最初に販売手数料を取っておけばよかった」と思いますので、それを「買い戻し手数料」として解約時に取っているわけです。

広告の「お申込みメモ」の中に、買い戻し手数料が運用期間に応じて細かく段階分けされているのは、運用期間が短かったときに、販売会社がそれで取り損なう信託報酬の上乗せ分に応じて買い戻し手数料を取ろうとするからなのです。5年を超えて運用すれば、買い戻し手数料は請求されません。

このタイプの手数料体系を採用している投資信託を買うときには、最初に販売手数料を取られませんから、たとえば、資金として１００万円もってきた人は、そのまま１００万円を運用に回せます。もし販売手数料があって、それがたとえば３％なら、１００万円のうち約３万円を販売手数料で取られますから、運用できるおカネが約９７万円に減ってしまいます。それを避けるための手数料体系なのです。

ただし、５年を超えて運用すれば買い戻し手数料もかからないので、その点では得だと思うのは、残念ながら甘すぎます。この手数料体系では、５年間運用すれば、ちょうど通常の販売手数料分を支払ったことになります（だから5年で買い戻し手数料はゼロになるのです）。それなのに、６年目以降も余分な信託報酬を支払いますから、かえって手数料は割高になります。

投資信託によっては、一般的な手数料体系と、このタイプの手数料体系の２つが用意されていて、どちらかを選べる場合がありますが、このタイプの手数料体系は決して得ではありません。何かの手数料がタダになるとしても、それだけで安心してはいけないのです。

また、広告の一番下には「この債券には十分な市場が形成されていませんので、売却できなかったり、理論価格を大きく下回る価格でしか売却できない可能性があります」と書かれています。特殊な運用をしている商品なので、流動性リスクが著しく高く、中途解約時にはとても不利な条件でしか売れないという意味です。だから中途解約時には、とても高い売却コストを、買い戻し手数料とは別に取られるはずです。

特殊な債券をつくり出した上での運用となっているのは図70も図71も同じですから、どちらも中途解約すれば、バカ高い売却コストを負担させられると覚悟すべきです。明確な手数料が複雑で高い上に、隠れて取られるコストはもっと複雑でもっと高いのです。

本当に、投資信託にかかる手数料はややこしいと思います。だから、ファンド・オブ・ヘッジファンズに投資しつつ元本確保などという、思いっきりややこしい投資信託であれば、手数料が安いはずはなく、また、いい商品であるはずがないのです。

第十二章　「新しいテーマを追う商品」の広告——夢と現実

地球に優しい株式投資?

株式投資信託などの商品開発競争は激しく、つぎつぎに新しいタイプの商品が出てきます。もっとも、それが「客側にメリットをもたらすか」と質問されると、答えに困ります。商品の選択肢が増えて、少しはメリットがありそうですが、新商品の大部分は、やはりぼったくり商品だからです。しかし、少しはよさそうな商品も出てきています。

それなりに新しい金融商品で、広告も比較的ひんぱんに出されているものを取り上げてみましょう。まずは図72の商品です。広告の中央に「ＳＲＩ（社会的責任投資）」という言葉が出てきます。その上に例が出ていますが、「地球に優しい企業、男女が平等な企業、消費者第一の企業、文化に貢献する企業、顧客を騙さない企業」などの評価基準で、社会的な責任を積極的に果たしている企業を選んで、その株式で運用する「株式投資信託」です。

このタイプの投資信託は〝ＳＲＩファンド（社会的責任投資ファンド）〟などと呼ばれます。日本では、当初、ＳＲＩファンドと言えば「地球に優しい（環境問題に積極的に取り組んでいる）企業」だけを選んで投資する株式投資信託、いわゆる〝エコファンド〟が中心でした。ところが、この広告の投資信託は、雇用において男女が平等かどうか（女性が働きやすいように配慮しているかどうか）などの基準でも、投資先の企業を評価するようです。

また、広告のファンド名称の下に「インデックス型」とあるように、この投資信託は株価

図 72

明るい明日をつくる投資に参加しませんか？

地球に優しい企業

男女が平等な企業

消費者第一の企業

文化に貢献する企業

顧客を騙さない企業

社会的責任投資

◇☆○ＳＲＩインデックス・ファンド

追加型株式投資信託／インデックス型

「地球環境に配慮するなど、社会的にすばらしい経営をしている」と、◇☆○社が判断した200社の株価を指数化した、『◇☆○SRIインデックス』に連動する投資を目指します。

お申込みメモ

◎信託期間……………無期限
◎お申込み手数料……基準価額の最大3.15％（税抜3％）
◎信託報酬……………純資産総額に対して年0.735％（税抜0.7％）
◎信託財産留保額……基準価額の0.2％

くわしくは目論見書をご覧ください

上の広告は架空のものであり、登場する企業や金融商品などは、現実の企業や金融商品などとは一切関係ありません。

指数に連動させるインデックス型です。株価指数として、◇☆○社が開発した「◇☆○SRIインデックス」を採用しています（架空の企業による架空の株価指数です）。先ほどの評価基準で200社を選び、その株価を指数化したものです。

じつは、資産運用商品としてのSRIファンドの評価は、さほど芳しいものではありません。日本だけでなく、アメリカなどの海外でもSRIファンドはたくさん存在しますが、平均的にみて運用成績はよくないようです（2004年までの数年間の実績で評価）。

SRIファンドに関連して新聞や雑誌で何度か取り上げられたのが、アメリカのある投資信託会社が運用する〝悪徳ファンド（社会的無責任ファンド）〟です。道徳的な評判が悪いビジネスをしている企業、具体的にはタバコ・酒・ギャンブル・武器などを扱う企業に投資するファンドです。SRIファンドとはまったく逆の基準で投資する悪徳ファンドの方が、平均的なSRIファンドよりずっと運用成績がいい（2003〜04年）とのことで、注目されました。

要するに、資産運用商品としての魅力だけをみると、SRIファンドはさほど有利ではありません。だから、仕事や日常生活の上で道徳的に行動するかどうかと、資産運用でどの企業に投資するかは別々のものとして考える方が、効率的です。

環境問題などに関連して社会貢献をしたいとしても、中途半端にエコファンドを買ったりせずに、資産運用はふつうにおこなえばいいと思います。それで稼いだおカネで、「環境に配慮した製品だけど高いのでこれまで買わなかった製品」を買うようにするなど、自分の日常生活での努力を深める方が、社会問題への取り組みとしても、ずっと優れています。

とはいえ、やはりＳＲＩファンドが買いたいという人はいるでしょう。そこで、**図72**の投資信託について、手数料をチェックしてみましょう。販売手数料（お申込み手数料）は最大３・１５％で高いのですが、肝心の信託報酬は年０・７３５％で比較的安いと言えます。これがインデックス型だからです。

現実に、インデックス型ではないＳＲＩファンドの広告も新聞などでよくみますが、信託報酬は2倍以上します。そんな、信託報酬が年１％を超えるようなＳＲＩファンドに手を出すのはバカげています。しかし、今回取り上げたＳＲＩファンドはインデックス型ですので、どうしてもＳＲＩファンドに投資したいという人にとっては、検討に値する商品かもしれません。この広告の商品はもちろん架空のものですが、現実に同じ年０・７３５％の信託報酬を取るＳＲＩファンド（インデックス型）が存在するとしたら、日本で買えるＳＲＩファンドとしては手数料が安い部類に入るでしょう。

それでも、インデックス型ファンドとしてみれば、手数料が高いと評価されます。同じインデックス型でも、ＥＴＦなら信託報酬がもっと安く、日本では年０・２２％が一般的です（年０・１１％のものもあります）。ＳＲＩファンドに興味をもったとしても、急いで（いまあるものから無理に選んで）買う必要はなく、何らかのＳＲＩ株価指数に連動し、信託報酬も安いＥＴＦが登場するのを待ってもいいのではないか、と筆者は思います。登場しない可能性もありますが。

中国のつぎはインド

大きな本屋さんに行き、資産運用に関する書籍がたくさん並んでいるコーナーに行くと、「中国株（中国企業の株式）で大きく儲けよう！」といったノリの本が何冊かみつかるでしょう。また、個別に中国企業の株式を買えることを売り物にした証券会社の広告を、新聞や雑誌でひんぱんにみかけます。

中国企業の株式で運用する投資信託、いわゆる〝中国株ファンド〟の広告もよくみます。さらに２００４年には「中国のつぎはインド」と言われるようになり、また、ブラジル・ロシア・インド・中国の４ヵ国の頭文字を取った〝ＢＲＩＣｓ《ブリックス》〟という言葉も、金融商品広告の中にみかけるようになりました。もちろん、インド企業の株式で運用する〝インド株ファンド〟の広告も目立つようになりました。

つぎの**図73**と**図74**の広告では、それぞれ中国株ファンドとインド株ファンドが宣伝されています。どちらも視覚的には、「日本よりずっと高い経済成長が期待できる中国・インドに投資しましょう！」とアピールしています。**図73**の中央にあるような「経済成長率」を比較したグラフは、インド株ファンドの広告でもみかけることがあります。

経済成長率についてのくわしい説明は本書ではしませんが、各国の経済の成長（発展・拡大）スピードを示す、代表的な経済指標です。問題は、各国間の経済成長率の比較には、じつはさほど意味がないという点にあります。

たとえば、中国の経済成長率が年5％ならば、中国はかなり深刻な不況になっているでしょう。不況だから企業は儲からず、株価も低迷する可能性が高いでしょう。ところが、もしアメリカで経済成長率が年5％なら、かなりの好景気で、企業の利益は大きく増えて、株価もどんどん上がる可能性が高いのです。国ごとに、景気がいいか悪いかを分ける経済成長率の値が異なるために、同じ年5％の経済成長率になったとしても、日本とアメリカと中国とインドでは、それが株価にどう影響するかは大きく異なります。

要するに、**図73**の広告の中央にあるグラフは、資産をどの国で運用するかを考える上で、まったく参考にならないのです。

図73

中国株☆★ファンド2004春

単位型株式投資信託／国際型

高い経済成長を続ける中国の、
特に成長著しい企業を選別して
投資します。

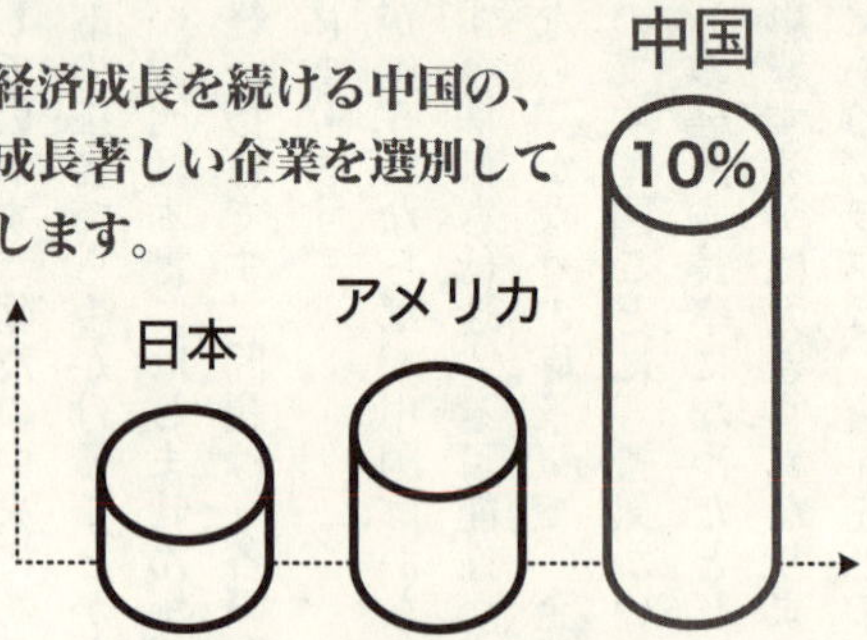

過去12年間の経済成長率

お申込みメモ

設定日………………平成16年4月×日
お申込み単位………1万円以上1万円単位
お申込み手数料……基準価額の2.1%
信託報酬等…………①純資産総額に対して年1.68%（税抜1.6%）
②各月末の基準価額（収益分配金・成功報酬差引前）が12,000円を上回った場合、その21%を成功報酬とします。
信託期間……………平成22年2月×日まで（約5年10ヵ月）

上の広告は架空のものであり、登場する企業や金融商品などは、現実の企業や金融商品などとは一切関係ありません。

図 74

◆●★インド株オープン

つぎの狙いは「インド」！

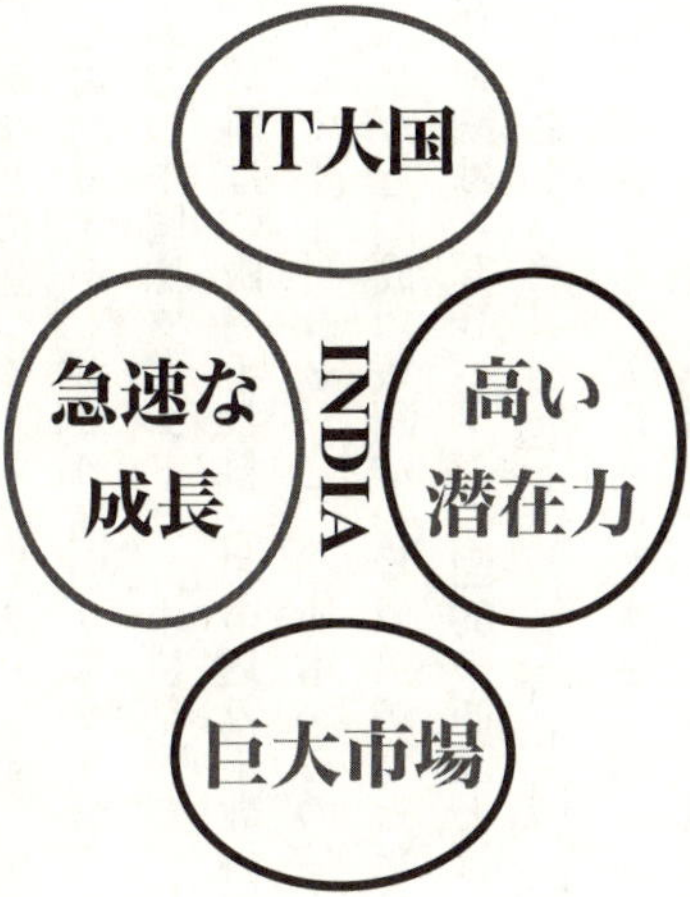

お申込みメモ　【くわしくは目論見書をご覧ください】

商品分類：ファンド・オブ・ファンズ
為替ヘッジ：為替ヘッジは行いません
信託期間：無制限
お申込単位：1万口以上1口単位（当初1口＝1円）
お申込価額：お申込み日の翌営業日の基準価額
お申込手数料：基準価額の3.5％以内で、販売会社が独自に設定した率
信託報酬：純資産総額に対して年1.3％（内訳：委託会社報酬0.45％／販売会社報酬0.8％／受託会社報酬0.05％）とします。当ファンドの投資対象の投資信託証券にも信託報酬等がかかります。
　（例）○☆◇インド株式ファンドの信託報酬等：0.7％
　　　☆○□インド債券ファンドの信託報酬等：0.3％
信託財産留保額：解約申込の翌営業日の基準価額の0.4％
※それぞれの手数料には、別に消費税がかかります。

上の広告は架空のものであり、登場する企業や金融商品などは、現実の企業や金融商品などとは一切関係ありません。

確かに、中国やインドはこれからも急速な経済発展を遂げるかもしれませんが、その一方で、政治体制などに基づくリスクもあります。中国やインドの企業の株式への投資は、ある意味では魅力的ですが、かなり高いリスクを負う運用になることを覚悟すべきです。

なお、**図73**の中国株ファンドは「単位型」で、平成16年4月から約6年間の運用がなされます。手数料は、販売手数料（お申込み手数料）が2・1%で、信託報酬として、①純資産総額に対して年1・68%と、②元本からの値上がり分の21%に相当する成功報酬が取られます。しかも、成功報酬は一番値上がりした月末を基準に取られます。

この成功報酬は453ページの**図69**の商品とほぼ同じですから(毎日計算か毎月計算かのちがいはありますが)、そこで指摘したのと同じ問題点をもちます。つまり、最終的には運用に失敗した場合でも、運用途中で大きく値上がりしていた場合には、メチャクチャに高い手数料を取られる危険性があるのです。成功報酬がないときの信託報酬でさえ年1・68%と高いのですから、絶対に手を出すべきでない商品です。

また、**図74**のインド株ファンドは、広告内の「お申込みメモ」をみると「ファンド・オブ・ファンズ」となっており、すでに危険な香りがします。手数料はすべて消費税抜きで書かれていますので、税込みに直すと、販売手数料（お申込手数料）は3・675%以内となっています。信託報酬は、年1・365%に加えて、実際に運用をする各ファンドの信託報酬がかかります。信託財産留保額は０・４％です。

この広告では、かなり細かく手数料が示されています。信託報酬が販売会社・運用会社・信託銀行の間でどのように分けられるかも示されています。税抜きでみると、年１・３％のうち、販売会社が年０・８％を、運用会社（委託会社）が年０・４５％を、信託銀行（受託会社）が年０・０５％を受け取るようです。

また、ファンド・オブ・ファンズとしての投資先のファンドの信託報酬についても、その例として、○☆◇インド株式ファンドの信託報酬は０・７％、☆○□インド債券ファンドの信託報酬は０・３％と書かれています。いろいろと高い手数料を取られることがよくわかります。

１０２ページで述べた〝価格差別〟の機能を考えれば、**図73**の中のグラフは、客が数字（経済データ）に強いかどうかを判別できますし、**図74**には手数料が細かくていねいに書かれていますので、いい広告だと筆者は評価します。もちろん、資産運用商品としてはどちらも（特に**図73**の商品は）推薦できません。

新規公開株で一発を狙う

新規公開株（ＩＰＯ株）に関連した広告もときどきみます。誕生して間もない新興企業などで、一般に対して株式を公開していなかった企業が、今後は不特定多数の投資家から資金が集められるようにと、株式を一般に公開して自由に売買してもらうようにすることを〝株式の新規公開（IPO）〟と言います。そして、新規公開される株式のことを、新規公開株（IPO株）などと呼ぶのです。

典型的なパターンでは、つぎのようになります。まずその企業が新規公開の際に新たに株式を発行するとして、その株式は公募によって発行されますから、欲しいと思う投資家が証券会社を通じて応募します。公募の際に投資家が買う株価を〝公募価格〟と呼びます。そして、公募によって発行されたあとの株式は、すぐに自由に売買されるようになりますが、自由な売買が始まって最初についた株価を〝初値〟と呼びます。

これまでの新規公開株では、公募価格を大きく上回る初値がつくことが非常に多かったため、公募で株式が手に入れば、取引初日に売るという方法で、あっという間に利益が得られることがありました。そこで、「何でもいいから新規公開株を買えば、すぐにボロ儲けできる」と単純に信じる人もかなりいるようです。実際に、新規公開される株式の量を上回る購入希望者がいると、抽選で購入者が決められますが、人気が高い企業の場合には、一般的な個人投資家が抽選に当たる確率はかなり低いとされています。

さて**図75**は、新規公開株の「抽選受付開始」を知らせる広告です。下側に過去の実績が出ていますが、どれも公募価格より高い（一番下の企業では2倍以上の）初値がついています。これらの新規公開株の公募に当たった人は、一瞬にして大儲けというチャンスが得られたのです。そして、広告の上側に新たに抽選受付が開始される新規公開株が3つ挙げられています。

「新規公開株の公募抽選は、宝クジや福引きのようなもので、抽選に当たれば大儲けできるけど、そもそも滅多に抽選に当たらない」などと言われます。実際に、公開後に大幅な株価上昇が予想されるような企業であれば、新規公開株の抽選に当たる確率は本当に低いようです。

これについて「なかなか当選しないのは、それだけ儲かる確率が高いからだ」と説明する雑誌記事や本があります。買いたいと思って抽選に申し込んだけど、外れて買えなかったという人が非常に多いと、その人たちの中には取引初日に買おうとする人もいるだろうから、初日に株価が大きく上がりやすい、といった論理のようです。また、「滅多に当たらないので、手当たり次第に何度でも抽選に申し込むことが必要」というのが、新規公開株で儲けたい人へのアドバイスの定番のようです。

どちらも何となく説得力がありそうな話ですが、他方、せっかく抽選に当たっても、公募価格より低い初値になってしまう企業も、低い確率ではありますが、存在します。公募価格

図 75

凸凸証券の主幹事案件
『新規公開株』抽選受付開始！
2005年 第7・8・9弾

第7弾	アカサタナどんど社	4月13日 公募価格決定予定	4月20日 上場予定
第8弾	ハマヤラワぼんぼ社	4月15日 公募価格決定予定	4月25日 上場予定
第9弾	イキシチニでんで社	4月18日 公募価格決定予定	4月28日 上場予定

2005年度の主な主幹事実績

	公募価格	初値
ウクスツヌがんが社	100万円	123万円
ホモヨロヲぱふぱ社	30万円	43万円
エケセテネだんだ社	50万円	85万円
オコソトノぴろぴ社	42万円	115万円

上の広告は架空のものであり、登場する企業や金融商品などは、現実の企業や金融商品などとは一切関係ありません。

より初値の方が高くなる確率は、これまでかなり高かったのですが、決して100%ではないのです。そうなると「儲かる確率は高いのだから、手当たり次第に抽選に申し込め」とのアドバイスは本当に正しいのか、疑問が残ります。

図76をみながら、簡単な数値例で考えてみましょう。かなり乱暴な設定で話を進めますが、確率的なものの考え方としては、つぎに示すような推論が有効だと思われます。

まず、抽選の申し込みができる新規公開株のうち、公募価格で買ったあとに初値で値上がりして儲かるタイプの株を「ピカ」、公募価格で買ったあとに初値で値下がりしてしまうタイプの株を「ダメ」とし、前者が80%、後者が20%の比率で存在するとします。なお、確率の計算をわかりやすくするために、図の上側では、20社の株式のうち、16がピカで4がダメになっています。

実際に初値がついてみないと、ピカかダメかは判定できませんから、個別の企業について抽選開始前にピカかダメかを判定することはできないとします。それでも、過去の経験などから、ピカの方が圧倒的に多く存在すると予想されますので、ピカの比率を80%と考えたわけです。

抽選に当たる確率は、ピカとダメで異なります。抽選を開始してみたところ、買いたい人

図76

新規公開株の抽選に当たったら？

買ったあと上がる**「ピカ」**と買ったあと下がる**「ダメ」**の2種類が**80%**と**20%**の比率で混在し、区別がつかないとする

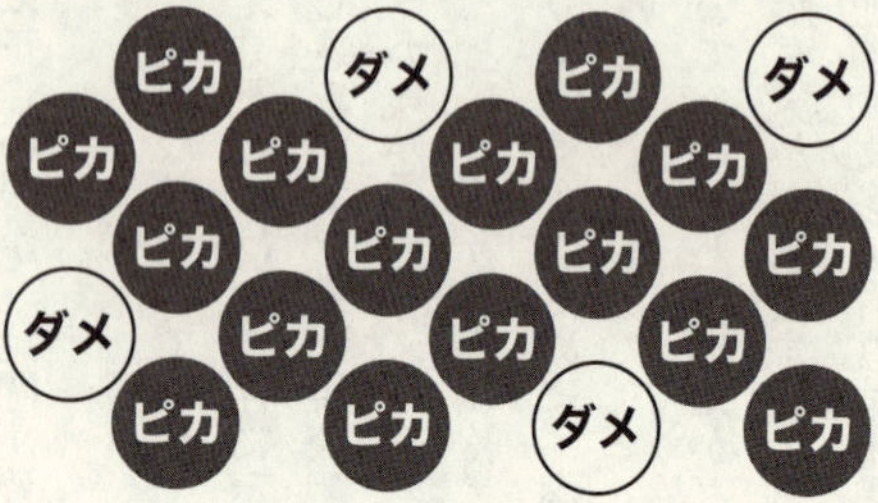

仮定

買いたい人が非常に多いのが「ピカ」なので、
「ピカ」の抽選に当たる確率は「6%」
買いたい人がそれほど多くないのが「ダメ」なので、
「ダメ」の抽選に当たる確率は「50%」

手当たり次第に**抽選に応募**すると…

結果として「抽選に当たった株」のうち、
それが**「ピカ」である確率は「33%」**
それが**「ダメ」である確率は「67%」**

が非常に多くて、結果として抽選に当たる確率が極端に低くなった場合には、その人気ゆえに初値の上昇が予想され、ピカだとわかります。逆に言えば、買いたい人が非常に多いのがピカなので、ピカの抽選に当たる確率は低いのです。ここでは「6％」としましょう。

同じように考えて、抽選を開始したら買いたい人がそれほど多くなく、結果として抽選に当たる確率がかなり高くなったとすると、さほど人気がないのですから、初値の下落が懸念され、ダメだとわかります。逆に言えば、買いたい人がそれほど多くないのがダメなので、ダメの抽選に当たる確率は高いのです。ここでは「50％」とします。

先のアドバイスにしたがって、手当たり次第に抽選に申し込むと、どんなことが起きるのでしょうか。図の上側の20社について、すべて抽選に応募したとします。16社あるピカのうちで抽選に当たるのは、確率的には1社だけです。もちろん、運がよければもっと当たりますし、運が悪ければ1社も当たらないでしょうが、平均的には16社の6％で、約1社（16×6％≒0・96）の抽選に当たる計算です。

他方、ダメの4社のうちで抽選に当たるのは、確率50％ですから、平均的には2社です。すると、結果として合計20社のうち平均で3社の抽選に当たることになりますが、その中にふくまれるのはダメの方が多く、ピカが1社にダメが2社となります。つまり、結果として抽選に当たったときに、それで買えた株がピカである確率は33％（≒⅓）でしかなく、それは確率67%（≒⅔）でダメなのです。

新規公開株の圧倒的に多く（ここでは80%）がピカなのに、自分が抽選に当たったとすると、それはダメである可能性が高いなんて、何か騙されていると思った読者もいるでしょう。数学の啓蒙書などによく出てくる話ですが、確率をきちんと計算すると、直感や実感とあわないことは多いのです。もちろん、ここでの数値例と、現実の新規公開株における確率は異なります。しかし、考え方としては通用するはずです。

＊ここで使ったような確率計算について、いくつもの生活上の事例を題材にして説明した本として、ゲルト・ギーゲレンツァー著（吉田利子訳）『数字に弱いあなたの驚くほど危険な生活』（早川書房）があります。

つまり、仮に「新規公開株を公募で買えれば80%の確率で儲かる」としても、「自分が手当たり次第に申し込んだ抽選に当たったときに、その公募で買った新規公開株で儲かる確率」は80%よりもずっと低いということです。80%という数字を90%に変えても、95%に変えても、とにかくそれが100%でないなら（現実に100%ではないので）、同じ指摘ができます。

くどいようですが、自分が当たったという前提で確率を計算し直すと、新規公開株の公募で儲けられる確率は、多くの人が直感的に想像する確率よりも低い確率になります。滅多に当たらない抽選に、もし自分が当たったときには、「凄い幸運だ」と喜ぶ前に、「自分が当たるなんて、何か問題があるのではないか」と疑ってみることも大切です。もちろん、本当に幸運である可能性もあるでしょうが。

石油や金や鉄の値上がりに賭ける

新聞や雑誌などでよくみる金融商品広告は、預金や株式や債券などの金融資産での運用に関するものばかりではありません。金融商品ではなく、金《きん》や原油（精製前の石油）や鉄などの一般的な商品が取引所などで売買されることを〝商品取引〟と呼びますが、この商品取引をもちいた資産運用についての広告も、新聞などで非常によくみます。

原油や鉄が値上がりしそうだと思えば、原油や鉄を買い、しばらくして予想が当たって実際に値上がりしていれば、その原油や鉄を売って儲けようというわけです。これはまさに資産運用ですが、原油や鉄を買って保管するのは大変です。

そこで、先物取引（場合によってはオプション取引）を活用して、現物の原油や鉄を所有しなくてもいいようにします。これがいわゆる〝商品先物取引〟です。商品先物取引では、原油や鉄などの鉱物資源だけでなく、小豆やトウモロコシなどの穀物も取引されており、バラエティに富んだ資産運用ができます。

ここまで読んで、「それは資産運用でなく、投機（バクチ）じゃないのか？」と感じた読者もいるでしょう。第五章でも少し述べましたが、商品先物取引を扱う業者の中には危険な会社も多くふくまれており、騙されて巨額のおカネを巻き上げられた被害者もたくさんいます。確かに商品先物取引は投機なのです。

しかし筆者は、金融用語としての〝投機〟とは、価格変動リスクなどのリスクを負う金融取引のことだ、と定義したいと思います。他の定義もありえますが、この定義も一般的によく使われているものです。すると、株式を買うのも、債券を買うのも、株式投資信託を買うのも、中途解約できない長期の定期預金に預けるのも、すべて投機になります。

商品先物取引で大損をする危険性もありますが、これまでみてきた金融商品の中にも、大損する危険性があるものはいくつもありました。乱暴なようですが、少しでもリスクを負うような資産運用は、程度の差こそあれ、やはり投機なのです。

ただし、株式投資や債券投資は、その資金が企業の生産活動などに有効に使われれば、経済成長に貢献します。これらは〝社会の役に立つ投機〟だと言えます。

話が脱線しそうになりましたが、資産運用をする際に、商品先物取引そのものは有効な選択肢のひとつです。ただ、業者を選ぶのが大変にむずかしいという話は、商品先物取引の一種としても扱われる外国為替証拠金取引について、２４１ページで述べた通りです。

なお、商品取引の中でも、金を買う場合には、もちろん先物取引（あるいはオプション取引）も利用できますが、現物を保管することが比較的容易です。しかも、金を所有すると満足感も得られますので、実際に金のコインや延べ棒を買って、金の輝きを楽しみながら値上がりを期待するという資産運用をしている人もいます。

金・原油・鉄・小豆など、いろいろな商品に分散して投資することで、リスクを減らしたいという人もいるでしょう。そんな人のために、商品先物取引を活用して多数の商品に投資する〝商品ファンド〟が用意されています。

たとえば、**図77**のAのような商品ファンドの広告も、新聞などでよくみかけます。これは架空広告ですから、細かな説明を書いてありませんが、現実の広告であれば、もっと多くの文字が書かれています。

ここで解説したいポイントは2つだけです。第1に、商品ファンドを運用する業者がどれだけの手数料を取っているのか、隠れた手数料も考えると、なかなか実態がわかりにくいのです。もし、とても割高な手数料が取られていても、客には把握できないことが多いでしょう。だから、手数料の面では不利だと覚悟すべきです。

第2に、それでも新聞などをみていると、優れた運用実績が強調された商品ファンドの広

図77

A

リスクをコントロールしながら
商品先物取引でハイリターンを追求する

□？◎商品ファンド

《 運用実績 》
2002年1月から2004年12月までの
年平均リターン

14.7%

上の広告は架空のものであり、登場する企業や金融商品などは、現実の企業や金融商品などとは一切関係ありません。

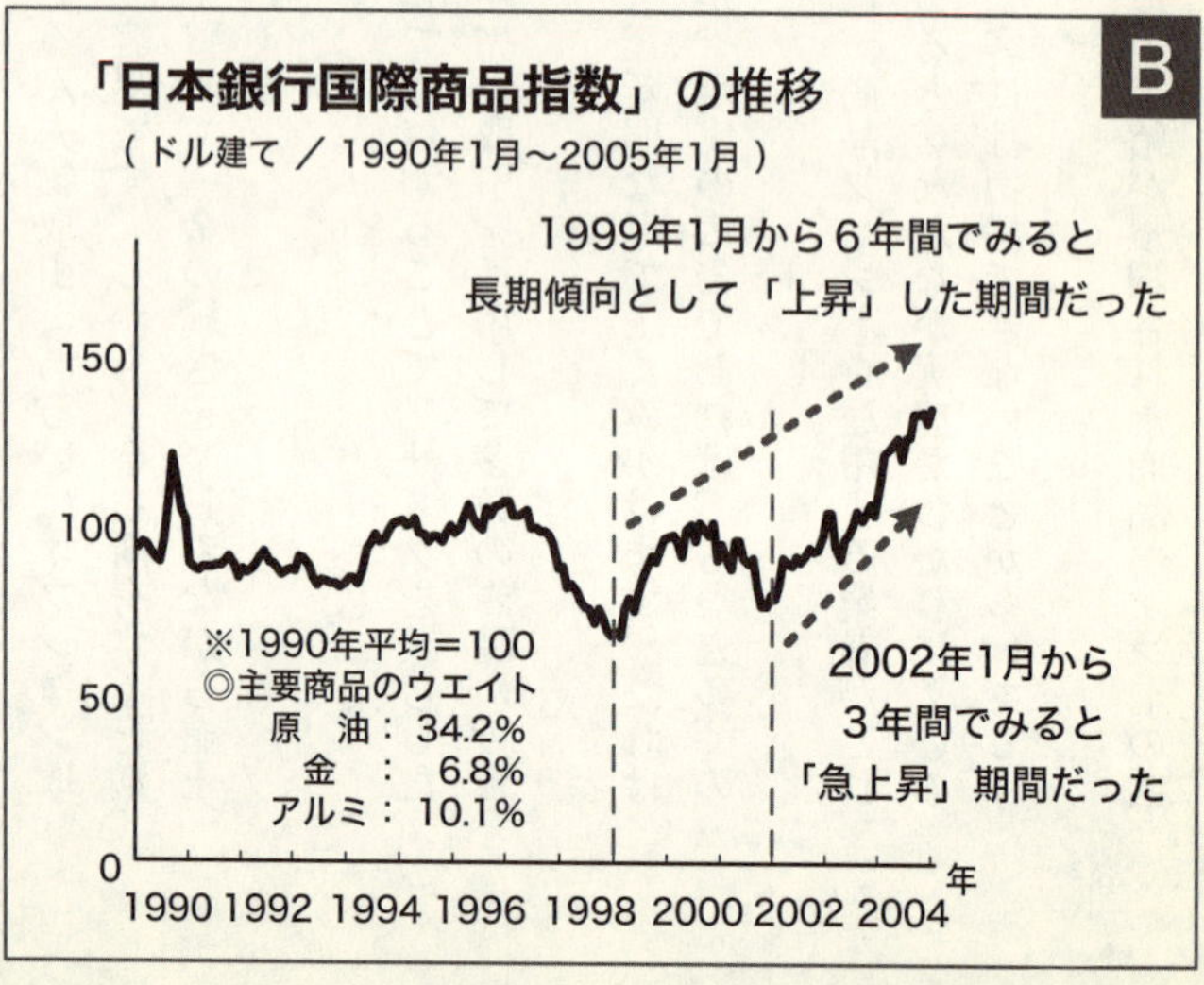

告をみることがあります。まさに図77のAの広告がそれで、２００２年１月から２００４年１２月までの年平均リターンが「１４・７％」と書かれています。２００２年最初にこの商品ファンドを買った客は、大まかに計算して、２００４年末までの３年間で資産を１・５倍に増やしたことになります。

では、商品ファンドはリターンの高い金融商品と評価していいのでしょうか。いいえ、単にその時期は、原油や金や鉄などが大幅に値上がりしたときだったので、結果として大きく値上がりした商品ファンドもあったというだけです。

図77のBをみてください。これは広告ではなく、日本銀行が発表している「日本銀行国際商品指数（ドル建て）」の推移をグラフにしたものです。商品取引の中で代表的なものを選んで指数化したデータで、その中に占めるウエイトは、注釈にあるように、原油が３４・２％、金が６・８％などとなっています。

この指数でみると、１９９９年から２００４年までの６年間、国際的な商品価格は上昇傾向にあったことが明らかです。その期間中の２００１年には大きく下落しましたが、２００２年から２００４年までの３年間で急上昇しています。

だから図77のAの広告にある商品ファンドは大きく値上がりしたのです。でもそれは、１９８０年代後半のバブル経済の時代に、日本全体でどんどん株価が上がったために、ヘタな運用しかできない株式投資信託でも大きく値上がりしたのと同じです。

将来さらに原油や金などが暴騰するのであれば、いまからこの商品ファンドを買って儲けることができるかもしれません。原油はまだまだ上がるといった予想も報じられたりします。しかし、原油や金などが将来確実に値上がりするという保証は、残念ながらどこにもありません。

1990年代最初に、日本の株価バブルが崩壊したときを思い出してください。株価はまだまだ上がると予想し、それで株式投資信託を買って、バブル崩壊で大損した人はたくさんいます。急激に国際的な商品価格が上がっている中で、商品ファンドに手を出すのは、かなりリスクが高い運用だと覚悟すべきです。

つぎに金に投資する金融商品の広告もみてみましょう。いろいろなパターンが考えられるのですが、ここでは、**図78**の広告を用意しました。いつものように架空企業による架空広告ですが、日本の一流商社が、その子会社に開発・運用させて、その商社のブランド力を利用して販売しているという想定です。

名称が「ゴールドいけいけファンド」ですから、金についての何らかの取引を活用しているはずです。中央に「配当3％」と強調されていますが、この広告も一般の預金の金利がほ

図 78

△◇※商事がご提案する
ペイオフ時代の
新しい資産運用のスタイル。

ゴールドいけいけファンド

ファンドの概要

◆運用期間：1年（運用開始日：平成16年12月×日／満期日：平成17年12月×日　◆申込単位：1口以上1口単位（1口＝100万円）　◆配当：3%　◆参照価格決定日（平成17年11月×日）の金地金価格が定められた転換価格以下の場合、満期時には金地金で償還となります。金地金で償還の場合、金地金は転換価格での取得となりますので、償還時の市場での金地金価格によっては、金地金を売却することによって元本割れが生じる可能性があります。金地金での償還時に売却されないときは、△◇※商事が無料保管しますので、お客様の手元には届きません。※中途解約はできません。

上の広告は架空のものであり、登場する企業や金融商品などは、現実の企業や金融商品などとは一切関係ありません。

ぼゼロに近い時代のものだという想定です。金で運用して、配当が3%なら、ぱっとみた感じは魅力的にみえます。実際はどうなのか、本文を読み進める前に、広告の下側に書かれた「ファンドの概要」をよく読んで、金についてのどんな取引を使って運用しているのか、読者自身で少し考えてみてください。

考えていただけましたか。筆者としては、読者に「またそれか」と思われることを覚悟で、この広告を取り上げました。「ファンドの概要」を読むと、まず運用期間は1年です。また、100万円単位で申し込む商品で、配当が3%と書かれていますが、問題はそのあとです。「参照価格決定日（平成17年11月×日）の金地金《きんじがね》価格が定められた転換価格以下の場合、満期時には金地金で償還となります」とあります。運用開始日から11ヵ月後（満期日の1ヵ月前）が参照価格決定日のようですが、それはどんな意味をもつのでしょうか。

これまでも何度か登場しましたが、ここでもオプション取引が使われています。預金に〝金のオプション取引〟がセットになったものと考えればいいでしょう。299ページのEB債などと同じような仕組みです。このファンドに100万円を預けたとしましょう。金の価格が下がったときにだけ、運用当初の金の価格で100万円相当の金に転換されます。

EB債や特約つき外貨預金のときと同じように、金に転換された時点で、運用当初の金価格と参照価格決定日の金価格の差だけ、必ず損が生じています。たとえば、運用当初の金の価格を100として、参照価格決定日（11ヵ月後）の金価格が70まで下がっていれば、100万円が時価70万円相当の金地金に転換されるのです。この例は極端なようにみえますが、現実に、金の価格は短期間で大きく変動することがあります。

もちろん、そのままなら30万円の損です。運用期間は参照価格決定日のあとも1ヵ月ありますから、その間に金価格が上がるかもしれませんが、とにかく、金への転換が生じた時点では、損をすることになる仕組みです。だから、広告にも「金地金で償還の場合、金地金は転換価格での取得となりますので、償還時の市場での金地金価格によっては、金地金を売却することによって元本割れが生じる可能性があります」と書いてあります。

金の価格が下がって損をしたときには、満期が来てもそのまま金を保有するという客がいるかもしれません。そのときのために、広告には「金地金での償還時に売却されないときは、△◇※商事が無料保管しますので、お客様の手元には届きません」とも書かれています。安全に保管されそうですが、手元に置いて金の輝きを楽しむことはできません。

もちろん、運用当初と比べて金の価格が上昇した場合には、金への転換はされず、100万円に3％の配当がついて、1年後に103万円が払い戻されます。成功しても3万円しか得られないのに、失敗したら何十万円もの損失が生じうるのですから、とても危険で不利な商品です。

騙されないための勉強

金融商品の広告としては、本書の最後になるのが図79です。「安全・安心の元本保証で、しかも高金利」などと魅惑的なフレーズが並びます。金利は年5％で、2年ものの定期預金に類似した金融商品のようです。広告には「定期預金型ファンド」と書いてあります。なお、この広告が出たときには、低金利の状況で、銀行の2年もの定期預金の金利は年1％を下回るものとしてください。

広告の下側で「私たちが推薦します」と言っているのは、架空の人物ですが、一応、左が男性で「テレビ番組にもよく出演している国会議員」、右が女性で「誰でも知っているほど著名な女優兼歌手」ということにしてください。

実際に、こんな広告をみたら、どう考えればいいのでしょうか。筆者としては、ここまで読み進めてきた読者なら、迷わず「怪しすぎる」と断定してくれると信じています。

まず、著名人の推薦ほどアテにならないものはありません。それが立派そうな政治家であっても、あなたの好きなタレントであっても、あなたの応援しているスポーツ選手であっても、彼あるいは彼女は、単に仕事として（おカネなどをもらうために）広告に出ているので

図 79

安全・安心の『元本保証』で
しかも『高金利』

Bottakuri共済の
定期預金（2年もの）型ファンド

金利・年5％

私たちが推薦します！

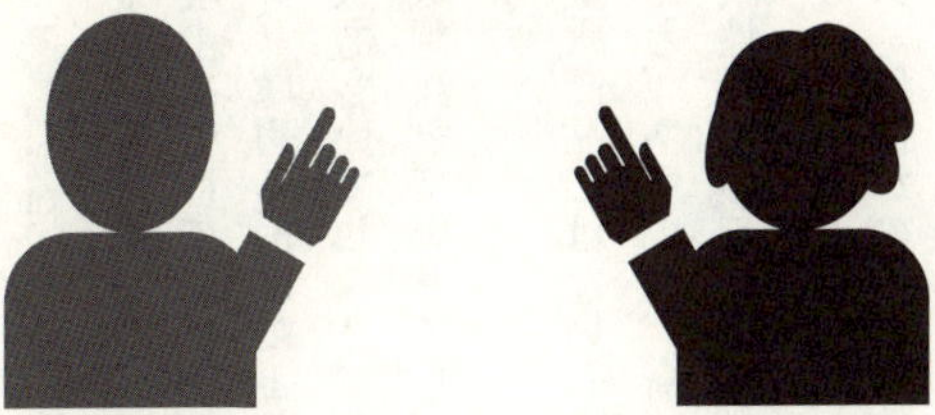

醜議院議員
凸星 凹輝

女優・歌手
凹花 凸香

上の広告は架空のものであり、登場する団体・人物・商品は、現実の団体・人物・商品とは一切関係ありません。

あって、何かトラブルがあっても責任を取ってはくれません。また、本人には無断で、写真などが使用されている場合もあります。

そもそも「元本保証で高金利（同じ期間の定期預金などよりずっと高い金利）」は、絶対にありえない金融商品だ、と肝に銘じておくべきです。こんな広告を出す業者におカネを預けたら、それが全額奪われるのはもちろんのこと、ナンダカンダと理由をつけては、追加投資を要求される危険性があります。「追加で10万円を支払わないと、最初に預けた100万円が返ってきませんよ」と言われたら、ついつい支払ってしまう人も多いでしょう。そのようにして、どんどんおカネを奪われて、最後は業者が破綻して、裁判などで戦っても、ほとんどのおカネは返ってこないというのが、お決まりのパターンです。

このタイプの広告をみて、少しでも「もしかしたら本当にお得な金融商品ではないか」と期待してしまうようなら、まだ修行が足りません。もっと勉強しないと、あるいは、もっと世の中の厳しさについて覚悟しないと、金融商品広告に騙される危険性があるでしょう。

そこで、まだまだ金融商品について勉強したいという読者のために、何冊かの本を推薦しておきます。本の内容も重要ですが、いろいろな学者・専門家・評論家・作家といった人たちの中で「誰の話を信じたらいいのか」と迷っている読者もいるでしょう。

図 80

金融商品広告に騙されたくない人は

この著者の本を読もう！

楠本くに代 著
- 『金融消費者のための ファイナンシャル・リテラシー』 近代セールス社 1680円（税込）

鈴木雅光 著
- 『買ってはいけない「金融商品」のからくり』 主婦の友社 1575円（税込）
- 『金融犯罪』 実業之日本社 1575円（税込）

山崎 元 著
- 『お金がふえるシンプルな考え方』 ダイヤモンド社 1365円（税込）
- 『山崎元のオトナのマネー運用塾』 ダイヤモンド社 1575円（税込）

橘 玲 著
- 『お金持ちになれる黄金の羽根の拾い方』 幻冬舎 1680円（税込）
- 『得する生活』 幻冬舎 1575円（税込）
- 『雨の降る日曜は幸福について考えよう』 幻冬舎 1680円（税込）

吉本佳生 著
- 『金融工学の悪魔』 日本評論社 1575円（税込）
- 『「投資リスク」の真実』 PHP研究所 ※絶版ですので図書館などでお読みください

……価格その他の情報は、2005年1月31日現在のものです。

ここは筆者の独断で厳選して、4人の方々が書かれた本を紹介することにします。図80にまとめましたので、ご覧ください。なお、手前味噌で恐縮ですが、最後に拙著も加えてあります。他の著者の主張について、筆者がすべて同意しているわけではありません（筆者の主張の中にも他の方には同意してもらえない部分がいろいろとあるでしょう）。しかし、ここに紹介した本は、どれも名著だと思っています。並べた順番に意味はありませんので、興味をもった人は、お好きな順で読んでください。

おわりに――規制強化は必要ない

本文の第一章でも述べたように、広告の使い方がうまい金融機関は、エサに引っかかる客と引っかからない客を選別するための道具（学生のクラスを分けるためのテストのようなもの）として、金融商品広告を活用しているように思われます。もちろん、何も考えずに大量に広告を出しているだけにみえる、つまり広告の使い方がヘタな金融機関もあります。ただし、どちらのタイプであっても、ある程度は社会的な評判を気にしている金融機関であれば、はっきりとしたウソはつかないように（ただし、知られたくないことはなるべく知らせないように）気をつけながら、客の錯覚を誘う広告を作成しています。

そういった広告に引っかかる客が一定以上存在し、金融機関に利益をもたらす限り、今後も、ぼったくり金融商品とその広告はなくならないと思われます。

本書では、特定の部分を強調した架空広告しか示せませんでしたが、現実の金融商品広告では、もっとたくさんの文字が、場合によってはもっと細かな文字でぎっしりと書かれていたりします。実際には、本書に出てくる架空広告よりも、ずっと読みにくく、誤解しやすい広告が多いのです。

さて、こういった問題に直面すると、すぐに「消費者を保護するために規制を強化することが必要だ」などと主張する人がいます。ここで消費者という言葉を使っているのは、銀行におカネを預けたり、証券会社で投資信託を買ったりする行為を、金融サービスの消費とみなした上での表現です。

しかし筆者は、金融商品広告の表示などについて法的な規制を強化しても、ほとんど意味がないか、むしろ消費者保護の面では逆効果をもたらす危険性さえある、と強く考えます。

夢物語だと嘲笑されることを覚悟で、筆者の意見を述べれば、大半の日本人がぼったくり金融商品に引っかからない状況になれば、本書で紹介したような広告の多くは採算が取れなくなり、新聞や雑誌などから消えるでしょう。実現はたぶん無理でしょうが、問題解決の考え方として、ぼったくり金融商品を社会から駆逐したければ、消費者ひとりひとりが判断力を高める以外に方法はない、との認識に立つべきです。

最近の日本では、金融商品などに関する消費者教育の充実が求められていますが、何が教育効果を高めるのかという基本は、一般的な学校教育と変わりません。学校教育でも、ひとりひとりの子供が「ちゃんと勉強しなくちゃ」と強い学習意欲をもつことが何よりも大切で、それがなくては、教育水準は高まりません。

もし仮に、一所懸命勉強しても、職業選択や所得などの面で全然有利にならない社会であるとわかっていたら、多くの子供は、遊びたいのを我慢して勉強する気になどならないでしょう。また、親が資産家の会社オーナーで、自動的に資産と地位を引き継ぐことになっている子供が、それがわかっているがゆえに、勉強せずに遊んでばかりいるとしたら、よほど教え方のうまい教師を連れてきても、その子供に勉強させることなどできないでしょう。

教育方法などの改善ももちろん大切なことですが、やはり決め手は「勉強して能力を高めれば何らかのかたちで報われる」ことです。逆に「勉強しないと不利になる」ということでもいいでしょう。おいしそうなアメと痛そうなムチがきちんと用意されていれば、たいていの人は（大人であっても子供であっても）自ら努力するのです。本書で取り上げた広告の多くは、ムチを隠しもっていましたが、いくつか、アメが得られる広告もありました。

いい金融商品を選びたければ、金融機関との間での厳しい駆け引きを覚悟することが必要なのです。そう覚悟することが、金融商品に対する自分の判断能力を高めるための、最初の大きな一歩です。金融機関に騙されて痛い目にあうのがイヤなら、自分が勉強するしかありません。

仮に、政府や業界団体などが金融商品広告に厳しい規制を設けて、本書で紹介したような数々の騙しのテクニックを禁止すると、もともと騙されそうな人たちは救われるのでしょうか。筆者は、そういった人たちは、結局、広告にある金融商品の仕組みを理解する努力をますますしなくなるだけだと予想します。

そもそも、個人ごとの事情によって、どの金融商品を選ぶべきかは大きく異なります。ですから、広告にある金融商品が自分の希望にあった金融商品かどうかを見極めるためには、「細かい文字で書かれたところをきちんと全部読んで、正しく理解しないと、騙される危険性が高い」と用心しながら広告を読むぐらいでちょうどいいのです。

ぼったくり金融商品がいろいろと存在し、各種の騙しのテクニックが駆使された金融商品広告が毎日のように新聞や雑誌に載るという状況は、決して悪いことばかりではありません。筆者は、本書執筆のために大量の金融商品広告を集めてみて、客の錯覚を誘うようによく工夫された広告は、金融商品に関する判断能力を高めるための格好の〝教材〟だと痛感しました。

金融商品とその広告における騙しのテクニックは、これからもどんどん進化を続けるでしょう。もし読者が、新たなタイプの金融商品広告をみつけたとして、新作の推理小説をワクワクしながら読むような感じで、じっくり読みこなしてくれるようなら、著者としてこれほどうれしいことはありません。

そしていつの日か、金融機関のほとんどが無知な客を引っかけるための広告をやめ、豊富な知識をもつ客を前提にした商品開発と宣伝活動をするようになることを、かなわない願いとは思いつつ、しかし本気で願っています。この想いなしに、本書を書き上げることはできなかったでしょう。

なお本書では、金融に関する基礎知識がない読者にも理解していただけるように配慮して、説明を書きましたので、ある程度以上の知識をもつ読者には、冗長なところが多いように感じたことでしょう。結果として、かなり分厚い本になってしまいました。根気強く最後まで読んでくださった読者に感謝いたします。

本書に登場する架空広告やその解説、あるいは現実の金融商品広告などに関するご質問には、一切お答えできません。ご理解いただければ幸いです。ご感想やご意見などがありましたら、電子メールで CXJ 07573 @ nifty. com 宛にお送りいただければ、大変にありがたいのですが、最近はお返事を書く時間が取れないことがほとんどですので、非礼を先にお詫びしておきます。

吉本佳生（よしもとよしお）

1963年三重県紀伊長島町生まれ。'86年名古屋市立大学経済学部卒業後、銀行勤務を経て、'94年名古屋市立大学大学院経済学研究科博士課程満期退学。大学や企業研修などで、国際金融論、マクロ経済学、経済学のための数学、国際経済学、ファイナンス基礎、生活経済入門など、20種類以上の講義・演習を行う経験をもつ。主な著書に『金融工学の悪魔』『ニュースと円相場から学ぶ使える経済学入門』『The Economist の記事で学ぶ「国際経済」と「英語」』〈共著〉『The Economist の記事で学ぶ「国際金融」と「英語」』〈共著〉（以上、日本評論社）、『金融工学 マネーゲームの魔術』『投資リスクとのつきあい方㊤サイコロで学ぶリスク計算』『投資リスクとのつきあい方㊦紙ヒコーキで学ぶオプション取引』（以上、講談社＋α新書）、『「投資リスク」の真実』（ＰＨＰ研究所）などがある。

金融広告《きんゆうこうこく》を読《よ》め　どれが当《あ》たりで、どれがハズレか

2005年5月20日初版1刷発行

著　者 — 吉本佳生

発行者 — 加藤寛一

装　幀 — アラン・チャン

印刷所 — 萩原印刷

製本所 — ナショナル製本

発行所 — 株式会社光文社

東京都文京区音羽1　振替00160-3-115347

電　話 — 編集部03(5395)8289　販売部03(5395)8114

業務部03(5395)8125

メール — sinsyo@kobunsha.com

 ISBN 4-334-03306-7

189 「間取り」で楽しむ住宅読本 内田青藏
190 幻の時刻表 曽田英夫
191 さおだけ屋はなぜ潰れないのか？ 身近な疑問からはじめる会計学 山田真哉
192 時間の止まった家 「要介護」の現場から 関なおみ
193 おんなの県民性 矢野新一
194 黒川温泉 観光経営講座 後藤哲也・松田忠徳
195 アンベードカルの生涯 ダナンジャイ・キール 山際素男 訳
196 人生相談「ニッポン人の悩み」 幸せはどこにある？ 池田知加
197 経営の大局をつかむ会計 健全な"ドンブリ勘定"のすすめ 山根節
198 営業改革のビジョン 失敗例から導く成功へのカギ 高嶋克義
199 日本《島旅》紀行 斎藤潤
200 「大岡裁き」の法意識 西洋法と日本人 青木人志
201 発達障害かもしれない 見た目は普通の、ちょっと変わった子 磯部潮
202 強いだけじゃ勝てない 関東学院大学・春口廣 松瀬学
203 名刀 その由来と伝説 牧秀彦
204 古典落語CDの名盤 京須偕充
205 世界一ぜいたくな子育て 欲張り世代の各国「母親」事情 長坂道子
206 金融広告を読め どれが当たりで、どれがハズレか 吉本佳生
207 学習する組織 現場に変化のタネをまく 高間邦男
208 英語を学べばバカになる グローバル思考という妄想 薬師院仁志